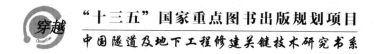

"十三五"国家重点图书出版规划项目

中国隧道及地下工程修建关键技术研究书系

高速公路隧道工程安全风险评估
理论与实践

薛亚东　黄宏伟　王永义　李彦杰 著

Theory and Practice
of Safety Risk Assessment
for Highway Tunnel Engineering

人民交通出版社股份有限公司
China Communications Press Co.,Ltd.

内 容 提 要

全书共包含9章,并以隧道风险评估理论和实践两个主题来安排各章相关内容。第1章介绍了当前公路隧道的发展概况,以及隧道风险评估及管理的研究背景和现状。第2章概述了公路隧道设计与施工的常用理论和方法。第3章提出了完整的隧道风险评估与管理的理论体系,总领全书。第4章通过许多实际案例对隧道工程建设过程中常见的典型事故进行了详细分析。第5章提出和引入了多种风险评估软科学方法。第6章提出了多种动态风险评估方法。第7章提出了基于数值模拟的风险评估新方法的理念,并对该方法的实际操作进行了详细阐述。第8章展示了所建立的基于互联网+的工程安全风险评估与管理智慧云系统,是作者多年从事隧道风险相关工作的成果结晶。第9章是基于风险评估理论与方法进行风险评判的多个工程案例,涵盖从隧道工程设计施工到运营的整个生命周期。此外,本书附带二维码链接数字资源,可下载山岭隧道事故案例库。

本书可供公路隧道工程领域的科研人员、工程技术人员以及高等院校相关专业师生参考。

图书在版编目(CIP)数据

高速公路隧道工程安全风险评估理论与实践/薛亚东等著. —北京:人民交通出版社股份有限公司, 2018.10

ISBN 978-7-114-14953-5

Ⅰ.①高… Ⅱ.①薛… Ⅲ.①高速公路—公路隧道—隧道工程—安全风险—评估 Ⅳ.①U459.2

中国版本图书馆 CIP 数据核字(2018)第 181683 号

书　　名:	高速公路隧道工程安全风险评估理论与实践
著 作 者:	薛亚东　黄宏伟　王永义　李彦杰
责任编辑:	谢海龙
责任校对:	尹　静
责任印制:	张　凯
出版发行:	人民交通出版社股份有限公司
地　　址:	(100011)北京市朝阳区安定门外外馆斜街3号
网　　址:	http://www.ccpress.com.cn
销售电话:	(010)59757973
总 经 销:	人民交通出版社股份有限公司发行部
经　　销:	各地新华书店
印　　刷:	北京印匠彩色印刷有限公司
开　　本:	787×1092　1/16
印　　张:	28.25
字　　数:	676 千
版　　次:	2018年10月　第1版
印　　次:	2018年10月　第1次印刷
书　　号:	ISBN 978-7-114-14953-5
定　　价:	145.00 元

(有印刷、装订质量问题的图书,由本公司负责调换)

序 PREFACE

多年来，我从事岩土力学、隧道与地下工程方面的教学与科研工作，深感岩土介质的复杂性与地下工程的诸多不确定性，由此带来了各个方面、不同类型的工程建设风险。尽管国内外业界同仁在岩土力学本构模型、数值模拟计算方法、多场多相耦合分析、地下开挖施工时空效应、岩土加固支护设计施工等方面，都取得了大量的理论与实践成果，但不可否认，很多的工程决策依然基本上依赖工程经验。地下工程的魅力也可能就是源于这里所说的一些问题吧！

地下工程建设是一个复杂的系统工程，基于系统理论与可靠度方法，开展工程风险评估与管理是解决工程建设安全、质量、工期、经济、环境等问题的有效方法。为了提高隧道、桥梁等工程建设的安全管理水平，交通运输部、住房和城乡建设部、中国铁路总公司（原铁道部）等国家部委近年来先后制定颁布了相关的技术指南或规范，为工程建设的安全风险评估与监控管理各方面工作提供了技术依据。但鉴于地下工程的特点，仍需要在理论研究与工程实践方面花大力气开展深入探讨，以提升工程建设管理水平，也为走出国门、开展"一带一路"建设提供技术支持。本书作者撰写的《高速公路隧道工程安全风险评估理论与实践》一书，正是检阅这方面研究与实践成果的一部总结佳作。

这本著作具有一个鲜明的特点，它既阐述理论又重视实践，这也是我本人一直强调的"实践→理论↔实践"的研究方法。在理论方面，本书首先探讨了工程风险评估及管理的概念、方法、程序及其结果，并在指南、规范的基础上提出了具有良好操作性的评估指标体系，进而编制了辅助风险评估的专用软件系统。为了让读者对公路隧道工程的各种风险有一个更直观的理解，作者还收集整理了大量的事故案例资料，并从风险视角进行分类阐述，一些相关案例资料已作为本书附件电子材料供读者下载，这也考虑得很齐全周到。书中专门探讨了风险评估的软科学方法，这是多年前已经在工程实践中已有一定采用的新手段，它很好地解决了地下工程不确定性判断的难题。作者除了介绍改进的德尔菲方法、支持向量机、人工神经网络、贝叶斯网络方法以外，还引入了最新的深度学习方法，这都是很难得的学科交叉性创新,有望为岩土力学、隧道与地下工程方面的难题提供一种新的构思。考虑到除隧道外,其他各类地下工程还不只是一种长线型结构,它的设计、施工、运营都具有显著的时空效应,因此相关的风险评估不应是静态的,而应该采用动态方法。本书作者强调了动态风险评估的重要性,针对性地提出了动态权重、马尔科夫过程、动态贝叶斯、时间序列等评估方法。考虑到隧道地质超前预报的重要性,在常规地质预报手段的基础上,书中提出了基于深度学习的掌子面围岩分级模型以及超前地质预测模型,为定量化的风险评估提供了参数依据。近年来,岩土工程数值模拟分析得到了快速发展与应用,但我本人过去也曾提出其"灰箱"问题的研究局限性,并指出结合监控量测的神经网络方法具有更佳的实用性。本书针对隧道工程面临的数值计算效率低、围岩参数随机性高等问题,提出了基于数值模拟与神经网络的工程失稳概率计算方法,以及基于随机场的数值模拟方法,为量化风险评估提供了一种很好的解决方案。

　　书中除了详细阐述新颖、实用的工程风险评估理论外,作者还结合多年工程实践构建了基于互联网的风险评估与管理平台,这是十分难得的一次创新实践,也是我多年前就看好的一个方向。随着互联网技术的迅猛发展,现在坐在家里就可以尽观天下事,以前难以查阅和了解的工程信息,都可以快速实时获得,这对工程建设管理将具有极大的推动作用。书中考虑了公路工程建设的规划、勘察设计、施工、运营等全过程,从工程风险评估与管理的要求出发,构建了基于网络的系统平台。为了方便读者理解,作者基于本书论述的风险评估方法以及所开发的系统平台,给出了多个实际工程案例。同时,还为读者提供了系统平台的免费使用账号,这也是很值得推荐的做法。

　　尽管我已年迈体弱,但对结合工程需求的高质量科研工作还是抱有极大兴趣。在看到本书书稿时,作者们提出让我作序而写述了上面一点文字,期待着本书的早日付梓问世,以飨广大读者。

中国科学院院士　孙　钧

2018年9月24日中秋佳节于同济园

前言 FOREWORD

改革开放以来,我国高速公路隧道工程经过三十多年的快速发展,无论在建设规模还是施工技术上均取得巨大成就。正如事物的发展都会经历一个由量变到质变的转换过程一样,隧道工程在发展到一定程度或高度之后,其关注点也逐渐从规划、勘察设计施工技术转变到风险评估、管理上来。而各级政府对安全工作的愈加重视,更使此项工作得到莫大助力。但任何新生事物(或早已有之但进展缓慢之事物)在面对纷繁复杂的工程环境与新的要求时,均会出现诸多问题,不能让人满意,当前隧道工程的风险评估与管理工作正是如此。为此,本书提出一些新的理论、方法等,希望能为此项工作的开展提供一些有价值的参考。其中,提供的若干工程案例均为作者在工程实践中的经验总结,可作为工程技术和管理人员的借鉴。而开发的"基于互联网+的工程安全风险评估与管理智慧云系统"是作者从事隧道领域风险工作多年来的结晶,希望能与诸位同行分享,共同提高。

在撰写本书时,国内基础设施建设在历经高潮之后正渐趋理性,"互联网+"理念推广到各个领域,人工智能技术发展如火如荼(其中,"深度学习"技术一枝独秀)。时代的需要,不同领域技术的碰撞,为本书内容提供了诸多灵感,软科学方法、拟数值模拟方法等思想皆由此而来。纵观社会、科技发展,任何领域都不能封闭自固,而需要从其他行业或领域借鉴有利的因素来促进自身的发展。在21世纪的互联网时代,隧道工程的风险评估和管理也需要以协作、互通、共享的理念以及移动应用、新型浏览器、BIM等新技术,来实现自身的变革和进步。正是考虑到这些因素以及实际工程的需要,开发基于互联网的用于隧道工程风险评估和管理的系统已成为大家一致的共识,本书在这方面开发了一个包含多个功能模块的系统平台,并在多个实际工程中得以应用。当然,鉴于科技发展的日新月异,各种新技术和新思想层出不穷,因此欢迎各位读者尝试我们开发的系统,并提出宝贵的意见和建议。

在当下的大数据时代,数据的价值更加凸显,丰富的工程数据是工程领域的宝贵财富。本书通过多种方式搜集了隧道工程施工期和运营期的大量工程事故案例，建立了隧道工程的事故案例库，这为我们开展隧道工程风险评估和管理工作提供了坚实基础。在此也一并奉上，希望能为大家提供有价值的参考。同时，我们还在建构隧道工程领域的风险知识数据库，包含大量的文本、图片、音视频等信息，未来可实现这些数据的互通共享，希望通过我们的不懈努力，建成隧道工程领域的风险知识图谱，为各位同仁服务。

理论联系实际并服务于实践是我们一贯的态度与追求。本书在探讨隧道工程风险评估理论的同时，尽量能结合实际案例给予说明。但鉴于隧道工程的复杂性，相关理论的适用性尚需在实践中完善。尽管国内外已颁布实施了多部隧道工程相关的手册、指南或者规范，但在工程实践中，作者发现仍存在诸多问题，包括工程风险的概念理解、风险分析评估的目的与方法、工程风险评估、管理的动态时效性等等，导致风险评估与管理的相关工作不能有效落实。借助于数值仿真分析、监控量测、大数据分析、网络、人工智能等技术发展，为隧道工程安全风险评估与管理提供了理论支持与实践平台。

本书是作者多年从事相关科研工作成果的总结。国家自然科学基金委员会、上海市科学技术委员会、中建交通建设集团有限公司、浙江省交通规划设计研究院、贵州黔贵工程技术服务咨询有限公司、中交第二公路勘察设计研究院有限公司、云南省交通规划设计研究院等为相关研究提供了资助与支持。研究生赵丰、杨睿、李宜城、赵翰翔、赖涌峰、高健、张森、李兴等参与了书稿的部分工作。软件系统开发方面，王青参与了系统架构与代码实现；工程风险可视化方面，刘铁中、张天武参与了部分现场工作。在此对给予作者支持与帮助的单位和人员表示衷心的感谢！

特别感谢孙钧院士在本书撰写过程中给予的关心与指导，并在百忙之中为本书作序！谨记"Never say too old & too late to learn & to do！"

江河成于涓流，发展在于积累。希望本书所做的工作能为隧道工程风险评估和管理理论的发展贡献一份绵薄之力。由于作者水平有限，本书难免存在错误和不足之处，恳请有关专家和读者批评指正。

作　者

2018 年 8 月于同济园

目录 CONTENTS

第1章 绪论 … 1
1.1 公路隧道发展现状 … 1
1.2 风险评估与管理背景 … 9
1.3 风险评估及管理研究现状 … 10
1.4 本书内容与章节分配 … 16

第2章 公路隧道工程设计与施工方法简介 … 17
2.1 公路隧道工程设计方法 … 17
2.2 公路隧道工程施工方法 … 39

第3章 风险评估及管理理论体系 … 49
3.1 风险机理 … 50
3.2 风险评估与管理流程 … 51
3.3 风险评估指南 … 60
3.4 风险评估与管理平台 … 87

第4章 公路隧道建设典型事故分析 … 92
4.1 洞口失稳 … 92
4.2 塌方 … 97
4.3 软岩大变形 … 101
4.4 涌水突泥 … 106
4.5 岩爆 … 114
4.6 瓦斯爆炸 … 120
4.7 TBM隧道典型事故 … 125

第5章 风险评估软科学方法 … 133
5.1 改进德尔菲方法 … 133
5.2 支持向量机方法 … 144
5.3 人工神经网络方法 … 149
5.4 贝叶斯网络方法 … 157
5.5 深度学习方法 … 170
5.6 BIM技术 … 176
5.7 ICI蒙德法 … 182

5.8　案例实证分析 ··· 185
　5.9　本章小结 ··· 187
第6章　动态风险评估方法 ··· 189
　6.1　基于动态权重的隧道施工安全风险评估新方法 ··· 189
　6.2　基于马尔可夫过程的风险指标动态预测方法 ··· 195
　6.3　基于动态贝叶斯的水风险评价方法 ··· 205
　6.4　基于深度学习的隧道掌子面地质辨识和超前预测 ··· 210
　6.5　隧道施工时间序列数据降噪、分析和预测 ··· 218
　6.6　本章小结 ··· 229
第7章　基于数值模拟的工程风险分析 ··· 230
　7.1　新思路与实现方法 ··· 231
　7.2　数值模拟方法分析隧道工程风险 ··· 234
　7.3　基于随机场理论的隧道工程风险分析 ··· 238
　7.4　隧道壁后空洞数值分析 ··· 245
　7.5　本章小结 ··· 255
第8章　基于"互联网+"的工程安全风险评估与管理智慧云系统 ··· 256
　8.1　工程需求 ··· 256
　8.2　系统框架搭建 ··· 265
　8.3　功能介绍 ··· 268
　8.4　本章小结 ··· 334
第9章　工程案例 ··· 335
　9.1　杭绍台高速公路隧道工程初步设计安全风险评估 ··· 335
　9.2　贵州盘县至兴义高速公路隧道工程施工安全风险评估 ··· 344
　9.3　湖南益阳至马迹塘高速公路隧道和边坡工程施工安全风险可视化 ··· 356
　9.4　黄土岭隧道运营期病害分析 ··· 366
　9.5　塔石岭隧道上跨既有隧道爆破影响分析 ··· 377
附录A　山岭隧道施工事故案例（二维码） ··· 389
附录B　贝叶斯网络节点条件概率表 ··· 390
附录C　专家调查问卷 ··· 401
附录D　风险可视化相关数据 ··· 403
　D.1　传感器参数 ··· 403
　D.2　变形预警、报警值 ··· 404
　D.3　部分传感器的变形监测曲线 ··· 405
附录E　隧道运营期病害调查 ··· 409
　E.1　病害调查表 ··· 409
　E.2　病害案例表 ··· 415
参考文献 ··· 425

第 1 章 绪 论

1.1 公路隧道发展现状

1.1.1 公路隧道发展概况

截至2017年年底,世界上已建成的长度超过8km的公路隧道约50座,其中,隧道长度超过10km的近50%。前期世界长大公路隧道多建于欧洲:挪威的洛达尔隧道,长度24.5km;瑞士的圣哥达公路隧道,长度16.9km;意大利的弗雷瑞斯公路隧道,长度12.9km;而全长18.2km的山手隧道,是日本最长的公路隧道,也是目前亚洲最长的公路隧道。

我国是一个地形复杂的国家,山地、高原和丘陵约占陆地面积的67%,其中仅山地和丘陵的面积就达到了43%。复杂多样的地形给交通运输的发展造成了巨大阻碍。在这些地区进行公路基础设施建设就势必要开挖穿越山岭的隧道,以满足运输便利性、工程技术标准等要求。随着我国经济水平的不断提高,以及隧道建设技术的不断完善,在公路建设中,已广泛采用挖掘隧道的方式穿山越岭。王梦恕院士(2004)指出"我国是一个多山的国家,开发中西部又是今后我国的国策,发展山区交通,使山区人民脱贫致富是我国的具体目标。高速、准高速铁路、公路的发展和建设又是21世纪的特色;21世纪必然出现大量隧道工程,必然带来长隧道的增多。'多'和'长'是21世纪山岭隧道修建的两大特点。"

我国交通运输行业发展统计公报提供的数据显示,2014年年底,我国投入运营的公路隧道为12 404座、10 756.7km。其中,特长隧道626座、2 766.2km,长隧道2 623座、4 475.4km。2015年年底,我国投入运营的公路隧道14 006座、12 683.9km,比2014年新增1 602座、1 927.2km。其中,特长隧道744座、3 299.8km,长隧道3 138座、5 376.8km。2016年年底,我国投入运营的公路隧道15 181座、14 039.7km,比2015年新增1 175座、1 355.8km。其中,特长隧道815座、3 622.7km,长隧道3 520座、6 045.5km。2017年年底我国投入运营的公路隧道16 229座、15 285.1km,比2016年新增1 048座、1 245.4km。其中,特长隧道902座、4 013.2km,长隧道3 841座、6 599.3km。图1-1所示为我国2012~2017年公路隧道数量和长度的发展现状。

截至2017年年底,我国已建成且长度超过5km的公路隧道有120多座。世界长度排名前10的公路隧道中有5座位于中国(包括台湾雪山隧道)。秦岭终南山隧道为我国第一长双洞公路隧道,全长18.02km。拟建平绵高速公路插岗梁隧道位于甘肃境内,全长22.6km,建成后将成为中国第一、世界第二长的高速公路隧道。我国长度超过10km的在建公路隧道工程包括四川二郎山隧道、新疆东天山隧道、云南老营隧道等,拟建公路隧道数量则超过10座。

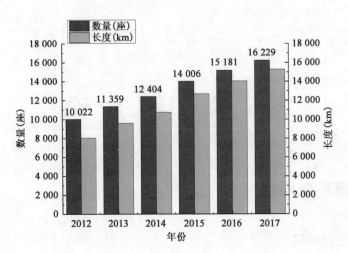

图 1-1 运营公路隧道工程现状

在隧道数量和建设规模得到迅速发展的同时，我国山岭高速公路隧道修建技术取得长足进步。20 世纪 80 年代后，随着新奥法的推广，以钻爆法开挖为主的山区公路隧道修筑技术在我国日趋成熟。我国隧道建设者已完全掌握了山岭双洞四车道隧道、双洞六车道隧道、双洞八车道隧道、连拱隧道、分岔隧道、大跨连拱隧道、小净距隧道、大跨小净距隧道等的修建技术，以及隧道改扩建技术和大型地下立交建设技术(李献民，2015)。山岭隧道已真正成为高标准公路建设中一种必不可少的手段。

1.1.2 典型公路隧道实例

近年来我国公路隧道建设发展迅速，已成为世界上公路隧道数量最多、类型最全、结构最复杂、发展最快的国家。以下列举了一些国内外比较典型的公路隧道工程。

1）洛达尔隧道

洛达尔隧道是世界最长单洞公路隧道，位于挪威西部的洛达尔和艾于兰之间，全长 24.51km。于 1995 年 3 月开始施工，2000 年 11 月 27 日正式通车。整个工程项目共耗资约 1 亿美元，由挪威国王哈拉尔五世为其剪彩通车。图 1-2 所示为洛达尔隧道南口。

2）山手隧道

山手隧道是世界最长双洞公路隧道，日本东京都首都高速道路中央环状线新宿线(C2)的一部分，自丰岛区的高松出入口至品川区的大井交流道为止，全长 18.2km。几乎全线均位于山手通以及目黑川地底下，深约 30m，其中 70% 的部分使用 TBM(Tunnel Boring Machine)工法建造。隧道分为两条，分别为北向车道和南向车道。

山手隧道的延伸隧道(中央环状品川线的主要部分)则从 2007 年 12 月 12 日起开始施工，于 2015 年 3 月 7 日全线通车，成为日本最长公路隧道及亚洲最长公路隧道。图 1-3 所示为山手隧道内部结构图。

3）秦岭终南山隧道

秦岭终南山隧道是世界第二长双洞公路隧道，位于国道主线包头至北海段(包茂高速公路 G65)在陕西境内的西康高速公路北段，穿越秦岭山脉的终南山，长 18.02km，双孔、四车道，设计行车速度80km/h,总投资25.8亿元人民币。工程于2002年3月动工,2004年12月13日贯通,2007年1月20日正式通车,是当时世界上最长双洞公路隧道。图1-4所示为终南山隧道洞口。

隧道洞内设人字形纵坡,最大纵坡为1.1%,最大埋深为1640m。设置有3座通风竖井,最大井深661m,最大竖井直径11.5m。图1-5所示为终南山隧道通风竖井示意图。

图1-2 洛达尔隧道南口

图1-3 山手隧道内部结构图

图1-4 秦岭终南山公路隧道洞口

图1-5 秦岭终南山公路隧道竖井示意图

4)港珠澳大桥海底沉管隧道

港珠澳大桥东连香港,西接珠海、澳门,全长55km,其中海中主体工程长29.6km,按双向六车道高速公路标准建设,采用桥岛隧结合方案,是目前世界上规模最大、标准最高、最具挑战性的集桥、岛、隧为一体的交通集群工程。港珠澳大桥平面布置如图1-6所示(吕勇刚,2017)。

沉管隧道是港珠澳大桥的控制性工程,是中国第一条外海沉管隧道,是目前世界上最长的公路沉管隧道。隧道全长6704m,沉管段长5664m,共33节,标准管节尺寸为180m(长)×37.95m(宽)×11.4m(高),以每节近8万t的质量成为世界之最。隧道管节由一个长约12m、质量达6500t的最终接头拼接而成,并通过珠江口伶仃洋南北侧两个面积近10万m^2的离岸人工岛相连。为满足通航要求,沉管管顶埋于海床面以下23m的长度达3km,是目前世界上唯一的深埋沉管隧道工程。沿线基底软土厚度0~30m,地处珠江口外开敞海域,水文气象环境复杂,航线繁忙,通行船舶日均4000余艘。隧道于2017年7月7日全线贯通,设计使用寿命为120年。图1-7和图1-8分别为沉管隧道的纵断面图和横断面图。

图1-6 港珠澳大桥平面图

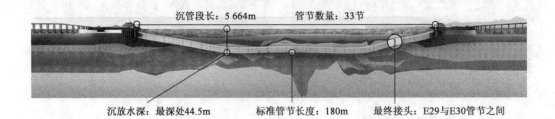

图1-7 沉管隧道纵断面图

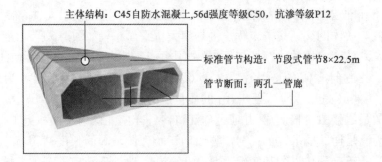

图1-8 沉管隧道横断面图

5) 拱北隧道

拱北隧道是国内最大断面的高速公路隧道、世界最长的超大断面曲线管幕隧道。其位于广东珠海,是港珠澳大桥的重要组成部分,下穿我国日通关量最大的陆路口岸——拱北口岸,由海中隧道和城市地下隧道两部分组成,全长2 741m,双向六车道,开挖断面尺寸为宽19m、高21m,面积达336.8m^2。于2016年12月28日贯通。图1-9所示为拱北隧道示意图。

图1-9 拱北隧道示意图

由于口岸对地表沉降控制要求极其严格,工程采用管幕冻结预筑法通过拱北口岸限定区域。隧道超前支护采用顶管及冻结帷幕,顶管采用大直径管幕36根,待顶管作业完成后进行分区域冻结形成止水帷幕,然后进行隧道的开挖支护及衬砌。

6) 南京扬子江隧道

南京扬子江隧道,又名南京纬三路过江通道,连接南京鼓楼区与江北新区。其位于南京长江大桥上游约5km处,距离南京长江隧道约8km,是世界水压最高的盾构公路隧道。隧道为双管双层、X形八车道结构。隧道分南线与北线,南北线的江北出口均在铺镇大街;南线的江南出口位于定淮门大街,全长7 360km;北线在江南与扬子江大道相连,全长7 340km,如图1-10所示。隧道开挖直径为14.98m(泥水盾构直径14.93m,设计隧道外径14.5m、内径13.3m),与相邻的南京长江隧道(纬七路)相通,在国内大型越江盾构隧道中,仅次于已建成的上海长江隧道和钱江隧道(两者盾构直径15.43m,隧道直径15m)。隧道内分上下两层,每层设两个车道,上层为江北到江南,下层为江南到江北。它是世界上同类隧道中规模最大、长度最长、地质最复杂、水压最高的隧道,被誉为"江底70米深处的世界级工程"。

工程中使用的国内自主知识产权最大泥水气压平衡复合式隧道盾构机,由中交天和机械设备制造有限公司研制,刀盘直径14.93m,如图1-11所示。

7) 红专路隧道

红专路隧道是世界断面最大的矩形顶管隧道,位于河南郑州,起于红专路与姚寨路交叉口,沿红专路向东下穿中州大道,终点位于红专路与龙湖外环路交叉口,全长801.263m,为四孔隧道。其中,中间两孔为机动车道,双向四车道;两侧两孔为非机动车道和行人通道。隧道断面尺寸为7.5m×10.4m。图1-12所示为红专路隧道盾构施工始发图。

a) 隧道平面布置图

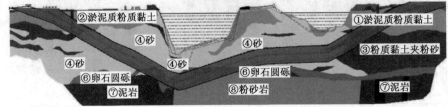

b) 隧道纵断面图（北线）（陈喜坤，2015）

图 1-10　南京扬子江隧道示意图

图 1-11　南京扬子江隧道施工泥水平衡盾构机

图 1-12　红专路隧道盾构施工始发

8）厦门翔安海底隧道

厦门翔安海底隧道，位于福建厦门，连接厦门岛和翔安区。全长 8 695m，其中海底部分长 4 200m。于 2005 年 8 月 9 日动工，2009 年 11 月 6 日全线贯通，2010 年 4 月 26 日正式通车。该隧道是第一条由国内专家自行设计的海底隧道，也是世界上第一条采用钻爆法施工的海底隧道。图 1-13 所示为翔安隧道洞口。

9）瘦西湖隧道

瘦西湖隧道是世界直径最大的单洞双层公路隧道，位于江苏扬州，下穿瘦西湖，全长 3.6km，其中主体盾构段长 1 275m，直径 14.5m。于 2011 年 8 月 21 日动工，2013 年 12 月 10 日贯通，2014 年 9 月 19 日正式通车。图 1-14 所示为瘦西湖隧道内部结构示意图。

隧道主体盾构段采用直径为 14.93m 的世界超大直径泥水平衡盾构机（德国海瑞克公司研制）施工，穿越长达 1.2km 的全断面硬塑黏土地层，解决了盾构施工的世界级难题。

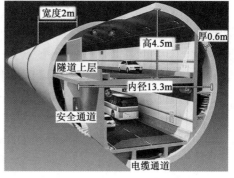

图1-13 翔安海底隧道洞口　　　　图1-14 瘦西湖隧道内部结构示意图

10) 国内其他有代表性的隧道工程

(1) 打浦路隧道

打浦路隧道是国内第一座水底公路隧道,位于上海,穿越黄埔江底,全长2 736m。于1966年动工,1970年10月贯通,1971年6月正式通车。

(2) 龙头山隧道

龙头山隧道是国内第一座双洞八车道高速公路隧道,位于广州黄埔区广州东二环高速公路,上下行分离式隧道,左线长1 010m,右线长1 006m,最大开挖宽度21.47m,最大开挖高度13.56m,于2008年6月建成通车。

(3) 武汉长江隧道

武汉长江隧道是国内第一座穿越长江的隧道,位于武汉长江一桥和长江二桥之间,为左右两条单洞式隧道、单向两车道。于2004年11月28日动工,2008年12月28日建成通车,为首条穿越长江的隧道。隧道左线长2 550m,右线长2 499.2m,利用一台大断面泥水平衡盾构机(直径11.38m)掘进,两隧道间设置了5条联络通道。

(4) 万石山隧道和钟鼓山隧道

万石山隧道和钟鼓山隧道是国内第一座地下立交互通隧道,位于福建厦门台阳山山体内,钟鼓山隧道为双洞四车道,北行隧道长1 227.573m,于1986年通车,南行隧道长1 101.911m,于1995年通车。万石山隧道为双洞六车道,左洞长1 300.5m,右洞长1 255m,下穿钟鼓山隧道,并与钟鼓山隧道通过3条匝道连接。整个隧道群由7条隧道构成,全长5 852.384m,于2008年全部建成通车。

(5) 青岛胶州湾海底隧道

青岛胶州湾海底隧道是国内最长的海底隧道,于2006年12月27日动工,2010年4月27日贯通,2011年6月30日通车。隧道全长7 800m,其中海底段长约3 950m,断面最大跨度28.20m,最深处位于海平面以下82.81m。隧道分为2条主隧道、1条服务隧道和2条匝道,其中主隧道均为单向三车道,净宽13.5m;匝道净宽为8.5m和9.5m。隧道穿越青岛胶州湾湾口海域,两端分别位于青岛市市南区台西片区的团岛和黄岛区的薛家岛。隧道共穿越18条断层破碎带。

(6) 锦屏山隧道

锦屏山隧道是国内埋深最大公路隧道,位于四川凉山彝族自治州木里、盐源、冕宁县交界处的雅砻江干流上,处于三大河湾之一的锦屏大河湾的中间。它既是为锦屏一级、锦屏二级、卡拉、杨房沟、孟底沟等水电站服务的特长交通隧道,又是锦屏二级水电站引水隧洞施工的超前勘探洞和施工辅助洞,于2008年8月8日全线贯通。

隧道长约17 500m,最大埋深2 375m,埋深大于1 500m的洞段占隧道总长的73.1%。

(7) 金鸡山隧道

金鸡山隧道是国内跨径最大高速公路双连拱隧道,位于福建省福州机场高速公路,全长295m,双向八车道连拱隧道,单洞跨径18.198m,连拱隧道总跨度达41.498m,于2010年8月通车。

(8) 东山隧道

东山隧道是国内最长纯黄土公路隧道,位于陕西志丹县境内的延吴高速公路,为分离式双向四车道黄土隧道,左洞全长4 925m,右洞全长4 914m。于2013年12月19日建成通车。

(9) 嘎隆拉隧道

嘎隆拉隧道是国内坡度最大公路隧道,位于西藏波密县与墨脱县之间,是我国最后一条通县城公路——墨脱公路的控制性工程,横穿岗日嘎布山,全长3 310m,平均海拔3 700m,隧道纵坡度为4.1%,于2010年12月15日贯通。

(10) 延安东路隧道

延安东路隧道是上海连接浦东与浦西、跨越黄浦江的一条主要道路,由南北两条隧道组成,共4条行车道,是上海的一座观光隧道。隧道浦西出口位于延安东路福建中路口,浦东出口则位于世纪大道银城中路口,直接连接世纪大道。全长2 261m,穿越黄浦江的部分有1 476m。隧道北线于1984年12月18日开始兴建,1989年11月29日正式通车;隧道南线于1994年1月18日动工,1996年11月29日正式通车。该隧道在高峰时段交通极为繁忙,实际流量远超设计值。

(11) 上海长江隧道

上海长江隧道是崇明越江通道的一部分,起自浦东新区五号沟,穿越长江西南港水域于长兴岛西南方登陆,接上海长江大桥,全长8 950m,于2009年10月31日正式通车。隧道为双层结构:上层为道路,设计为双向六车道,设计速度80km/h;下层为轨道交通线路预留。

(12) 雪山隧道

雪山隧道是一座开凿于1991年至2006年、长度近13km的公路隧道,位于台湾省新北市坪林区与宜兰线头城镇之间,属于北宜高速公路横贯雪山山脉的路段,并因其超高的施工难度而名列《大英百科全书》。整个工程使用了两大一小共三台全断面隧道掘进机(TBM)进行快速掘进。其中一部大型TBM在掘进隧道东口工程时,通过硬度比钢还要高的四棱砂岩地层,并遭遇大涌水;在挖掘过程中,共发生过63次岩盘崩落,TBM曾26度受困。另一部TBM在一次隧道崩塌事故中,被大量土石掩埋而损毁报废,导致后续工程不得不采用钻爆法进行开挖。

1.2 风险评估与管理背景

随着公路隧道工程的集中大规模建设与运营，与之相伴而来的施工中的各种风险灾害事故数量则逐年递增（王迎超，2010）。其中，塌方事故是在隧道施工过程中发生比较普遍，且被报道最多和造成人员与经济损失最严重的事故之一。姜源岭隧道，通城至平江高速公路上的一座双洞四车道公路隧道，2010年10月14日在施工中发生大塌方，洞口段塌穿至地表，形成一个地面直径25m、隧道内直径12m、深20m的塌方漏斗（刘卫红，2012）。十二排隧道，龙岩至长汀高速公路上一座公路隧道，2005年9月4日在施作初期支护后发生大塌方，塌方段长度约52m，塌方体积近6 000m^3（张华松，2007）。京珠高速公路靠椅山隧道，发生"通天"塌方，地表出现一个长71m、宽51m、深21m的大坑，塌方量超过20 000m^3，在隧道内形成长约188m的塌体，并有22人被堵在洞内，隧道被迫停工（刘学增，2010）。岩爆是深埋硬岩隧道施工中极易发生的一种地质灾害，且常常造成严重的人员伤亡和经济损失。2010年11月28日发生于锦屏二级水电站引水隧洞排水洞约2 500m埋深处的一次极强岩爆导致了7人死亡和一台TBM机报废（钱七虎，2014）。山岭隧道施工中频繁发生的风险灾害事故对施工人员安全造成极大威胁，工程施工成本大幅增加，并产生了极为恶劣的社会影响。在此情况下，如何有效地评估及管理山岭隧道施工中的各类风险就成为一项亟待研究解决的课题。

"风险"一词源于法文的"risque"，在17世纪中叶被引入到英文，拼写为"risk"，到18世纪前半期，"risk"一词开始出现在保险交易中。陈龙（2004）认为，在以隧道工程项目正常施工为目标的行动过程中，如果某项活动存在足以导致承险体系统发生各类直接或间接损失的可能性，那么就称这项活动存在风险，而这项活动所引发的后果就称为风险事故。

风险评估包括风险评价、风险分析和风险预测。山岭隧道在施工前和施工中进行风险评估可以辅助施工管理人员提前发现施工中可能存在的风险源以及可能由此引发的风险事件，进而采取合理的消除或缓解风险的措施。2004年11月，中国土木工程学会隧道及地下工程分会风险管理专业委员会成立。2005年中国土木工程学会召开了我国第一次全国范围的地下工程安全风险分析研讨会，推动了地下工程安全风险研究的全面开展。2009年6月，中国土木工程学会工程风险与保险研究分会成立，为中国土木工程学会的二级分会。国内的隧道工程风险评估及管理逐渐被业内人士所重视。交通运输部于2011年发布的《公路桥梁和隧道工程施工安全风险评估指南（试行）》（简称《指南》）规定，满足特定条件的公路隧道工程必须进行安全风险评估工作，则更加有力地推动了风险评估工作在实际公路隧道工程施工中的广泛应用，对提高公路隧道工程施工安全水平有极大裨益。交通运输部于2014年发布的《公路水路交通运输主要技术政策》将"完善公路安全评价机制，发展公路安全评价技术"作为一项主要研究课题。

风险管理则是在风险评估的基础上进行施工决策和风险跟踪的过程。风险管理一词最初是由美国的肖伯纳博士于1930年提出，并经由后继的英美学者将其发扬光大。英国隧道协会（The British Tunnelling Society，BTS）和保险业协会（The Association of British Insurers，ABI）于2003年9月联合发布了《英国隧道工程建设风险管理联合规范》。国际隧道协会（International Tunnelling Association，ITA）于2004年发布了《隧道工程风险管理指南》（Eskesen，2004）。国际隧道工程保险集团(The International Tunnelling Insurance Group,ITIG)于2006年1月发布了《隧道工程风险管理实践规范》(Bravery,2006)。这些规范和指南均指出,在隧道工程建设中应用系统的风险管理技术可以极大地提高现有的风险管理工作。2002年以同济大学、奥雅纳工程顾问(香港)有限公司和中交第四航务工程勘察设计院共同承担的上海崇明越江通道工程风险分析研究项目是国内风险分析技术应用在隧道工程上的第一个大型项目(陶履彬,2006)。该项目的研究成果表明风险评估及管理技术用于提高隧道工程施工安全是一种合理可行的方式。2004年中铁西南科学研究院对宜万铁路野三关隧道开展了施工期风险评估,这是国内首次对大型山岭隧道进行风险评估研究(李献民,2015)。

从认识论的角度来看,可将隧道施工期的风险归为察觉风险、统计风险和预测风险(姜青航,1998)。察觉风险通过经验、观察、比较等察觉得到,工程上常常根据专家经验进行判断。统计风险由现有的可以利用的数据来加以评判,是历史上不利风险事件的综合分析。预测风险通过对已有风险案例的研究建立系统模型,对未来不利风险事件进行预测。隧道工程施工风险有察觉风险和统计风险的成分,但更多的还是预测风险(工程风险事件虽频繁发生,但积累的数据还远未达到统计学的要求)。

公路隧道工程施工安全风险评估及管理发展至今已取得长足进步,相较过去,当前公路隧道工程施工的安全状况已经显著改善。但不可否认,其在理论、方法、技术和综合管理平台方面仍有差距和不足。隧道及地下工程与一般地面结构工程相比,最大的特点是具有大量的不确定性风险因素(Haas,2002),即客观的不确定性(工程场地水文、地质条件)、主观的不确定性(缺乏类似工程的施工前期信息和经验)等。钱七虎院士(2008)指出,当前地下工程安全风险管理实践中存在的问题包括:缺乏规范的安全风险管理体系,风险管理相关技术规范、标准不符合目前地下工程发展现状,缺乏合适的信息化安全风险管理平台等。隧道施工是一个极度依赖专家经验和现场工程数据的行业,如果能够合理有效地利用这些宝贵的数据信息来指导工程施工,将会使其安全水平更上一层楼。另外,互联网已经深刻影响并改变了我们工作生活的方方面面,建立风险事故案例信息库和风险评估及管理平台以服务于隧道施工,将对保障施工人员安全、合理缩短工程工期以及降低工程成本有极大益处。

1.3 风险评估及管理研究现状

1.3.1 风险评估及管理理论

现代风险管理流程的雏形源于1991年的UK MOD模型,包括初始辨识、分析和规划管理三部分。Chapman(1997)提出了风险管理过程的4个特殊阶段"SCERT",即协作(Synergistic)、偶然性(Contingency)、评估(Evaluation)和响应技术(Response Technique),并在此基础上建立了风险管理的一套具体流程,包括9个方面,即定义、聚焦、辨识、结构、所有权、估计、评估、计划和管理,并对每一方面做了详细介绍,使得风险管理工作更加规范化。国际隧道协会(ITA)发布的《隧道工程风险管理指南》将风险管理定义为包括风险辨识、风险评估、风险分析、风险消除、风险缓解与控制的一系列工作(Eskesen,2004)。美国风险管理专家Reilly(2000)对隧道及地下工程风险研究工作做出了比较突出的贡献,其主要从工程风险管理角度研究大型隧道工程的风险问题,指出风险管理应包含三个主要方面,即合作伙伴(Partnering)、争议解决(Dispute Resolution)和风险缓解(Risk Mitigation)。南安普顿大学学者(Cooper,1987)提出了风险工程的概念,即风险工程是多种风险分析技术的综合体,弥补了单一过程风险分析技术的不足,为更高层次上大规模应用风险分析领域的研究成果提供了理论基础。Einstein(1974,1992,1996,1999)是美国隧道工程风险分析领域的代表人物,他曾撰写多篇有价值的文献,主要贡献是指出了隧道工程风险分析的特点和应遵循的风险分析理念。2004年国际隧道年会专门设置了安全、费用与风险专题,Reilly 和 Brown(2004)提交了题为《Management and Control of Cost and Risk for Tunneling and Infrastructure Projects》的论文。

清华大学郭仲伟教授(1987)是国内引入风险分析理论的主要代表,他将风险定义为事件产生所不期望后果的可能性,指出风险分析要包括发生的可能性和它所产生的后果两方面。并提出了风险分析的流程,即风险辨识、风险估计、风险评价和风险决策。天津大学于九如教授(1999)总结了三峡工程的风险分析成果,为风险分析理论在大型工程中的应用做了理论上的探讨。同济大学黄宏伟教授(2010)提出"风险辨识分析和风险评价是风险管理的基础,风险控制才是风险管理的最终目标",并指出工程风险的核心包括5项基本内容,即风险辨识、风险估计、风险评价、风险控制和风险跟踪。香港的 Mcfest-Smith(2000)提出了亚洲复杂地质条件下隧道工程的风险评估模式,根据发生频率的高低将风险分为5级,根据风险影响后果也将风险分为5级。台湾的沈劲利和游步上(2003)应用多属性效应理论(Multiple Attribute Utility Theory),从施工单位的角度,对隧道工程风险管理的决策程序进行了详细探讨。

1.3.2 风险评估软科学方法

由于隧道工程施工岩体复杂的力学特性,往往需要借助以往类似工程的施工经验和各种人工智能方法对工程风险状况进行评判,孙钧院士(2000)称之为软科学方法(Soft Science Approach),并将其视为国内外学者在岩土力学领域取得的成就之一。下面以隧道工程施工中常发生的岩爆和塌方风险预测为例,对国内外学者提出的各类软科学方法模型进行梳理。而对各类软科学方法的详细介绍和应用请参考本书第5章。

(1)支持向量机(SVM)模型

冯夏庭和赵洪波(2002)运用支持向量机理论建立了隧道岩爆预测的支持向量机模型,考虑的影响因素包括埋深,地质结构面的类型、倾角和宽度,永久支护的类型和隧道断面高度。赵洪波(2005)采用支持向量机理论对岩爆进行分类,考虑的岩体力学参数包括应力系数、岩石脆性系数和弹性能量指数。Zhou 等(2012)采用支持向量机理论对地下洞室的长期岩爆进行分级,并采用遗传算法(Genetic Algorithm, GA)和粒子群优化(Particle Swarm Optimization, PSO)算法对模型进行优化,结果表明 SVM 适合用于岩爆分级的预测。其中考虑的影响因素包括埋深 H、洞周最大剪应力 σ_θ、岩石单轴抗压强度 σ_c、岩石单轴抗拉强度 σ_t、应力系数 $T(=\sigma_\theta/\sigma_c)$、岩石脆性系数 $B(=\sigma_c/\sigma_t)$ 和弹性能量指数 W_{et}。

(2)人工神经网络(Artificial Neural Network, ANN)模型

Feng(1994)将人工神经网络方法引入到岩爆预测中,其中建模考虑的参数包括埋深 H、岩石单轴抗压强度 σ_c、岩石单轴抗拉强度 σ_t、洞周最大剪应力 σ_θ、弹性模量 E、弹性能量指数 W_{et}、主要节理面与最大主应力方向的夹角 β、岩体完整性指数 K_v、开挖断面形状和地下水条

件。冯夏庭(1994)采用人工神经网络理论,提出了自适应模式识别方法预测地下洞室岩爆,模型的输入参数包括洞室围岩切向应力与岩石单轴抗压强度之比 σ_θ/σ_c、主节理组与最大主应力方向夹角 β、岩石脆性系数 K_u、应力下降指数 K_σ 和岩石弹性能量指数 K_w,可以实现识别岩爆发生的可能性和烈度。杨涛和李国伟(2000)采用BP(Back Progation)神经网络算法建立了岩爆预测模型,模型的输入参数包括应力系数、岩石脆性系数和弹性能量指数。陈海军等(2002)选取岩石抗压强度、抗拉强度、弹性能量指数和洞壁最大剪应力作为岩爆预测的评判指标,建立了岩爆预测的神经网络模型,对岩爆的发生及其烈度进行预测。周科平和古德生(2004)对评价岩爆倾向性的多源信息进行加工处理,建立了一个基于GIS(地理信息系统)技术岩爆倾向性的模糊自组织神经网络模型,选取的岩爆评价指标包括脆性系数 R、脆性指数 K_u、冲击能量指标 W_{cf}、应变能储存指数 W_{et}、岩石动态破坏时间 DT、应力阈值 $\acute{a}$。Sun等(2009)基于BP神经网络算法及典型岩爆数据,运用模糊数学理论和神经网络,建立了一种模糊神经网络煤矿岩爆风险预测模型,模型考虑了10种影响因素,包括采矿深度、煤层厚度、煤层厚度变化、煤层倾角、煤块强度、顶板强度、地质构造复杂程度、顶板支护状况、围压释放情况和煤噪声。彭琦等(2010)采用小波神经网络并结合突变理论建立了一种岩爆预测模型,选取的影响参数包括应力系数、岩石脆性系数和弹性能量指数。

(3)模糊数学综合评判模型

王元汉等(1998)采用模糊数学综合评判方法,选取应力系数、岩石脆性系数和弹性能量指数作为岩爆的影响因素,对岩爆的发生及烈度进行了预测。陈秀铜和李璐(2008)对引发岩爆的影响因素进行了系统归类,并与系统工程决策方法和模糊数学评价方法有机结合,提出了一种层次分析法——模糊数学(AHP-FUZZY)岩爆预测方法,该方法考虑的参数包括脆性系数、应力系数、倾向性指数、线弹性能、围岩基本质量、T准则、RQD指标(岩石质量指标)和应力系数。刘章军等(2008)以模糊概率理论为基础,选取应力系数、岩石脆性系数和弹性能量指数作为评价影响因子,建立了岩爆分级预测的模糊概率模型。杨金林等(2010)基于粗糙集理论与模糊集理论相结合的方法,建立了关于岩爆发生和烈度分级评价的关系数据模型,选取的评价指标包括应力系数、岩石脆性系数和弹性能量指数。陈鹏宇等(2014)选取应力系数、岩石脆性系数和弹性能量指数三个指标,建立了基于权重反分析的标准化模糊综合评价模型来预测岩爆。

(4)未确知测度模型

史秀志等(2010)应用未确知测度理论并结合工程实际,选取应力系数、岩石脆性系数和弹性能量系数作为岩爆烈度分级的评价指标,建立了岩爆烈度分级预测的未确知测度评价模型。

(5)可拓综合评判模型

熊孝波等(2007)采用可拓综合评判方法,选取应力系数、岩石脆性系数和弹性能量指数作为评价指标,应用物元概念和关联函数,建立了岩爆预测的物元模型,对岩爆的发生与否及其烈度进行预测。陈祥等(2009)采用围岩二次应力的最大主应力与岩石最大抗压强度之比、修正岩爆倾向性指数和岩体完整性指数三个因素作为评判岩爆发生等级的指标,并运用可拓方法对岩爆及其发生等级进行综合评判。张乐文等(2010)以粗糙集理论中的属性约简和条件属性权重计算为基础,建立了隧道岩爆预测的可拓评价模型,选取的评价指标包括岩石单轴抗压强度 R_c、单轴抗压强度与最大主应力的比值 R_c/σ_1、脆性指数、应力系数、弹性能量指数和岩体完整性指数。

(6) 距离判别模型

宫凤强和李夕兵(2007)基于距离判别分析理论,把应力系数、岩石脆性系数和弹性能量指数作为判别因子,建立了岩爆预测的距离判别分析模型。王吉亮等(2009)选用洞室围岩最大切向应力 σ_θ、岩石单轴抗压强度 σ_c、抗拉强度 σ_t 和岩石弹性能量指数 W_{et} 作为判别因子,建立了岩爆等级判定的距离判别分析模型。

(7) 粗糙集模型

邬书良和陈建宏(2014)以应力系数、岩石脆性系数和弹性能量指数作为岩爆烈度的最初判别指标,利用概念格为约简工具对判别指标进行约简,基于粗糙集理论建立了岩爆烈度判别模型。

(8) 物元模型

杨莹春和诸静(2000)应用物元概念和关联函数,建立了岩爆分级预报的物元模型,选取的参数包括应力系数、岩石脆性系数和弹性能量指数。

(9) 灰色理论

姜彤等(2003)在灰色关联分析和模糊模式识别原理的基础上,应用最小二乘法构造目标函数,建立了岩爆预测的数学模型,提出了动态权重计算方法和综合评判指数的概念,选取的评判指标包括岩体最大初始应力与岩体抗拉强度的比值 σ_1/σ_t、岩体最大初始应力与岩体抗压强度的比值 σ_1/R_c、岩体最大初始应力与岩体结构强度的比值 $\sigma_1/[R]$、岩体抗压强度与岩体最小初始应力的比值 R_c/σ_3 以及节理裂隙与最大主应力方向的夹角 β。姜彤等(2004)根据已有的研究成果,提出了新的权重计算方法,建立了动态权重灰色归类模型,并提出综合评判指数的概念用于岩爆预测。

(10) 投影寻踪模型

徐飞和徐卫亚(2010)结合投影寻踪算法、粒子群优化算法和 Sigmoid 曲线函数,选取应力系数、岩石脆性系数和弹性能量指数作为判别指标,建立了岩爆预测的粒子群优化投影寻踪模型。

(11) 云模型(Cloud Model)

Liu 等(2013)采用云模型和属性权重方法,结合典型岩爆样本,对岩爆分级进行预测,选取的评判指标包括应力系数、岩石脆性系数和弹性能量指数。

(12) 功效系数法

王迎超等(2010)基于功效系数法的基本原理,选取应力系数、弹性能量指数和岩石脆性系数 I_s 作为评价因子,建立了一种新的岩爆烈度分级预测模型。

(13) 贝叶斯网络(BN)

Sousa 和 Einstein(2012)将贝叶斯网络应用于隧道工程施工风险管理,并建立了一种包含两个模型的方法论,其中地质预测模型用来辅助预测隧道开挖掌子面前方的地质情况,施工决策支持模型用来辅助选择导致最小风险的施工策略,并将该理论应用于葡萄牙波尔图地铁施工中,结果表明利用该方法预测的结果与工程实际情况较为吻合。Špačková(2011)提出了一种基于动态贝叶斯网络针对隧道开挖行为风险的概率评估模型,该模型能够考虑设计与施工质量的影响,并将其应用到某新奥法开挖的公路隧道工程施工过程中。谢洪涛和丁祖德

(2013)建立了基于贝叶斯网络的隧道施工坍塌事故诊断专家系统,其中,以专家调查问卷的方式构建此贝叶斯网络的基本结构,并以案例数据量化节点的基本概率和条件概率。胡鑫(2014)以云贵高铁某隧道为依托工程,借助贝叶斯网络仿真软件 Netica 建立了岩溶隧道围岩级别预测模型和岩溶隧道Ⅳ级围岩稳定性风险分析模型。谢洪涛(2015)基于贝叶斯网络方法构造了隧道围岩失稳风险预警专家系统,并通过某工程案例进行了验证。

1.3.3 风险评估及管理软件系统

Einstein(1974,1999)提出了适用于岩石隧道的隧道成本模型(Tunnel Cost Model),并在此基础上建立了一个隧道施工决策辅助系统,用来计算隧道施工的成本、工期和消耗的资源,它包括三部分,即地质描述、施工模拟和施工管理。Huseby 和 Skogen(1992)基于影响图(Influence Diagram,ID)理论建立了一个用于评估大型项目动态风险的软件工具 DynRisk。Carr 等(2001)采用模糊数学理论研究了风险因素、风险和风险结果之间的关系,并建立了一个定性风险评估工具。Patterson 和 Neailey(2002)开发了一个风险登记数据库系统,整合了风险登记和风险评估工具用于工程的风险管理。Yoo 和 Kim(2003)通过研究隧道工程施工期间的地面沉降,开发了一套基于 Web(全球广域网,亦称万维网)的建筑损坏评估系统 TURISK。意大利 GeoDATA 公司针对地下工程施工风险管理推出了名为 GDMS(Geo Data Master System)的信息化管理系统,基于 GIS 和 Web 技术,由建筑物状态管理系统、建筑风险评估系统、盾构数据管理系统、监测数据管理系统以及文档管理系统构成,具备较为完善的风险管理功能,并在俄罗斯圣彼得堡、意大利罗马和圣地亚哥等地铁工程中得到应用。德国 ITC 公司开发了基于 Web 的 IRIS.tunnel 隧道施工数据控制与分析系统。

在北京地铁修建过程中,王梦恕院士(2004)提出应建立施工阶段安全风险技术平台和管理系统。周文波和吴惠明(2004)根据上海地区软土工程的施工经验,研发了"盾构隧道施工智能化辅助决策系统",能够实现分析施工数据、预测地面沉降,并给出相应的防范措施。陈亮等(2005)开发了盾构隧道施工风险管理数据库系统,包括风险辨识、风险估计、风险评价、风险决策和风险跟踪等功能。刘涛和刘国斌(2005)研发了"轨道交通建设远程监控管理系统",包括车站远程监控管理系统、隧道远程监控管理系统、网络远程办公系统、网络视频远程监控系统和自动监测系统5部分。黄宏伟等(2006)根据现有的风险管理理论,基于专家调查法和 CIM 模型(Controlled Internal and Memory Models),提出了一套盾构隧道施工风险管理与控制软件的功能和实现方法,并开发了包括隧道风险辨识、风险评估与决策以及风险跟踪等功能的软件程序。汤漩等(2006)开发了适用于盾构隧道的基于 Web 的施工风险知识管理系统。范益群等(2007)建立了隧道及地下工程设计系统的风险管理体系,包括预可行性研究、工程可行性研究、方案优化研究、初步设计、施工图设计和运营组织维护设计。上海地铁运营有限公司和上海时空软土工程研究咨询中心联合研发了"地铁工程远程监控管理系统",并在上海轨道交通多条线路施工中得以运用。罗富荣(2011)在其博士论文中,建立了北京地铁工程典型周边环境的评估与控制体系,研发了"北京地铁工程施工安全风险监控系统"。丁烈云和周诚(2012)以地铁施工安全风险识别和预警为核心,开发了地铁施工安全风险自动识别系统(SRIS)。吴波等(2012)开发了基于 Web 的网络分布式隧道工程施工风险管理软件。刘保国和王键(2015)开发了隧道工程施工风险分析与评价计算机辅助系统,并集成了模糊网络分析法,包括风险辨识、风险估计、风险评价和风险决策等功能。薛亚东等开发了一系列基于 Web 的桥梁、隧道和边坡工程的风险评估系统及专家平台,具体包括基于 Web 的桥梁/隧道工程初步设计安全风险评估平台系统 V1.0(上海通芮斯克土木工程技术有限公司,2014)、基于 Web 的隧道工程初步设计安全风险评估平台系统 V1.0(李兴,2017)、基于 Web 的隧道、边坡工程施工期安全风险可视化系统 V1.0(李兴,2017)、基于 Web 的专家调查问卷系统 V1.0(李兴,2017)和基于 Web 的桥梁、隧道和边坡工程施工安全风险评估平台系统 V1.0(李兴,2017)。

1.3.4 风险评估及管理存在的问题

风险评估及管理的理论与实践发展至今已取得长足进步,对保障人员健康安全、减少经济损失、保护自然环境等贡献颇多,已成为工程全寿命期一项不可或缺的重要内容。但其在实际应用过程中也遇到了诸多问题,主要有以下几个方面。

(1)缺少规范的风险评估体系

目前,我国针对公路隧道风险评估的指导标准主要包括初步设计阶段的《公路桥梁和隧道工程初步设计阶段安全风险评估指南》和施工阶段的《公路桥梁和隧道工程施工安全风险评估指南(试行)》与《高速公路路堑高边坡工程施工安全风险评估指南》。但值得注意的是,这三本指南在风险评估流程、风险等级评判标准、风险评估指标体系等方方面面均存在或多或少的差异,且采用的风险评估方法较为单一,不能更准确地反映隧道工程设计和施工阶段存在的风险状况,使得风险评估过程流于形式,不能更专业地指导工程实践。在此情形下,本书通过建立更加规范完整的风险评估体系,引入或建立更具定量化和动态性的风险评估方法,将风险评估结果对工程实践的指导价值发挥到最大。

(2)现有的风险评估方法实用性不够强

隧道工程与岩土工程密不可分,而人类对岩土的工程性质和理论研究仍然处于一个逐步探索的过程,对其很多方面的认知也存在很大分歧和不确定性,这就使得经验在隧道工程的设计和施工过程中占相当大的比例。而由经验设计或施工所导致的诸多不确定因素,使得对其风险进行定量化和动态性的评估就很难实现。因此,当前应用在隧道工程中的各类风险评估方法大多是一种定性评判,少数定量化的方法也多是事后验证或者对其评判对象做了相当程度地简化,导致风险评判结果指导意义不大。针对此项难题,本书在总结已有风险评估方法的基础上,通过改进已有方法、引入人工智能相关技术和建立新的动态风险评判规则,尝试建立一个能够适用于隧道工程不同阶段或情形的风险评估方法体系,进而综合全面地反映工程的实际风险状况。

(3)缺少综合实用的风险评估及管理系统平台

纵观隧道工程的发展历史可以发现,机械化、智能化和自动化一直是其发展的趋势,而建立综合实用的隧道工程风险评估及管理系统平台也被诸多学者和实际工程所提倡或践行,但由于隧道工程的复杂现状、多种学科的交流协作、传统的工程管理意识等诸多方面的原因,导致几十年来取得的成果有限,大多是针对某一具体工程的应用,而不具通用性。有鉴于此,本书尝试为隧道工程的风险评估和管理过程打造一个通用平台,为工程的顺利开展提供一些有益的指导。

1.4　本书内容与章节分配

全书正文共包括9章,并以隧道风险评估理论和实践两个主题来安排各章相关内容。下面对各章节的主要内容分述如下。

第1章介绍了当前公路隧道的发展现状,以及隧道风险评估及管理的研究背景和现状。第2章概述了公路隧道设计与施工的常用理论和方法。第3章提出了完整的隧道风险评估与管理的理论体系,总领全书。第4章通过许多实际案例对隧道工程建设过程中常见的典型事故进行了详细分析。第5章提出和引入了多种风险评估软科学方法。第6章提出了多种动态风险评估方法。第7章提出了基于数值模拟的风险评估新方法的理念,并对该方法的实际操作进行了详细阐述。第8章展示了所建立的基于"互联网+"的工程风险评估与管理智慧云系统,是作者多年从事隧道风险相关工作的成果结晶。第9章是基于风险评估理论与方法进行风险评判的多个工程案例,涵盖隧道工程设计、施工和运营的整个生命周期。此外,附录中也包含非常丰富的内容,如所建立的各类隧道事故案例库等。

本书章节划分较细,便于对每个主题进行详细和系统的论述。但在开展实际工作时,各章是紧密联系、相互依赖的。本书以第3章为主线将各章相关内容有机地串联在一起,最终建立起基于"互联网+"的工程风险评估与管理智慧云系统。此外,书中的工程案例及相关技术参数适用于特定的地质条件、环境条件等工程场景,必须在完全清楚应用条件和局限性的情况下才具有参考价值,切不可盲目模仿。

第2章 公路隧道工程设计与施工方法简介

隧道是指修建于地下、两端有出入口、具有特定使用功能的人工建筑物。其基本特征是：具有特定的使用功能,供车辆、行人、水流及管线等通行;具有一定的断面尺寸,且小于隧道长度。用于满足交通需求的隧道称为交通隧道,公路隧道是交通隧道的一个重要分支,常见的连接山体两侧公路的山岭隧道或连接水体两侧公路的水底隧道以及城市中供快速车辆和行人通行的通道都属于公路隧道。

我国是一个多山的国家,高速公路路线跨越山岭地区时常遇到地形障碍,在经济、技术等条件允许的情况下,采用隧道方案可以缩短行车里程、提高线形标准、节省建设用地并有利于生态环境保护。因此,随着20世纪80年代以来我国高速公路建设的迅速发展,公路隧道逐渐在交通工程中起到了举足轻重的作用。在高速公路隧道工程的安全风险评估与管理中,充分了解和认识隧道工程设计与施工的主要流程是准确把握其风险的关键。本章着重介绍高速公路隧道工程中常见的山岭隧道设计与施工方法,同时也简要介绍其他施工方法(如盾构法、沉管法等)的一般流程与特点,力求使读者对高速公路隧道的设计与施工方法有清晰而全面的了解。

2.1 公路隧道工程设计方法

2.1.1 设计的基础资料

隧道是一种特殊的土木工程,它的最大特点是自始至终与地质有着密不可分的联系,因此,隧道设计必须在完成其所在地区自然条件的调查、隧道工程对周围环境影响的调查、工程地质及水文地质的勘察、地形测量、导线测量等工作,并获得充分的技术资料的基础上,遵循相关规范和规定进行(戴俊,2010)。

1)地质与地形资料

地质与地形资料通过隧道工程勘测获得,隧道的工程勘测分阶段进行,不同勘测阶段的工作目标、内容和范围不同,具体见表2-1。

(1)通过勘测获取的地质资料应包括以下内容:

①工程地质特征。指地质构造及地层、岩性的状况,特别是地质构造变动的性质、类型、规模、断层、节理、软弱结构面特征及其与隧道的组合关系,围岩的基本物理力学性质等。

②水文地质特征。指地下水类型,含水层的分布范围、水量、补给关系、水质及其对混凝土的侵蚀性等。

不同勘测阶段工作目标、内容和范围　　　　　　表 2-1

阶段		目标	内容和方法	范围
施工前	踏勘	为线路走向比选提供区域地形、地质、环境等基本资料	收集、分析既有资料、沿路线进行地质勘探	大于线路可能方案的范围
	初勘	获取线路所需地形、地质及其他环境资料,为方案比较及下阶段调查提供基础资料	收集、分析既有资料,现场踏勘、测绘和必要的勘探工作	大于比选方案的范围
	详勘	获取技术设计、施工计划、预算等所需的地质、环境资料	详细进行地形、地质、环境等调查;按要求进行钻探、物探、测试等	隧道路线两侧及周围地区,特长、长隧道和岩溶隧道范围适当扩大
施工中		预报和确认施工中出现的工程地质、水文地质问题;验证或变更设计、调整施工方法等	地形、地质、环境补充调查;洞内观测、量测、超前探测预报,地质灾害及防治措施	隧道内及地面受施工影响的范围

注:摘自《公路隧道设计规范》(JTG D70—2004)。

③不良地质和特殊地质现象。如崩塌、岩堆、滑坡、岩溶、泥石流、湿陷性黄土、盐渍土、盐岩、多年冻土、雪崩、冰川等,查明其发生的原因及其类型和规模,根据其发展的趋势,判明其对隧道的影响程度。

④地震烈度。隧道经过地区的地震烈度按《中国地震烈度区划图》的规定划分,必要时应经地震部门鉴定。在地震烈度≥7度的地震区,搜集调查断裂构造时,应特别注意全新活动断裂和发震断裂。

⑤有害气体和放射性物质。当测区内存在这类物质时,应按劳动保护、环境保护的相关条例查明含量、预测释放程度,当可能超出规定的允许值时,须采取必要的保护措施。

⑥说明隧道选线、设计及施工时应注意的问题及对进一步调查的建议。

(2)获取的图件资料应包括以下内容:

①线路地形图(比例:1/5 000~1/2 000),沿隧道全长绘制,标明线路走向及里程。

②洞口附近地形图(比例:1/500),在可能的洞口位置附近一定范围内绘制,可以与地形图相结合。

③地质平面图。用地质符号在地形平面图上反映地质的分布情况,可以与地形图相结合。

④地质纵断面图(比例:1/2 000~1/500)。沿隧道中线纵断面绘制,反映围岩种类、地质构造、岩性、产状、涌水等,标明隧道线路高程、里程等。

⑤洞口附近地质纵断面图(比例1/200)以及洞口附近地质横断面图若干。用于进一步正确选择洞口位置及反映洞口的工程情况。

2)环境调查资料

通过对施工场地、生态环境的调查,评价隧道修建和运营交通对周边环境的影响程度,提出必要的环境保护措施。

①自然环境调查。调查动植物的生态状况,包括种类、密度、分布、季节性变化等。调查地表水、地下水状况。

②地物调查。调查土地利用状况,包括土地的用途、面积范围等。调查文物古迹、风景区等。调查已有构建物,包括通信设施、民房、地下管网等。

③生活环境调查。在工程施工过程中或完工后出现的废弃物、噪声、振动、地表下沉等,是对居住环境、自然资源和已有地物影响的主要问题。

3)气象调查资料

隧道选线时,应充分考虑当地的气象条件,它会直接影响到隧道选线、结构设计、洞外场地布置、设施安排、进度计划与施工管理等。在设计中,必须依据气象资料考虑混凝土结构的防冻、混凝土集料及用水的保温、施工道路的选择等。洞口附近的风向、风速对隧道的通风有影响;洞口附近的防风挡墙、防风吹雪构造物、植树带的位置、洞口排出的废气流动方向等均必须在设计时考虑。气象调查资料涉及以下内容:

①降雨。包括年降雨量、日平均降雨量、日最大降雨量、小时最大降雨量等。

②降雪。包括最大降雪日、最大积雪量、积雪期、最大日降雪量、雪密度、雪温等。

③气温、地温。包括年平均气温、绝对最高最低气温、日温差,冻结期、冻结深度、多年冻土深度、水温等。

④风向、风速。包括频率分布(年间、月间、日间)。

⑤雾。包括发生日数(频度、滞留时间及其能见度)。

⑥雪崩、风吹雪。包括场所、规模、频度、发生的时间、种类。

⑦洪水。包括洪水量、水位、发生的时间。

2.1.2 设计阶段

交通部于2007年发布的《公路工程基本建设项目设计文件编制办法》第2.0.1条规定:公路工程基本建设项目一般采用两阶段设计,即初步设计和施工图设计。对于技术简单、方案明确的小型建设项目,可采用一阶段设计,即一阶段施工图设计;技术复杂、基础资料缺乏和不足的建设项目或建设项目中的特大桥、长隧道、大型地质灾害治理等,必要时采用三阶段设计,即初步设计、技术设计和施工图设计。

(1)初步设计阶段

初步设计文件是根据批准的设计任务书中规定的要求和初步勘测资料编制的,设计文件是报送主管部门审批的文件,批准后,作为详细勘测、编制施工图以及控制投资的依据。初步设计文件一般由说明书、设计图表、施工方案和设计概算四部分组成。具体内容如下:

①隧道线路方案的选择和推荐意见,经济效益和技术合理性的论证。

②隧道平面、纵断面和横断面设计。

③隧道附属结构物的设计。

④隧道的通风、照明、安全、信号控制等设施设计。

⑤线路中的桥涵、路基、路面的设计。

⑥行车干扰地段的施工措施和过渡工程的方案。

⑦施工组织设计方案比选和推荐。

⑧环境保护的措施。
⑨主要工程数量,主要材料、设备、劳动力数量,用地和拆迁数量及总概算。

(2)技术设计阶段

技术设计文件是根据批准的计划书和批准的初步设计文件以及详细勘测资料而编制的。技术设计是对复杂的隧道建设项目,在施工图设计前把主要的设计问题,先期进行方案比选研究,以达到技术合理、施工方便、运营效益高、工程投资省的目的。批准的技术设计和修正概算是建设投资的依据。其具体内容如下:

①各项设计方案和技术问题及初始初步设计审批意见和执行情况。
②确定线路中建筑物的设计和工程数量,并按各工程指标计算工程量及费用。
③主要设备的类型与规格、数量及采购方案。
④计算主要材料数量、用地范围及数量、拆迁数量。
⑤环境保护措施。
⑥重点工程施工过渡措施。
⑦施工组织设计和修正总概算。

(3)施工图设计阶段

施工图为经审批后交付施工使用的文件,由总说明、路线、路基路面、桥梁涵洞、隧道及沿线设施、筑路材料、施工组织计划、施工概预算等组成。施工图的编制根据批准的初步设计或技术设计和详细勘测与补充勘测资料进行。具体内容如下:

①全套详细尺寸的设计图。
②设计中必要的说明。
③施工所需要的各项资料表及施工大样图。
④施工注意事项。
⑤总预算。

对较长隧道的施工图设计,一般应包括:

①隧道平面图。显示地质平面、隧道平面位置及路线里程和进出口位置等。
②隧道纵断面图。显示隧道地质概况、衬砌类型、埋深、路面中心设计高程,有高路肩时显示路肩高程、设计坡度、地面高程、里程桩号等。
③隧道进出口纵横断面图。显示设置洞门处的地形、地质情况、边仰坡开挖坡度及高度等。
④隧道进出口平面图。显示洞门附近的地形、洞顶排水系统、洞门广场的减光设计等。
⑤隧道进出口洞门图。显示洞门的构造、类型及具体尺寸,采用建筑材料、施工注意事项、工程数量等。
⑥隧道衬砌设计图。显示衬砌类型、构造和具体尺寸、采用的建筑材料,施工注意事项、工程数量等。
⑦辅助坑道结构设计图。
⑧运营通风系统与照明系统的结构设计图。
⑨监控与管理系统的结构设计图。
⑩附属建筑物的结构设计图。

在整个施工图设计文件中应有隧道设计说明书,对整个隧道概况(如路线、工程地质、水文地质、气象、环境等)、设计意图与原则、施工方法与注意事项等做概括说明。

2.1.3 技术要求

公路隧道建筑设计的相关技术要求,包括支护结构的安全等级、隧道结构的设计基准期、设计水位的洪水频率、支护结构的防水等级,其他还包括公路隧道的供电分级、通风方式、照明分类、防火等级、监控等级划分等(丁文其,2012)。

(1)支护结构的安全等级

根据各级公路隧道破坏后的影响程度,可将其支护结构划分为3个安全等级,见表2-2。支护结构的安全等级与公路隧道的类型有关,其安全等级与隧道使用功能的重要性内在相关。

公路隧道支护结构的安全等级　　　　　　表2-2

安全等级	破坏后果	隧道类型
一级	结构破坏后影响严重	①高速公路隧道与一级公路隧道; ②连拱隧道; ③三车道及以上跨度的公路隧道; ④特长公路隧道; ⑤地下风机房
二级	结构破坏后影响一般	①双车道的二级公路隧道; ②双车道的三级公路隧道; ③长度$L>1\ 000$m的四级公路隧道; ④斜井、竖井及联络风道等通风构造物
三级	结构破坏后影响不严重	①长度$L\leqslant 1\ 000$m的四级公路中短隧道; ②斜井、竖井及平行导坑等施工辅助通道

(2)隧道结构的设计基准期

各级公路隧道的主体结构,如洞门、支护衬砌,各附属的风道、风井、洞室及防排水构造物等,设计基准期应达到表2-3的要求。

公路隧道结构设计基准期　　　　　　表2-3

设计基准期	结构类型
100年	特别重要的结构物或构件,如二级及以上公路隧道的支护结构及洞门等
50年	普通建筑物或构件,如三、四级公路隧道的支护结构及洞门等
25年	易于替换和修复的构件,如隧道内边水沟及电缆沟等

(3)支护结构防水等级

各级公路隧道及其附属构筑物的防水等级应达到表2-4的标准。由表2-4可见,支护结构的防水等级主要与公路隧道等级及其使用功能要求有关。如设备洞室的防水等级高于通风竖井或斜井,通风竖井和斜井的防水等级又都高于施工辅助坑道和紧急疏散通道等。

公路隧道支护结构及其附属构筑物的防水等级　　　　表2-4

防水等级	标　准	适　用　范　围
一级	不容渗水,结构表面无湿迹	地下风机房及大型电气设备洞室
二级	不容许渗水,结构表面有少量、偶见的湿迹	①高速公路隧道; ②一级公路隧道; ③二级、三级公路隧道上的长及特长隧道; ④四级公路上的特长隧道; ⑤设备洞室
三级	有少量漏水点,不得有线流和漏泥沙,每昼夜漏水量小于 $0.5L/m^2$	①二级、三级公路上的中短隧道; ②四级公路上的长、中、短隧道; ③通风竖井或斜井; ④人行横洞及车行横洞
四级	有漏水点,不得有线流和漏泥沙,每昼夜漏水量小于 $2L/m^2$	①施工辅助坑道; ②紧急疏散通道

2.1.4　线形与横纵断面设计

公路隧道勘察设计中,对隧道平纵断面应注意隧道内外线形协调,以满足行车安全与舒适的要求。而在涉及隧道位置的选择时,应在进行地形、地貌、地质、气象、社会人文和环境等调查的基础上,通过对轴线方案的走向、平纵线形、隧道设置形式及洞口位置等方面进行综合比选确定,尤应重视地质条件对选线的制约。隧道洞口及其洞身的施工风险在很大程度上来源于现场地形地质条件,隧道的平面位置一旦确定,隧道建设的施工、设计方案均应围绕其具体的地形、地质等状况而确定。由客观条件所决定的孕险环境对高速公路隧道风险有着举足轻重的影响,因此,隧道的路线、线形方案比选应重视其工程风险的评估。

在工程风险评估中,隧址的区域自然建设条件、建设规模、施工条件、管理技术难度和成本等基本条件决定了隧道工程风险的可能来源及其控制因素,对于风险不可控、风险不可接受的方案,应当予以否决。在建设条件较为复杂时,高速公路的路线走向受特长、长隧道的控制,以避开不良地质地段。即特长、长隧道方案的比选,原则上应在基本符合路线总体走向的前提下,由隧道控制局部线位。对于可行的方案,应从隧址的区域自然建设条件、建设规模、施工条件、运营管理技术难度和成本等方面进行系统论证、分析和比较,确定其风险水平在可接受范围内(丁文其,2012)。

(1)隧道平面线形

在勘察设计中,对山区公路隧道的施工方案应加强交通组织设计。山区公路桥隧集中、施工组织困难、不确定因素较多,隧道的布设应考虑施工方案和施工期间的交通组织影响。同时山区公路控制性重点工程较多,经常遇到桥隧连接、隧道和互通式立交紧邻等情况,特别是当桥梁结构形式(如悬索桥、拱桥等特大桥梁)和交通组织(如隧道内交通分、合流)等影响到隧道结构形式的选择时,应加大隧道方案的研究范围,将洞外结构物与隧道一起整体进行综合比选,从而加强山区公路隧道与洞外结构物的协调。

高速公路隧道路线平面线形的确定,应综合考虑地形地质条件、洞口接线、隧道通风、车辆运行安全和施工条件等因素的影响,并与隧道自身的建设条件及其相邻连接区间的公路路线的线形整体协调一致。当隧道采用曲线时,不宜采用设超高的平曲线,不应采用设加宽的平曲线。特长隧道往往控制路线的总体走向,一般宜采用直线,高速公路隧道的平面线形宜采用直线或较大半径的曲线。

(2) 隧道纵断面

隧道纵断面的线形,应以行车安全、排水、通风、防灾效果良好为前提,并考虑施工期间的排水、出渣、材料运输等要求确定。

为保证行车安全,隧道内应尽量设置缓坡,但隧道内的最小纵坡应不小于0.3%。超长、特长、长大隧道的最大纵坡最好控制在2%以下,中、短隧道一般应控制在3%以下。隧道内一般宜采用单向坡,地下水发育的长隧道、特长隧道可采用双向人字坡,纵坡变化处应设置大半径竖曲线实现平缓过渡,以保证行车驾驶人有足够的视线。

隧道内一般不宜设置爬坡车道。研究表明纵坡大于4%的单向两车道隧道,洞内行车速度将低于路段的最低允许速度,尤其是大型车比例较高时,将严重影响隧道的通行能力,故应适当降低纵向坡度。

(3) 隧道横断面

一般来说,隧道断面布置形式应根据工程所处场地的地质条件和周边环境等合理确定,并需同时满足节省成本与施工安全的要求。高速公路隧道横断面布置形式可在标准间距的分离式隧道、小净距隧道、连拱隧道和分岔隧道四种形式中选择,其间应充分考虑围岩地质条件、断面形状、尺寸大小、施工方法、支护时间、洞口两端接线、占地大小、环境影响和工程造价等因素的综合影响,优先选择标准间距的分离式隧道,其次选择小净距隧道,条件限制时选择连拱隧道或分岔隧道。

为减少洞口占地,长大公路隧道也可采用不平行布线的方式,即在隧道洞口采用小净距形式,洞内逐渐分开,成为分离式隧道。从通风角度考虑,连拱隧道洞口段易发生串流,因此洞口段应避免采用连拱形式,如不能避免,应开展方案设计和专门论证分析。

(4) 隧道建筑限界与内轮廓

公路隧道的建筑限界是指为确保汽车能在隧道内正常、持续地行驶,而在隧道横断面上预留的建筑空间的界限,用于确保汽车具有足够的、畅通的行驶空间,以及为附属设施、设备的设置规定安装空间。

由于高速公路隧道内有通风、照明、消防、监控和运营管理等的设备和设施需要安装空间,并有洞内路面、排水设施和洞内装饰的施作需要土建配合,因而建筑限界即表示以上设备和设施均不得侵入这一限界划定的范围。

建筑限界是保证隧道满足使用功能与隧道运营安全的基本控制因素,确定其形状和尺寸时须严格遵守现行《公路工程技术标准》(JTG B01—2014)的规定。隧道建筑限界的形状和尺寸与公路隧道等级,设计行车速度,单、双向行驶,车道数以及是否设检修道、人行道或紧急停车带等有关。以单向行车的公路隧道为例,高速公路及一级公路隧道的建筑限界的几何形状应按图2-1所示确定,最小宽度应按表2-5所示确定。

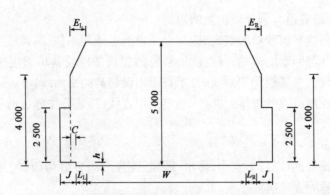

图 2-1　单向行车公路隧道建筑限界(尺寸单位:mm)

单向行车高速公路隧道建筑限界横断面组成最小宽度(单位:m)　　表 2-5

设计速度 (km/h)	车道宽度 W	侧向宽度 L		余宽 C	检修道 J		隧道建筑限界净宽
		左侧 L_L	右侧 L_R		左侧	右侧	
120	3.75×2	0.75	1.25	0.50	1.00	1.00	11.50
100	3.75×2	0.50	1.00	0.25	0.75	1.00	10.75
80	3.75×2	0.50	0.75	0.25	0.75	0.75	10.25
60	3.50×2	0.50	0.75	0.25	0.75	0.75	9.75

按照有关规定,高速公路的隧道应双侧设置检修道,其他等级的公路隧道应根据隧道所在地区的行人密度、隧道长度、交通量及交通安全等因素确定是否设置人行道。

为使发生故障的车辆能尽快离开行车道而避让其他车辆,高速公路中设有紧急停车带。隧道内的紧急停车带建筑限界构成如图 2-2 所示,其右侧侧向宽度不应小于 3.5m,长度不应小于 40m,其中有效长度不应小于 30m。在紧急停车带处隧道断面增大,从而隧道施工风险亦随之增大。扩大断面在隧道纵向上造成了不连续的节点,在地质情况复杂时,扩洞开挖的施工不确定性也显著增加,因而是隧道工程风险分析中应重点关注的对象。

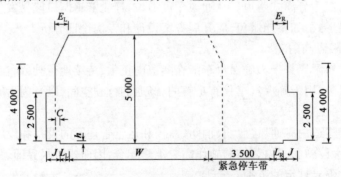

图 2-2　紧急停车带的建筑限界(尺寸单位:mm)

隧道内轮廓设计除应符合隧道建筑限界的要求外,还应满足洞内设置路面、排水设施和装饰等的需要,并应为通风、照明、消防、监控、运营管理等设施的设置提供安装空间,以及为衬砌变形和施工误差预留适当的富余量,断面形式及尺寸符合安全、经济、合理的原则。隧道的建筑与内轮廓关系如图 2-3 所示。

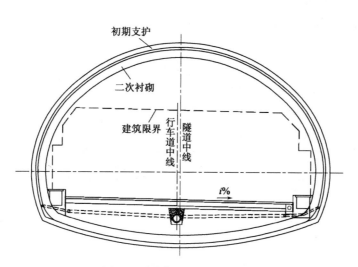

图 2-3　隧道建筑限界的基本情况

2.1.5　隧道结构设计模型

针对公路隧道的设计，国际隧道协会（ITA）于 1978 年成立的隧道结构设计模型研究组收集和汇总了各会员国的设计方法，经总结后认为共有以下 4 种设计模型（丁文其，2012）。

(1) 国际隧道协会的 4 种设计模型

①以参照过去隧道工程实践经验进行工程类比为主的经验设计法。

②以现场量测和实验室试验为主的实用设计方法，例如以洞周位移量测值为依据的收敛—限制法。

③作用—反作用模型，例如按弹性地基圆环计算和弹性地基框架计算的方法。

④连续介质模型，包括解析法和数值法。解析法中有封闭解与近似解，数值计算法主要是有限单元法与有限差分法。

不同设计模型或方法各有适用场合，也有各自的局限性。即使在内力分析采用了较严密理论的情况下，其计算结果的合理性仍需借助经验类比予以判断。以现场实测为主的实用设计方法常受现场人员欢迎，因为它能依据现场实测信息估测隧道围岩的稳定性与安全度，客观上起到为经验设计法提供定量判据的作用。理论计算在无经验可循时对工程设计（如连拱隧道和大跨度隧道的设计）可起到重要作用，因而隧道衬砌结构的计算理论与方法也越来越受到人们的重视。

(2) 我国支护结构设计的 3 种模型

我国 20 世纪 80 年代以来公路隧道的建设已从无到有并获得快速发展，积累了许多设计、施工经验。与此同时，与国外的情况相比，我国隧道衬砌结构的设计更加重视计算，形成了采用荷载结构法和地层结构法两类按理论进行结构设计的模式。鉴于隧道衬砌结构设计的合理性受工程地质条件的影响极大，而这类资料在隧道开挖前又很难全面掌握，因而现场量测在国内已受到普遍重视，并形成了成套的信息化反馈设计方法，用以弥补按理论计算结果进行设计的缺陷，这类方法可归类为收敛限制法。故可将我国广泛采用的隧道支护结构设计方法归类为以下 3 种设计模型。

①经验类比模型。借助经验类比直接选定支护类型和设计参数,据以绘制支护结构的施工图。

②荷载结构模型。早期的荷载结构模型认为围岩的作用仅是产生作用在衬砌结构上的地层压力,衬砌结构应能在地层压力的作用下保持稳定,支护结构按荷载结构法的计算结果进行设计。随着认识的深入,后期的荷载结构模型逐渐形成了考虑地层对结构受力变形的约束作用的地下结构计算理论,并可分为假定抗力法和弹性地基梁法两类。假定抗力法将地层—结构的相互作用假定为梯形或三角形形状的分布力,其抗力图形的分布假定具有一定的主观性;弹性地基梁法则是将这一相互作用按弹性地基梁理论进行考虑,较为经典的算法有局部变形理论和共同变形理论。

③地层结构模型。地层结构模型将地层与地下结构物视为一个整体,认为围岩具有自支承能力,因而对衬砌结构不仅产生荷载,而且能与衬砌结构一起共同承受荷载。按照此类模型进行计算的方法即为地层结构法,结构设计需按照地层结构法的计算结果确定支护类型和设计参数,并同时检验围岩地层的稳定性。由于数学上的困难,连续介质力学理论难以得到复杂地下洞室开挖的解析解,到目前为止仅对圆形衬砌的计算有较多成果。20世纪60年代以来,随着岩土介质本构模型的研究以及计算机技术的发展,连续介质力学理论难以建立的解析解被数值计算解代替,地层结构模型的典型算法包括地下洞室的弹性计算法、弹塑性计算法、黏弹塑性计算法等。目前的程序软件不仅可用于洞周地层的应力分析,还可同时考虑衬砌结构与锚喷支护的作用。但地层结构法的计算理论在实际应用中仍存在不少问题,如:需作为已知量输入的初始地应力的分布规律与量值通常难以明确,弹性模量、泊松比等地层参数的取值难以确定,工程完工后地层与结构的长期变形难以选用恰当的模型进行估计,以及对地层开挖变形后发生破坏的条件缺少符合实际的判断准则等。这些问题导致由计算分析所得的结果常常不能与真实情况相符合。

相比具有确定性能指标的混凝土、钢筋等建筑材料,地层的不确定性是造成隧道结构计算结果不准确的主要原因,也是形成隧道工程风险的主要因素之一。

2.1.6 隧道支护结构

隧道开挖后,为了有效约束和控制围岩变形,保持围岩稳定性,确保运营过程中隧道的稳定性、耐久性,减小通风阻力和实现整体美观,均需要施作支护结构。

在现代隧道施工中,采用矿山法施工的隧道支护结构通常分为初期支护和二次衬砌。初期支护是在隧道开挖后围岩自稳能力不足的情况下,为保证隧道在施工期间的稳定和安全所采取的工程措施。初期支护主要采用锚杆和喷射混凝土来支护围岩,初期支护施作后即与围岩共同构成永久性的隧道结构部分。在隧道围岩完全不能自稳,表现为随挖随塌,甚至不挖即塌时,须先支护后开挖,称为超前支护。考虑到隧道投入使用后的服务期限很长,设计时一般需要施作混凝土或钢筋混凝土内层衬砌,称为二次衬砌(戴俊,2010)。

1)支护结构分类与选型

(1)支护结构分类

根据使用目的,支护结构的类型可分为:

①防护型支护。防护型支护是开挖支护中最轻型的,既不能阻止也不能承受岩体压力,仅

用以封闭岩面,防止隧道围岩质量进一步恶化或个别危石坠落。防护型支护通常采用喷浆、喷混凝土或单独采用锚杆来实现。

②构造型支护。构造型支护用于基本稳定的岩体中,隧道开挖后围岩可能出现局部掉块或坍塌,但在长时间内不会整体失稳和破坏。此时,隧道的力学行为基本是弹性的,围岩基本能保持稳定,所需要支护的强度较低。支护结构的构造参数主要以满足施工要求为原则,如混凝土衬砌的最小施工厚度、锚杆的最小直径及长度等。在这种情况下,支护结构的构造参数不需要计算确定,而是由施工和构造要求决定。构造型支护通常采用喷射混凝土、锚杆和金属网、模筑混凝土等来实现。

③承载型支护。承载型支护是隧道支护的主要类型,根据隧道的力学动态及围岩压力和围岩变形等大小,可分为轻型、中型和重型支护。

(2)支护结构选型

隧道支护结构的类型很多,工程应用选型时,应考虑以下因素:

①工程岩体的类别与主要物理力学性质,如围岩的分类与级别、围岩的强度特征、变形特性、膨胀性、水理性质等。

②地下工程的埋深与原岩应力的大小,以及地压显现特性、围岩变性规律、风化作用对围岩的影响等。

③地下水的赋存状态(包括含水层的埋深、含水率的大小、静水压力等),以及水对地下工程稳定性和施工的影响等。

④施工的难易程度、作业时间的消耗、工程成本与经济效应等。

2)预支护

当隧道穿过的地层软弱破碎,或地应力很大时,围岩表现为较强的流变性,随时会发生坍塌,有时甚至不挖自塌,工作面(掌子面)不能保持稳定,常规的支护措施将不能有效控制围岩的变形和阻止坍塌。这种情况下,隧道施工需要采取措施,事先对围岩进行加固支护,而后再开挖。

针对软弱破碎岩石条件下的工作面稳定问题,可以采用的特殊稳定措施包括超前支护和注浆加固两大类。超前支护又分为超前锚杆加固和超前管棚支护。注浆加固又分为超前小导管注浆和超前深孔帷幕注浆。

(1)超前锚杆支护

超前锚杆支护是指沿开挖轮廓线,以一定的外插角向开挖面前方钻孔安装锚杆,形成对前方围岩的预锚固,而后在提前形成的围岩锚固圈保护下进行开挖等作业。锚杆超前支护的柔性较大,整体刚度小,主要适用于地下水较少、破碎、软弱围岩的隧道工程中,如裂隙发育的岩体、断层破碎带、浅埋无显著偏压的隧道等。超前锚杆施工采用凿岩钻机或专用的锚杆台车钻孔,用锚固剂或砂浆锚固,其工艺简单、功效高。图2-4所示为隧道超前锚杆支护示意图。

(2)管棚支护

管棚支护是利用钢拱架沿开挖轮廓线以较小的外插角、向开挖面前方打入钢管构成的棚架来加固开挖面前方岩层的预支护方法,如图2-5所示。长度小于10m的钢管支护,称为短管棚;长度为10~45m且较粗的钢管,称为长管棚。

管棚因采用钢管或钢插板进行纵向预支撑,又采用钢拱架作环向支撑,整体刚度较大,对围岩变形的限制能力较强,且能提前承受早期围岩压力。因此,管棚主要适用于围岩压力较大、对围岩变形及地表下沉有较严格要求的软弱、破碎岩层的隧道工程,如土砂质地层、强膨胀性地层、强流变性地层、裂隙发育的岩体、断层破碎带、浅埋有显著偏压等地层的隧道施工。在地下水较多时,可利用钢管注浆堵水和加固地层。

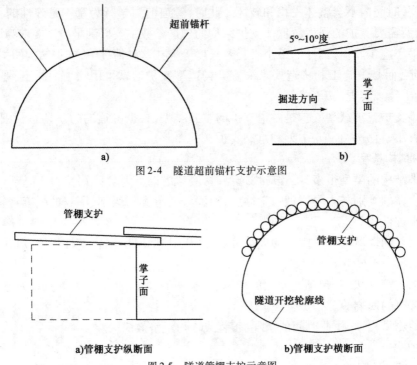

图 2-4　隧道超前锚杆支护示意图

图 2-5　隧道管棚支护示意图

（3）超前小导管注浆

超前小导管注浆是在开挖前,沿坑道周边向前方岩层内打入带孔小导管,并通过小导管向岩层压注起胶结作用的浆液,待浆液硬化后,在坑道周围岩体形成一定厚度的加固圈。若小导管前端焊有简易钻头,则可钻孔、插管一次完成,等同自进式注浆锚杆。通过小导管将浆液压注到岩体裂隙中并硬化后,不仅将岩块或颗粒胶结为整体起到了加固作用,而且填塞了裂隙,阻隔了地下水向坑道渗流的通道,起到了堵水作用。因此,超前注浆小导管不仅适用于一般软弱破碎岩层,也适用于含水的软弱破碎岩层。图 2-6 所示为隧道超前小导管支护示意图。

（4）超前深孔帷幕注浆

超前小导管注浆对岩层加固的范围和止水的效果有限,作为软弱破碎岩层中隧道施工的一项主要辅助措施,它占用的时间和循环次数较多。超前深孔帷幕注浆较好地解决了这些问题。注浆后即可形成较大范围的筒状封闭加固区,称为注浆帷幕。

深孔预注浆一般可超前开挖面 30～50m,可以形成有相当厚度和较长区段的筒状加固区,从而使得堵水的效果更好,也使得注浆作业次数减少,更适用于有压地下水及地下水丰富的地层,更适合采用大中型机械进行施工。

图 2-7 所示为三种隧道超前帷幕注浆示意图。如果隧道埋深较浅,则注浆作业可以在地面进行;对于埋深较大的长大隧道可以利用辅助平行导坑对正洞进行预注浆,从而可以避免对正洞施工的干扰,有利于缩短建设工期。

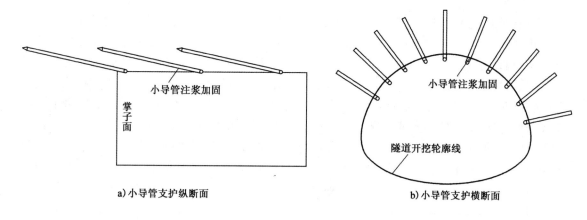

图 2-6 隧道超前小导管支护示意图

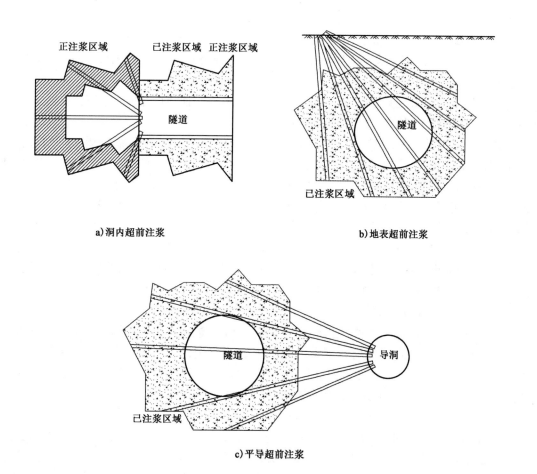

图 2-7 隧道超前深孔帷幕注浆示意图

3) 喷锚支护

喷锚支护是指喷射混凝土、锚杆、钢筋网喷射混凝土等单一或经某种组合而形成的支护结构形式,可以根据不同的围岩稳定状况,采用其中的一种或几种的组合形式。锚喷支护是当前隧道支护的主要形式,国内外的工程实践表明,在支护作用原理上,喷锚支护能充分发挥围岩的自承能力,从而降低围岩压力;在施工工艺上,能实施机械化程度较高的联合作业,从而有利于减轻劳动强度和提高工效;在经济效益上,喷锚支护较传统的支护衬砌厚度薄,用量少。据统计,喷射混凝土支护与模筑混凝土支护相比,支护厚度可以减薄 $1/3 \sim 1/2$,节省岩石开挖量 $10\% \sim 15\%$,加快支护速度 $2 \sim 4$ 倍,节省劳动力 50% 以上,降低支护成本 30% 以上。在工程质量上,国内外大量工程实践表明锚喷支护是可靠的。在我国各类地下工程中采用喷锚支护技术,解决了一大批用传统支护难以解决的技术问题,显示出喷锚支护具有明显的优越性。

(1) 锚杆支护的作用

锚杆是利用金属或其他高抗拉性能材料制作的一种杆状构件。使用机械装置、黏结材料,将锚杆安设在地下工程的围岩或其他岩体中,形成能承受荷载,阻止围岩变形的支护形式,即锚杆支护。锚杆支护的作用主要有以下几个方面:

①悬吊作用。在块状结构或裂隙岩体中,使用锚杆可将松动的岩块固定在稳定的岩体上,阻止松动块体的滑移和塌落,或者把由节理切割成的岩块连接在一起,锚杆本身受到松动块体的拉力作用。

②减跨作用。在隧道顶板岩层中插入锚杆,相当于在顶板中增加了支点,使隧道跨度减小,从而减小顶板的围岩应力,起到维护围岩稳定的作用。

③组合梁作用。在层状结构中,尤其是在薄层状结构的围岩中打入锚杆,将若干薄层岩石锚固在一起,组合成一定厚度的板或梁,从而提高了围岩的整体承载能力,起到加固围岩的作用。

④挤压加固作用。当采用预应力系统锚杆加固围岩时,其两端附近岩体形成圆锥形挤压区。按一定间距排列的锚杆在预应力作用下形成连续的挤压区,等同于承载拱,起到拱形支架的作用。挤压锚杆的作用具体体现在两个方面:一是预应力锚杆使破碎或松动岩体的强度得到提高,主要表现为摩擦力增大,在锚杆作用范围内的结构面上强度增加,对围岩稳定更为有利;二是在预应力锚杆的作用下围岩应力重分布,其结果是在锚杆的径向压力作用下围岩处于三向应力状态,从而提高了围岩的强度和稳定性。

(2) 喷射混凝土支护的作用

喷射混凝土是将一定比例的水泥、砂子和碎石均匀搅拌后,通过混凝土喷射机与水混合后以较高速度($30 \sim 100 \text{m/s}$)喷射到围岩表面,并快速凝结硬化而形成的支护层。由于混凝土在一定压力下喷射,砂、石集料和水泥颗粒重复碰撞冲击形成压密层,并且喷射工艺采用较小的水胶比,保证了喷射混凝土具有较好的物理力学性能。喷射混凝土支护的作用主要有以下几个方面:

①加固围岩、提高围岩的强度。隧道开挖后,立即喷射一定厚度的混凝土层,及时封闭围岩表面的节理、裂隙。由于喷层与围岩密贴,故能有效地隔绝水和空气对岩体的侵蚀,防止围岩表面风化脱落,对围岩的松胀变形起到一定的抑制作用,防止围岩强度退化。同时,混凝土在高压下可充填于张开的裂隙中,起到胶结加固作用,从而可提高围岩的强度。

②改善围岩的应力状态。含有速凝剂的混凝土在喷射数分钟后即可凝固,在围岩表面形

成一层硬壳,及时提供围岩径向支护力,使围岩表面岩体由未支护时的二向应力状态转变为三向应力状态,提高了围岩的强度和稳定性。

③荷载转移作用。由于喷层属于柔性支护,允许围岩在不出现有害变形的前提下发生一定程度的位移,从而部分释放岩层应力,围岩高应力区向深部转移,有利于发挥混凝土的承载力。

④填平补强围岩。喷射混凝土可射入围岩张开的裂隙,填充表面凹穴,使裂纹分割的岩层黏结在一起,保护岩块之间的咬合、镶嵌作用,提高其间的黏结力、摩擦力,有利于防止围岩松动,并消除或缓和围岩应力集中。此外,由于喷层直接粘贴岩面,形成风化和止水的防护层,并且阻止节理裂隙中充填物的流失。

4) 复合式衬砌结构

复合衬砌是用喷锚支护作初期支护,模筑混凝土作二次衬砌的一种组合衬砌结构,初次与二次衬砌间通常设置防水层。研究和实践表明,复合衬砌有利于发挥围岩的自承载能力,提高支护衬砌的承载性能,从而加快隧道工程的施工进度,提高隧道运营质量与环境,综合经济效益好。

复合式衬砌设计包括初期支护设计和二次衬砌设计。初期支护一般指锚杆喷射混凝土支护,必要时配合采用钢筋网和钢拱架,二次衬砌为模筑混凝土。二次衬砌的作用因围岩的不同级别而异。对Ⅰ级稳定的坚硬围岩因围岩和初期支护的变形很小,且很快趋于稳定,故二次衬砌基本上不承受围岩压力,其主要作用是防水和安全储备,平整的衬砌表面,也利于通风和美观;对Ⅱ级基本稳定的硬质围岩,虽然围岩和初期支护的变形很小,二次衬砌承受的围岩压力不大,但考虑到隧道在长期运营期间锚杆钢筋锈蚀,围岩松弛区逐渐压密,初期支护质量不稳定等因素,二次衬砌可增加支护衬砌的安全度;Ⅲ~Ⅴ级围岩,由于岩体的软弱破碎,以及流变、膨胀压力、地下水等作用,且由于浅埋、偏压及施工等原因,围岩的自稳能力差,仅依靠初期支护不足以抑制围岩变形的发展,这时施作的二次衬砌承受较大部分的后期围岩变形压力。

2.1.7 隧道围岩压力

由于地层中天然存在初始地应力场,在岩体内开挖隧道将引起围岩应力状态重新分布,形成二次应力,打破了原始自然应力平衡状态,进而导致围岩产生变形甚至破坏。工程中将由于开挖而引起的围岩或支护结构上的力学效应统称为广义的围岩压力。

围岩压力的大小,不仅与岩体的初始地应力状态、岩体的物理力学性质和岩体结构有关,同时还与工程性质、支护结构类型及支护时间等因素有关。当围岩的二次应力不超过围岩的弹性极限时,围岩自身可承担全部围岩压力,因而隧道可以不施作支护而在一定时期内保持稳定。当二次应力超过围岩的强度极限时,需要采取支护措施以保证隧道的稳定,此时,围岩压力由围岩与支护结构共同承担。工程中把作用在支护结构上的这部分围岩压力称为狭义的围岩压力。若非特指,围岩压力均指狭义的围岩压力(贺永年,2002)。

围岩压力据其表现形式可分为如下4类:

(1)松动压力

由于开挖而引起围岩松动或坍塌的岩体以重力形式作用在支护结构上的压力称为松动压力,也称散体压力。松动压力是围岩中岩石块体的滑动或支护不及时,导致松散围岩的冒顶或片帮,以及在节理发育的裂隙岩体中,围岩某些部位沿软弱结构面发生剪切破坏或受拉破坏等导致局部滑动引起的。

(2) 变形压力

开挖必然引起围岩变形,支护结构为抵抗围岩变形而承受的压力称为变形压力。变形压力与围岩变形和支护结构有关,围岩变形和支护的施作时间有关,因此变形压力是时间和支护结构特性的函数。如图 2-8 所示,围岩压力 p 随时间及围岩变形的增加而减小,同一支护结构,当支护施作时间适当延缓($t_1 \to t_2$),所受到的变形压力就会减小,但太迟的支护时间(t_3)会导致岩石变形过大,超过围岩极限变形发生破坏形成松动压力,支护结构上的围岩压力反而增大。因此,隧道开挖后需要在合理的时间 t_{min} 施做支护结构。

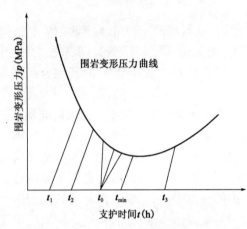

图 2-8 变形压力与支护结构特性和时间的关系

支护结构自身性质对变形压力也有影响。在同一支护时间(t_0),刚度较小的支护结构,围岩的变形量较大,因而支护承受的围岩压力相对较小,但过小的支护刚度又会导致围岩松动而增加围岩压力。

(3) 冲击压力

冲击压力是围岩中积累的大量弹性变形能,受开挖的扰动突然释放所产生的巨大压力。冲击压力发生时,伴随着巨响,岩石以片状或碎块状高速迸发而出。

(4) 膨胀压力

某些岩体遇水后体积发生膨胀,从而产生膨胀压力。膨胀压力与变形压力的区别在于水的影响。膨胀压力的大小,主要取决于岩体的成分性质和地下水的活动特征。

关于围岩压力的确定与计算,可参阅《公路隧道设计规范》(JTG D70—2004)的相关条文与规定,本书不再赘述。

2.1.8 隧道衬砌结构计算

1) 结构力学计算方法

隧道衬砌结构计算的内容主要有:按工程类比法初步拟定衬砌断面的几何尺寸,确定作用在衬砌结构上的荷载,进行力学计算,求出衬砌截面的弯矩 M 和轴力 N 等内力;验算衬砌截面的承载安全系数 K 值。隧道衬砌结构计算采用荷载—结构模式的关键在于确定弹性抗力的影响。衬砌结构产生的弹性抗力大小和分布形态,取决于衬砌结构的变形,反过来衬砌结构的变形又和弹性抗力有关,因此衬砌结构的计算是一个非线性问题,需采用迭代法,或采用某些假定使问题得以简化(戴俊,2010)。

(1) 假定抗力图形法

根据经验,某些形式衬砌的弹性抗力有一定的分布规律。通过假定抗力分布范围及规律,求解衬砌的内力大小,这种方法简称为"假定抗力图形法"。采用这种方法,知道某一特定点的弹性抗力,就可求出其他点的弹性抗力值,作用在衬砌结构上的所有外荷载均可确定,其内力分析可通过超静定结构求解实现。如图 2-9 所示,当隧道采用曲墙式衬砌结构时,在主动荷载(垂直荷载大于侧向荷载)及弹性抗力共同作用下,可简化为支撑在弹性地基上的无铰高拱。假设抗力图形按照二次抛物线分布,则 h 点的衬砌变形 δ_h 可通过外荷载和弹性抗力共同作用下得到,再由此求得 h 点的抗力值 σ_h,便可求得任一点的抗力值,进而按结构力学方法求解衬砌结构内力。

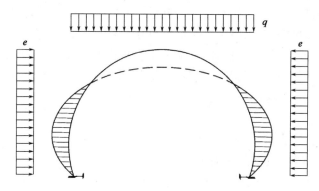

图 2-9　假定抗力图形法荷载图示

(2) 弹性地基梁法

弹性地基梁法将衬砌结构看成置于弹性地基上的曲梁或直梁,弹性地基抗力按温克尔假定的局部变形理论求解。当曲墙的曲率是常数或为直墙时,可采用初参数法求解结构内力,一般直墙式衬砌的直边墙利用此法求解。其求解过程类似于假定抗力图形法。

(3) 弹性链杆法

隧道衬砌结构弹性链杆法的基本思想:采用符合"局部变形原理"的弹簧地基来模拟围岩;再将衬砌与围岩二者所组成的衬砌结构体系离散为有限个衬砌单元和弹簧单元所组成的组合体;然后确定由主动荷载(如围岩压力、衬砌自重等)直接作用在计算衬砌结构上所引起的变形,变形的轮廓就是衬砌与围岩相互作用区域。可采用逐次渐近的方法求得。即先假定衬砌的某一范围是相互作用的区域,求出衬砌的变形轮廓,拿掉没有相互作用区域的弹簧单元,进行第二次计算,检查去掉新的不起作用的弹簧单元,若被拿掉弹簧单元的地方出现新的相互作用,则加上相应的弹簧单元。如此反复,直到弹簧单元与相互作用区域相适应为止。

2) 地层结构法

地层结构法可以克服荷载结构法的一些缺点,它不需要单独计算围岩压力,不需要提供围岩的弹性抗力系数。地层结构法认为衬砌和围岩共同构成受力变形的整体,并按照连续介质力学原理来计算衬砌和围岩的内力和变形,如图2-10所示。衬砌和围岩材料可采用线性、非线性、弹塑性等本构关系,目前求解的数值计算方法主要有有限单元法和有限差分法。

随着岩土材料非线性有限元计算技术的发展,出现了许多适合于岩土材料的大型通用有限元(或有限差分)程序,如 ABAQUS、FLAC、AN-

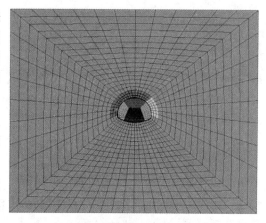

图 2-10　有限元法隧道衬砌计算

SYS、PATRAN、MARC、同济曙光等,采用有限元法不仅可以方便地计算衬砌结构的内力,而且还可以计算由于开挖引起的地面沉降、围岩和结构的变形,并能考虑开挖等施工过程。该方法抛弃温克尔假定,需要的参数包括围岩的弹性模量、泊松比、黏聚力、内摩擦角等,不再需要提供弹性抗力系数,比较真实地反映了围岩和衬砌结构的共同作用。

但在计算深埋隧道时,这种方法存在一个问题,即隧道开挖后,围岩要释放一部分应力,尤其是目前广泛采用的新奥法施工,隧道开挖后允许围岩有一定的变形,释放一部分围岩压力,这样可充分利用围岩的自承能力。因此,并非隧道开挖引起的全部围岩压力均作为衬砌结构的荷载。释放荷载的比例与施工过程、围岩的变形强度参数及支护特性有关,可根据经验或工程现场实测确定(赵尚毅,2007)。

2.1.9 其他隧道结构形式

高速公路隧道中,使用最多的是喷锚支护 + 二次衬砌的复合式衬砌结构,多以钻爆法开挖。但在某些情况下,钻爆法由于其噪声、环境影响、施工风险、地形地质适应性等问题,不适用于诸如浅埋段、软土地区、城市隧道等情况,因此,其他类型的隧道结构形式,如明挖隧道、盾构隧道、沉管隧道、TBM 隧道等,也常被用于公路隧道建设中(周晓军,2008)。

1)明挖法隧道

在场地开阔、地面建筑物较少、交通量小及周围环境允许的地区,可优先采用施工进度快、造价低的明挖法。明挖法施工的地下铁道区间隧道结构通常采用矩形断面,一般为整体浇筑式或装配式结构。优点是,其内轮廓与地下铁道建筑限界接近,可以充分利用内部净空,结构受力合理,顶板以上土层便于敷设城市地下管网和其他设施。

(1)整体式衬砌结构

整体式衬砌结构断面分单跨、双跨等形式,如图 2-11 所示。由于其整体性好,防水性能容易得到保证,故可适用于各种工程地质和水文地质条件,但其施工工序较多,施工速度较慢。

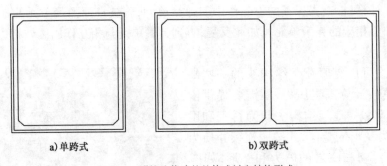

图 2-11 明挖法修建的整体式衬砌结构形式

(2)预制装配式衬砌结构

预制装配式衬砌的结构形式可根据工业化生产水平、施工方法、起重运输条件、场地条件等因素来选择。目前以单跨和双跨较为通用,如图 2-12 所示。装配式衬砌各构件之间的接头构造,除了要考虑强度、刚度、防水性等方面的要求外,还要求构造简单、施工方便。装配式衬砌整体性较差,对于有特殊要求(如防水、抗震等)的地段要慎重选择。

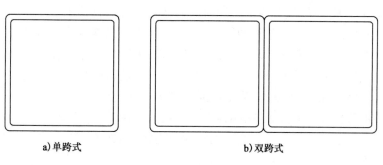

a) 单跨式   b) 双跨式

图 2-12 明挖法修建的装配式衬砌结构形式

2) 盾构隧道

(1) 衬砌结构类型

盾构法修建的隧道衬砌有预制装配式衬砌、模筑混凝土与预制装配式相结合的双层衬砌以及挤压混凝土整体式衬砌三类。

① 预制装配式衬砌。

预制装配式衬砌采用工厂预制的管片在盾构尾部拼装而成。管片种类按材料可分为钢筋混凝土、钢、铸铁以及由几种材料组合而成的复合管片。

钢筋混凝土管片的耐压性和耐久性都比较好,而且刚度大,由其组成的衬砌具有良好的防水性能。其缺点是质量大、抗拉强度较低,在脱模、运输和拼装过程中容易损坏角部。

钢管片的强度高,具有良好的焊接性,便于加工和维修,质量小,便于施工。与混凝土管片相比,其刚度小、易变形,而且钢管片的抗腐蚀性差。

铸铁管片强度高,防水和防锈蚀性能好,易加工。与钢管片相比,其刚度较大,故在早期的地下铁道区间隧道中得到广泛应用。缺点是造价高,应慎重采用。

按管片螺栓手孔成型大小,可将混凝土管片分为箱型和平板型两类。箱型管片是指因手孔较大而呈肋板型结构,如图 2-13a) 所示。手孔较大不仅方便了连接螺栓的穿入和拧紧,而且也节省了材料,使单块管片质量减小,便于运输和拼装。但因截面削弱较多,在盾构千斤顶推力作用下容易开裂,故只有强度较大的金属管片才采用箱型结构。

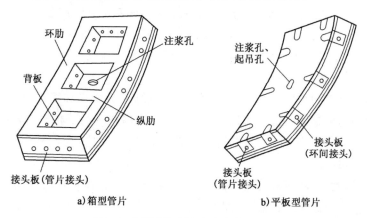

a) 箱型管片   b) 平板型管片

图 2-13 混凝土管片类型(小泉淳,2012)

平板型管片是指因螺栓手孔较小或无手孔而呈曲板型结构的管片,如图 2-13b) 所示。由于管片截面削弱少或无削弱,故对盾构千斤顶推力具有较大的抵抗力,对通风的阻力也较小,无手孔的管片也称为砌块。现在常见的钢筋混凝土管片绝大多数均为平板型结构。

衬砌环内管片之间以及各衬砌环之间的连接方式,从其力学特性来看,可分为柔性连接和刚性连接。前者允许相邻管片间产生微小的转动和压缩,使衬砌环能按内力分布状态产生相应的变形,以改善衬砌环的受力状态;后者则通过增加连接螺栓的排数,力图在构造上使接缝处的刚度与管片本身相同。实践证明,刚性连接不仅拼装困难、造价高,而且会在衬砌环中产生较大的次应力,产生不良后果。因此,目前较为通用的是柔性连接,常用的有单排螺栓连接、销钉连接以及无连接件等形式。

单排螺栓连接。按螺栓形状又可分为弯螺栓连接、直螺栓连接和斜螺栓连接三种,如图2-14所示。

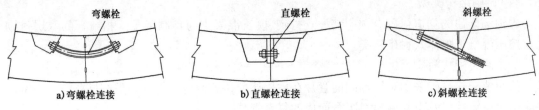

图2-14 管片纵缝连接形式(小泉淳,2012)

弯螺栓连接多用于钢筋混凝土管片平面形接缝上,由于所需螺栓手孔小,截面削弱少,接缝刚度有一定程度的增加,能承受较大的正负弯矩。但实践表明,弯螺栓连接容易变形,且拼装困难,用料多,近年来有被其他螺栓连接方式取代的倾向。

直螺栓连接是最常见的连接方式。设置单排直螺栓的位置,要考虑它与管片端肋的强度相匹配,即在端肋破坏前,螺栓应先屈服,同时又要考虑施工因素的影响。一般设在$h/3$处(h为管片厚度),且螺栓直径也不应过小。为了提高管片端肋的强度和缩短直螺栓的长度,在钢筋混凝土管片中也可采用钢板端肋,但用钢量大、预埋钢盒时精度不易保证,目前只有少数国家在使用。

斜螺栓连接是近几年发展起来的用于钢筋混凝土管片的一种连接方式,它所需要的螺栓手孔最小,耗钢量最少,能与榫槽式接缝联合使用,管片拼装就位也较方便。理论上讲,连接螺栓只在拼装管片时起作用,拼装成环并向衬砌背后注浆后,即可将其卸除。但在实践中大多不拆,其原因之一是拆除螺栓费工费时,其二是为了确保管片衬砌的安全。

②双层衬砌。

为了防止隧道渗水和衬砌腐蚀,修正隧道施工误差,减少噪声和振动以及作为内部装饰,可以在装配式衬砌内部施做一层整体式混凝土或钢筋混凝土内衬。根据需要还可以在装配式衬砌与内层之间敷设防水隔离层。双层衬砌主要用于含有腐蚀性地下水的地层中。

③挤压混凝土整体式衬砌。

挤压混凝土衬砌就是随着盾构向前掘进,用一套衬砌施工设备在盾尾同步灌注的混凝土或钢筋混凝土整体式衬砌,因其灌注后即承受盾构千斤顶推力的挤压作用,故称为挤压混凝土衬砌。挤压混凝土衬砌可以是素混凝土,也可以是钢筋混凝土,但应用最多的是钢纤维混凝土。

(2)衬砌管片构造

①管片厚度。

管片的厚度取决于围岩条件、覆盖层厚度、管片材料、隧道用途、施工工艺等条件。

为了充分发挥围岩自身的承载能力,现代隧道工程中优先采用柔性衬砌,其厚度相对较薄。根据日本隧道工程经验,单层钢筋混凝土管片衬砌,管片厚度一般为衬砌环外径的5.5%左右。北京地铁区间隧道钢筋混凝土管片厚度为300mm,上海地铁区间隧道钢筋混凝土管片厚度为350mm,广州地铁区间隧道管片厚度为300mm,为衬砌环外径的5%~6%。

②管片宽度。

管片宽度的选择对施工、造价的影响较大。当宽度较小时,虽然搬运、组装以及在曲线段施工方便,但接缝增多,加大了隧道防水的难度,也增加管片制作成本,且不利于控制隧道纵向产生的不均匀沉降。管片宽度太大则施工不便,增加盾尾长度而影响盾构的灵活性。因此,过去单线区间隧道管片的宽度控制在700~1 000mm之间,但随着铰接盾构的出现,管片宽度有进一步提高的趋势,目前,控制在1 000~1 400mm之间。例如,北京地铁区间隧道管片宽度采用1 200mm,上海地铁区间隧道管片宽度为1 000mm,广州地铁区间隧道采用铰接式盾构施工,其管片宽度为1 200mm。对于大直径盾构隧道,管片宽度相应增大。上海长江隧道管片宽度为1 500mm。

③衬砌环的分块。

衬砌环的组成,一般是由若干标准管片(称为A型管片)、2块相邻管片(称为B型管片)和1块封顶管片(称为K型管片)构成,如图2-15所示。

K型管片按照其在一环内的装入方式可以分为径向插入与纵向插入两种,如图2-16所示。

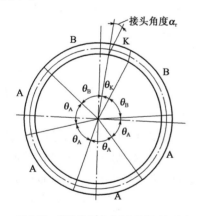

图2-15 管片分块方式(小泉淳,2012)

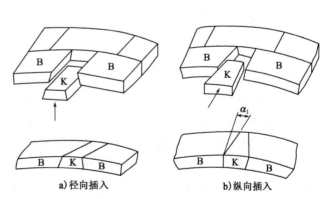

图2-16 预制管片封顶块的拼装方式(小泉淳,2012)

衬砌环的拼装方式有"先纵后环"和"先环后纵"两种。先环后纵法是在拼装前缩回所有千斤顶,将管片先拼成圆环,然后再用千斤顶使拼装好的圆环沿纵向已安装好的衬砌推进并连接成洞。这种拼装方法使衬砌环面平整纵缝质量好,但可能造成盾构机后退。先纵后环因拼装时只缩回该管片部分的千斤顶,所以可有效防止盾构机后退。

衬砌环的拼装形式有错缝和通缝两种,如图2-17所示。错缝拼装可使接缝分布均匀,减少接缝及整个衬砌环的变形,整体刚度大,是一种较为普遍采用的拼装形式。但当管片制作精度不够高时,管片在盾构推进过程中容易被顶裂,甚至顶碎。在某些场合(如需要拆除管片修建旁通道时)或有某些特殊需要时,衬砌环则常采用通缝拼装形式,以便于结构处理。由上述可知,从制作成本、防水、拼装速度等方面考虑,衬砌环分块数越少越好,但对运输和拼装方便而言,分块数越多越有利。通常,直径$D<6m$的地铁区间隧道,衬砌环以分4~6块为宜;$D>6m$时,可分为6~8块。北京、上海、广州和成都等城市地铁区间隧道管片均采用6块,即3块标准块、2块邻接块和1块封顶块。

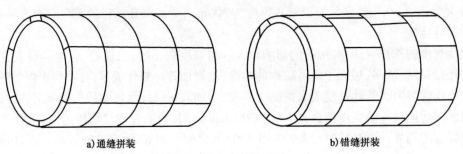

a) 通缝拼装　　　　　　　　　b) 错缝拼装

图2-17　管片拼缝形式(小泉淳,2012)

3)沉管隧道

当线路需要穿越江、河、湖、海时,隧道也可以采用沉管法(预制节段沉埋工法)。这种方法的特点是,先在干船坞或串台上分段制作隧道结构,然后放入水中并浮运至设计位置,逐段沉入到水底预先开挖好的沟槽内,再将隧道结构管段依次连接成为整体。

沉埋结构横断面有圆形和矩形两大类,断面形状从空间的充分利用和结构受力合理两方面综合考虑。当隧道位于深水中且深度大于45m时,管段承受较大的水压,其相应的内力也较大,此时采用圆形或接近圆形的断面较矩形断面有利;当水深在35m以内时,可采用矩形断面;根据目前工程实践的经验,由于矩形断面利用率高,管节安装易于控制,因此沉管隧道多采用矩形断面结构形式。

每节沉放管段的长度依据所在水域的地形、地质、航运、航道、施工方法等方面的要求确定,一般为60~140m,多数在100m左右,最长的超过200m。断面尺寸根据使用要求、与其他交通结构合建要求、埋深、地质条件、施工方法等确定。

沉管结构混凝土强度等级一般为C30~C50,采用较高强度等级的原因主要是满足抗剪的需要。沉管结构中不容许出现通透性的裂缝,非通透裂缝的开裂宽度应控制在0.15~0.2mm。

沉管段连接均在水下进行,一般有水中混凝土连接和水力压接两种方式。按变形状况可分为刚性接头和柔性接头。对于地震区的沉管隧道宜采用特殊的柔性接头,既能适应线位移和角变形,又具有足够的轴向抗拉、抗压、抗剪和抗弯强度。图2-18所示为某工程沉管隧道断面轮廓。

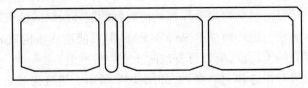

图2-18　某工程沉管隧道断面图

2.2 公路隧道工程施工方法

2.2.1 矿山法

采用传统的钻爆法(Drilling and Blasting Method)或臂式掘进机(Roadheader)进行隧道开挖的方法统称为矿山法。该工法是地下工程中最常用的一种暗挖施工方法,广泛适用于硬、软岩层中的各类地下工程。与其他工法相比,矿山法具有灵活性高、经济性好等优点。

早期的隧道暗挖施工采用传统的矿山法,即以人工开挖、小型机械化开挖、钻孔爆破开挖等方法为主。根据围岩的稳定状况,在横断面上采用分部开挖,在纵断面上采用正台阶或反台阶开挖;在支护手段上采用圆木、型钢、钢轨等形成支护,对开挖面围岩形成强力支承。

新奥法(New Austrian Tunnelling Method, NATM)是"新奥地利隧道施工方法"的简称,是由奥地利学者 L. V. Rabcewicz 于 1948 年最早提出。其开挖作业强调尽量减少对围岩的扰动,对完全的土质隧道可以采用机械或人工挖掘,对石质隧道多采用光面爆破和预裂爆破开挖。而在支护手段上,采用喷射混凝土和锚杆作为初期支护,把喷锚衬砌和围岩看作是一个相互作用的整体,既发挥围岩的自承能力,又使锚喷衬砌起到加固围岩的作用。

采用锚喷支护的新奥法与采用钢木支护的传统矿山法相比,不仅仅是在支护手段上进行革新,更重要的是在工程概念上取得巨大进步。传统矿山法的依据是"松弛理论",其认为围岩可能由于扰动而产生坍塌,支护需要支承围岩在一定范围内由于松弛可能坍塌的岩体重量。新奥法的理论依据是"岩承理论",其核心内容:稳定的围岩自身具有承载能力,而不稳定围岩丧失稳定有一个时间过程,如果在这个过程中提供必要的帮助和限制,则围岩仍然能够进入稳定状态。

1) 新奥法施工的基本原则

可以归纳为"少扰动、早喷锚、勤量测、紧封闭"。

(1) 少扰动

是指在进行隧道与地下工程开挖时,要尽量减少对围岩的扰动次数、扰动强度、扰动范围和扰动持续时间。因此要求能用机械开挖的就不用钻爆法开挖;采用钻爆法开挖时,要严格控制爆破方式;尽量采用大断面开挖;根据围岩级别、开挖方法、支护条件选择合理的循环掘进进尺;自稳性较差的围岩,循环掘进进尺应短一些;支护要尽量紧跟开挖面及时施作,缩短围岩应力松弛时间。

(2) 早喷锚

是指在开挖后及时施作初期锚喷支护,使围岩的变形进入受控制状态。这样做一方面是为了使围岩不致因变形过大而产生坍塌失稳;另一方面是使围岩变形适度发展,以充分发挥围岩的自承能力。必要时可采取超前预支护措施。

(3) 勤量测

是指以直观、可靠的量测方法和量测数据来准确评价围岩与支护的稳定状态,或判断其动态发展趋势,以便及时调整支护形式、开挖方法,确保施工安全和掘进工作的顺利进行。现场量测是现代隧道及地下工程理论的重要标志之一,也是掌握围岩动态变化过程的手段和进行工程设计、施工的重要依据。

(4)紧封闭

一方面是指采取喷射混凝土等防护措施,避免围岩因长时间暴露而导致强度和稳定性的衰减,尤其是对于易风化的软弱围岩;另一方面更为重要的是指要适时地对围岩施作封闭形支护,这样做不仅可以及时阻止围岩变形,而且可以使支护和围岩能进入良好的共同工作状态。

新奥法施工应根据地质、施工机具条件,尽量采用对围岩扰动少的开挖支护方法。岩石地层当采用钻爆法开挖时,可采用光面爆破、预裂爆破技术,以尽量减少欠挖和超挖量。

2)基于新奥法原理的矿山法

矿山法施工常用的开挖方法大致分为全断面法、台阶法和分部开挖法三大类及若干变化方案。

(1)全断面法

即全断面开挖,指按设计开挖面一次开挖岩体成形断面的方法。全断面开挖具有较大的工作空间,适合于大型配套机械化施工,施工速度较快,便于施工组织管理。由于开挖面大,围岩相对稳定性降低,且每个循环工作量相对较大,因此要求具有较强的开挖、出渣和相应的支护能力。采用全断面开挖,断面进尺比(开挖断面面积与掘进进尺之比)较大,可获得较好的爆破效果,且爆破对围岩的震动次数较少,有利于围岩的稳定。但每次爆破药量大,振动强度较大,因此要求进行严格的控制爆破设计。

(2)台阶法

即台阶开挖法,一般是将设计断面分上半断面和下半断面两次开挖成形。也有采用台阶上部弧形导坑超前开挖。

台阶开挖法有足够的工作空间和相当的施工速度。但上下部之间的作业存在一定的干扰。台阶开挖虽增加对围岩的扰动次数,但台阶有利于开挖面的稳定。尤其是上部开挖支护后,下部作业较为安全,但应注意下部作业时对上部稳定性的影响。

(3)分部开挖法

分部开挖法是将隧道设计的开挖断面划分为若干部分,对每个分部的围岩逐步开挖而整体向前掘进,且一般是将某一部位的围岩超前开挖,故也可称为导坑超前开挖法。常用的有环形开挖留核心土法、上下导坑超前开挖法、上导坑超前开挖法、单(双)侧壁导坑超前开挖法等。

分部开挖因减少了每个坑道的开挖跨度,显著提高坑道围岩的相对稳定性,且易于进行局部支护,因此主要适用于软弱围岩、严重破碎的隧道或设计断面较大的隧道。分部开挖由于作业面较多,各工序相互干扰较大,同时增加了对围岩的扰动次数。若采用钻爆法掘进时,则更不利于围岩的稳定,其施工组织和管理的难度亦较大。导坑超前开挖,有利于提前探明开挖面围岩的地质状况,并予以及时处理。但若采用的导坑开挖断面过小,则会影响施工速度。

隧道开挖时,应根据工程地质、水文地质、机械设备以及施工人员的技术状况和技术水平等条件,采用尽量少扰动围岩的开挖方法。隧道施工开挖岩土体的方法有钻爆开挖法、机械开挖法、人工和机械混合开挖法等。

2.2.2 明挖法

明挖法施工技术简单、快速、经济,在城郊地区构筑隧道时常作为首选方案。明挖法主要分为无围护结构的基坑开挖(即放坡开挖)和有围护结构的基坑开挖两大类。

(1) 放坡开挖

采用放坡基坑法修建隧道时,应注意保证基坑边坡的稳定。基坑边坡坡度是直接影响基坑稳定的重要因素,其次,施工不当也会造成边坡失稳,主要表现如下:

①没有按设计坡度进行边坡开挖。
②基坑边坡坡顶堆放材料、土方以及运输机械车辆等增加附加荷载。
③基坑降排水措施不力。地下水未降至基底以下,而地面雨水、基坑周围地下给排水管线漏水渗流至基坑边坡的土层中。
④基坑开挖后暴露时间过长,岩体风化。
⑤基坑开挖过程中,未及时刷坡,土体失去稳定性。

为保持基坑边坡的稳定,可采取以下措施:

①根据土层的物理力学性质确定基坑边坡坡度。
②做好基坑降排水和防洪工作。
③合理坡面防护。
④基坑边坡坡顶 1~2m 范围内严禁堆放材料、土方和其他重物以及机械等。
⑤基坑开挖过程中,随挖随刷边坡,不得挖反坡。

(2) 有围护结构的基坑

①钢板桩围护结构。

钢板桩强度高,桩与桩之间的连接紧密,隔水效果好,可多次使用。在地下水位较高的基坑中采用较多。

②钻孔灌注桩围护结构。

钻孔灌注桩一般采用机械成孔。明挖基坑中所用的成孔机械,多为螺旋钻机和冲击式钻机。

③地下连续墙围护结构。

在基坑深、地质条件差、地下水位高时,需要采用地下连续墙作为基坑的围护结构,常常配合土层锚杆或横撑一并使用。

④土钉墙围护结构。

土钉是置于基坑边坡土体中,以较密间距排列的细长金属杆。土钉依靠与土体接触面上的黏结力或摩擦力,与周围土体形成一个有自承能力的挡土墙体系,以保持基坑边坡的整体稳定性。土钉墙支护是在基坑开挖过程中,将土钉置入原状土体中,在支护面挂网并喷射混凝土,通过土钉、土体和喷射混凝土面层的共同作用,形成土钉墙支护结构。土钉墙支护适用于地下水位以上或经过人工降水后的黏性土、粉土、杂填土及非松散砂土和卵石土等。对于淤泥质土及饱和软土应采用复合型土钉墙支护。

2.2.3 盾构法

盾构(Shield)一词的含义在土木工程领域中为遮盖物、保护物。隧道工程中,将外形与隧道横截面相同,但尺寸比隧道外形稍大的钢筒或框架压入地层中构成保护掘削机的外壳称为盾壳。该外壳及壳内各种作业机械、作业空间的组合体称为盾构机(下文简称盾构)。盾构是一种既能支承地层的压力、又能在地层中掘进的施工机具。以盾构为核心的一整套完整的建造隧道的施工方法称为盾构工法。该工法的整体施工过程如下(张凤祥,2004):

①建造盾构机拼装洞室。

②盾构主机和配件搬运至拼装场所,并在预定进发掘进位置上组装成整机,随后调试其性能使之达到设计要求。

③盾构始发,沿隧道的设计轴线掘进。盾构机掘进是通过盾构前部刀盘的旋转带动刀具岩体掘削土体,掘削土体过程中必须始终维持掘削面的稳定,即保证掘削面上的土体不出现坍塌。为满足此要求必须保证刀盘后面土舱内土体对地层的反作用压力大于地层的水土压力;靠舱内的出土机械(如螺旋杆传送系统或者吸泥泵)出土;靠中部的推进千斤顶推进盾构前进;由后部的举重臂和形状保持器拼装衬砌及保持形状;随后再由尾部的背后注装系统向衬砌与地层间的缝隙中注入填充浆液,以防止隧道及地面下沉。

④盾构掘进到达预定终点的竖井或基坑时,盾构进入该竖井或基坑,掘进结束。随后检修盾构或解体盾构运出。

上述施工过程中,保证掘削面稳定的措施、盾构沿设计路线的高精度推进(即盾构的方向、姿态控制)和衬砌作业的顺利进行三项工作最为关键,是盾构工法的三大要素。

1) 盾构分类

盾构形式多样,可按照地层、适用性、横截面形状等特征进行分类。

(1) 按地层分类

分为硬岩盾构(TBM,图2-19)、软岩盾构、软土盾构和硬岩软土盾构(复合盾构,图2-20)。

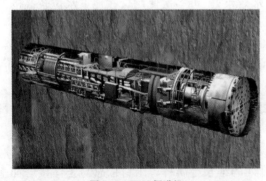

图2-19　TBM掘进机

图2-20　复合盾构

(2) 按盾构机横截面形状分类

分为半圆形、圆形、椭圆形、马蹄形、双圆搭接形、三圆搭接形和矩形。

一般而言,盾构机最为常见的断面形状是圆形,因此也把圆形断面称为标准断面。但圆形盾构隧道存在一个突出的缺点,即圆形断面空间利用率低。在地铁隧道、公路隧道、城市综合管廊等均使用矩形内空的情形下,为了满足使用净空要求,需要设计包含矩形内空的圆形断面,造成空间浪费,成本上升。因此,为了解决圆形盾构存在的问题,异形盾构应运而生,异形盾构主要包括矩形盾构、双圆搭接盾构、三圆搭接盾构等。

矩形盾构或类矩形盾构(图 2-21)的优点是内空利用率高,与圆断面隧道相比,构筑时可减少 30%左右的土体掘削和排放,有利于降低成本。另外,矩形断面地中占位小,地下空间利用率高。缺点是隧道管环上的作用外压大,不适于大尺寸隧道构筑;管片设计、施工复杂;盾构机制作复杂,价格偏高。但对于城市地铁区间或综合管廊等隧道而言,是较为理想的断面形状。

a)

b)

图 2-21 矩形盾构与类矩形盾构

双圆搭接断面盾构多用于铁路、公路返复线的情形。地中占地面积小,空间利用率高,但盾构制作复杂、价格高,管片设计、组装、施工复杂,其外形如图 2-22 所示。

三圆盾构断面一般而言是为构筑地铁车站而设计的盾构断面形状(图 2-23)。优点是空间利用率较圆形盾构高,使地铁车站的构筑施工完全转入地下,同时此工法的造价较低。缺点是盾构机、管片的设计、制作以及施工均较为复杂。

图 2-22 双圆盾构

图 2-23 三圆盾构

(3)按掘削面的敞开程度分类

分为全部敞开式、部分敞开式和封闭式 3 类。

全部敞开式,即能直接看到全部掘削面掘削状况的形式。部分敞开式,即能看到部分掘削面掘削状况的形式。封闭式,即在掘削面与内舱之间设有一层隔板,无法直接观察掘削面的掘削状况,只能靠一些传感器间接掌握掘削状况。

(4) 按掘削出土器械的机械化程度分类

分为人工挖掘式、半机械式和机械掘削式3类。

人工挖掘式盾构，即掘削、出土作业均由人工完成。半机械式盾构，即大部分掘削、出土作业由机械完成。机械掘削式盾构，即从掘削到出土作业均由机械完成。

现代隧道工程中常用的盾构大部分均为机械掘削式，人工挖掘式、半机械式盾构已经很少使用。机械掘削式的全机械化盾构在切口环部位装有与盾构直径相仿的全断面旋转切削刀盘，并配以运土机械设备，可使土方从开挖到装车全部实现机械化作业。全机械化盾构又分为开胸式机械化盾构和闭胸式机械化盾构。闭胸式机械化盾构主要包括泥水加压盾构和土压平衡盾构。

泥水加压式盾构是在机械化盾构的刀盘后侧设置一道封闭隔板，隔板与刀盘间的空间定名为土舱。把水、黏土及其添加剂混合制成的泥水，经输送管道压入土舱，待泥水充满整个土舱，并保持一定压力，形成泥水压力室，通过泥水加压作用和压力保持机构维持开挖工作面的稳定。盾构推进时，旋转刀盘切削下来的土砂经搅拌装置搅拌后形成高浓度泥水，用流体输送方式送到地面泥水分离系统，将渣土、水分离后重新送回土舱，这就是泥水加压平衡式盾构的主要特征。因泥水压力使掘削面稳定平衡，故得名泥水加压平衡盾构，简称泥水盾构。图2-24所示为泥水平衡式盾构掘进施工工法示意图。泥水加压盾构实现了管道连续出土，又可防止开挖面的坍塌，因此发展较快，被广泛应用于各种用途的隧道工程中。但该类型的盾构缺点在于，泥水输送与处理设备复杂且造价较高，泥水运送中易发生泄露而造成环境问题。

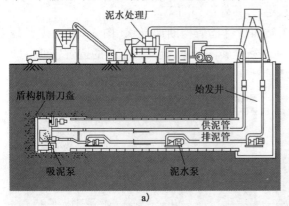

图2-24　泥水平衡式盾构掘进施工工法示意图（胡群芳，2006）

土压平衡盾构又称削土密闭式或泥土加压式盾构，是在局部气压盾构及泥水加压盾构基础上发展起来的一种适用于含水饱和软弱地层中施工的新型盾构。如图2-25所示为土压平衡式盾构掘进施工工法示意图。土压平衡盾构的头部装有断面切削刀盘，在刀盘的旋转作用下，刀具切削开挖面的泥土，破碎的泥土通过刀盘开口进入土舱，使土舱和排土用的螺旋输送机内充满切削下来的泥土，依靠盾构千斤顶的推力通过隔板给土舱内的土渣加压，使土压作用于开挖面以平衡开挖面的水土压力。盾构机通过调整排土量或开挖量来直接控制土舱内的压力，并使其与开挖面地层水、土压力相平衡，同时直接利用土舱中的泥土对开挖面地层进行支护，从而使开挖面土层保持稳定。土压平衡盾构避免了局部气压盾构的主要缺点，又简化了泥水盾构中的处理设备，是正在发展的最有前途的地下工程施工设备之一。

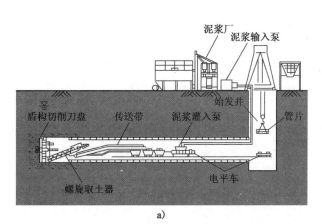

图 2-25　土压平衡式盾构掘进施工工法示意图（胡群芳，2006）

(5) 按掘削面的加压平衡方式分类

分为外加支承式、气压式、泥水式和土压式 4 类。

(6) 按刀盘的运动形式分类

分为转动掘削式、多轴摇动掘削式和摆动掘削式 3 类。

除此之外，还可按盾构机的特殊构造分类、按盾构机的功能分类、按盾构隧道衬砌的施工方法分类等。总的来说，盾构在土木工程中通常指软土盾构，因而盾构的分类多指软土盾构分类，软土盾构的综合分类如图 2-26 所示。

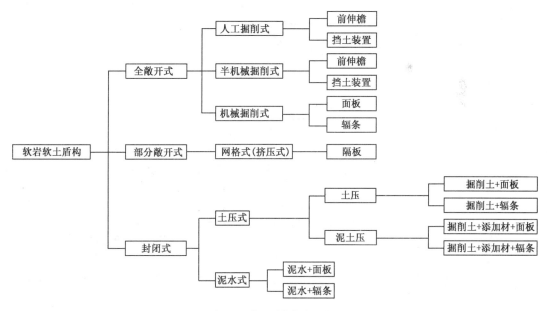

图 2-26　软土盾构综合分类法

2) 盾构法施工

盾构法施工的主要工序包括盾构的安装与拆卸、土体开挖与推进、衬砌拼装与防水等。

(1) 盾构的安装与拆卸

在盾构施工段的始发井进行盾构安装和盾构进洞工作，当通过施工区段后，在接收井进行盾构拆卸出井工作。盾构的安装一般有临时基坑法、逐步掘进法和工作井法。

①临时基坑法。

用板桩或明挖法围成临时基坑,在基坑内进行盾构安装和后座安装并进行土渣运输出口施工,然后基坑部分回填并拔除板桩,开始盾构施工。此方法适用于浅埋的盾构始发端。

②逐步掘进法。

用盾构法开挖纵坡较大的、并与地面直接连通的斜隧道。盾构由浅入深掘进,直到全断面进入地层形成洞口。

③工作井法。

在沉井或沉箱壁上预留洞口和临时封门。盾构在井内安装就位,待准备工作结束后即可拆除临时封门使盾构进入地层。盾构拆除井应满足起吊、拆卸工作的方便,但对其要求较拼装井低。

(2)土体开挖与推进

盾构施工首先使切口环切入土体,然后再开挖土体,千斤顶将切口环向前顶入土层,其最大距离是一个千斤顶的行程。盾构的位置与方向以及纵坡度等均依靠调整千斤顶的编组及辅助措施加以控制,图2-27为盾构隧道施工工艺流程。

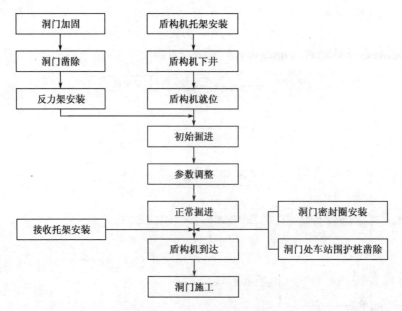

图2-27 盾构隧道施工工艺流程

土体开挖方式根据土质的稳定状况和选用的盾构类型确定。具体开挖方式有如下几种:

①敞开式开挖。

当围岩地质条件较好时,开挖面在掘进中能保持稳定或采取措施后能保持稳定,用手掘式及半机械式盾构时,均为敞开式开挖。开挖程序一般是从顶部开始逐层向下挖掘。

②机械切削开挖。

利用与盾构直径相当的全断面旋转切削大刀盘开挖,配合运土机械可使土方从开挖到运装均实现机械化作业。

③网格式开挖。

开挖面用盾构正面的隔板与横撑梁分成网格。盾构推进时,土体从网格内以条状挤入盾构,这种出土方式效率较高。

④挤压式和局部挤压式开挖。

挤压式开挖和局部挤压式开挖,由于不出土或部分出土,对地层有较大的扰动,施工中应精心控制出土量,以减少地表变形。

(3)衬砌拼装与防水

软土层盾构施工的隧道,多采用预制拼装衬砌形式。少数也采用复合式衬砌,即先采用薄层预制块拼装,然后再在壁内复筑混凝土衬砌。

含水土层中的盾构施工,其钢筋混凝土管片支护除应满足强度外,还应解决防水问题。管片拼接缝是防水的关键部位。目前多采用纵缝和环缝设防水密封垫的方式。防水材料应具备抗老化性能,在承受各种外力而产生往复变形的情况下,应具有良好的黏结力、弹性恢复力和防水性能。特种合成橡胶比较理想,实际应用得较多。衬砌完成后,盾构与衬砌间的建筑空隙需要及时充填,通常采用壁后压浆,以防止地表沉降,改善衬砌受力状况,提高防水能力。

压浆可分一次压注和二次压注。当地层条件差、不稳定,且盾尾空隙一经出现就会发生坍塌时,宜一次压注以水泥、黏土砂浆为主体的压浆材料,终凝强度不低于0.2MPa。二次压注是当盾构推进一环后,先向壁后的空隙注入粒径为3~5mm的石英砂或石粒砂,连续推进5~8环后,再将水泥浆液注入砂石中,使之固结。压浆宜对称于衬砌环进行,注浆压力一般为0.6~0.8MPa。

2.2.4 沉管法

沉管施工法,也称为预制管段施工法、沉放施工法等,其一般施工工艺流程如图2-28所示。施工期间,先在隧址以外建造临时干坞,在干坞内制作钢筋混凝土的隧道管段(公路隧道用的管段每节长60~140m,多数隧道为100m左右),两端用临时封墙封闭。制成后向临时干坞内灌水,使管段逐节浮出水面,并用拖轮拖运到指定位置。这时在设计隧位处,已预先挖好一个水底沟槽。待管段定位就绪后,向管段内灌水压载,使之下沉至预定位置。然后把这些沉设完毕的管段在水下连接。最后进行基础处理,经覆土回填后,便筑成了隧道(朱合华,2016)。

采用沉管法施工的水底隧道的特点如下:

①隧道的施工质量易于控制。首先,预制管段都是在临时干坞内浇筑的,施工场地集中,管理方便,沉管结构和防水层的施工质量相比其他施工方法易于控制。其次,需在隧址现场施工的隧道接缝非常少,漏水隐患亦相应地大为减少。再次,水底沉管隧道施工中采用了水力压接法之后,大量的施工实践证明,接缝的实际施工质量(包括竣工时以及不均匀沉降产生之后)能够保证达到"滴水不漏"。

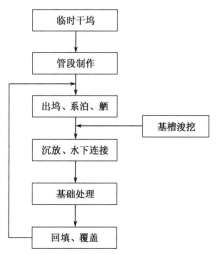

图2-28 沉管隧道施工工艺流程图

②建筑单价和工程总价均较低。水上挖土单价比地下挖土低；每节长达100m左右的管段，整体制作，完成后从水面上整体拖运，所需的制作和运输费用比大量管片分块制作，完成后用汽车运送到隧址工地所需的费用要低得多；接缝数量少，费用随之减少，沉管隧道的延米单价也就比盾构隧道为低。此外，由于沉管所需覆土很薄，甚至可以没有，水底沉管隧道的全长总比盾构隧道短得多，工程造价也相应大幅度降低。

③隧址现场的施工期短。沉管隧道的总工期短于其他方法修筑的水底隧道，尤其是其隧址现场施工期比较短。在市区内建设水底隧道时，城市生活因施工作业而受干扰和影响的时间，以沉管隧道为最短。

④操作条件好。基本上没有地下作业，水下作业亦极少，气压作业则完全不用，施工较为安全。

⑤对地质条件的适应性强，能在流砂层中施工，不需特殊设备或措施。

⑥适用水深范围几乎是无限制的，在实际工程中曾达到水下60m，如以潜水作业的最大深度为限度，则沉管隧道的最大深度可达70m。

⑦断面形状选择的自由度较大，断面空间的利用率较高，一个断面可容纳4~8个车道。

⑧水流较急时，沉设困难，须用作业台施工。

⑨施工时须与航道部门密切配合，采取措施(如暂时的航道迁移等)以保证航道通畅。

第3章 风险评估及管理理论体系

目前,国内风险分析在隧道工程领域,一方面相关的基础性事故资料比较匮乏,另一方面缺乏足够的理论支撑,缺少一个适合于隧道工程的完整的风险评估及管理体系。隧道工程施工期进行风险评估及管理的意义表现为帮助施工管理人员对风险进行科学化地认知与管理,保障工程施工人员的生命安全,减少经济损失。因此,开展隧道工程施工安全风险评估及管理研究具有重要的工程实用价值。

风险的定义有多种,本书主要指与研究对象(即施工期的隧道工程)直接相关的结构、设施、人员、环境、工期等出现的不利原因、因素、介质、空间及其相应后果,皆定义为隧道工程风险。风险的发生具有不确定性,所造成的后果大小也具有不确定性。风险评估,即对研究对象的风险进行评价和估计,主要包括两个基本要素,即某一风险事件可能发生的概率及其后果的严重程度。用通用的数学语言表达风险函数定义见式(3-1)。

$$R = f(p,c) \tag{3-1}$$

式中:R——风险值;

p——风险事件发生的概率;

c——风险事故损失。

《公路桥梁和隧道工程施工安全风险评估指南(试行)》(简称《指南》)将公路隧道工程施工安全风险评估分为总体评估和专项评估两个阶段,建议的风险评估方法包括专家调查法、指标体系法、风险矩阵法等,并给出若干对象的风险评估指标体系表和风险等级划分标准(尚不全面),其主要思想是通过指标打分的方式定量评估风险事件发生的概率等级,采用专家调查的方式评估风险事故后果的严重程度等级。《指南》的颁布为隧道施工安全风险评估提供了一种可资借鉴的思路,但鉴于其内容和评估流程较为简略,而隧道工程又复杂多样,因而在实际操作中仍存在较多不足。本章将针对其存在的问题和不足提出改进或完善的建议与方法。

如前所述,风险评估包含两个基本要素:风险事件发生的概率(p)和风险事故损失(c),本书侧重于对研究对象风险发生的可能性进行分析、评估和预测。从客观与否的角度来分析,风险评估方法可划分为三种:一是通过对大量现场实测数据进行分析,找出风险事件发生的内在规律,即客观评估;二是在没有合适的理论可以对对象进行深入分析时,往往会考虑采用专家调查的方法进行研究,即主观评估,而如何使得调查数据的统计结果尽可能真实地反映工程规律,即如何保证专家调查结果的合理性和真实性则是专家调查法有效性的关键;三是在既有一定的现场数据(但不够充分),又有相关专家经验的情况下,对风险事件可能发生的概率进行综合评估,以期获得更加符合实际情况的评估结果,即综合评估。对于隧道工程施工风险评估而言,由于工程数据资料往往不足以支撑对其风险进行客观定量的评价,因而往往采用第三种综合评估的方式,即在数据分析的基础上借助专家经验来评估隧道施工风险发生的概率及其后果的严重程度。因而,如何对专家经验和工程数据信息进行挖掘分析就成为决定风险评估准确和实用与否至关重要的一环,同时也是本书所要研究的一项重要内容。

本章将从隧道工程施工安全风险的发生机理、风险评估及管理流程、风险评估标准和风险评估及管理系统等四个方面进行阐述,为后续内容的开展作理论铺垫。

3.1 风险机理

3.1.1 风险术语

下面对若干风险术语进行解释,以便于本书后续内容的阐述。

(1)孕险环境(Risk-Pregnant Environment):潜在发生风险事件的各种工程场地区域、周边环境、施工工艺及管理方案等。对于施工期间的隧道工程主要是指掌子面、岩体开挖后的洞室空间、施工作业平台、初期支护、二次衬砌、渣土清运、材料的管理等。孕险环境是风险的客观基础,是决定风险事件是否发生的根本性因素,也可称之为风险的内因。

(2)致险因子(Risk-Reducing Factor):又称风险源,是指可能导致风险事件发生的直接因素,与孕险环境共同构成风险事件发生的两个必备要素,如施工方案、作业活动、施工设备、危险物质、作业环境等。在隧道施工中主要包括地质、水文、气候、施工等多种因素。

(3)风险事件(Risk Event):在孕险环境和致险因子作用下,可能造成工程发生人员伤亡、经济损失、环境影响、工期延误或工程耐久性降低等不利后果的事件。本书主要考虑可能引发人员伤亡或经济损失的风险事件。隧道施工中可能发生的重大风险事件包括塌方、岩爆、软岩大变形、涌水突泥、瓦斯爆炸等。

(4)承险体(Risk-Affected Element):指承担风险损失的对象。在隧道施工中主要包括隧道结构、施工人员、施工机械等。

(5)风险损失(Risk Loss):指风险事件发生后所产生的一系列后果。由于风险分析是事前进行的,因此风险损失的分析带有预测的成分。风险损失有多种,如人员伤亡、财产损失、工期、成本、环境影响等。

(6)风险分析(Risk Analysis):采用各类方法对风险源可能导致的风险事件进行分析,找出可能受伤害的人员、致害物、事故原因等,确定主要物的不安全状态和人的不安全行为。

(7)风险估测(Risk Evaluation):采用定性或定量的方法,对风险事件发生的可能性及严重程度进行数量估算,并根据制定的风险分级标准和接受准则,对工程风险进行等级分析、危害性评定和风险排序的过程。

(8)施工安全风险评估(Construction Safety Risk Assessment):针对工程施工过程中各项作业活动、作业环境、施工设备、危险物品等孕险环境中的潜在风险进行风险源辨识、风险分析和风险估测的一系列工作。

3.1.2 风险机理分析

隧道工程施工风险发生的机理可以描述为:孕险环境在风险源的作用下发生了风险事件,

并导致承险体产生风险损失的过程。以本书讨论的隧道工程施工风险为例,其风险发生机理如图3-1所示。其中,风险源包括高地应力、地下水、岩溶、地层偏压、强降雨、施工中支护措施不足等。孕险环境包括工程场地区域、施工工艺、管理方案、周边环境等。孕险环境在风险源的作用下可能发生的风险事件有塌方、岩爆、软岩大变形、涌水突泥、瓦斯爆炸等。承险体包括施工作业人员、洞壁衬砌、洞壁支护、监测仪器、施工机械等。风险事件发生后,承险体可能发生的风险损失可以从人员伤亡、经济损失、环境影响、工期延误、工程耐久性降低等方面来分析。从孕险环境到承险体,风险事件是联系两者的中介。并且,由于隧道施工往往处于较为封闭的环境条件下,一旦发生风险事件,往往会导致较为严重的风险损失。本书主要对风险事件发生的可能性进行分析和预测研究,控制产生风险损失的源头。

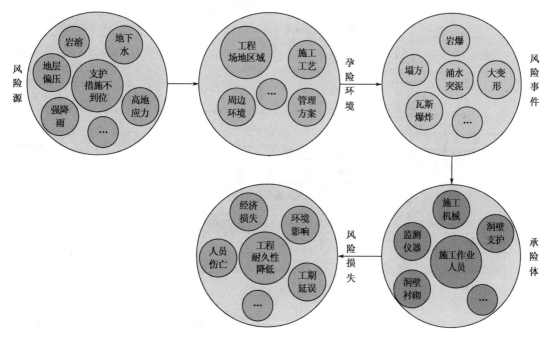

图3-1 隧道工程施工风险发生机理分析图

3.2 风险评估与管理流程

本书采用了《指南》中将隧道工程施工风险评估过程划分为总体评估和专项评估两个阶段的思想,但对其做了较大改进和完善,具体见本章3.3节。在考虑了各种风险分析方法、风险评估指标体系以及全面的风险管理过程之后,所建立的隧道施工安全风险评估及管理流程如图3-2所示。整个流程按其实现目的可划分为如下5部分:

(1)成立风险评估及管理小组。
(2)风险辨识(包括风险源和风险事件)。
(3)风险分析、评估和预测。
(4)风险处置与跟踪。
(5)风险确认与归档。

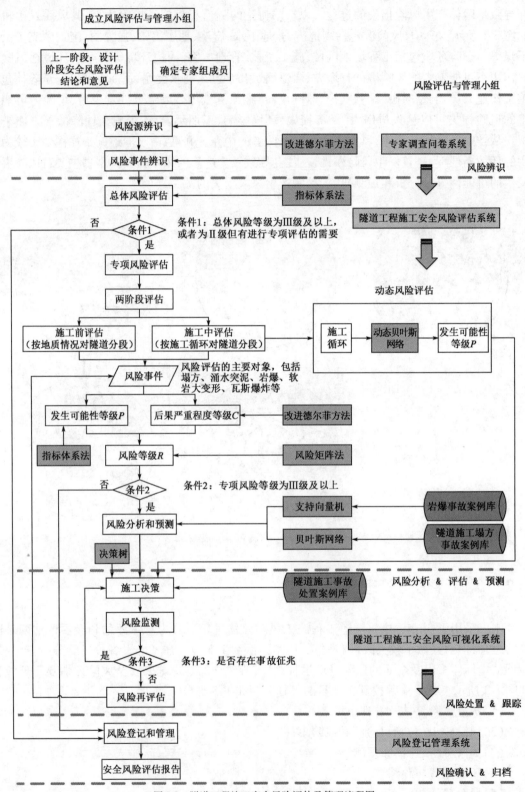

图 3-2 隧道工程施工安全风险评估及管理流程图

下面对各部分进行详细阐述。

3.2.1 成立风险评估与管理小组

在现代隧道工程管理模式中,工程安全风险管理的责任主要由施工方承担,监理负责监督,建设单位也有一定的安全风险管理责任。而工程中的风险事故并非完全由施工单方面引起,国际隧道工程保险集团(ITIG)对隧道工程施工现场发生安全事故的原因调查结果表明(图3-3),造成事故的原因是多方面的,施工方作为工程安全唯一责任主体无法从根本上避免事故的发生(钱七虎,2008)。

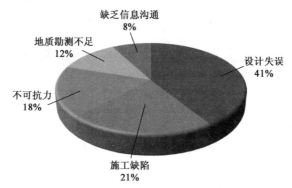

图3-3 ITIG对隧道工程施工现场发生安全事故原因的调查结果

一个工程项目施工期的风险评估及管理过程(下文简称"评管过程")是一个涉及包括建设方、施工方、勘察方、设计方、监理方(五方)和负责风险评估管理整个过程的委托单位(下文简称"评管方")六方的"大工程",能否明确各方的责任与义务,加强各方的沟通协调,决定了评管过程的成败。其中,评管方的角色尤为重要,其负责整个风险评估及管理小组(下文简称"评管小组")的建立,以及各种事务的统筹协调。具体来说,评管方需要负责如下几个方面的工作。

(1) 确定评管小组的成员

评管小组除评管方成员之外,上述五方也均应有人员加入,具体人员的数额及级别宜根据工程项目实际情况而定,人员参与形式可根据工作繁重程度不同采用兼职或专职形式。

(2) 明确五方责任与义务

上述五方的责任与义务大体如下,其细节应根据工程实际情况具体确定。

①建设方:提出工程施工安全目标,以及目标达成与否对应的奖惩措施,并与其余各方协商通过;为评管过程提供资金支持,并订立合同;确定评管小组建设方的人员组成;提供与评管过程相关的资料及资料更新。

②施工方:提出工程施工安全的具体要求,尽量使用可量化的指标;确定评管小组施工方的人员组成;确保评管过程与其相关的各项事务贯彻执行;提供与评管过程相关的资料及资料更新。

③勘察方:确定评管小组勘察方的人员组成;提供与评管过程相关的资料及资料更新。

④设计方:确定评管小组设计方的人员组成;提供与评管过程相关的资料及资料更新。

⑤监理方:监督施工方评管过程相关事务执行情况;确定评管小组监理方的人员组成;提

供与评管过程相关的资料及资料更新。

(3) 确定专家组成员

如前所述,隧道工程施工风险具有较大的不确定性,需要借助专家经验辅助判断。确定专家组成员的过程就是根据工程实际情况,从所建立的专家数据库中选择若干位专家,并联系确认可以参加的人员,组成专家评判小组,为后续的专家调查做准备。

(4) 整理上一阶段的成果和资料

整理上一阶段(设计阶段)安全风险评估的结论、意见等资料成果,使整个工程项目的评管过程具有连贯性。这些资料的主要作用在于为本阶段的风险评管工作重点提供借鉴和参考。

(5) 制订评估指标及标准

制订隧道工程施工过程中各类风险事件的评估指标体系和评判标准,为后续进行风险评估做准备,详细内容见本章 3.3 节。

(6) 制订风险事件应急措施

在隧道工程施工过程中,风险具有时空动态变化特性,即使采取了风险消除或缓解措施,在各种因素的综合作用下仍有可能发生各种风险事件。提前制订全面的针对各种风险事故的处置措施,为后续风险应对做准备。

(7) 安装硬件设备与调试软件系统

负责在工程施工现场安装风险评管过程用到的各种硬件设备,并调试好风险评估及管理软件平台系统,确保数据采集、风险监测及预警、风险评估等功能运行良好。

3.2.2 风险辨识

风险辨识是风险评估及管理的前提和准备工作,它是对前述各参与方所提供的资料信息的筛选分析过程,除此之外,开展详细周密的现场调研也必不可少。风险辨识的对象为风险源和风险事件。简而言之,风险辨识就是综合信息挖掘和现场调研手段对工程施工现场存在的风险源及其可能诱发的风险事件进行辨别、分析和归档的过程,进而为后续的风险评估提供翔实的资料信息。

1) 风险辨识内容

风险辨识的内容包括风险源辨识、风险事件辨识及其两者之间的相互关系。风险源与风险事件从数据管理角度来看,是"多对多关系",即一个风险源可能诱发多个风险事件,一个风险事件可能来源于多个风险源的激发。而这里所谓的"风险源与风险事件之间的相互关系"的实质包含三方面,即风险源诱发风险事件的路径、风险源诱发风险事件的强弱程度和风险事件反过来对风险源造成的影响。

(1) 风险源辨识

《指南》对风险源辨识给出的定义是"通过对工程施工过程进行系统分解,调查各施工工序潜在的事故类型的过程"。其实,风险源辨识应该强调对孕险环境中存在的风险因素的辨别。这里给出风险源辨识的定义:风险评管小组通过信息资料挖掘和现场调研,并借助专家经验和系统分析方法,对孕险环境中存在的风险源及其强度进行辨别、分析和归档的过程。这里的风险源强度是指:风险源的数量、大小等影响风险源发挥效果的程度指标。

以隧道工程施工中的风险源(如岩溶等)辨识为例。风险评管小组通过分析勘察方和施工方提供的地质资料,并结合现场踏勘,分析施工场地是否存在岩溶,以及其存在的位置、腔体大小、是否蓄水等信息,进而最终确认岩溶风险源及其强度的详细信息,并归档记录。

(2) 风险事件辨识

《指南》中并未将风险事件辨识单独作为一项内容进行阐述,而是将其置于风险源辨识过程中,这里将其作为风险辨识内容的一个类别,原因有三:一是风险事件辨识和风险源辨识的地位是等同的;二是使得风险事件辨识过程更加细致全面,不致有重大遗漏;三是便于对风险事件之间的相互影响关系进行梳理分析。

风险事件辨识的核心是辨别可能发生的风险事件的类别及其强度,风险事件强度是指风险事件的影响范围、影响时间等程度指标。这里给出风险事件辨识的定义:风险评管小组通过信息资料挖掘、现场调研和风险源辨识,并借助专家经验和系统分析方法,对风险源可能诱发的风险事件的类别和强度以及风险事件之间的相互关系进行辨别、分析和归档的过程。

以隧道工程施工中的风险事件辨识为例。风险评管小组通过分析勘察方、施工方和监理方提供的相关资料,并结合现场踏勘以及风险源辨识资料,分析各风险源可能诱发的风险事件类别及其强度,如强降雨可能会诱发大范围塌方,并对风险事件之间的关系进行梳理,如岩爆、瓦斯爆炸等风险事件也会导致塌方的发生,最后,将这些风险事件资料信息进行记录和归档。

(3) 风险源与风险事件之间的相互关系

如前所述,风险源与风险事件之间是多对多的关系,比如,强降雨会导致塌方、涌水等风险事件的发生,而塌方可能由岩溶、浅埋偏压、爆破动载等多种风险源诱发。风险源与风险事件之间的相互关系可以概括为如下三个方面:

① 风险源诱发风险事件的路径。

如图3-4所示,本书将风险源诱发风险事件的路径分成三类,即直接路径、渐进路径和间接路径。直接路径是指风险事件A由某风险源直接引发而与其他影响因素无关。在此示例中,地质勘探或超前地质预报未探明隧道掌子面前方存在断层破碎带,从而直接诱发隧道施工塌方,即为断层破碎带诱发塌方的直接路径。渐进路径是指某风险源存在一个渐进发展的过程,当风险源发展到某种程度或受到某些因素影响突然恶化,从而导致风险事件A发生的过程。该过程突出体现了风险源的动态变化过程。在此示例中,由于爆破震动的影响,断层破碎带中的围岩突然丧失自稳能力,从而导致隧道施工塌方,即为断层破碎带诱发塌方的渐进路

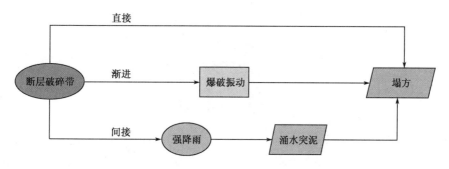

图3-4 风险源诱发风险事件的路径图(示例)

径。间接路径是指某风险源并不会直接诱发风险事件 A,而是先引发风险事件 B 进而导致风险事件 A 的发生。在此示例中,断层破碎带在强降雨的作用下导致开挖隧道掌子面后发生涌水突泥,由于隧道涌水突泥量大且持续时间久进一步导致了隧道塌方,即为断层破碎带诱发塌方的间接路径。

实际隧道工程施工过程中,风险源诱发风险事件的过程是相当复杂的,往往是由上述三种路径交织组合而成。这三种路径的作用在于梳理风险源与风险事件之间的逻辑关系以及寻找主要风险路径和关键风险源。

②风险源诱发风险事件的差异。

风险源诱发风险事件的差异包含两层含义:一是风险事件本身的差异;二是风险事件后果的差异。

对于前者,可以从两方面来阐述:一是不同风险源导致的风险事件的差异。比如,在同样的条件下断层比普通节理裂隙更容易引发大规模塌方灾害。二是同一风险源导致的风险事件的差异。比如,充水溶洞比干涸溶洞造成的塌方灾害更加严重。

对于后者主要是指风险源在不同时空条件下导致风险后果的倾向性。比如,施工爆破诱发塌方事件发生时,更容易导致超挖,一般不会造成人员伤亡;而由支护不足导致的塌方事件则常常造成较为严重的人员伤亡事故。

③风险事件发生后对其风险源的影响。

如图 3-5 所示,风险事件对风险源的影响可以归纳为三种,即缓解、无影响和加强。所谓缓解,就是指风险源导致风险事件发生后,反过来使得该风险源的风险状况得到缓解。比如,在深埋硬岩岩体中开挖隧道,高地应力诱发产生岩爆,使得地应力得以释放,高地应力风险得到缓解。所谓无影响,就是指风险源导致风险事件发生后,对风险源本身并没有任何影响。比如,强降雨使得断层破碎带或溶洞腔体中充满水,隧道开挖扰动导致掌子面发生涌水突泥事件,但强降雨是自然界的气候现象,涌水突泥事件的发生对其没有任何影响。所谓加强,是指风险源导致风险事件发生后,使得该风险源的风险状况进一步增强。比如,Ⅴ级围岩段由于支护不当发生塌方事故,使得围岩破碎状况进一步加剧。

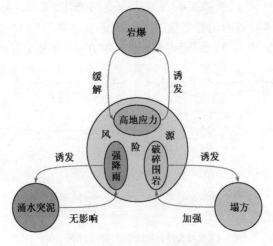

图 3-5　风险事件对其风险源的影响

实际工程中,风险事件对风险源的影响关系也是错综复杂的,但总归逃不脱上述三种关系。风险事件对风险源的影响为风险事件发生后的风险处置提供了一种分析思路和工具。

2) 风险辨识方法

风险辨识涉及的范围很广,无法采用一种方法将其全部包揽。根据适用的阶段和范围不同,可将其划分为如下 5 种类型。

(1) 工程施工前期的现场踏勘

现场踏勘是风险评管小组进行风险评估的前期准备工作,重点在于了解工程的整体安全状况,以及辨识工程施工中可能存在的重大风险源。

(2) 工程评估中的专家调研

专家调研是风险评估中必不可少的一个环节,由于专家们对工程的了解更多的来自文档资料,因而,该方法更侧重于辨识工程施工中可能发生的重大风险事件及其可能造成的后果。

(3) 工程施工中的检查表

填写检查表是现场安全员们的主要工作之一,是保证工程施工安全有序进行必不可少的措施。其更加侧重于检查工程施工各个环节中人的不安全行为和物的不安全状态,扑灭可能引发风险事件的"星星之火"。

(4) 工程施工中某些围岩参数和机械参数监测

通过传感器或智能监测设备进行围岩参数或机械参数监测主要是为工程施工方案提供依据和指导,同时也是工程施工安全的一个重要反映。比如,围岩变形过大,隧道存在坍塌的风险,应加强支护措施。以及下文将要讲述的"隧道工程施工安全风险可视化系统"就是通过实时监测隧道初衬的变形情况来指示施工安全状况。

(5) 工程中的特殊因素监测

隧道开挖可能会遇到各种地质环境条件,这时监测某些特殊因素的指标对保障工程人员安全就显得尤为重要。比如,隧道开挖遇到煤层,就应时刻监测瓦斯浓度;遇到黄土地层,就要特别注意地下水或雨水入渗。

(6) 风险辨识结果的分类与筛选

①风险辨识结果的分类主要是针对风险事件而言的,根据对该问题不同方面的考量,分类方式大体包括如下几种:

a. 危害程度。可将其分为一般风险事件和重大风险事件。

b. 影响范围。可将其分为整体风险事件和局部风险事件。

c. 隐匿程度。可将其分为易察觉风险事件和不易察觉风险事件。

d. 连锁效应。可将其分为孤立风险事件和连锁风险事件。

e. 规律性。可将其分为有规律性风险事件和无规律性风险事件。

f. 倾向性。可将其分为有倾向性风险事件和无倾向性风险事件。

g. 时效性。可将其分为偶发性风险事件和持续性风险事件。

②风险辨识结果筛选的对象则是风险源,在筛选的过程中需要遵循如下三个原则:

a. 目的性。进行风险评估时可能会遇到各种问题,目的不同筛选标准就会有差异。比如,研究风险事件对人员伤亡造成的影响则只需考虑可能会引发人员伤亡事故的风险源。

b. 阶段性。在隧道施工的不同阶段关注对象的不同造成风险源的分布具有很大差异。

比如,隧道开挖时关注的对象是围岩和掌子面,而隧道支护时则为支护结构;对于前者,风险源主要与围岩情况有关,对于后者,主要与支护有关。

c.层次性。风险源的层次性与应对方式息息相关,一般风险源占用的资源少,重大风险源占用的资源多。

3.2.3 风险分析、评估和预测

风险分析、评估和预测是风险评管过程承上启下的一环,是其核心内容。具体来说,风险分析和预测是为风险评估服务的,动态风险评估是其最终目的。风险评估既是对前述风险辨识工作的总结,又为后续风险处置与跟踪提供直接借鉴。其中,风险评估将在本章3.3节中详述,下面将对风险分析和预测及其与风险评估的关系进行阐述。

(1)风险分析和预测的含义

为加深对风险分析和风险预测两个概念的理解,可将其比作数学上的归纳和演绎过程。风险分析是对已有资料的分析总结,从中寻找风险发生的规律,即归纳;风险预测是利用已有的风险模型预测推理风险未来的发展情况,即演绎。两者的思维方式不同,却殊途同归,都是为风险评估过程提供客观合理的依据。

(2)风险分析和预测的方法

本书提出了多种隧道施工安全风险分析和预测的方法,包括改进德尔菲方法、支持向量机方法、人工神经网络方法、贝叶斯网络方法等。

(3)风险分析和预测的过程

本书风险分析和预测的主要对象是隧道施工过程中各类风险事件发生的可能性。以公路隧道施工塌方为例,对风险分析和预测过程做简要说明。如图3-6所示,通过收集隧道施工塌方案例数据和专家经验信息,借助贝叶斯网络技术,建立公路隧道施工塌方发生可能性的概率分析模型,总结规律,并通过敏感性分析获取影响隧道塌方的主要风险源;接下来,以此模型为基础对某具体工程进行风险预测。这些分析结论和预测结果是进行风险评估的重要依据。

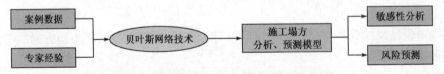

图3-6 公路隧道施工塌方风险分析和预测流程

(4)风险分析和预测与风险评估之间的关系

如图3-7所示,风险评估与风险分析和预测是相辅相成的,后者对于前者是辅助和更新,前者对于后者是甄别和验证,即风险分析和预测辅助风险评估的开展,以及风险再评估的更新;风险评估甄别风险分析和预测的重点关注对象,并验证其分析和预测结果的准确性与合理性。

3.2.4 风险处置与跟踪

风险处置与跟踪是在风险评估之后对风险等级较高的风险事件提出消除或缓解方案以使其风险等级降至合理水平,并在方案实施后对风险对象进行持续监测预警的过程。风险处

图3-7 风险分析和预测与风险评估之间的关系

置与跟踪是将风险评估结果转化为施工措施的重要环节,对具体施工行为具有直接指导作用。下面对风险处置和风险跟踪及其关系作简要介绍。

1)风险处置

风险处置,也称风险决策,该项内容处理得好坏将直接影响施工安全。比如,某公路隧道穿越岩溶地层,风险评估的结果显示发生涌水突泥事件的风险等级为Ⅲ级(高度风险),但由于采用长进尺爆破方案导致涌水事故发生,就是风险决策环节不够严谨导致的问题。

(1)决策内容

这里所讲的决策内容并非指具体的决策方案,而是在提出处置方案时应考虑的主要方面:

①可行性。方案应考虑工程实际情况,比如,隧道施工地点往往交通不便,无法满足某些重型机械设备进场。

②时效性。对于施工方来说,时间就是金钱,如果某方案需要很长时间才能发挥作用,即使效果好也需慎重考虑。

③成本。决策方案需要考虑成本因素,超出预算的方案很难被实施。

④连锁效应。决策方案需要考虑全面,如果某方案因偶然因素失去作用时,应有相应的应急预案。

(2)辅助方法

风险决策是一个复杂的问题,往往需要考虑多方面因素,对一方面有利,对另一方面可能就要妥协,权衡利弊得失,很难有一个十全十美的结果,但采用某些辅助方法可以使得该过程更为科学合理。比如,决策树(Decision Tree,简写DT)方法就可以根据已有数据做出较合理的决策。

2)风险跟踪

风险跟踪,又称风险监测及预警,主要目的是监测采取风险消除或缓解方案之后,被监测对象风险水平的持续发展情况。风险隐患受多种因素影响,采取的措施不一定能将其降至合理的风险水平,因而,进行动态监测和预警,时刻知悉被监测对象的风险状况就十分必要。为此,本书介绍了"隧道工程施工安全风险可视化系统",实现了施工风险的动态监测和预警,详见本书第 8 章。

3)风险处置与风险跟踪之间的关系

图 3-8 形象地表达了风险处置与风险跟踪之间的关系,即相辅相成、动态循环,风险处置是风险跟踪的前提,风险跟踪是风险处置的保障。

图 3-8 风险处置与风险跟踪之间的关系

3.2.5 风险确认与归档

风险确认与归档是对工程中发生的各类风险事件的一种登记造册工作,看似无关紧要,实则对隧道工程后期运营大有裨益,因而有必要将其贯穿于工程施工全过程。

(1)登记内容

风险确认与归档的对象是工程施工中发生的风险事件,登记内容除了其发生的时间、地点、地质状况、规模、后果等基本信息外,还应包括风险评管过程中的风险分析及预测情况、风险评估情况、风险处置方案、风险监测及预警情况等信息,以及照片、视频等资料。

(2)登记方法

为便于风险确认与归档工作的开展,本书提出并介绍了"风险登记管理系统",详情见本书第8章。

3.3 风险评估指南

《指南》是当前工程人员开展公路隧道工程施工安全风险评估的主要依据,本书第8章介绍的"基于《指南》的风险评估系统"即是在此基础上进行开发的。但《指南》仅提供了风险评估的大致框架,本文将结合完成的大量实际工程案例,对《指南》相关内容进行扩展、修改和补充,以提升其合理性、适用性与可操作性。下面将从公路隧道施工安全风险评估概述、风险评估指标体系及评判标准、风险评估方法和风险再评估四方面进行阐述。

3.3.1 概述

公路隧道施工安全风险评估的对象为隧道按围岩级别等条件划分成的施工区段,并从总体风险评估和专项风险评估两方面来开展。总体风险评估从隧道的地质条件、开挖断面尺寸、挖掘长度等因素来考虑,静态评估隧道工程整体施工安全风险状况。专项风险评估以具体施工作业活动为对象,从分析施工作业活动的特点入手,辨识重大风险源,并对风险事件进行风险分析、预测和评估,侧重于进行半定量化或定量化动态评估。《指南》规定总体风险等级为Ⅲ级及以上时才需要开展专项风险评估。

风险评估内容主要包括风险事件发生可能性等级评估和风险事件后果严重程度等级评估两部分。前者通过建立指标体系进行半定量化评估,后者则主要依据事故案例和专家经验进行主观评估。基于实用与便利考虑,本书所指风险事件后果主要考虑人员伤亡和直接经济损失两方面,也可根据实际需要增加考虑工期、工程结构质量、环境影响等其他类型损失。

3.3.2 风险评估指标体系及标准

公路隧道工程施工安全风险评估指标体系包括总体风险评估和专项风险评估两方面,其中,后者涵盖洞口失稳(平洞)、塌方、涌水突泥、软岩大变形、岩爆和瓦斯爆炸等六类隧道施工中典型的风险事件,以及其他具体工程中需要考虑的风险类型。

通过工程实践可以认识到,不同因素(或指标)对工程风险影响的大小并非确定不变,同时考虑到各因素之间可能存在的相互影响关系,有必要动态调整指标的分值。基于案例分析,这里对《指南》做出一项修正:增加指标权重项,即可以对各项指标(风险因素)的相对重要程度大小进行调整。这些评估体系中的各项指标及其权重均通过分析总结历史事故案例得出,且可动态调整(部分案例见本书附录A)。

1) 总体风险评估

总体风险评估主要从地质、水文、气象、设计、施工和其他(瓦斯含量、特殊情形)6个方面来综合选取指标。总体风险评估指标体系见表3-1,需要注意的是瓦斯突出和一些特殊情形在隧道风险评估中不常遇到,但却对隧道施工的总体风险影响较大,因而将其设置为可选项,并以较大指标权重值突出其对总体风险评估的影响。

第3章 风险评估及管理理论体系

总体风险评估指标体系 表 3-1

评估指标		分 类	分值	分项权重	权重
A 地质 ($=A_1+A_2+A_3+A_4+A_5+A_6$)	围岩情况[a]（Ⅴ、Ⅵ级围岩占比r）A_1	$r>70\%$ 或 Ⅴ、Ⅵ围岩连续最长距离 30m 以上	4	0.30	0.20
		$40\%<r\leqslant70\%$ 或 Ⅴ、Ⅵ围岩连续最长距离 20~30m	3		
		$20\%<r\leqslant40\%$ 或 Ⅴ、Ⅵ围岩连续最长距离 10~20m	2		
		$r\leqslant20\%$ 或 Ⅴ、Ⅵ围岩连续最长距离在 10m 以下	1		
	富水情况 A_2	地下水丰富	3~4	0.20	
		地下水一般	2		
		地下水贫乏	1		
	洞口 A_3	洞口浅埋、偏压	3~4	0.20	
		洞口上覆岩层风化严重	3~4		
		洞口边仰坡高且陡	3~4		
		洞口地形、地质一般	1~2		
	地质构造 A_4	断层、破碎带、褶皱等	2~4	0.20	
		无	1		
	岩石类别 A_5	地层以软岩为主，或主要围岩为板岩、石灰岩等	3~4	0.10	
		地层以硬岩为主，或主要围岩为花岗岩、火成岩等	1~2		
B	大气降水	施工期间降水充沛	3~4	—	0.15
		施工期间降水一般	2		
		施工期间降水很少	1		
C	设计断面大小[b]	大、特大断面（单洞三车道及以上）	4	—	0.20
		中断面（单洞双车道）	3		
		极小、小断面（单洞单车道）	1~2		
D	隧道全长	特长（3 000m 以上）	4	—	0.15
		长（1 000~3 000m）	3		
		中（500~1 000m）	2		
		短（小于 500m）	1		
E	隧道布置形式	连拱隧道	3~4	—	0.15
		小净距隧道	2~4		
		分离式隧道	1		
F ($=F_1+F_2$) 辅助坑道	类型 F_1	兼而有之	4	0.50	0.05
		平行导坑	3		
		竖井或斜井	2		
		无	1		
	数量 F_2	>5	4	0.50	
		3~5	3		
		1~2	2		
		0	1		

续上表

评估指标		分类	分值	分项权重	权重
G $(=G_1+G_2+G_3)$ 洞口施工	施工方法 G_1	CD、CRD、侧壁导坑法等	1	0.40	0.05
		台阶法	2		
		全断面法	3~4		
	支护措施 G_2	大管棚加小导管	1	0.30	
		仅大管棚	2		
		仅小导管	3		
		无	4		
	加固措施 G_3	有加固措施	1~2	0.30	
		无加固措施	3~4		
H	地震烈度等级	Ⅵ度及以下	1~2	—	0.05
		Ⅵ度以上	3~4		
I(可选)	瓦斯含量	隧道洞身穿越瓦斯地层	3	—	0.20
		隧道洞身附近可能存在瓦斯地层	1~2		
		隧道施工区域不会出现瓦斯	0		
J(可选)	特殊情形	超大埋深(大于500m)	2~4	—	0.20
		特长隧道(大于5km)	2~4		
		标志性工程	3~4		
		无	0		

注：(a) 围岩等级采用《工程岩体分级标准》(GB/T 50218—2014)的围岩分级。
　　(b) 按照国际隧协(ITA)定义的隧道横断面积的大小划分标准分类：极小断面隧道(2~3m²)、小断面隧道(3~10m²)、中等断面隧道(10~50m²)、大断面隧道(50~100m²)和特大断面隧道(大于100m²)。

总体风险评估，顾名思义就是对隧道整体存在的风险状况进行评判，目的是把握隧道工程总体的风险类型与大小，为工程风险管控确定基准，因而要从隧道整体存在的最不利情形出发，评判各项指标的分值。在实际隧道施工中，地质情况和断面大小往往对施工安全影响较大，因而此项权重值相应地设置较大，但指标体系中的权重值并非一成不变，风险管理人员需要根据工程实际情况进行动态调整，以突出实际工程中的主要风险源。

公路隧道施工总体风险评估计算分值 S 的计算表达式为：

$$S = A + B + C + D + E + F + G + H + I + J \tag{3-2}$$

式中：S——隧道施工总体评估计算分值；

A——隧道区地质所赋分值；

B——隧道区全年大气降水所赋分值；

C——隧道设计断面大小所赋分值；

D——隧道全长所赋分值；

E——隧道布置形式(如小净距、连拱、分离式等)所赋分值；

F——隧道辅助坑道总体状况所赋分值；

G——隧道洞口施工状况所赋分值；

H——隧道区地震烈度等级所赋分值；

I——隧道区瓦斯含量所赋分值(可选);

J——隧道的特殊情形所赋分值(可选)。

计算得到总体风险计算分值 S 后,对照表3-2确定公路隧道施工安全风险等级 R。其中,风险等级Ⅰ、Ⅱ、Ⅲ和Ⅳ级分别用绿色、蓝色、黄色和红色进行标识(这套颜色标准与《指南》不同,主要考虑到颜色的区分度,指南中Ⅱ、Ⅲ级颜色分别为黄色和橙色)。总体风险评估的目的,主要在于确定隧道工程总体风险水平,为隧道施工风险管理确定总体策略。需要说明的是,被广泛采用的风险分级方法是1993年美国国防部发布的《系统安全计划要求》(MIL-STD-882C),该文件给出了风险严重度和发生概率的定性分类(United States Department of Defense,1993)。

总体风险等级标准　　　　　　　　　　　　　　　　表3-2

风 险 等 级 R	计 算 分 值 S
等级Ⅳ(极高风险)	$S \geqslant 3.5$
等级Ⅲ(高度风险)	$2.5 \leqslant S < 3.5$
等级Ⅱ(中度风险)	$1.5 \leqslant S < 2.5$
等级Ⅰ(低度风险)	$S < 1.5$

2)专项风险评估

《指南》规定总体风险等级在Ⅲ级(高度风险)及以上的隧道工程,必须进行专项风险评估,而对于其他风险等级的隧道工程,也应视情况确定是否开展专项风险评估。

下面根据《指南》所推荐的风险矩阵法[由美国空军电子系统中心(Air Force Electronic Systems Center,简写ESC)于1995年设计发明(Garvey,1998),是一种半定量的风险分析方法,在没有其他合适方法可用的情况下是开展量化风险分析的有效方法(Eskesen,2004)]和指标体系法来建立各风险事件的评估指标体系及其等级评判标准。

风险事件的发生可能性等级划分为4级,见表3-3。

风险事件可能性等级标准　　　　　　　　　　　　　表3-3

概 率 范 围	中　心　值	概率等级描述	概 率 等 级
>0.3	1	很可能	4
0.03~0.3	0.1	可能	3
0.003~0.03	0.01	偶然	2
<0.003	0.001	不太可能	1

注:①当概率值难以取得时,可用频率代替概率。

②中心值代表所给区间的对数平均值。

风险事件的后果严重程度等级划分为4级,本书主要考虑人员伤亡和直接经济损失。风险评管小组可根据具体工程实际情况考虑工期延误、环境破坏、社会影响等方面的后果。当多种后果同时发生时,可采用就高原则确定后果严重程度等级。

①人员伤亡是指在施工活动过程中人员所发生的伤亡,依据人员伤亡的类别和严重程度进行分级,等级标准见表3-4。

人员伤亡等级标准　　　　　　　　　　　　　　　　表3-4

等级	1	2	3	4
定性描述	一般	较大	重大	特大
人员伤亡（人）	人员死亡（含失踪）人数<3或重伤人数<10	3≤人员死亡（含失踪）人数<10或10≤重伤人数<50	10≤人员死亡（含失踪）人数<30或50≤重伤人数<100	人员死亡（含失踪）人数≥30或重伤人数≥100

②直接经济损失是指事故发生后造成工程项目发生的各种费用的总和，包括直接费用和事故处理所需(不含恢复重建)的各种费用，等级标准见表3-5。

直接经济损失等级标准　　　　　　　　　　　　　　表3-5

等级	1	2	3	4
定性描述	一般	较大	重大	特大
经济损失 Z（万元）	$Z<1000$	$1000≤Z<5000$	$5000≤Z<10000$	$Z≥10000$

专项风险等级同样分为四级：Ⅰ级(低度风险)、Ⅱ级(中度风险)、Ⅲ级(高度风险)和Ⅳ级(极高风险)，见表3-6。其中，风险等级Ⅰ、Ⅱ、Ⅲ和Ⅳ级分别用绿色、蓝色、黄色和红色进行标识。

专项风险等级标准　　　　　　　　　　　　　　　　表3-6

可能性等级 \ 严重程度等级		一般 1	较大 2	重大 3	特大 4
很可能	4	高度Ⅲ	高度Ⅲ	极高Ⅳ	极高Ⅳ
可能	3	中度Ⅱ	高度Ⅲ	高度Ⅲ	极高Ⅳ
偶然	2	中度Ⅱ	中度Ⅱ	高度Ⅲ	高度Ⅲ
不太可能	1	低度Ⅰ	中度Ⅱ	中度Ⅱ	高度Ⅲ

"人的因素及施工管理"主要考虑总包企业资质、专业及劳务分包企业资质、历史事故情况、作业人员经验、安全管理人员配备及安全投入情况等因素。此项指标对隧道施工安全影响较大，可作为风险影响的因素。

人的因素及施工管理引发的事故可能性的评估指标体系，见表3-7，其中评估指标分值通过式(3-3)进行计算。根据分值对照表3-8确定折减系数 γ，再计算风险事件可能性分值。

$$M = A + B + C + D + E + F + G + H \tag{3-3}$$

安全管理评估指标体系　　　　　　　　　　　　　　表3-7

评估指标		分类	分值
A	总包企业资质	三级	3
		二级	2
		一级	1
		特级	0

续上表

评估指标		分类	分值
B	专业及劳务分包企业资质	无资质	1
		有资质	0
C	历史事故情况	发生过重大事故	3
		发生过较大事故	2
		发生过一般事故	1
		未发生事故	0
D	作业人员经验	无经验	2
		经验不足	1
		经验丰富	0
E	安全管理人员配备	不足	2
		基本符合规定	1
		符合规定	0
F	安全投入	不足	2
		基本符合规定	1
		符合规定	0
G	机械设备配置及管理	不符合合同要求	2
		基本符合合同要求	1
		符合合同要求	0
H	专项施工方案	可操作性较差	2
		可操作性一般	1
		可操作性强	0

安全管理评估指标分值与折减系数对照表　　　　表3-8

计算分值 M	折减系数 g	计算分值 M	折减系数 g
$M > 12$	1.2	$2 < M \leq 5$	0.9
$8 < M \leq 12$	1.1	$M \leq 2$	0.8
$5 < M \leq 8$	1		

隧道洞口失稳(平洞)的原因来自多个方面,包括围岩破碎、边仰坡形态、地质构造、水文条件、施工因素等,其风险事故发生可能性评估主要从地质、水文、气象、施工和一些特殊情形来选取指标,其中围岩级别和施工因素影响较大,故其权重值相应较高,见表3-9。此外,采空区、岩溶、断层、临近水源等一些特殊情形在隧道施工中不常遇到,但对隧道施工围岩稳定性影响较大,因而,将其设置为可选项,并赋予较高的权重值。

隧道施工区段洞口失稳(平洞)可能性评估指标体系 表3-9

评估指标		分 类	分值	分项权重	权重
A	围岩级别	V、VI级	4	—	0.25
		IV级	3		
		III级	2		
		I、II级	1		
B	边仰坡高度	>30m	3~4	—	0.1
		≤30m,>20m	2		
		≤20m	1		
C	坡度（土质）	>50°	3~4	—	0.1
		≤50°,>35°	2		
		≤35°	1		
D	坡面产状（岩质）	顺向坡(坡度>20°)	3~4	—	0.1
		顺向坡(坡度≤20°)	1~2		
		反向坡或近水平坡	0		
E	偏压	偏压程度严重	3~4	—	0.15
		偏压程度一般	1~2		
		无偏压	0		
F	大气降水	施工期间降水充沛	3~4	—	0.10
		施工期间降水一般	2		
		施工期间降水很少	0~1		
G	地下水	地下水丰富	3~4	—	0.10
		地下水一般	2		
		地下水贫乏	1		
H 洞口施工 ($=H_1+H_2+H_3$)	施工方法 H_1	CD、CRD、侧壁导坑法等	1	0.40	0.20
		台阶法	2		
		全断面法	3~4		
	支护措施 H_2	大管棚加小导管	1	0.30	
		仅大管棚	2		
		仅小导管	3		
		无	4		
	加固措施 H_3	有加固措施	1~2	0.30	
		无加固措施	3~4		
I（可选）	其他	下穿水库或水塘	3~4	—	0.20
		邻近水库或水塘	0~2		
		穿越采空区	3~4		
		临近采空区	0~2		
		穿越岩溶	3~4		
		穿越断层	3~4		

隧道施工区段洞口失稳(平洞)可能性分值计算公式为：

$$S = \gamma \times (A + B + C + D + E + F + G + H + I) \quad (3-4)$$

式中：S——隧道洞口失稳(平洞)可能性计算分值；
γ——安全管理折减系数；
A——隧道洞口段围岩级别所赋分值；
B——隧道洞口边仰坡高度所赋分值；
C——隧道洞口边仰坡坡度(土质)所赋分值；
D——隧道洞口边仰坡坡面产状(岩质)所赋分值；
E——隧道洞口偏压所赋分值；
F——隧道洞口段施工期间降水情况所赋分值；
G——隧道洞口段地下水所赋分值；
H——隧道洞口段施工因素所赋分值；
I——隧道洞口段的一些特殊情形所赋分值。

表3-10是隧道施工区段专项评估风险事件可能性等级的评判标准，根据指标体系得到风险事件的计算分值，查阅该表可得到其对应的可能性等级。隧道施工区段专项风险评估的所有风险事件的可能性等级评估均参照该标准。

隧道施工区段专项风险评估风险事件可能性等级标准 表3-10

计算分值 S	事故可能性描述	等 级
$S \geq 3.5$	很可能	4
$2.5 \leq S < 3.5$	可能	3
$1.5 \leq S < 2.5$	偶然	2
$S < 1.5$	不可能	1

隧道施工区段发生塌方事故的原因来自多个方面，包括隧道断面大小、围岩破碎程度、不良地质状况、地下水、浅埋偏压、施工因素等，其评估指标主要从地质、水文、气象、设计、施工和隧道存在的一些特殊情形等方面来考虑，其中，不良地质情况、围岩级别和施工因素对隧道施工安全影响较大，因而，其指标权重值相对较高。此外，岩溶、采空区、瓦斯突出、临近水源、未知的人工构造物等一些特殊情形在隧道施工中不常遇到，但对隧道施工塌方风险影响较大，因而，将其设置为可选项，并给予较高的权重值，见表3-11。

隧道施工区段塌方可能性评估指标体系 表3-11

评估指标		分 类	分值	分项权重	权重
A	设计断面大小	大或特大断面(单洞三车道及以上)	4	—	0.05
		中断面(单洞双车道)	3		
		小断面(单洞单车道)	1~2		
B	围岩破碎情况或风化情况	极其破碎或风化严重	3~4		0.10
		一般破碎或风化一般	2		
		完整或风化轻微	1		

续上表

评估指标		分 类	分值	分项权重	权重
C	围岩级别	V、VI级	4	—	0.15
		IV级	3		
		III级	2		
		II、I级	1		
D	地下水	地下水丰富	3~4	—	0.10
		地下水一般	2		
		地下水贫乏	1		
E	大气降水	施工期间降水充沛	3~4	—	0.10
		施工期间降水一般	2		
		施工期间降水很少	0~1		
F	不良地质情况	岩溶、断层、湿陷性黄土、膨胀性矿物等	3~4	—	0.20
		节理裂隙、褶皱等	2		
		无	1		
G	埋深(h)	浅埋	3~4	—	0.10
		深埋	2		
		超深埋	1		
H	地质符合性	工程地质条件与设计文件相比较差	3~4	—	0.05
		工程地质条件与设计文件基本一致或相比较好	0~2		
I ($=I_1+I_2+I_3$) 施工因素	I_1 支护施作	V、VI级围岩衬砌到掌子面距离在200m以上或全断面开挖衬砌到掌子面距离在250m以上	4	0.30	0.15
		V、VI级围岩衬砌到掌子面距离在120m以上、200m以下或全断面开挖衬砌到掌子面距离在160m以上、250m以下	3		
I ($=I_1+I_2+I_3$) 施工因素	I_1 支护施作	V、VI级围岩衬砌到掌子面距离在70m以上、120m以下或全断面开挖衬砌到掌子面距离在120m以上、160m以下	2	0.30	0.15
		V、VI级围岩衬砌到掌子面距离在70m以下或全断面开挖衬砌到掌子面距离在120m以下	1		
	I_2 仰拱施作	一次性仰拱开挖长度在8m以上	3~4	0.20	
		一次性仰拱开挖长度不超过8m	1~2		
	I_3 监控量测	无	4	0.50	
		人工定期监控量测	2~3		
		智能化实时监控量测	1		

续上表

评估指标		分类	分值	分项权重	权重
J（可选）	其他	存在采空区	2~4	—	0.2
		上覆或邻近河流、水库或水塘等	2~4		
		瓦斯突出	3~4		
		周边存在未知人工构造物	2~4		

注：隧道深、浅埋划分：浅埋 $h \leq (2 \sim 2.5) h_q$（无法确定时，深浅埋界限值可取 50m），深埋 $(2 \sim 2.5) h_q < h \leq 500m$，超深埋 $h > 500m$（中华人民共和国交通运输部，2004；徐则民，2000）；或依据刘学增（2010）对两车道隧道（跨度 10~12m）在 Ⅱ~Ⅴ 级围岩中深浅埋划分的统计结果。

隧道施工区段塌方可能性分值计算公式为：

$$S = \gamma \times (A + B + C + D + E + F + G + H + I + J) \tag{3-5}$$

式中：S——隧道塌方可能性计算分值；
　　　γ——安全管理折减系数；
　　　A——隧道施工区段设计断面大小所赋分值；
　　　B——隧道施工区段围岩破碎或风化情况所赋分值；
　　　C——隧道施工区段围岩级别所赋分值；
　　　D——隧道施工区段地下水情况所赋分值；
　　　E——隧道施工区段施工期间降水情况所赋分值；
　　　F——隧道施工区段不良地质情况所赋分值；
　　　G——隧道施工区段埋深所赋分值；
　　　H——隧道施工区段地质与设计文件符合性所赋分值；
　　　I——隧道施工因素所赋分值；
　　　J——隧道施工区段存在的一些特殊情形所赋分值。

隧道发生涌水突泥的两个必要因素是围岩破碎和存在与隧道连通的水源，指标体系中的围岩级别、地质符合性和不良地质情况评判围岩情况，地下水、大气降水和其他水源评判隧道水源，此外，加上施工因素构成了隧道涌水突泥可能性评估的指标体系，见表 3-12。由于围岩破碎和水源两者缺一不可，涌水突泥可能性分值计算公式中，此两组指标被设置为相乘关系，见式（3-6）。

隧道施工区段涌水突泥可能性评估指标体系　　表 3-12

评估指标		分类	分值	分项权重	权重
A	地下水	地下水丰富	1.1	—	
		地下水一般	0.8		
		地下水贫乏	0		
B	大气降水	施工期间降水充沛	1.1	—	
		施工期间降水一般	0.8		
		施工期间降水很少	0		

续上表

评估指标		分 类	分值	分项权重	权重
C	围岩级别	Ⅴ、Ⅵ级	4	—	0.20
		Ⅳ级	3		
		Ⅲ级	2		
		Ⅰ、Ⅱ级	1		
D	地质符合性	工程地质条件与设计文件相比较差	3~4	—	0.25
		工程地质条件与设计文件基本一致/相比较好	1~2		
E	不良地质情况	存在岩溶	2~4	—	0.30
		存在断层破碎带	2~4		
		存在采空区	2~4		
F ($=F_2 \times F_1 + F_3$) 施工因素	F_1 一次开挖进尺	一次开挖进尺1m以下	1	0.50	0.25
		一次开挖进尺1~3m	2		
		一次开挖进尺3m以上	3~4		
	F_2 超前地质预报	无	1.2	—	
		偶尔进行超前地质预报	0.7		
		严格执行超前地质预报	0.5		
	F_3 掌子面围岩加固	无	4	0.50	
		偶尔进行加固	2~3		
		严格进行加固	1		
G	其他水源	上覆河流、水库、水塘等	1.2	—	—
		邻近河流、水库、水塘等	1.1		
		无	1		

隧道施工区段涌水突泥可能性分值计算公式为:

$$S = \gamma \cdot \max(A,B) \cdot (C + D + E + F) \cdot G \tag{3-6}$$

式中:S——隧道施工区段涌水突泥可能性计算分值;

γ——安全管理折减系数;

A——隧道施工区段地下水所赋分值;

B——隧道施工区段施工期间降水情况所赋分值;

C——隧道施工区段围岩级别所赋分值;

D——隧道施工区段地质与设计文件符合性情况所赋分值;

E——隧道施工区段不良地质情况所赋分值;

F——隧道施工因素所赋分值;

G——隧道施工区段临近水源情况所赋分值。

隧道大变形主要发生在低级变质岩、断层破碎带及煤系地层等一些低强度围岩中,一般具有变形量大、径向变形显著及危害巨大等特点。发生该类变形的围岩一般被称为软岩(Soft

Rock)、挤出性围岩(Squeezing Rock)或膨胀岩(Swelling Rock or Expansive Rock)(汪洋,2009)。

隧道大变形极易与隧道施工中的一般围岩变形相混淆,大变形常发生在挤压性岩体中(孙钧,2012),此类岩体宏观上呈不完整性、具有显著节理面特征,甚或处于完全松散破碎的不良形态,常夹杂有大量的黏土性颗粒物(含高岭石、蒙脱石),在隧道开挖后因围岩应力过高而岩体强度不足、极易在隧道开挖面处产生挤压大变形而导致坍塌失稳。

Barla(1999)认为隧道大变形指的就是挤压性岩体发生的挤压变形,即软弱岩体在隧道开挖后产生的不利围岩应力重分布作用下发生的随时间增长的流变大变形。王希宝(2008)将其定义为"隧道及地下工程中,由软弱岩体构成的围岩,在高或相对高地应力、地下水或自身膨胀性的作用下,其自承能力丧失或部分丧失,产生具有累进性和明显时间效应的塑性变形且变形得不到有效约束的现象",它既区别于岩爆动力脆性破坏,又区别于围岩松动圈中受限于一定结构面控制的坍塌、滑动等破坏。

由此可知,隧道发生大变形有两个条件,即软弱围岩和地应力超过岩体强度。因而,首先判断岩石强度指标,当岩石单轴抗压强度大于25MPa时[国际岩石力学学会(ISRM)将软岩定义为单轴抗压强度为0.5~25MPa的一类岩石(何满潮,2002)],隧道施工不存在此项风险。工程实践中通常以强度应力比来反映当前地层的应力水平状态。我国工程岩体分级基准规定围岩强度应力比 R_b/σ_{max}<4,为极高地应力状态;4≤R_b/σ_{max}≤7,为高地应力状态;R_b/σ_{max}>7,为一般地应力状态。研究表明,当强度应力比<0.3~0.5时,即能产生比正常隧道开挖大一倍以上的变形(刘学增,2015)。因此,还需要判断岩体的强度应力比,当强度应力比 R_b/σ_{max}>7 时,也不需考虑此项风险。这也是将此两项指标设置为乘子的原因,见式(3-7)。

岩体的强度和完整性根据围岩级别、围岩破碎或风化情况和地下水进行评价,地应力大小及分布根据隧道埋深与设计断面形状进行评价,不良地质情况则兼顾了岩体完整性和地应力两个方面,施工因素反映了应力释放情况和围岩支护情况。另外,若岩体中存在遇水膨胀性矿物,则往往对隧道大变形产生不利影响,因而,将其设置为一个取值大于1的增强系数,并作为分值计算公式中的一个乘子,见式(3-7)。综合上述因素构成了隧道施工区段大变形可能性评估的指标体系(表3-13)。

隧道施工区段大变形可能性评估指标体系　　　　表3-13

	评估指标	分　类	分值	分项权重	权重
A	岩石抗压强度	<5MPa	1.2	—	—
		≥5MPa, <10MPa	1		
		≥10MPa, <25MPa	0.2		
		≥25MPa	0		
B	强度应力比	<1	1.2	—	—
		≥1, <4	1		
		≥4, <7	0.2		
		≥7	0		

续上表

评估指标		分类	分值	分项权重	权重
C	埋深	浅埋	1	—	0.15
		深埋	2		
		超深埋	3~4		
D	围岩级别	Ⅴ、Ⅵ级	4	—	0.1
		Ⅳ级	3		
		Ⅲ级	2		
		Ⅰ、Ⅱ级	1		
E	围岩破碎情况或风化情况	极其破碎或风化严重	3~4	—	0.1
		一般破碎或风化一般	2		
		完整或风化轻微	1		
F	地下水	地下水丰富	3~4	—	0.1
		地下水一般	2		
		地下水贫乏	1		
G	不良地质情况	岩溶、断层等	3~4	—	0.2
		节理裂隙、褶皱等	2		
		无	1		
H	设计断面形状	圆形	1	—	0.1
		马蹄形	2~3		
		直墙拱形	4		
I ($=I_1+I_2+I_3$) 施工因素	I_1 一次开挖进尺	一次开挖进尺1m以下	1	0.3	0.25
		一次开挖进尺1~3m	2		
		一次开挖进尺3m以上	3~4		
	I_2 支护强度	强支护	1	0.4	
		中等强度支护	2~3		
		弱支护	4		
	I_3 支护时机	快封闭、快速成环、二衬适时紧跟	1	0.3	
		其他	2~4		
J	特殊矿物	含有蒙脱石等遇水膨胀矿物	1.1	—	—
		无	1		

隧道施工区段大变形可能性分值计算公式为：
$$S = \gamma \cdot A \cdot B \cdot (C+D+E+F+G+H+I) \cdot J \tag{3-7}$$

式中：S——隧道施工区段大变形可能性计算分值；

　　　γ——安全管理折减系数；

　　　A——隧道施工区段岩石强度所赋分值；

　　　B——隧道施工区段岩体强度应力比所赋分值；

C——隧道施工区段埋深所赋分值；

D——隧道施工区段围岩级别所赋分值；

E——隧道施工区段围岩破碎或风化情况所赋分值；

F——隧道施工区段地下水所赋分值；

G——隧道施工区段不良地质情况所赋分值；

H——隧道施工区段断面形状所赋分值；

I——隧道施工因素所赋分值；

J——隧道施工区段的膨胀性矿物情况所赋分值。

谭以安(1991)认为,岩爆是具有大量弹性应变能储备的岩(矿)体,由于开挖洞室或坑道,使地应力分异、围岩应力跃升及能量进一步集中,在围岩应力作用下,产生张—剪脆性破坏,并伴随声响和震动,围岩由静态平衡向动态失稳发展,以造成岩片(块)隔离母体、获得有效弹射能量、猛烈向临空方向抛(弹、散)射为特征,是经历"劈裂成板—剪断成块—块片弹射"渐进破坏全过程的动力现象。由此可知,隧道施工中发生岩爆的三个必要条件:岩石强度高、岩石脆性好和高地应力。表3-14中的指标及其权重是本书第5章5.2节中的研究结论,各分项指标的取值区间则分别引自应力判据(张镜剑,2008)、脆性判据(王元汉,1998)和弹性能量指数判据(冯夏庭,2013),不在此详述(这些判据是基于岩爆信息的统计学理论建立的定量或半定量评价系统和分类判据)。

钱七虎院士(2017)将岩爆按动力破坏形式分为两类,即由岩石破坏导致的应变型岩爆和由断层滑移或剪切断裂导致的断裂滑移型岩爆,并指出后者的能量远大于前者,且破坏程度也比前者强烈得多。因此,满足岩爆发生的必要条件时,在断裂带附近的一定区域内尤其需要注意强烈或极强岩爆的发生。

在开展风险评估时,有时并不能得到表3-14中所有指标的具体数值,这时就需要建立一个半定量化的评估指标体系。岩石强度指标作为一个乘子,用于判断围岩是否为硬岩,反之则不存在此项风险。岩体完整性、围岩级别和地下水用于评判围岩的整体强度(即储存变形能的能力),岩石脆性系数用于评判围岩的脆性特点,隧道埋深、不良地质构造和断面形状用于评判包括地应力和构造应力在内的应力大小及分布特点,施工因素则反映了应力的释放特点和隧道支护特点。综合这些指标构成了隧道施工区段岩爆可能性评估指标体系,见表3-15。

隧道施工区段岩爆可能性评估指标体系之一　　　　表3-14

	评估指标	分　　类	分值	权重
A	应力系数[a] $T_s(=\sigma_\theta/\sigma_c)$	$T_s<0.3$	1	0.5505
		$0.3\leq T_s<0.5$	2	
		$0.5\leq T_s<0.7$	3	
		$T_s\geq 0.7$	4	
B	岩石脆性系数 $B(=\sigma_c/\sigma_t)$	$B\geq 40.0$	1	0.1558
		$26.7\leq B<40.0$	2	
		$14.5\leq B<26.7$	3	
		$B<14.5$	4	

续上表

评估指标		分 类	分值	权重
C	弹性能量指数[b] W_{et}	$W_{et} < 2.0$	1	0.2937
		$2.0 \leq W_{et} < 3.5$	2	
		$3.5 \leq W_{et} < 5.0$	3	
		$W_{et} \geq 5.0$	4	

注:[a] σ_θ:隧道洞周最大切向应力,σ_c:岩石单轴抗压强度,σ_t:岩石单轴抗拉强度(这些参数可由数值模拟或现场实测得到)。
[b] 弹性能量指数 W_{et}:$W_{et} = W_{sp}/W_{st}$,W_{sp} 为岩石试件加载到 $(0.7～0.8)\sigma_c$ 后卸载到 $0.05\sigma_c$,岩石释放的弹性应变能,W_{st} 为岩石产生塑性变形和内部产生微裂隙而消耗的能量。

隧道施工区段岩爆可能性评估指标体系之二　　表3-15

评估指标		分 类	分值	分项权重	权重
A	岩石抗压强度	<20MPa	0	—	—
		≥20MPa,<40MPa	0.5		
		≥40MPa	1～1.2		
B	岩体完整性	$K_v > 0.55$	3～4		0.15
		$0.35 < K_v \leq 0.55$	2		
		$K_v \leq 0.35$	1		
C	岩石脆性系数 B	$B < 14.5$	4		0.15
		$14.5 \leq B < 26.7$	3		
		$26.7 \leq B < 40.0$	2		
		$B \geq 40.0$	1		
D	埋深	浅埋	1	—	0.10
		深埋	2		
		超深埋	3～4		
E	地下水	地下水丰富	1	—	0.05
		地下水一般	2		
		地下水贫乏	3～4		
F	围岩级别	Ⅰ、Ⅴ、Ⅵ级	1	—	0.15
		Ⅳ级	2		
		Ⅲ级	3		
		Ⅱ级	4		
G	不良地质情况	岩溶、断层等	3～4	—	0.15
		节理裂隙、褶皱等	2		
		无	1		

续上表

评估指标		分 类	分值	分项权重	权重
H	设计断面形状	圆形	1	—	0.10
		马蹄形	2~3		
		直墙拱形	4		
I ($=I_1+I_2+I_3+I_4$) 施工因素	I_1 一次开挖进尺	一次开挖进尺 1m 以下	1	0.25	0.15
		一次开挖进尺 1~3m	2		
		一次开挖进尺 3m 以上	3~4		
	I_2 分部开挖	台阶法	1~2	0.25	
		全断面法	3~4		
	I_3 支护时机	快封闭、快速成环、二衬适时紧跟	3~4	0.25	
		其他	1~2		
	I_4 支护强度	强支护	1	0.25	
		中等强度支护	2~3		
		弱支护	4		

隧道施工区段岩爆可能性分值计算公式为：

$$S = \gamma \cdot (A + B + C) \tag{3-8}$$

式中：S——隧道施工区段岩爆可能性计算分值；

γ——安全管理折减系数；

A——隧道施工区段围岩应力系数所赋分值；

B——隧道施工区段岩石脆性系数所赋分值；

C——隧道施工区段围岩弹性能量指数所赋分值。

隧道施工区段岩爆可能性分值计算公式为：

$$S = \gamma \cdot A \cdot (B + C + D + E + F + G + H + I) \tag{3-9}$$

式中：S——隧道施工区段岩爆可能性计算分值；

γ——安全管理折减系数；

A——隧道施工区段岩石强度所赋分值；

B——隧道施工区段岩体完整性所赋分值；

C——隧道施工区段岩石脆性系数所赋分值；

D——隧道施工区段埋深所赋分值；

E——隧道施工区段地下水所赋分值；

F——隧道施工区段围岩级别所赋分值；

G——隧道施工区段不良地质情况所赋分值；

H——隧道施工区段断面形状所赋分值；

I——隧道施工因素所赋分值。

隧道施工发生瓦斯爆炸的两个必要条件：一定的瓦斯含量和引爆源。瓦斯含量用于判断是否为瓦斯隧道,反之则不存在此项风险。洞内通风和瓦斯监测体系用于评判隧道洞内瓦斯含量,设备防爆情况和施工人员防爆意识培训情况,用于评判瓦斯引爆源。综合这些指标构成了隧道施工区段瓦斯爆炸可能性评估指标体系,见表 3-16。

隧道施工区段瓦斯爆炸可能性评估指标体系　　　　表 3-16

评估指标		分　类	分值	权重
A	瓦斯含量	有瓦斯	1	—
		无瓦斯	0	
B	洞内通风	洞内掌子面最小风速未达标	2~4	0.25
		洞内掌子面最小风速达标	1	
C	机械设备防爆情况	未采用防爆设备	4	0.25
		采用防爆设备	1~3	
D	瓦斯监测体系	洞内瓦斯监测体系不完备	2~4	0.25
		洞内瓦斯监测体系完备	1	
E	施工人员防爆意识培训情况	不够严格	2~4	0.25
		很严格	1	

隧道施工区段瓦斯爆炸可能性分值计算公式为:

$$S = \gamma \cdot A \cdot (B + C + D + E) \tag{3-10}$$

式中:S——隧道施工区段瓦斯爆炸可能性计算分值;

γ——安全管理折减系数;

A——隧道施工区段瓦斯含量所赋分值;

B——隧道施工区段洞内通风所赋分值;

C——隧道施工区段机械设备防爆情况所赋分值;

D——隧道施工区段瓦斯监测体系所赋分值;

E——隧道施工区段施工人员防爆意识培训情况所赋分值。

3.3.3　风险评估方法简述

公路隧道施工安全风险评估是指对风险事件发生可能性和人员、财产等损失进行评估的过程。本书主要侧重对风险事件发生的可能性进行评判,因此,下面主要对风险事件发生可能性的评估方法进行阐述。这里将隧道工程的风险评估方法大致归为 4 类:基于知识的分析方法、基于模型的分析方法、定性分析方法和定量分析方法。下面对这 4 类方法逐一进行介绍。

1)基于知识(Knowledge-Based)的分析方法

基于知识的分析方法又称为经验方法,它涉及对来自类似工程施工经验的重用,适合一般性的例行安全检查。采用基于知识的分析方法,工程管理人员不需要付出很多时间、精力和资源,只要通过多种途径收集相关信息,辨识工程施工中的风险源和当前的安全措施,与特定的标准或工程风险案例进行对比,从中找出不合理之处,并选择恰当的风险应对措施,实现最终消除或控制风险的目的。

基于知识的分析方法,最重要的还在于评估信息的收集,工程中常用的方法包括专家调查问卷方法、工程实地调研方法、安全检查表法等。

(1) 专家调查问卷方法

专家调查问卷方法简称问卷法，是调查者运用统一设计的问卷向被选取的调查对象了解情况或征询意见的调查方法。问卷调查也是一种搜集资料的方法。问卷法运用的成功与否，关键在于编制问卷、选择被调查对象和结果分析。另外，随着网络的普及，采用网上问卷调查的方式得到了广泛应用。

① 优点

a. 能突破时空限制，是获取专家经验信息的有效途径。

b. 便于用概率方法对调查结果进行研究。

c. 匿名性。

d. 节省人力、时间和经费。

② 缺点

a. 问卷收回率较低。

b. 影响因素较多，问题设置、被调查对象和结果分析的每个环节都可能对调查结果造成较大影响。

c. 问卷反馈结果的有效性较低。

d. 问卷调查具有单向性，缺乏沟通。

(2) 工程现场调研方法

工程现场调研严格来说并不能称为一种方法，它只是有效获取工程全方位信息的一种途径，对于隧道工程施工安全风险评估而言，它是风险评管小组需要最先开展的一项工作。

① 调研方式

开展工程现场调研往往是在工程正式开工建设之前或工程建设期间，风险评管人员通过现场踏勘方式对工程总体风险状况或某一具体事件的风险状况进行直观感受，以及获取相关文本、图像、视频等资料。

② 调研内容

工程现场调研的内容包括如下几方面：

a. 获取对工程风险状况的直观感受。

b. 获取相关文本、图像、视频等资料信息。

c. 工程实际情况与设计文件的对照与验证。

d. 风险评管人员利用工程经验对工程施工可能存在的风险进行初步评判。

e. 风险评管人员与施工相关各方之间的沟通。

③ 调研目的

工程现场调研的主要目的是对风险源和风险事件辨识工作进行现场验证与补充。

④ 优缺点

工程现场调研方法的优点是能够对工程风险状况有一个较为直观、准确地把握，缺点是对人员、时间和经费消耗较大。

(3) 安全检查表法

安全检查表是用于安全检查的有效工具，它是为检查某些系统的安全状况而事先制订的问题清单。制订安全检查表的人员应当熟悉该系统或领域的安全技术法规。安全检查表的制订、使用、修改和完善的过程,实际是对安全工作的不断总结提高的过程。

安全检查表的内容决定其应用的针对性和效果。安全检查表必须包括工程的全部主要检查部位,不能忽略主要的、潜在的不安全因素,应从检查部位中引申和发掘与之相关的其他潜在风险因素。每项检查要点要定义明确,便于操作。

安全检查表的格式内容应包括分类、项目、检查要点、检查情况及处理、检查日期和检查者等。通常情况下检查项目内容及检查要点采用提问方式列出。检查情况用"是"、"否"或者"√"、"×"表示。

①优点

a. 可以根据已有的规章制度、标准、规程等,检查执行情况,得出准确的评价。

b. 安全检查表采用提问的方式,有问有答,给人的印象深刻,能使人知道如何做才是正确的,因而可起到安全教育的作用。

c. 编制安全检查表本身就是一个系统安全分析的过程,可使检查人员对系统的认识更加深刻,便于发现风险因素。

②缺点

安全检查表常常一次编制,多次使用,而隧道施工过程中的风险因素时刻在动态变化,安全检查表有可能遗漏某些关键风险源,从而造成重大损失。

2)基于模型(Model-Based)的分析方法

基于模型的分析方法在这里主要是指包括人工智能和机器学习在内的一类智能风险分析方法,也是本书重点研究的对象,主要包括人工神经网络、支持向量机、贝叶斯网络等。这类方法通过机器算法建立的模型来模拟隧道施工风险中错综复杂的关系。其优点是能更加客观地反映隧道施工中风险的发生、演化规律。

(1)人工神经网络(Artificial Neural Networks,简写 ANN)

在机器学习和认知科学领域,人工神经网络简称神经网络或类神经网络,是一种模仿生物神经网络结构和功能的数学模型或计算模型,用于对函数进行估计或近似。神经网络由大量的神经元联结进行计算(因而有人称之为联结主义,对应于逻辑表达的符号主义)。典型的神经网络包含如下三部分:

①结构。指定了网络中的变量及其拓扑关系。

②激励函数。可以引入非线性因素,解决线形模型所不能解决的问题。

③学习规则。指定了网络中的权重如何随着时间推进而调整(也称为优化策略)。

人工神经网络能够通过已知数据的训练来学习和归纳总结。通过这一学习过程可以将工程中一些难以用数学表达式或其他模型表达的规律总结成一种类似"黑匣子"的模型工具,并且具有很高的准确度与计算性能,便于工程实际应用。

反向传播算法(Back Propagation Algorithm,简称 BP 算法)是一种监督学习算法,其学习过程由信号的正向传播与误差的反向传播组成。正向传播时,输入样本从输入层传入,经各隐含层逐层处理后,传向输出层。若输出层的实际输出与期望输出不符,则转入误差反向传播阶段。反向传播时,将输出以某种形式通过隐含层向输入层逐层反传,并将误差分摊给各层的所有神经元,从而获得各层神经元的误差信号,此误差信号即作为修正各单元权重值的依据。

BP 神经网络是被研究和应用最为广泛的一种,其本质是运用 BP 算法的多层感知机模型。BP 神经网络模型分为输入层、隐含层和输出层。输入层只从外部环境接收信息,该层的每个神经元相当于自变量,不完成任何计算,只为下一层传递信息(从神经元的严格意义上来说,输入层节点不属于神经元)。输出层生成最终结果。隐含层介于输入层和输出层之间,该层完全用于分析,联系输入层变量和输出层变量,使其更匹配已知资料(黄丽,2008)。BP 神经网络的拓扑结构如图 3-9 所示。

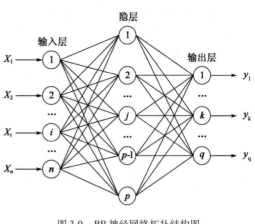

图 3-9 BP 神经网络拓扑结构图

(2)支持向量机(Support Vector Machines,简写 SVM)

支持向量机算法由 Vapnik(1998)首先提出,像多层感知器网络和径向基函数网络一样,支持向量机可用于模式分类和非线性回归。支持向量机的主要思想是建立一个分类超平面作为决策曲面,使得正例和反例之间的隔离边缘被最大化。支持向量机的理论基础是统计学习。支持向量机的原理可概括为:学习机器在测试数据上的误差率(即泛化误差率)以训练误差率和一个依赖 VC 维数(Vapnik-Chervonenkis Dimension)项的和为界,在可分模式情况下,支持向量机对前一项的和为零,并且使第二项最小化。因此,在模式分类问题上它能提供很好的泛化性能,这是支持向量机所特有的。

支持向量机具有如下优点:

①通用性。能够利用多种函数来构造核函数。

②鲁棒性。不需要微调。

③有效性。在解决实际问题中总是属于最好的方法之一。

④计算简单。方法的实现只需要利用简单的优化技术。

⑤理论完善。基于 VC 推广性理论框架。

在"支持向量"$x(i)$和输入空间抽取的向量 x 之间的内积核这一概念是构造支持向量机学习算法的关键。支持向量机的框架结构如图 3-10 所示。

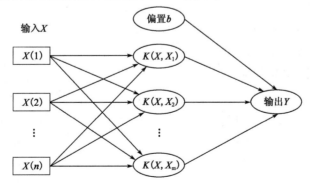

图 3-10 支持向量机的框架结构

其中 K 为核函数,其种类主要有:
① 线性核函数 $K(x,x_i) = x^T x_i$;
② 多项式核函数 $K(x,x_i) = (\gamma x^T x_i + r)^p, \gamma > 0$;
③ 径向基核函数 $K(x,x_i) = \exp(-\gamma \| x - x_i \|^2), \gamma > 0$;
④ 两层感知器核函数 $K(x,x_i) = \tanh(\gamma x^T x_i + r)$。
其中,最常用的为径向基核函数。

(3)贝叶斯网络(Bayesian Network,简写 BN)

贝叶斯网络又称信念网络,是一种有向无环图,结合了图理论和统计理论,由节点和节点之间的连线组成,能够通过逻辑推理解决不确定性问题。相比其他传统建模方法,贝叶斯网络拥有诸多优势,包括对复杂系统建模进行预测和诊断,精确计算事件发生概率,根据后期获取的数据更新计算结果,表现多模变量和以简洁的图形化方式帮助用户建模等(Weber,2012)。对风险分析来说,贝叶斯网络已经被证明是一种强鲁棒性方法(Peng,2012a)。

贝叶斯网络有三种节点:基本节点(basic node)、中间节点(medium node)和终止节点(end node)。以一个示例贝叶斯网络进行说明,如图 3-11 所示 4 个节点中,开挖跨度 A 和施工质量 B 为基本节点,自稳能力 C 为中间节点,塌方风险 D 为终止节点,并由 3 个有向箭头相互联系。

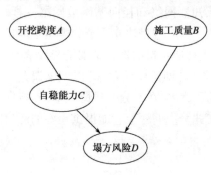

图 3-11 贝叶斯网络结构图示例

这里以此贝叶斯网络示例来说明该方法的计算过程。塌方风险为 d_3($D = d_3$ 表示塌方风险为Ⅲ级:高风险)的先验概率可以表示为:

$$P(D = d_3) = \sum_{i=1}^{3}\sum_{j=1}^{3}\sum_{k=1}^{3} P(D = d_3, A = a_i, B = b_j, C = c_k) \tag{3-11}$$

式中: P——概率;
A——隧道开挖跨度;
B——施工质量;
C——围岩自稳能力;
D——隧道施工塌方风险;
$a_1、a_2、a_3$——开挖跨度分别为小、中、大;
$b_1、b_2、b_3$——施工质量分别为好、中、差;
$c_1、c_2、c_3$——自稳能力分别为强、中、弱;
$d_1、d_2、d_3$——塌方风险分别为低、中、高。

根据贝叶斯理论,联合概率可根据式(3-12)来计算。

$$P(x_1,\cdots,x_n) = \prod_{i=1}^{n} P(x_i \mid P_a(X_i)) \tag{3-12}$$

式中: X_i——节点;
x_i——节点 X_i 的取值;

$P_a(X_i)$——节点 X_i 的父节点。

若节点 X_i 没有父节点,则函数退化为非条件概率分布,即 $P(x_i)$。在该例中,A 为 C 的父节点,B 和 C 为 D 的父节点,则可以得到联合概率计算公式:

$$P(D = d_3, A = a_i, B = b_j, C = c_k)\\ = P(A = a_i) \cdot P(B = b_j) \cdot P(C = c_k | A = a_i) \cdot P(D = h | B = b_j, C = c_k) \tag{3-13}$$

式中,公式右侧的基本概率(非条件概率)根据收集到的工程案例统计分析得到,条件概率根据专家经验或逻辑推理得到。

假设对于某一具体隧道工程施工案例,跨度大(a_3),施工质量一般(b_2),则施工塌方风险为高的后验概率可根据式(3-14)计算得到。式中的联合概率由式(3-13)计算得到。

$$P(D = d_3 | A = a_3, B = b_2) = \frac{P(D = d_3, A = a_3, B = b_2)}{P(A = a_3, B = b_2)}\\ = \frac{\sum_{i=1}^{3} P(D = d_3, C = c_i, A = a_3, B = b_2)}{\sum_{j=1}^{3} \sum_{i=1}^{3} P(D = d_j, C = c_i, A = a_3, B = b_2)} \tag{3-14}$$

由此,贝叶斯网络的计算流程可总结如下:
① 针对具体问题建立贝叶斯网络结构图。
② 根据统计案例和专家经验量化节点的基本概率表和条件概率表。
③ 将步骤②中得到的基本概率表和条件概率表导入到贝叶斯网络中,计算塌方风险的先验概率。
④ 根据具体工程的详细信息更新基本节点的概率值,并以此计算塌方风险的后验概率。

总结目前的贝叶斯网络构造方法主要有以下 4 种:
① 完全基于专家知识构建贝叶斯网络。通过咨询专家来提取所研究问题需要的相关变量,并由专家根据经验指定变量之间的关系,即拓扑结构;同时,变量之间的条件概率也由专家指定。
② 完全基于样本数据构建贝叶斯网络。通过大量样本数据分别学习贝叶斯网络的拓扑结构和变量之间的条件概率,这种方法受专家知识的影响较小。
③ 专家知识与基于数据的学习相结合。由专家指定网络的拓扑结构,利用样本数据来学习网络中的参数及变量之间的条件概率。这种方法在变量之间关系比较明显的情况下比完全基于数据的方法更高效。
④ 由相关研究领域中已有的模型知识转化得到贝叶斯网络。

3) 定性(Qualitative)风险分析方法

定性风险分析是评估已识别风险的可能性和后果的过程。这一过程用来确定风险对项目目标可能的影响,并对风险进行排序。它在明确主要风险事件和风险源及风险应对措施方面十分重要。

定性风险分析的目的是利用已识别风险的发生概率、风险对项目目标的影响,以及其他因素,如工程施工的工期、成本等,对已识别风险的优先级进行评价。

(1) 专家评估法

专家评估法是将专家作为索取信息的对象,组织某领域的专家运用专业方面的知识和经验,通过直观归纳,分析研究对象当前状况,总结研究对象的变化、发展规律,并预测其后续发展的途径。

专家评估法包括个人判断法、专家会议法、头脑风暴法和德尔菲法(Delphi Method)等,这里重点介绍德尔菲法。

德尔菲法是根据某领域专家的直接经验,对研究的问题进行判断、预测的一种方法。该法最早是由美国兰德公司在20世纪50年代为进行一项美国空军委托的预测任务"德尔菲计划"而得名。

德尔菲法通过多轮调查问卷的方式来收集特定领域专家组成员的反馈,适合用来建立共识。在设计和实施一个德尔菲研究的时候,主题选择、实施并完成一个研究所需的时间、可能存在的低反馈率以及被调查对象小组中无意间导向性的反馈都是要考虑的问题。

德尔菲法的显著特点是参与成员的匿名性、反馈过程的可控性和数据对各种统计分析方法的适用性(Hsu,2007)。这些特点弥补了传统的小组讨论方法的缺点,例如起支配作用的个人的影响力、噪声以及小组保持一致的压力等。

理论上,德尔菲过程能够一直迭代直到达成共识。然而,Cyphert 和 Gant(1971)、Brooks(1979)、Ludwig(1994,1997)、Custer 等(1999)学者研究指出,在大多数情况下,为收集到需要的信息并达成共识,3次迭代就足够了。但需要注意的是,德尔菲法迭代的次数很大程度上取决于调查人员想要达到的共识程度,且次数常常在3~5之间变动。

(2)故障树分析(Fault Tree Analysis,简写 FTA)

故障树分析,是安全系统工程的重要分析方法之一,它能对各种系统的危险性进行辨识和评价,不仅能分析出事故的直接原因,而且能深入地揭示出事故的潜在原因。故障树分析是演绎推理,是从上到下来分析复杂系统失效的影响。

故障树分析首先由美国贝尔实验室的 Watson(1961)提出,用于评估民兵式导弹发射控制系统(Minuteman Launch Control System,MLCA)的安全性(Ericson,1999)。1974年美国原子能委员会运用 FTA 对核电站事故进行了风险评价,发表了著名的《拉姆逊报告》(WASH-1400)(United States Nuclear Regulatory Commission,1975)。值得一提的是,WASH-1400所运用的方法和所起的作用对其他行业的风险评估产生了重要影响,致使世界各行业纷纷效仿,使得风险理念得以迅速推广。当前,FTA 已经被广泛应用于各个领域,包括航空、核工程、人类工程和安全管理等。

系统复杂到一定程度,就可能会因为一个或者多个子系统失效而让整个系统失效。不过整体失效的可能性可以通过系统设计的提升来降低。故障树分析利用构建整个系统的逻辑图示,来找到失效、子系统以及冗余安全设计组件之间的关系。利用故障树分析,可以得出顶事件(失效)与底事件(原因)之间的关系,以及导致顶事件的各底事件的优先次序。

故障树分析在隧道领域也多有应用,Hyun 等(2015)将 FTA 应用到 TBM 隧道施工风险管理中,得到出渣和管片损坏是 TBM 隧道施工中最重要风险的结论。Nývlt 等(2011)将 FTA 用于隧道运营期的火灾和烟雾检测风险分析。

(3)失效模式与影响分析(Failure Mode and Effects Analysis,简写 FMEA)

失效模式与影响分析是一种操作规程,旨在对系统范围内潜在的失效模式加以分析,以便按照严重程度加以分类,或者确定失效对于该系统的影响。从每次的失效或故障中习得经验和教训,是一件代价高昂而又耗费时间的事情,而 FMEA 是一种用来研究失效或故障更为系统的方法。

在 FMEA 中,失效优先级别的确定依据是它们的后果到底有多严重,它们的出现到底有多频繁以及可被发现究竟有多困难。FMEA 的目的在于从优先级别最高的失效着手,采取处置措施,从而消除或减少失效。

FMEA 首先在 20 世纪 40 年代后期由美国空军正式采用,后来被广泛应用于各行各业,目前,许多正规的质量体系也在采用 FMEA,如 QS-9000。Jafari 等(2009)利用 FMEA 方法列出了 TBM 隧道施工中机械系统及其子系统存在的 48 种失效模式。

4)半定量(Semi-quantitative)或定量(Quantitative)风险分析方法

定量风险分析方法的思想很明确,即对构成风险的各个要素和潜在损失的水平赋予数值或货币金额,当度量风险的所有要素(如成本、工期、事故发生概率、事故损失等)都被赋值,风险评估的整个过程和结果就都可以被量化了。但这一点对于工程风险评估来讲往往是很难实现的。下面对几种定量风险分析方法做简要介绍。

(1)模糊综合评判法(Fuzzy Comprehensive Evaluation Method)

模糊综合评判法是一种基于模糊数学的综合评估方法,作为模糊数学的一种具体应用,最早由我国学者汪培庄提出。它根据模糊数学的隶属度理论把定性评价转化为定量评价,即用模糊数学对受到多种因素制约的事物或对象做出一个总体评价。它具有结果清晰,系统性强的特点,适合解决各种非确定性问题。

欧尔峰等(2011)利用模糊综合评判方法对已有的岩体隧道施工安全风险评估指标体系进行了定量化处理,并据此对我国铁路兰武二线乌鞘岭隧道 F7 断层段的施工方案进行了安全风险评价。

(2)层次分析过程(Analytic Hierarchy Process,简写 AHP)

层次分析过程一般又称为层次分析法,是匹兹堡大学教授 Thomas 于 20 世纪 60 年代发明的一种多因素决策方法。层次分析过程通过把复杂的多因素决策问题分解为多个层次上子因素的相互比较和权重计算问题,能够较为直观地对各种可能进行排序和择优。层次分析法具有灵活、适应性强的特点,可用于定性和定量指标的混合比较,并能够与其他方法如线性规划等组合使用,以及合并来自多方专家或利益相关者的主观意见。

Aalianvari 等(2012)将 AHP 应用于地下水侵入隧道风险的决策问题,并在 Ghomrud 隧道中进行了实践应用。Oraee 等(2009)基于 AHP 提出了一种矿山法施工隧道支护系统决策新方法。Yazdani-Chamzini 和 Yakhchali(2012)利用 AHP 方法对隧道施工 TBM 机械的选型风险进行了分析。

(3)蒙特卡洛方法(Monte Carlo Method)

蒙特卡洛方法,也称统计模拟方法,是 20 世纪 40 年代冯·诺依曼等人在美国洛斯阿拉莫斯国家实验室为核武器计划工作时发明的。该方法是一种以概率统计理论为指导的数值计算方法,常用随机数来解决很多计算问题。它经常被用来解决两类问题:一类是所求解的问题本身具有内在的随机性,借助计算机的运算能力可以直接模拟这种随机过程;另一类是所求解的问题可以转化为某种随机分布的特征数,比如随机事件出现的概率,或者随机变量的期望值。

Zhou 等(2003)基于蒙特卡洛方法建立了边坡失效的概率模型。Wang 等(2010)基于可靠度分析技术开发了一种评判边坡稳定性问题的高级蒙特卡洛模拟方法,用于提升效率以及在相当小概率水平下得到有效结果。Davis和Keller(1997)将模糊数学和蒙特卡洛方法结合起来用于解决边坡稳定性预测问题。

(4)主成分分析法(Principal Components Analysis,简写 PCA)

主成分分析是一种分析、简化数据集的技术,由Pearson(1901)首先发明,用于分析数据和建立数理模型。其方法主要是通过对协方差矩阵进行特征分解,以得出数据的主成分(即特征向量)与它们的权值(即特征值)。

王继飞(2007)利用主成分分析方法分析了影响隧道围岩破坏模式的各种因素,得到影响围岩破坏模式的14个指标。王岩(2005)通过应用主成分分析法对区间隧道的结构性态和运营期间的软土地铁隧道结构性态进行排序,以了解区间隧道总体状况及其结构性态随时间变化的规律。

3.3.4 风险再评估

这里的风险再评估,指经上述总体评估和专项评估得到的风险结果未达到风险管理者风险接受水平的情况下,通过采取某些风险消除或风险缓解措施之后,再次对评估对象进行风险评价。

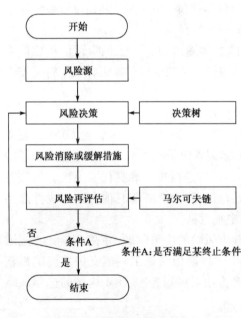

图 3-12 风险再评估流程图

风险再评估的核心包括三个方面,即施工决策、效果评价、动态全过程。施工决策是风险管理者针对研究对象的风险状况提出合理的风险消除或缓解措施的过程,该项工作常常依据专家经验来进行。为使该过程更加科学合理,也可使用决策树(DT)、影响图(ID)等方法来辅助进行。风险措施的效果评价其实可以简化为一个马尔可夫链(Markov Chain,简写 MC)过程,即假设下一时刻的风险状况(即概率分布)仅由当前措施所决定,与时间序列中的其他措施无关。图 3-12 是风险再评估的流程图。

1)决策树(DT)

决策树是一个预测模型,是一种附加概率结构的树状决策图,表示对象目标与特征之间的一种映射关系,也是数据挖掘中常用到的一种技术。这里所讲的附加概率结构表示决策树的预测结果并不是一个确定的目标值,而是多目标值的概率组合。

从数据产生决策树的机器学习技术称作决策树学习(下文简称"决策树")。决策树是以实例为基础的归纳学习算法。算法从一组无序、无规则的实例中推理出决策树表示形式的分类规则,决策树也能表示为多个 If-Then 规则。一般决策树中采用"自顶向下、分而治之"的递归方式,将搜索空间分成若干个互不相交的子集,在其内部节点(非叶子节点)进行属性值的比较,并根据不同的属性值判断从该节点向下的分支,在树的叶子节点得到结论。

决策树包含4种元素,即根节点、中间节点、叶子节点和节点间的路径。其中,根节点包含训练集中所有的数据对象,中间节点表示对象特征的判断条件;叶子节点表示决策树附加概率结构的预测结果,节点间的路径表示符合节点条件的数据样本,每个样本属于且只能属于一条路径。图3-13是决策树的结构示意图。

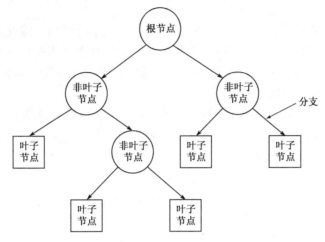

图 3-13　决策树结构示意图

决策树通过把样本实例从根节点排列到某个叶子节点来对其进行分类。树上的每个非叶子节点代表对一个属性取值的测试,其分支就代表测试的结果;而树上的每个叶子节点均代表一个分类的类别。

简单来说,决策树就是一个类似流程图的树形结构,从树的根节点开始,在它的内部节点上进行属性值的测试比较,然后按照给定实例的属性值确定对应的分支,最后在决策树的叶子节点得出结论。这个过程在以新的节点为根的子树上重复。

决策树具有如下几方面的优势:

(1)决策树易于理解和实现。

(2)无须对数据进行严格的预处理,其他技术往往要求先把数据归一化,并去掉多余或空白属性。

(3)能够同时处理数据型和常规型属性,其他技术往往要求数据属性单一。

(4)是一个白盒模型,根据所建立的决策树模型可以很容易地得出相应的逻辑表达式。

常用的建立决策树模型的方法有分类与回归树(Classification and Regression Tree,简写CART)、条件推理树(Conditional Inference Tree,简写 CIT)和随机森林(Random Forest,简写 RF)。

2)马尔可夫链(MC)

马尔可夫链,又称离散时间马尔可夫链(Discrete-Time Markov Chain,简写 DTMC)(Norris,1998),因俄国数学家安德烈·马尔可夫而得名,为状态空间中从一个状态到另一个状态转换的随机过程。该过程要求具备"无记忆"的性质,即下一状态的概率分布只由当前状态决定,而与之前的状态无关。这种特定类型的"无记忆性"称作马尔可夫性质。在马尔可夫链的每一步,系统根据概率分布,可以从一个状态转变到另一个状态,也可以保持当前状态。状态的改变叫做转移,与状态改变相关的概率称作转移概率。

其中,隐马尔可夫模型(Hidden Markov Model,简写 HMM)是关于时间序列的概率模型,描述由一个隐马尔可夫链生成隐含状态随机序列,再由各个状态生成可观测随机序列的过程。简单来说,HMM 是一个统计模型,用来描述一个含有隐含未知参数的马尔可夫过程。其难点是从可观察的参数中确定该过程的隐含参数。

马尔可夫模型常被用于语音识别、机器翻译、生物信息学等领域。除此之外,在工程领域也有一些应用。Touran(1997)提出一种基于马尔可夫链的概率分析模型,用于预测在指定时间段内 TBM 掘进的总长度。Zhang 等(2010)基于马尔可夫链与蒙特卡洛模拟提出了一种用于对边坡土体特性进行反分析的模型。

下面以一个简单例子来说明如何将隐马尔可夫链应用于风险再评估中。本例是通过隧道围岩变形来评判采取风险措施之后隧道施工塌方风险的动态变化情况,并以此风险状态来辅助工程管理人员做进一步的风险决策。

(1)已知情况

隐含状态(隧道施工塌方风险) = {无风险(α),有风险(β)};

可观测状态(围岩变形) = {正常(a),变形较快(b),变形较大(c)};

风险管理人员预判的隧道塌方风险状态的概率分布 = {α:0.6,β:0.4};

风险管理人员制订的隐含状态的转换概率分布 =

{$\alpha \to \alpha$:0.7,

$\alpha \to \beta$:0.3,

$\beta \to \alpha$:0.4,

$\beta \to \beta$:0.6};

风险管理人员制订的在相应隐含状态下,可观测状态的概率分布 =

{$\alpha \to a$:0.5,b:0.4,c:0.1,

$\beta \to a$:0.1,b:0.3,c:0.6}。

风险管理人员监测到,在采取相应风险措施之后,连续三天的围岩变形情况依次是:正常、变形较快、变形较大。

(2)运算过程

根据 Viterbi 理论(Jr,2005),后一天的状态会依赖前一天的状态和当前的可观测状态。那么只要依次推算出从第一天"变形正常"状态到第三天"变形较大"状态的最大概率,就可以知道这三天隧道的风险状况,即采取控制措施之后的效果。

①初始状态:

$$P(\alpha) = 0.6$$
$$P(\beta) = 0.4$$

②第一天的风险状态:

计算在围岩变形正常的情况下,隧道施工最可能的风险状态。

$$P(\alpha) = P(\alpha \mid a) \times P(\alpha \mid 初始状态) = 0.5 \times 0.6 = 0.3$$
$$P(\beta) = P(\beta \mid a) \times P(\beta \mid 初始状态) = 0.1 \times 0.4 = 0.04$$

那么可以认为,第一天最可能的风险状态是:无风险。

③第二天的风险状态：
计算在围岩变形较大的情况下,隧道施工最可能的风险状态。
第二天有 4 种情况,即第一天的有风险或者无风险转换到第二天的有风险或者无风险。

$$P(前一天\beta,今天\beta) = P(\beta|前一天) \times P(\beta \to \beta) \times P(b|\beta)$$
$$= 0.04 \times 0.6 \times 0.3 = 0.0072$$

$$P(前一天\beta|今天\alpha) = P(\beta|前一天) \times P(\beta \to \alpha) \times P(b|\alpha)$$
$$= 0.04 \times 0.4 \times 0.4 = 0.0064$$

$$P(前一天\alpha|今天\alpha) = P(\alpha|前一天) \times P(\alpha \to \alpha) \times P(b|\alpha)$$
$$= 0.3 \times 0.7 \times 0.4 = 0.084$$

$$P(前一天\alpha,今天\beta) = P(\alpha|前一天) \times P(\alpha \to \beta) \times P(b|\beta)$$
$$= 0.3 \times 0.3 \times 0.3 = 0.027$$

则可以认为,第二天最可能的状态是:无风险。

④第三天的风险状态：
计算在围岩变形较大的情况下,隧道施工最可能的风险状态。
与第二天的情况类似,同样有 4 种情况。

$$P(前一天\beta,今天\beta) = P(\beta|前一天) \times P(\beta \to \beta) \times P(c|\beta)$$
$$= 0.027 \times 0.6 \times 0.6 = 0.00972$$

$$P(前一天\beta,今天\alpha) = P(\beta|前一天) \times P(\beta \to \alpha) \times P(c|\alpha)$$
$$= 0.027 \times 0.4 \times 0.1 = 0.00108$$

$$P(前一天\alpha,今天\alpha) = P(\alpha|前一天) \times P(\alpha \to \alpha) \times P(c|\alpha)$$
$$= 0.084 \times 0.7 \times 0.1 = 0.00588$$

$$P(前一天\alpha,今天\beta) = P(\alpha|前一天) \times P(\alpha \to \beta) \times P(c|\beta)$$
$$= 0.084 \times 0.3 \times 0.6 = 0.01512$$

则可以认为,第三天最可能的状态是:有风险。

(3)结论

根据上述计算,可以得知,采取相应控制措施后,隧道施工风险变化的过程为:无风险→无风险→有风险。

上述例子不一定符合隧道施工风险的实际情况,这里仅作为一个简单示例呈现 HMM 的计算流程。从中可以看出,将 HMM 应用于工程风险的动态评价的难点在于:如何提取隐含的风险状态,如何确定隐含状态的初始概率分布,以及如何确定隐含状态和可观测状态的转移矩阵。

其实,对于决策树和马尔可夫链来说,有效的数据是其模型构建的基础,因而建立翔实的各类工程数据库是非常有必要的,这也是本书的一项重要工作。

3.4 风险评估与管理平台

随着工程技术、管理理念和软硬件设施的进一步发展完善,工程风险管理正朝向更加自动化和智能化的方向发展。未来工程的风险评估及管理过程将更加强调标准化、智能化和实用性。为此，本书提出构建"基于互联网+的工程安全风险评估与管理智慧云系统"的思想，此平台系指集风险辨识、风险分析、风险评估、风险处置、风险登记等过程于一体的系统平台。下面将从主要思想、功能设计和实现形式三个方面对其进行阐述，并在本书第8章对该平台的功能加以实现。

3.4.1 主要思想

隧道施工期风险评估及管理平台的主要思想是指它的设计理念，这里从标准化、智能化和实用性三个方面来阐述。

（1）标准化

平台的"标准化"不仅指工程风险评估及管理过程应遵循的一些规范、指南等，还包含在此过程中的方方面面。如风险评估及管理流程的标准化、风险评估报告的标准化、风险登记管理的标准化等。

风险评估及管理流程的标准化有助于工程风险管理思想的应用和推广。但需要注意的是，由于实际工程及其风险的多样性，试图将一套方案应用于各种工况是不现实的。因而，这里的"标准化"是指风险管理内容及其执行顺序大体不变，但各项内容作为一个相对独立的模块则具有相当的灵活性。如图3-14所示，风险评估及管理包含的内容及其执行的顺序大致不变，但对于某项内容，如"风险分析、评估和预测"来说，则可以根据工程实际情况采用合适的方法来实现。

（2）智能化

平台的"智能化"主要是指数据获取的高效便捷和数据分析的灵敏准确。主要包括风险评估的智能化方法、工程相关数据的实时不间断获取、工程风险动态性及突发性的合理预测等。

为保障隧道施工安全，工程管理人员常常会安设一些传感器用来监测某些关键参数，如变形、倾角、应力等。将这些实时监测指标加入到平台中将有助于工程管理人员做出合理决策。如图3-15所示，硬件传感器负责向平台上传数据，而后者则运用各种手段对潜在风险进行预测和报警。

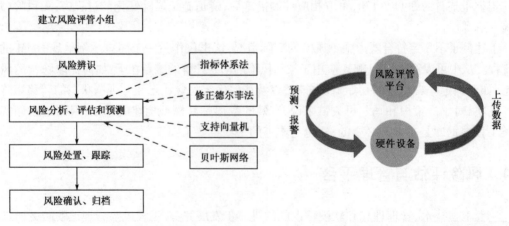

图3-14 标准化的风险管理流程　　　　图3-15 风险评管平台与硬件设备之间的关系

隧道施工中的潜在风险时刻都在变化，且很多风险事件是突然发生的，针对风险的这两个特点，进行实时风险监测与预警就显得尤为重要。而平台依托监测数据、计算能力和数据挖掘方法等手段能够对工程的风险状态进行实时更新(所需的时间往往很短)。相应地，工程管理人员在发现某些风险征兆之初，就能够采取恰当的处置措施，进而避免不利风险事件的发生。

(3)实用性

隧道施工期风险评估及管理平台最大的优势在于它的实用性，包括参与方的协作沟通管理、专家经验的获取、数据资料的维护管理、工程管理人员的施工决策等。

风险管理是多方协同完成的工作，进行有效的权限组织和人员分工协作将有助于提升工程风险管理的效率并发挥其作用。而风险平台在人员登录及管理方面天然就是一个权限管理系统，拥有不同权限的人员通过该平台完成各自负责的工作。因而，风险平台同时又是一个人员分工协作平台。

3.4.2 功能设计

1)工程安全风险评估与管理智慧云系统功能组成

工程安全风险评估与管理智慧云系统的功能设计应覆盖上述整个风险评估及管理过程，图3-16列出了若干子系统，涉及风险评估及管理小组、风险辨识、确认与归档、风险分析、评估和预测及风险处置与跟踪4个主要模块。

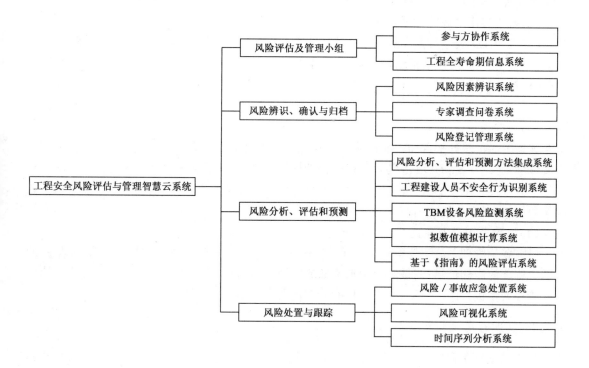

图3-16 工程安全风险评估与管理智慧云系统的功能组成

(1)风险评估及管理小组模块

该模块用于对风险评估及管理过程中的相关人员和资料信息进行组织与管理,具体包括参与方协作系统、工程全寿命期信息系统等。

(2)风险辨识、确认与归档模块

该模块用于对工程中的风险进行辨识和登记管理,具体包括专家调查问卷系统、风险登记管理系统等。

(3)风险分析、评估和预测模块

该模块主要侧重于借助各种技术方法对工程风险进行合理评判,具体包括风险分析、评估和预测方法集成系统,工程建设人员不安全行为识别系统,工程地质预测评判系统,TBM设备风险监测系统,拟数值模拟计算系统,基于指南的风险评估系统等。

(4)风险处置与跟踪模块

该模块用于辅助工程管理人员进行风险决策和风险监测,具体包括风险/事故应急处置系统、风险可视化系统等。

2)主要模块子系统说明

针对上述模块下属的诸多子系统,下面对专家调查问卷系统、基于指南的风险评估系统、风险可视化系统和风险登记管理系统4个系统进行简要说明。

(1)专家调查问卷系统

该系统借助互联网平台收集某领域的专家学者对所研究对象的经验信息。该技术可以克服传统纸质专家调查问卷方式的诸多不足,是风险评估及管理平台收集数据信息的一种方式。

(2)基于指南的风险评估系统

该系统借助《公路桥梁和隧道工程施工安全风险评估指南(试行)》《高速公路路堑高边坡工程施工安全风险评估指南》和本章3.3节的改进风险评估指标体系将隧道施工风险评估过程(包括总体评估和专项评估)进行了网络化,使得此项工作更加标准化和智能化,且更具实用性。

(3)风险可视化系统

该系统通过软件平台和智能传感器的联合来实现对工程风险进行直观可视化。在具体工程实践中,通过开发新式设备或对已有设备进行相关改造,该系统可以访问工程施工现场安装的传感器等设备采集的数据信息,并以此进行风险分析和预测等工作,是风险评估及管理平台收集数据的一种方式。

(4)风险登记管理系统

风险登记管理系统主要负责三项工作:一是对历史事故案例进行组织管理;二是收集新的隧道工程事故案例信息;三是对处于施工期的隧道工程进行风险登记管理。主要目的是辅助工程管理人员进行施工决策,并为工程的后期运营维护提供宝贵资料。

3.4.3 实现形式

从当前软件工程的技术水平来看,开发一个软件平台主要有两种方式:一种是基于自建程序,如MS Office软件;另一种是基于浏览器(或称基于互联网),如学生教育管理系统。两者有各自的优势和适用范围,前者侧重于"生产",对网络依赖不大;后者侧重于"服务",网络是其工作的基础。隧道施工期风险评估及管理平台主要是为隧道工程的风险评估及管理过程服务，涉及各参与方的相互协作、文件的传输、数据的反馈等，完全建立在网络基础之上。随着当前HTML5、JavaScript以及浏览器解析引擎技术的飞速发展，基于互联网的平台系统在页面美观、人机交互、动态响应等方面相比之前均有了质的飞跃。另外，考虑到隧道工程本身具有的一些特点，本书将介绍以基于"互联网+"的方式开发的工程安全风险评估与管理智慧云系统，详情见本书第8章。

第4章 公路隧道建设典型事故分析

我国幅员辽阔,地形地貌及地层条件复杂多样,加之施工、管理不当,隧道建设过程中极易诱发各类风险事故。高压富水断层、高压富水宽张裂隙、第三系未成岩含水砂层、高地应力硬质破碎岩、黄土地层、岩溶地层等容易诱发隧道施工坍方、突涌水等事故;高地应力软岩地层、膨胀性围岩等容易诱发隧道大变形事故;高地应力硬岩地层容易诱发隧道岩爆事故;煤系地层容易引起瓦斯突出,甚至瓦斯爆炸事故。常见的典型隧道施工风险事故,如洞口失稳、塌方、软岩大变形、涌水突泥、岩爆、瓦斯爆炸等,大多是在地层不利或变异性的内在因素条件下,隧道开挖施工等外在因素造成扰动影响,导致积蓄的能量以破坏隧道结构的各种方式释放出来,进而引发一系列连锁反应,最终造成人员伤亡、经济损失等严重后果。如陈宗基院士(1992)指出:地下巷道和隧洞所发生的大变形问题,累积能量的突然释放或逐渐释放必然起决定性作用。内在因素是客观存在的,很难消除,只能求诸揭示其诱发事故的基本原理,采取措施消解或释放其中的某个或某些必要因素或环节;而隧道开挖等人为外在因素是完全可控的,在充分了解地层情况的基础上,采取加固地层和预防事故的各种措施,对隧道施工安全将会多一层保障,从而降低风险事件发生的可能性与后果。国家安全生产应急救援指挥中心的统计数据显示,2013—2017年,我国共发生隧道施工类事故(事件)39起,造成107人遇难、204人遇险,社会负面影响严重。本章将对隧道施工中的典型事故进行剖析,以期为隧道施工安全风险评估与管理决策提供有价值的参考。

4.1 洞口失稳

隧道洞口滑坡(包括仰坡和边坡)是隧道施工中常见的地质灾害之一。隧道洞口的安全关系到隧道能否顺利进洞,因此,隧道洞口边仰坡的施工安全是隧道施工风险管控的重点。由于受诸多因素的影响,高速公路在选线时不可避免存在大量不同类型的边坡设计,其中隧道洞口的仰坡和边坡更是屡见不鲜。然而,由于隧道洞口处通常岩性较差,多为强风化岩体或第四纪土层,易受地表水或地下水的侵蚀,因而边坡失稳风险不可忽视。

我国是滑坡事故多发国,历来深受其害。2006年12月,贵州省兴义市老江底水电站挡水大坝左岸发生山体崩滑,数万立方米的崩滑体侵入河道,大坝主体工程因此被迫延期近一年;2007年11月23日,在建的宜万铁路高阳寨隧道发生岩崩滑坡事故,一辆载人客车被埋,车上35人全部遇难,318国道被堵塞中断;2010年3月份开工的湖北省宜巴高速公路上的青龙隧道出口左洞由于洞口地质偏压,多次发生大规模滑坡,导致隧道开挖停工近一年,严重影响了工程进度;2012年11月1日,渝怀铁路松桃县印江屯隧道旁一在建水库引水渠垮塌,导致山体滑坡,水和泥沙涌向水库下方的铁路,导致渝怀铁路中断12h,事故导致30余辆列车延误。

4.1.1 概述

影响隧道洞口稳定性的因素多种多样,岩土体的稳定是暂时的、有条件的。洞口围岩状态总是处于稳定→不稳定→稳定的循环之中。如果边坡应力变化的范围在边坡岩体的容许强度之内,则应力调整不会带来边坡的破坏,否则,将导致其变形破坏。改变或影响边坡岩体应力状态的因素很多,简单来说可分为内在因素与外在因素。内在因素包括地形地貌、地质构造、岩石性质、岩体结构、地下水及地应力场等;而外在因素包括振动作用、气象条件、边坡开挖形态及人为活动等。内因是边坡岩体变形破坏的主要因素,而外因是边坡岩体变形破坏的诱发因素,外因通过内因而起作用。

(1) 地形地貌的影响

边坡的形态和规模等地貌因素对边坡稳定性的影响是显而易见的,不利形态与大规模的边坡往往在坡顶产生张应力,并导致坡顶出现张裂缝;在坡脚产生强烈的剪应力,出现剪切滑移带,这些作用极大地降低了边坡的稳定性。

(2) 岩体性质的影响

岩土体的力学性质决定了边坡失稳的方式,坚硬岩石边坡失稳以崩塌和结构面控制型失稳为主;软弱岩石边坡失稳以应力控制型失稳为主。对软弱岩石,如页岩、凝灰岩、泥灰岩、千枚岩、板岩、云母片岩、滑石片岩以及含有岩盐或石膏成分等具有层状结构的岩石,遇水浸泡易软化,强度降低,形成弱层,易诱发滑坡。总体来说,边坡岩土体的工程地质性质越优良,其稳定性越好。

(3) 岩体结构的影响

岩体的变形和破坏主要受其结构控制。岩体变形不仅是材料的变形,还是其结构的变形。岩体破坏也不仅是材料(岩块)破坏,很多情况下是结构面的失稳(王迎超,2010)。影响边坡稳定的岩体结构因素主要是结构面的组数和数量、结构面的倾向和倾角、结构面的连续性以及结构面的表面性质等。边坡岩体按岩体结构不同通常分为整体块状结构、层状结构、碎裂结构和散体结构4大类。一般来说,滑坡多发生在层状碎裂结构岩层中。碎裂结构及散体结构的边坡岩体中,比较完整的岩体虽然也会发生滑坡,但多为受构造条件控制的块裂斜坡或受软弱层面控制的层状结构斜坡。

(4) 地质构造的影响

地质构造表现为结构面的发育程度、规模、连通性、充填程度及充填物成分和结构面产状对边坡稳定性的影响。在评价结构面产状对边坡稳定性的影响时,要特别注意产状与边坡面的相互关系。结构面与边坡面的组合不同,边坡稳定性也不同。地质构造对岩坡稳定性的影响明显,在区域构造复杂、新构造运动比较活跃的地区,边坡的稳定性通常较差。失稳边坡发育的方式、分布的疏密与构造线的方向及部位有密切关系。

(5) 地应力的影响

地应力是控制边坡岩体节理裂隙发育及边坡岩体变形破坏的重要因素之一。边坡内部的地应力包括自重应力和构造应力。坡体中结构面的存在导致边坡内部应力场分布复杂,在结构面周边会产生应力集中或应力阻滞现象,当应力集中超过岩体的强度时,边坡岩体便会发生塑性或脆性破坏。

(6)爆破的影响

隧道开挖时进行爆破是影响岩质边坡稳定性的重要因素。边坡岩体在爆破的瞬间动力冲击作用下,爆源附近岩体被瞬时剧烈压缩,随着爆破冲击波向四周传播,周边岩体介质产生变形,边坡岩体压剪应力迅速增大。在爆破压缩波到达边坡自由面后,反射形成拉伸应力波,被压缩的岩体开始向自由面方向扩张,由于岩体的抗拉强度远小于抗压强度,结果导致自由面附近岩体中节理、裂隙,迅速张开、扩散并产生新的裂缝,从而降低岩体抗剪强度,导致边坡岩体失稳。对于边坡岩体中存在有结构松散、含水和颗粒介质填充的断层或软弱夹层时,爆破还可能诱发地层岩土体液化,进一步加剧边坡的不稳定性。

4.1.2 事故案例

1)横路头隧道

(1)工程概况

横路头隧道是杭新景高速公路千岛湖支线工程中最长的双向分离式隧道,隧道双向全长3 885m,设计净高5m,净宽9.75m。工程于2004年5月正式开工,隧道进口右线右边坡于2005年1月27日发生滑坡,滑坡体约为5 000m³。

(2)地质条件

地质勘察资料显示,边坡表层主要为第四纪残坡积含亚黏土碎石,呈浅黄色、中密,在遇水情况下稳定性极差,厚度为21~23m,下层为强风化的细砂岩(属软岩)。由于在洞口的仰坡和边坡交界处有一山沟,地表水较丰富,常年有水流,水量为0.5~1L/s,雨季水量达2~5L/s,地下水为基岩裂隙水,雨季受大气降水补给。

(3)滑坡过程

从2004年10月份边坡开挖并支护后,曾一度发生较大变形。随后,施工单位采取了一些加固措施,边坡保持稳定状态近两个月(从2004年11月初到2005年1月初)。然而,由于2005年1月份雨水天气的增多,水的影响导致此边坡变形增大,直至1月27日发生滑坡。在此滑坡发生的前几天,监测数据反映其变形速率一直在增大,坡顶也出现了多条裂缝并不断扩张。在此情形下,施工单位及时(提前滑坡1d)将洞口的所有设备和人员安全撤离,避免了人员伤亡和设备、财物的大量损失。

滑坡于2005年1月27日下午3点发生,此滑坡发生前的征兆比较明显,如图4-1所示(2005年1月27日上午9点拍摄)。由图可知,在发生滑坡前,边坡后缘天沟顶部滑体上出现拉张裂缝,裂缝最大宽度达到近20cm。与前1天(1月26日)裂缝宽度8cm相比,裂缝明显增大,呈圆弧形向两侧发展。与此同时,在边坡表面的喷射混凝土由于坡体变形而发生大量剥落,边坡两侧出现宽约10cm的剪切裂缝,且边坡前缘出现隆起、鼓出、渗水等现象,如图4-2所示。

滑坡发生后的状况如图4-3所示,滑坡体下滑最大位移约8m,滑动后滑坡体直接作用于明洞上,明洞受到滑坡体的较大冲击力,在明洞内侧壁上可发现明显的纵向裂缝且局部渗水,隧道衬砌还出现了错台现象,如图4-4所示。

图 4-1 边坡顶部天沟处产生裂缝

图 4-2 边坡表面的喷射混凝土发生剥落

图 4-3 滑坡后边坡状况

图 4-4 明洞出现明显纵向渗水裂缝

2）四沟隧道

(1)工程概况

湖北省十堰至白河(鄂陕界)高速公路是福州至银川高速公路在湖北省境内的一部分,四沟隧道为此段高速公路上的一座分离式隧道。隧道左幅里程桩号为 ZK13+422～ZK14+100,全长 678m,最大埋深约 124m;右幅里程桩号 YK13+410～YK14+072,全长 662m,最大埋深约 126m。进口端洞门均为削竹式,出口端洞门均为台阶式。

(2)地质条件

地质勘察资料显示,隧道进出口位于斜坡地带,自然状态下稳定性均较好。进口斜坡表层为第四系残坡积物所覆盖,在施工扰动及雨水冲刷下易沿岩土界面局部垮塌;基岩为中元古界武当山群片岩,节理裂隙较发育,据产状分析,层理走向与隧道轴线呈大角度相交,进口端开挖仰坡存在外倾结构面,稳定性较差;其余开挖边、仰坡岩体受结构面组合作用,在施工扰动、雨水冲刷下易局部垮塌。

(3)滑坡过程

隧道出口段地形坡度较陡,左右洞均存在明显偏压,山体自稳性差,主要为碎石土和强风化片岩,地表是软弱松散体。2012 年 1 月 17 日,右洞掌子面上导洞开挖至桩号 YK14+050 断面时,初期支护出现多条裂缝,春节期间掌子面反压回填封闭。复工后,隧道出口右洞于 2012

年4月10日上台阶贯通,4月19日右洞边仰坡喷射混凝土出现大面积裂缝,地表出现一道10cm宽主裂缝。裂缝处距离右洞出口35m,环绕右洞延伸至右洞出口正上方,主裂缝与洞口之间有多道小裂缝,小裂缝长短不一,呈均布状,裂缝宽度为2~8cm。山体出现滑动迹象,导致右洞YK14+051~YK14+062段初期支护严重变形。破坏情况如图4-5~图4-8所示。

图4-5 隧道出洞口边坡失稳示意图

图4-6 隧道YK14+050中导右侧初期支护开裂图

图4-7 隧道右洞出洞口仰坡混凝土开裂

图4-8 隧道右洞出洞口拱顶初支开裂

随后对初期支护变形侵限段加固后进行换拱及施作二次衬砌,对边仰坡进行加固处理。5月份到6月份,山体裂缝继续扩大,由右洞一直延伸至左洞ZK14+053.64断面附近。由于洞口段山体滑坡,右洞出口段侧压力增大,导致YK14+040~YK14+051段二次衬砌在4月3日浇筑,4月5日拆模后右侧拱腰出现两条纵向裂缝,YK14+040处二次衬砌施工缝在拱顶向洞口方向开裂达20cm(图4-9)。

3)马鞍山隧道

马鞍山隧道位于诸永高速公路金华段,属于分离式隧道。该隧道位于浙中中低山丘陵区,中间高,东西两端低,山顶海拔高程367.08m,地形自然坡度30°~35°,植被发育。

2006年4月12日至4月16日连续4天降雨,4月17日进右洞观察,发现K97+573~K97+582洞段拱顶部位出现纵向裂缝。4月19日18时40分,K97+582~K97+587洞段发生坍塌。塌方造成K97+582~K97+575段初期支护下沉侵限,发生塌方处隧道洞顶埋深约8m,洞顶围岩主要为全风化凝灰岩和第四系松散覆盖层,风化裂隙极发育,岩体破碎,呈角碎石状,结构松散,围岩稳定性差。随后,塌方不断发展,并向外延伸至 K97+587 断面,向内延伸至 K97+582 断面,最终地表出现了一直径约 6m 的漏斗状塌陷坑(图 4-10)。塌陷坑内最深的地方达 2.8m。

 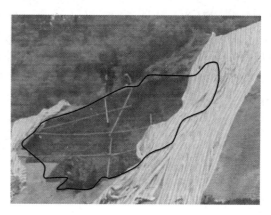

图 4-9　YK14+040~YK14+051 段二次衬砌拱顶开裂　　　　图 4-10　地表塌陷坑

从坑内观察,塌陷坑侧壁岩土体较松散,第四系覆盖层较厚。左侧壁覆盖层较薄,右侧壁相对较厚,左侧壁可见岩石出露,风化严重。坑内塌落的块体大小不等,最大块体尺寸为 0.4m×0.3m×0.2m。块体呈土状,褐黄色,手掰即碎。坑左侧可见拉裂缝,宽 1~2cm。坑内可见许多折断的钢筋网,由于岩土体塌陷,右侧下部钢筋网局部已悬空。在塌陷坑四周可见环状裂缝,在左右洞之间,距塌陷坑 10m 处有一沿洞轴向的裂缝,长约 2m,宽度约为 5mm。进入洞内观察,可见从地表塌落下来的岩土体,基本呈松散土体状,褐黄色,无完整岩石块体。

4.2 塌方

在隧道施工过程中,塌方是被报道最多和造成人员与经济损失最严重的事故之一。意大利和瑞士之间的靳奇山隧道因塌方死亡 25 人(陈宏,2012)。成渝高等级公路中梁山隧道与缙云山隧道在施工不到一年内连续了发生 8 次隧道塌方。川黔线凉风垭隧道因断层泥遇水膨胀致使平行导坑及正洞遭受巨大压力而出现拱顶大量塌方。云南元磨高速公路大风垭口隧道,长 3km,塌方 20 余次,其中最大的一次塌方造成隧道后方初期支护严重破坏,延误工期近 3 个月。甘肃省定西市渭源县莲峰镇杨家湾村的兰渝铁路渭源段曾发生一起隧道塌方事故,发生塌方的位置距工作面 38m,距洞口 1 200m,造成 14 名施工人员被困。2010 年 3 月 9 日,石武高速铁路黄陂木兰山木兰隧道进口处发生严重塌方事故,2 人死亡、2 人受伤(宋波,2011)。1996 年 2 月 28 日,位于福建省境内的国道 104 线飞鸾岭隧道发生冒顶大型塌方,地表形成 9m×15m 的凹形漏斗,塌方高度达 32m,塌方量达 3 760m^3。2006 年 4 月 4 日,诸永高速公路白鹤隧道洞顶发生塌方事故,钢拱架和台车同时被压毁,造成一死一伤(王迎超,2010)。2017 年 9 月 14 日,云南省西双版纳玉磨铁路曼么一号隧道,在开挖施工过程中,距隧道掌子面后方 48m 处发生坍塌,造成掌子面 9 名现场施工人员被困。2017 年 9 月 30 日,河北省营尔岭隧道右洞在距掌子面约 280m 处进行二次衬砌换拱工作时,该段上部突发坍塌,造成隧道掌子面处的 9 名施工人员被困。本书附录 A 表 A1 列出了部分国内外隧道工程施工塌方事故案例。

4.2.1 概述

塌方是指围岩失稳而造成的突发性坍塌、堆塌、崩塌等破坏性地质灾害,常发生于断层破碎带、膨胀岩(土)、第四系松散岩层、不整合接触面、侵入岩接触带及岩体结构面不利组合地段(于洪泽,2002)。Shin 等(2006)结合大量塌方案例的调查分析资料,提出不同塌方破坏机制下的特征:①爆破后立即塌方;②地下水和破碎岩土体一起涌入形成塌方;③隧道埋深较浅或掌子面工程地质条件较差引发塌方;④当隧道上半断面开挖后首先在隧道的拱肩部位发生塌方。

导致塌方的原因很多,可以概括为两大类:一是自然因素,即地质状态、受力状态、地下水变化等;二是人为因素,即不适当的设计、不适当的施工作业方法等。这两大类影响因素,可以细分为地质因素、设计因素、施工因素和认识因素 4 个方面(刘旭,2008)。在塌方的影响因素中,水是不容忽视的一个重要因素,水的软化、浸泡、冲蚀、溶解等作用加剧了岩体的失稳和坍塌。另外,如果遇到岩层软硬相间或有软弱夹层的岩体,在水作用下,软弱面的强度大大降低,将导致岩体失稳。王毅才(2000)按塌方发生的快慢与机制将其划分为蠕变型塌方和崩塌型塌方;按塌方的位置将其划分为拱顶塌方、侧壁塌方和掌子面塌方;按塌方形态将其划分为局部塌方、拱形塌方、异型塌方、膨胀岩塌方和岩爆。

4.2.2 事故案例

(1) 朱家垭隧道

朱家垭隧道位于陕西省佛坪县大河坝乡,设计为上下行分离式双洞四车道结构,左右线净距约 35m,隧道左线长 3 675m,右线长 3 580m。事故发生在第 41 合同段,该段左线隧道长 1 845m(LK155 +255 ~ LK157 +100),右线隧道长 1 840m(RK155 +260 ~ RK157 +100),总投资 1.2 亿元。隧道穿越区属低中山地貌,山势陡峻,山脊呈长梁状,地表植被茂盛,鸡爪冲沟发育,切割较深。隧址区地层主要为志留系梅子垭岩组上岩段石英片岩。隧址区泉水出露点众多,高程变化大,泉流量 10 ~30m³/d,地下水埋深 2.5 ~41.9m,主要由大气降水补给,由于风化裂隙中多被岩屑、泥质充填,基岩富水性较差,渗透不畅。到 2004 年 8 月 8 日左线开挖至 LK155 +819,右线开挖至 RK155 +819;左线施作衬砌 48m,右线施作衬砌 36m。

2004 年 8 月 8 日凌晨 4 时许,LK155 +819 段施作初期支护时,由于实际地质情况与勘探资料存在差异,LK155 +812 ~ LK155 +819 段隧道围岩突然坍塌,塌方高度约 3m,宽度约 10m,塌腔顶面基本水平,塌方体积约 200m³。塌方造成了严重的人员伤亡和设备毁坏。塌方发生后随即进行塌体清理,但由于围岩和塌腔仍处在不稳定状态,在后续的一周内持续产生坍塌。到 2004 年 8 月 18 日,坍塌段后延至 LK155 +810,塌腔高度超过 10m,塌方堆积体已达拱顶,塌方体积约 2 000m³。

(2) 红土山隧道

红土山隧道位于青海省东南部的玉树藏族自治州,所在区域是青藏高原的重要组成部分,为三江源东部地区,地形地貌多变。该隧道位于玉树州结古镇与隆宝镇交界红土山处,为单洞双向行驶隧道,进出口里程 K24 +680 ~ K27 +700,隧道长 3 020m,防雪棚洞长 60m,设计路面高程 4 280.83 ~4 352.90m,设计纵坡 2.4%,轴线方位 261°,隧道最大埋深 277m。洞门形式:

进洞口为削竹式,出洞口为端墙式。隧道建筑限界单洞净宽10m、净高5m。

红土山隧道出口上台阶施工至K26+635,设计为Ⅳ级围岩,掌子面围岩为薄层状竖向强风化砂、泥岩,围岩破碎,采用三台阶进行施工。2014年6月15日上午8时20分,在完成上(K26+635)、中(K26+651左侧)、下(K26+659左侧)台阶开挖出渣并准备立拱时,K26+659~K26+657下台阶左侧(已完成开挖但未开始安装钢拱架)开始出现溜土现象且左侧中台阶K26+665初期支护出现开裂、喷射混凝土掉块现象,现场管理人员立即组织施工人员撤离,并准备对出现裂缝部分进行反压回填。8时55分左右K26+665~K26+659段左侧初支明显挤出,9时5分左右K26+665~K26+657左侧初期支护全部垮塌,并拉动拱部及右侧拱架垮塌,垮塌后在左侧拱部边墙位置出现较大塌腔,拱部初支垮塌,拱部围岩持续发生多次较大垮塌,导致K26+657~K26+654拱部初期支护全部垮塌,本次塌方最终范围为K26+665~K26+654,测算塌方体积约500m³。隧道塌方情况如图4-11所示(袁晓伟,2015)。

图4-11 红土山隧道塌方现场

(3) 乌竹岭隧道

乌竹岭隧道位于诸永高速公路金华段(东阳)第1合同段内,属于分离式隧道。乌竹岭隧道左洞为单向两车道隧道,乌竹岭隧道右洞由于出洞口与怀鲁枢纽互通匝道出口距离太近,在右洞两个行车道的右边增设了辅助转向车道,为单向三车道隧道。左洞桩号为K58+372~K58+990,长618m(其中明洞11m,暗洞607m);右洞桩号为K58+355~K58+990,长635m(其中明洞11m,暗洞624m)。左洞净宽10.5m,净高7.10m;右洞净宽14.25m,净高7.69m。

乌竹岭隧道右洞在由出口向进口方向开挖至K58+714处发生塌方、冒顶事故。塌方后,施工单位未能采取合理措施,在未进行正确处理的情况下,错误地认为应将坍体挖除后继续施工,在坍体挖除过程中发生了二次塌方,致使事故损失扩大。

隧道右洞通过近东西向的山沟与沟两侧鞍部相连处的交汇部位,隧道塌方处恰位于两山鞍部,塌陷带地表自然坡角为30°左右。塌方发生后,从地表可以看到由于隧道塌陷冒顶导致的地表陷落坑(图4-12)。塌陷坑近似五边形范围,约13m×11m,塌陷坑最深达8.13m。此次事故塌方量,约为4 500m³,属于特大型塌方及冒顶事故,如图4-13所示。洞内塌体极破碎、潮湿、强度低;塌腔上方岩体结构破碎,呈碎裂结构或镶嵌碎裂结构,结构面平均间距小于0.2m,且夹泥较厚;围岩整体潮湿,节理渗水漏水现象严重(刘旭,2008)。

(4) 京源口隧道

京源口隧道处于高速公路网厦长(厦门至长汀)线上,位于福建省龙岩市境内,为该段控制性工程。隧道由东向西里程桩号为YK7+178~YK9+450,全长2 272m,属长隧道。该隧道最大埋深300m,围岩以Ⅳ级为主(占90%以上)。该隧道场区穿越山体基岩岩性为文笔山组粉砂质泥岩夹粉砂岩、炭岩泥岩夹粉砂岩,地层倾角10°~47°,中薄层状为主。该隧道场区发育有4条断裂破碎带,隧道洞身受断裂带影响明显,其中F26(YK9+240~YK9+265)断裂破碎带地下水相对富集,裂隙发育,连通性好,为地表水、地下水下渗提供了通道。

图4-12 乌竹岭隧道塌方地表塌陷

图4-13 乌竹岭隧道洞内塌方情况

2004年6月21日隧道开挖施工至YK9+238处附近,上午8时40分工班长发现掌子面右上方突然涌泥坍塌,组织撤出4名工人;随后掌子面拱部开始坍塌,初期支护向洞口方向逐排压垮直至YK9+264处,初期支护全部破坏,洞内全断面封堵。9时30分塌方持续,塌体内持续掉块;12时30分塌体内有泥石流呈间歇状涌出,塌体向外涌出20m左右至YK9+280附近;16时20分水流增大,伴有隆隆声响,之后使用3台100m³/h的水泵抽水;22日凌晨2时10分涌水量开始减弱,涌水量为120m³/h,至7时30分涌水量约为80m³/h,到11时涌水量为60m³/h。此次塌方量约2 200m³(林礼华,2007)。

(5)白山隧道

韶关至赣州高速公路粤境段白山隧道为双向六车道分离式隧道,设计车速100km/h,隧道主洞净宽14.50m,紧急停车带净宽17.00m,隧道左洞长1 713m(ZK5+231~ZK6+944),其中约一半里程处于Ⅳ、Ⅴ级围岩区。右洞长1 687m(K5+250~K6+937)。隧址区褶曲发育,主要为向斜、背斜,产状较缓;隧址区岩溶、断裂构造和构造裂隙均较为发育,地下水主要类型为岩溶水及裂隙水。

2010年7月10日,ZK6+121~ZK6+132段左导洞初期支护发生掉块,随后该段左导洞发生坍塌,在左导洞坍塌的带动下,坍塌向两端发展,砸毁凿岩台车,钢拱架被压弯失去支护作用,随后坍塌范围又扩展至ZK6+099~ZK6+142(图4-14)。

2010年7月11日凌晨及7月12日凌晨,坍塌再次向两端发展,截至7月14日坍塌范围又延伸至ZK6+073~ZK6+156(图4-15)。受坍塌影响,ZK6+066~ZK6+072段二次衬砌出

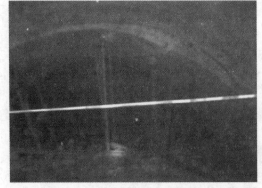
图4-14 白山隧道ZK6+125处塌方

图4-15 白山隧道ZK6+082处塌方

现裂缝,右侧拱部有5条斜向裂缝,宽度约3mm,长度1~2m;拱顶两条环向裂缝,长约4m,裂缝两侧错台约3cm。2010年7月14日发现塌方段ZK6+082处地表塌陷,塌陷坑呈圆形,直径约12m,深约11m。山体亦出现多条裂缝,随后诱发整体坍塌(饶军应,2014)。

4.3 软岩大变形

世界首例报道发生严重软弱围岩大变形灾害的交通隧道是辛普伦I线铁路隧道,该隧道北起瑞士的布里格南至意大利的伊则尔,全长19.8km,于1906年竣工,施工期间隧道多处发生大变形灾害,其中穿越仅42m长的大变形洞段就耗时18个月,在运营若干年后隧道横通道边墙、拱部开裂,隧道底部破裂、隆起(杨文晗,2015)。日本惠那山公路隧道I线400m长的大变形洞段耗时36个月才得以通过(汪洋,2009)。此后,国外的奥地利陶恩隧道与阿尔贝格隧道,国内的宝中线木寨岭隧道、兰新线乌鞘岭隧道、南昆线家竹箐隧道、国道317线鹧鸪山公路隧道等均在施工过程中出现了不同程度的软岩大变形灾害。软岩大变形也与岩爆一起成为深部岩体隧道开挖过程中一类频发的施工灾害。本书附录A表A3列出了部分国内外隧道工程施工中的软岩大变形事故案例。

4.3.1 概述

软岩(Soft Rock),又称挤出性围岩(Squeezing Rock)(Bhasin,1996)或膨胀岩(Swelling Rock或Expansive Rock),一般具有可塑性、膨胀性、崩解性、流变性和易扰动性等特点,广泛存在于低级变质岩、断层破碎带及煤系地层等一些低强度围岩中。太沙基(Terzaghi)于1946年首次提出了挤出性岩石和膨胀性岩石的概念,即挤出性岩石是指侵入隧道(开挖轮廓面)后没有明显体积变化的岩石,发生挤出的先决条件是岩石中含有高含量的微观、亚微观云母状矿物颗粒或低膨胀能力的黏土矿物;膨胀性岩石是指主要由于膨胀作用而侵入隧道(开挖轮廓面)的岩石(徐钦健,2015)。国际岩石力学学会于1995年成立专业委员会研究岩石挤压变形问题,并给出了挤压性围岩的定义,即由于极限剪切应力失稳导致隧道开挖面周边发生大变形的围岩(Barla,1995)。软岩是世界上分布最广泛的一类岩石,其中的泥岩和页岩占地球表面岩石的50%左右(刘特洪,2001)。

软岩具有大变形、大地压、难支护的特点。在浅部开挖时,一些结构疏松较为软弱的岩石表现为软岩的变形力学特征,但随着埋深增大,一些较硬的岩石也表现出软岩的变形力学特征,即同一类岩石在不同应力条件下,其变形力学特征会随之而改变(何满潮,2000)。软岩是隧道工程施工过程中的一种典型不良地质,国内外为此开展了诸多研究。1981年9月,国际岩石力学协会在日本召开"国际软岩讨论会"。1984年12月,我国煤炭部矿山压力情报中心站、《煤炭学报》编辑部、中国煤炭学会岩石力学专业委员会联合在昆明讨论了软岩的定义。1990年9月,在英国利兹(Leeds)大学召开"软岩工程地质"学术讨论会,国际上著名的岩石力学权威Atkinson、Barton和Hoek参加了此次学术讨论会(Daemen,1994)。1996年8月,原煤炭工业部在龙口召开了全国煤炭软岩工程学术讨论会,总结了十多年来煤炭开采过程中的软岩工程经验(何满潮,1996)。

关于软岩,国内外的学者、机构给出的定义侧重点有所差别。国际岩石力学学会将软岩定义为单轴抗压强度介于 0.5~25.0MPa 之间的一类岩体（Hudson,1997）。根据《工程岩体分级标准》（GB/T 50218—2014）的分类,软岩是饱和单轴抗压强度不大于 30MPa 的一类岩石。我国煤炭软岩巷道支护专家组将软岩分成地质软岩和工程软岩。其中,地质软岩是指强度低、孔隙度大、胶结程度差、受构造面切割及风化影响显著或含有大量泥质、炭质、膨胀性黏土矿物的松、散、软、弱岩层,该类岩石多为泥岩、页岩、千枚岩等单轴抗压强度小于 25MPa 的岩体,是天然形成的地质介质。工程软岩是指在工程力作用下能产生显著塑性变形的工程岩体,具有软、弱、松、散等低强度的特点,承受荷载的能力极低,一定地应力水平（或埋深）条件下,隧道施工极易产生较大的施工变形（何满潮,1999）。林育梁（1999）在"煤炭软岩巷道支护专家组软岩定义"的基础上给出了新的定义,即在工程环境各种因素作用下,呈现软弱或松散破碎的自然性状,产生显著变形或流动的岩体。此外,还有一类特殊软岩值得注意,即在天然状态下较为完整、坚硬,力学性能较好,但遇水后短时间内迅速膨胀、崩解和软化,从而造成岩体的力学损伤并导致其力学性质快速大幅度降低的软质岩体,含有黏土矿物（膨胀性矿物、易溶性矿物或有机质）的软岩尤为明显。华南地区广泛分布的泥岩、泥质粉细砂岩、粉细砂岩等"红层"以及性质极其软弱的炭质泥岩等软弱岩体即属于此类岩体（周翠英,2002）。

何满潮（1999）按照产生显著塑性变形的机理,将软岩分成 4 大类,即膨胀性软岩（也称低强度软岩）、高应力软岩、节理化软岩和复合型软岩。

膨胀性软岩系指含有黏土高膨胀性矿物在较低应力水平（<25MPa）条件下即发生显著变形的低强度工程岩体。如软弱、松散的岩体,膨胀、流变、强风化的岩体以及指标化定义中所述的抗压强度小于 25MPa 的岩体,均属于此范畴。在实际工程中,一般的地质特点是以泥质岩类为主。由于低强度软岩的显著特征是含有大量黏土矿物而具有膨胀性,故按其膨胀性大小可分为强膨胀性软岩（自由膨胀变形 >15%）、膨胀性软岩（自由膨胀变形 10%~15%）和弱膨胀性软岩（自由膨胀变形 <10%）。

其中,膨胀岩仅指那些能与水发生物理化学反应、含水率增加、体积增大的岩石。曲永新（1994）根据对我国东部区域膨胀岩的研究,将其划分为 5 种成因类型,即沉积型泥质膨胀岩、蒙脱石化火成岩、蒙脱石化凝灰岩、断层泥类膨胀岩和含硬石膏（$CaSO_4$）及无水芒硝（Na_2SO_4）类膨胀岩,并认为我国东部沉积型泥质膨胀岩是中国膨胀岩的主体。

高应力软岩则是指在较高应力水平（>25MPa）条件下才发生显著变形的中高强度工程岩体。这种软岩的强度一般高于 25MPa,其地质特征是泥质成分较少,但有一定含量,砂质成分较多,如泥质粉砂岩、泥质砂岩等。它们的工程特点是,在深度不大时,表现为硬岩的变形特征,当达到一定深度时,即表现为软岩的变形特征。重力作用和构造运动是引起地应力的主要原因,其中尤以水平方向的构造运动对地应力的形成及其特点影响最大。一般来说,高地应力是指初始应力特别是它们的水平初始应力分量大大超过其覆盖层岩体的质量（陈志敏,2012）。我国国家标准《工程岩体分级标准》（GB/T 50218—2014）中指出,发生岩爆或岩芯饼化现象时,应考虑存在高初始应力的可能。我国对高地应力下软岩变形机理的关注和研究则开始于修建二郎山隧道时遇到的软岩大变形。

节理化软岩指含泥质成分很少（或几乎不含）的岩体,发育了多组节理,其中岩块的强度颇高,呈硬岩力学特性,但整个工程岩体在工程力的作用下则发生显著变形。根据节理程度不同,可分为镶嵌节理化软岩、碎裂节理化软岩和散体节理化软岩。

复合型软岩是指上述三种类型软岩的组合。

软岩具有两个工程特性,即软化临界荷载和软化临界深度。软岩的蠕变试验表明,当所施加的荷载大于某一荷载水平时,岩石出现明显的塑性变形加强现象,即产生不稳定变形,这一荷载称为软岩的软化临界荷载,亦即能使岩石产生明显变形的最小荷载。与软化临界荷载相对应地存在着软化临界深度。当开挖深度大于某一特定值时,围岩产生明显的塑性大变形、大地压和难支护现象。这一临界深度被称为岩石软化临界深度。

软岩大变形是相对正常变形而言的,目前还没有统一的定义和判别标准。软岩隧道变形有若干特点,即变形破坏形式多样、变形量大、变形速率高、主变形方位各不相同、围岩破坏范围大、围岩压力增长速度快等。软岩大变形主要分成膨胀型、挤压型和松散、离层坍塌型三种。膨胀型一般在含有膨胀性矿物及地下水的黏土岩、泥灰岩、石膏地层中发生,机理是体积膨胀,表现特征主要是底鼓。挤压型一般在断层带、构造带地层中发生,机理是剪切滑移,表现特征是有明显的优势部位和方向,一般边墙收敛较大。松散、离层坍塌型一般发生在松散地层中,机理是松散压力荷载,变形特征是具有突发性(肖广智,2015)。

4.3.2 事故案例

1)国外典型软岩大变形隧道

陶恩(Tauern)隧道,1970年至1975年修建于奥地利,为单洞双向公路隧道,全长6 400m,开挖断面90~105m²。隧道埋深600~1 000m,原始地应力达16~27MPa,侧压力系数约为1.0,围岩强度应力比0.05~0.06,岩性为片岩、千枚岩夹绿泥石。新奥法的鼻祖拉布采维茨(Rabcewicz)教授亲自主持该隧道的设计并参与施工。该隧道施工时在千枚岩和绿泥石地段发生了大变形灾害,最大位移约120cm,最大变形速率达20cm/d,变形收敛时间达400d,是世界上第一座知名的大变形公路隧道。由于在陶恩隧道设计时对挤压性围岩缺乏经验,初期支护较弱(长4m锚杆,厚25cm喷射混凝土,TH36@75钢拱架)。在洞壁发生大变形后,Rabcewicz教授采用了长锚杆(6~9m)并增设底部锚杆、可缩钢拱架以及喷层预留纵缝(宽20cm、间隔3m)等加强措施(这些措施至今仍在沿用),对已侵入模注混凝土净空部位的岩体进行了扩挖作业,隧道最终成功建成通车。

阿尔贝格(Arlberg)隧道紧随陶恩隧道开工修建(1974~1979年),位于奥地利,全长13 980m,开挖断面90~103m²。设计时已吸收了陶恩隧道的经验教训,虽然也是挤压性围岩隧道,但支护变形较小,施工较为顺利。隧道最大埋深740m,原始地应力13MPa,围岩强度应力比0.1~0.2,围岩为千枚岩、片麻岩、含糜棱岩的片岩绿泥石等,抗压强度为1.2~2.9MPa。为防止大变形,设计时采用了强大的初期支护系统,即20~25cm厚喷射混凝土、可缩式@75钢拱架,6m@125cm锚杆。虽然如此,在局部地质较差的地段(岩层走向与隧道平行且有地下水),仍产生了20~35cm的支护位移,变形初速度达到4~6cm/d,最大达11.5cm/d,最大拱部变形量达60cm,最大水平收敛达70cm。在增加了9~12m的长锚杆(最大长度达13.0m)后,使变形初速度降为5cm/d。据统计,每延米隧道锚杆用量达420m。

惠那山(Enasan)隧道,日本中央公路两宫线上的双洞公路隧道。I号隧道先修,于1975年8月建成,全长8 300m,是双向行驶的公路隧道。后由于交通量的增加,1978年开工修建Ⅱ号隧道,该隧道全长8 635m,于1985年建成。隧道开挖断面宽12.0m、高10.5m,最大埋深

450m,原始地应力达 11.0MPa,围岩强度应力比 0.10~0.33。这两座隧道平行,穿越的地层基本相同,其中赋存一长度 400m 的极软弱断层,为风化的变质角页岩(已黏土化),单轴抗压强度仅 1.7~4.0MPa,该处埋深约 400m。值得注意的是,为通过此同一断层,Ⅰ号隧道采用刚性支护,而Ⅱ号隧道采用新奥法的柔性支护,从而可对其支护效果进行对比。

Ⅰ号隧道采用的断面形式如图 4-16 所示。主洞开挖时先以 0.8m 间距安设重型钢架(H250)并辅以衬板,先后浇注二层模筑混凝土。施工时拱部最大沉降 930mm,边墙最大收敛 1 120mm。由于变形快且大,钢架大量破坏,因此在浇注第二层混凝土时又补充了 H200 钢架(@0.8m)。虽然模筑混凝土衬砌总厚达 1.2m,而且加入了大量的重型钢拱架,衬砌仍然发生了大规模的开裂,最后不得不用钢纤维加筋混凝土反复修补。

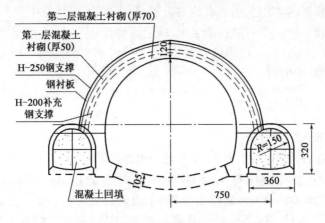

图 4-16 惠那山Ⅰ号隧道刚性支护示意图

吸收了Ⅰ号隧道的教训后,Ⅱ号隧道采用新奥法柔性初期支护。其特点包括采用长锚杆(设计长度为 6m,施工时加长到 9~13.5m),预留变形量(上半部为 50cm,下半部为 30cm),钢纤维喷射混凝土(25cm 厚)及可缩式钢拱架,二次衬砌为 45cm 厚的素混凝土,隧道断面如图 4-17 所示。最终发生的初期支护位移为 20~25cm,最大达 56cm,说明长锚杆发挥了作用。

2)国内典型软岩大变形隧道

(1)安远隧道(李生杰,2013)

连霍国道主干线 GZ45 甘肃省境内的永登至古浪段高速公路安远隧道,是乌鞘岭公路隧道群中最长的一座隧道,隧道右线全长 6 868m,左线全长 6 848m,均为单洞双车道隧道,最大埋深 470m,属高海拔寒区深埋石质特长隧道。隧道穿越煤系地层,围岩主要由炭质页岩、煤线、泥岩夹层组成,炭质页岩试件单轴抗压强度为 3.9~4.8MPa,隧址区最大水平主应力为 8~10MPa,水平应力作用占主导。煤系地层岩块强度低,节理、裂隙发育,节理面光滑,层间胶结

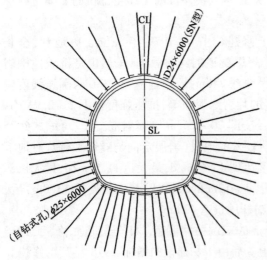

图 4-17 惠那山Ⅱ号隧道柔性支护示意图(尺寸单位:mm)

差。隧道位于祁吕弧形褶带等构造体系的交汇

部位,被夹持于古浪和乌鞘岭褶带之间。隧道揭露的地层主要有志留系、石炭系、白垩系岩层及第三系、第四系冲洪积坡积层等岩土层。

隧道开挖从大桩号向小桩号掘进,安远隧道左线ZK2403+440~ZK2403+380 及右线 YK2403+430~YK2403+380 初期支护完成后出现大变形致使初衬侵限,该里程段为隧道紧急停车带部分。岩体主要为黑色炭质页岩及煤线(图4-18),炭质页岩厚度较大,极松软,岩相变化较大,地层软硬相间,拱脚赋存较多厚度不等的软弱泥岩夹层。围岩抗风化能力较差,结构面极发育,表面光滑,围岩稳定性差,围岩遇水后强度急剧下降,呈泥状。

图4-18 安远隧道掌子面围岩情况

采用 $\phi 42\times 4mm$ 注浆小导管超前预加固围岩,长4.5m,环向间距35cm,搭接长度1.3m,斜插角10°~15°,每环37根;I20a 型工字钢钢拱架支护,纵向间距75cm;$\phi 25mm$ 中空注浆锚杆,长3.5m,间距75cm×75cm;铺挂 $\phi 8mm$(15cm×15cm)钢筋网;喷26cm厚C25早强混凝土;二次衬砌和仰拱均为50cm厚的C30钢筋混凝土。

施工过程中监测到最大变形值总量达到397mm,最大变形速率达到22mm/d。综合分析,隧道发生大变形的主要原因包括膨胀性较强的围岩和二次衬砌施作时机滞后。

(2)火车岭隧道(罗学东,2006;董世琪,2006;陈禹成,2011)

湖北十堰至陕西漫川关高速公路湖北省十堰市郧西县河夹镇境内的火车岭隧道为分离式双向四车道隧道,单洞跨度12m,左洞长1 425m,右洞分为两段,长度分别为140m和1 211m。

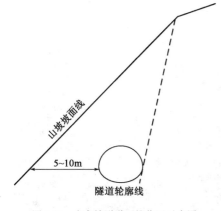

图4-19 火车岭隧道开挖位置示意图

隧道大变形段围岩主要为强风化绢云母石英片岩,内夹强风化~微风化绿泥钠长石英片岩和构造破碎带,围岩破碎、松散,自稳能力极差,其主要矿物成分为绢云母,具鳞片变晶结构,片状构造,片理面光滑,胶结性差,强度低,抗风化、抗水化能力差,微膨胀,单轴抗压强度小于5MPa,为V级围岩。

火车岭隧道发生大变形洞段穿越坡度近45°山体一侧,最大埋深约27m,最小埋深约3.5m,轴向和山坡走向基本平行,为严重偏压隧道,如图4-19所示。施工期间降雨量较大,雨水渗入岩层中,使得裂隙水发育,水压力增大。

隧道施工过程中出现大变形现象,表现为洞内已经施工好的钢支撑出现环向裂缝,喷射混凝土出现严重的掉块现象,并出现严重的周边收敛和拱顶下沉现象,导致初期支护大量侵入二衬限界(图4-20),变形主要发生在隧道深埋一侧,拱部最大沉降达160cm,洞壁最大收敛达120cm,隧道收敛速率最高达135mm/d;隧道围岩变形持续时间较长,在初期支护后可持续2~3个月,严重时会导致隧道塌方。受洞内大变形影响,地表在距离右线57m附近的山体中出现5条较大裂缝,宽10~40cm,裂缝横向已贯通左线隧道,纵向长达140m。

隧道处置措施包括加长锚杆、减小钢拱架间距、增大预留变形量,并及时施作二次衬砌。

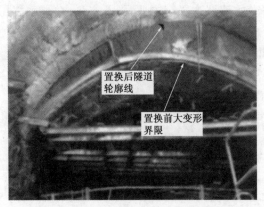

图4-20 火车岭隧道大变形侵限情况

经处理后隧道的拱顶下沉和净空收敛均较小,累计收敛最大值为17mm,累计沉降最大值为15mm,变形速率不超过2mm/d。

软弱破碎围岩的大变形往往与隧道塌方相伴而生,火车岭隧道在施工过程中发生多次大变形及塌方灾害,同时伴随有岩体剥落、掉块现象。火车岭隧道大变形的主要原因在于软弱破碎围岩的离层坍塌破坏以及存在一些具有膨胀性的次生矿物。

(3)鹧鸪山隧道(姜云,2004;黄琳桥,2009)

国道317线鹧鸪山隧道起于四川省阿坝州米亚罗、止于四川省阿坝州三家寨,属高海拔深埋长大公路隧道,其中主隧道长4 423m,平行导洞长4 402m,隧道最大埋深约800m,地应力为17~20MPa。隧道发生大变形的地段地层岩性以炭质千枚岩为主,千枚岩为黑色至深灰色千枚状构造,呈微鳞片状变晶结构。含水量大时呈团块状,含水量小时呈鳞片状,片理极其发育,层厚0.01~2mm,层理面手感光滑,有丝绢光泽,软弱层多,岩石硬度低,单轴抗压强度不足1MPa,膨胀率13%,易风化。

隧道于2001年5月动工、2004年12月竣工,施工期间岩体发生多次大变形甚至塌方灾害(大小塌方共计26次),主要表现为喷射混凝土破裂、钢拱架扭曲变形,围岩侵限(图4-21),最大变形量达300mm,最大变形速率达40mm/d,甚至将初期支护彻底破坏,产生大规模塌方。隧道发生大变形甚至塌方的主要原因包括高地应力、软硬相间的岩性条件以及断层、节理裂隙发育,属挤压型变形及软弱破碎岩体的离层坍塌破坏。

a)初期支护严重变形

b)初期支护坍塌破坏

图4-21 鹧鸪山隧道初期支护变形破坏

4.4 涌水突泥

涌水突泥是国内外隧道工程建设过程中时有发生且极易造成严重人员伤亡、经济损失和环境破坏的一种工程灾害。如日本的旧丹那隧道1918年开工后遇到6次大突水,水头压力高达1.4~4.2MPa,最大瞬时涌水量达193 500m³/d,致使该隧道历时16年才建成;苏联贝阿铁路北穆隧道(15.30km),施工涌水量高达600 000m³/d。我国的京广复线大瑶山隧道通过断层时,曾遇到0.5m³/s的突水,射程达8~10m。雅砻江锦屏二级水电站长探洞遇到3次特大型突水,PD_1平行导洞3 948m处涌水时喷水距为35~37m,流量达0.61m³/s,实测水压高达5MPa(黄润秋,2000)。襄渝线大巴山隧道施工时最大涌水量205 500m³/d;川黔线娄山关隧道施工时最大涌水量192 000m³/d;中梁山隧道因突水致使洞顶塌陷29处;京广线南岭隧道因突水突泥引起地面塌陷共65处,曾使既有线下沉,断道时间6h;京广线大瑶山隧道班古坳地区因突水引发地面塌陷100余处,井水、泉水、水库枯竭,影响范围数平方千米;渝怀铁路武隆隧道因岩溶水涌入隧道,最大涌水量达7 186 000m³/d(王国斌,2012)。渝怀线铁路圆梁山隧道在毛坝向斜处多次发生大规模突水、涌泥和涌砂工程灾害,最大突水量为145 000m³/d,其中3号溶洞曾发生爆喷型涌泥,瞬间涌泥量高达4 200m³,塞满下导坑244m空间;渝怀线铁路武隆隧道施工揭穿4条特大暗河,最大突水量7 180 000m³/d(李利平,2009)。据统计,仅2001~2010年间,我国交通、水电领域隧道建设中发生重大安全事故97起,由突水、突泥诱发的灾害占77.3%,死伤近1 000人,大量机械设备报废,部分隧道被迫停建或改线,环境破坏严重,经济损失巨大(李术才,2014)。2017年6月21日,云南省大临铁路工程第4合同段红豆山隧道1号斜井在掌子面开挖工序施工过程中突然冒出硫化氢气体并突泥涌水,导致现场6名作业人员死亡。涌水突泥已成为隧道施工期危害最大的安全风险事故之一。

4.4.1 概述

隧道施工过程中发生的大型涌水突泥灾害往往和岩溶、断层破碎带是一对孪生兄弟,强岩溶地区具有高压、富水和富泥沙特征,后者是前者产生的必要条件。因此,此类地质灾害常常发生在喀斯特地貌比较发育的地区,尤其是我国的西南部山区。我国岩溶地区分布广泛,仅裸露地表的碳酸盐岩面积就达91万km²,占国土面积的近1/10,可溶岩层分布面积约占国土总面积的1/3,其中以西南部云、贵、桂和川、鄂、湘部分地区岩溶最为发育(李利平,2009)。一般来说,岩溶化岩体为广义上多重介质体系,其中既有岩块中孔隙、分割岩块裂隙,还有孔隙受岩溶化改造形成溶孔、溶穴以及裂隙溶蚀而成溶隙,岩溶强烈发育地区甚至还有规模巨大的岩溶管道网络、地下暗河等(王国斌,2012)。在岩溶发育地区或者断层、围岩破碎带及其影响区域,隧道涌水在降低和软化围岩强度的同时,也带走了围岩间的软弱填充物,使岩体加快分离、解体,促使隧道发生大规模的突水、突泥灾害,进而诱发坍塌或冒顶(李儒挺,2013)。

大型突水灾害多发生在灰岩、白云岩等可溶性地层中,地层岩性越纯、单层厚度越大岩溶越发育,越容易形成大型岩溶管道。从突水实例的统计来看,大多数突水均发生在施工爆破开挖后。因此,可认为开挖和爆破扰动是工程因素中最为重要的影响因素。按照突水方式,可将突水划分为瞬间突水突泥型、稳定涌水型以及季节性突涌水型。当隧道施工揭露岩溶管道时,地下水或地下泥石流瞬间以巨大压力(1~3MPa)从管道口射出,其流量可达每小时几千立方米甚至逾万立方米,称为瞬间涌水突泥型;若岩溶管道揭露后,地下水在水压力作用下流动,水量在施工前后无明显变化称为稳定涌水型;季节性突涌水则比较复杂,当汇水面积较大的干溶洞或充水溶洞距隧道较近时,雨季连续降雨或暴雨后,岩溶管道内迅速充满水,并沿着岩溶管道产生突水或地下泥石流,当降雨停止一定时间后,岩溶管道中的地下水逐渐消失,进而恢复常态。

由于强岩溶地区地表与深部岩体具有很好的连通性,深部扰动往往波及地面,从而诱发地面附带地质灾害,诸如地面塌陷、陡坡滑移、地表沉降等。地面塌陷和地表沉降是岩溶隧道突水最直接的地质环境效应。在强岩溶地区,深部岩体存在诸多形式的蓄水构造,隧道开挖将不可避免地揭露溶洞、溶腔甚至暗河等静态或动态水体,瞬间便造成地下水储存量的大量消耗,使降落漏斗不断扩展,从而褫夺其影响范围内的水补给增量,引发地下水渗流场和补排关系的急剧变化,继而导致地表井泉干涸、河溪断流,直接影响当地工农业生产和人民生活。由于突水涌泥地质灾害很大程度上改变了围岩应力状态和地下水动力循环系统,其危害性远远高于爆发初期的假象,潜在的灾害仍难以预料,诸如突水通道二次突水、季节性蓄水构造复活以及区域性应力突变等(李利平,2009)。表 4-1 列出了隧道涌水事故造成的影响。本书附录 A 表 A4 列出了一些国内外的隧道工程施工涌水突泥事故案例。

涌水对地下水、地层、结构物及生态环境的影响(关宝树,2017)　　表 4-1

对地下水的影响		地下水位上升	地下水位下降
对地下水利用的影响	水量变化	增加	井点枯竭;水田失水
	水质变化	滞留;污染物质扩散	盐化;氧化
对地层、结构物的影响	地层	液化危险性增大;围岩软化;冻结和溶解时下沉;水浸下沉	压密下沉;地表干燥化
	结构物	结构物上浮;结构物漏水量增大	桩基腐蚀;对地中埋设物产生影响
对自然环境、动植物生态系统的影响	自然环境	湖沼泛滥;地表气象变化	涌水枯竭;河川、湖沼水量减少;地表气象变化
	动植物生态系统	根腐	植物枯死;对水生生物、水生植物产生影响

4.4.2　事故案例

(1)铜锣山隧道

铜锣山隧道双线全长 5 024m,为国家高速公路网(G5515)南大梁(南充—大竹—梁平)高速公路第二长隧道(第一长隧华蓥山隧道全长 8 159m),于 2011 年 4 月中旬动工,2014 年 5 月 21 日贯通。隧道位于四川省达州市大竹县境内,穿越铜锣峡背斜,最大埋深约 496m。隧址区地层岩性主要为薄~中厚层状泥质灰岩、泥灰岩、灰岩和钙质泥岩等,局部夹杂岩溶角砾岩,受 F2 断层影响层间挤压较严重。2012 年 2 月 25 日,隧道建设过程中发生特大涌水,据实测数据所得最大涌水量达 60 000m³/d,靠近掌子面水流满洞而出,洞口水深达 2m,到 2012 年 3 月 7

日,涌水量仍有 30 000m³/d,现场涌水情况如图 4-22 所示。

(2)三阳隧道

泉州至三明高速公路三阳隧道位于福建三明市大田县龙坑与三阳之间,为双线分离式特长隧道,左线长 4 569m,右线长 4 596m。洞身围岩主要为泥质粉砂岩、硅质粉砂岩和灰岩。围岩风化裂隙很发育,Ⅳ、Ⅴ级围岩占洞身长度的 72% 以上。沿隧道轴线发育有 3 条断裂带(F3、F5 和 F6),断层破碎带及其附近围岩以碎块状强风化粉砂岩和弱风化灰岩为主,围岩级别为Ⅴ级。

图 4-22　铜锣山隧道右洞涌水现场

2008 年 5 月 25 日,三阳隧道施工中发生涌水灾害,初始涌水量约 1 950m³/h(46 800m³/d),但由于现场继续爆破掘进,隧道围岩被严重扰动破坏,涌水量急剧上涨,达到 112 105m³/h,整个隧道充满水,全部施工设备及材料被冲至洞口。次日涌水量有所降低,约为 16 502m³/h,后稳定至 5 200～5 800m³/h,至 2008 年 8 月 10 日,隧道安全穿越涌水带,涌水量仍维持在 900m³/h,现场涌水情况如图 4-23 所示。隧道突发特大涌水冲毁附近农田,并导致隧道顶部 500 亩农田全部干涸,周边地下水位下降,附近居民饮水困难,严重影响隧道周边生态环境。

图 4-23　三阳隧道涌水现场

(3)岑溪大隧道

岑溪大隧道是包头至茂名高速公路岑溪至水汶段的控制性工程,位于广西岑溪市南部山区,为双洞分离式隧道,左线长 4 270m,右线长 4 288m,最大埋深约 645m。洞身围岩岩性以花岗岩为主,存在局部侵入岩脉,断裂带发育。

隧道施工过程中右洞最大涌水量 1 200m³/h,涌水携带的泥沙堆积体约 5 440m³,涌水直接导致隧道内初支严重变形及较大范围内的地表和房屋出现下沉、开裂,甚至局部塌陷,地表水塘、溪流、水井等出现水位下降或断流,甚至干涸的现象,如图 4-24 所示。

a)   b)   c)

图 4-24   岑溪大隧道涌水现场

(4) 明月山隧道

明月山隧道为沪蓉国道主干线重庆垫江至四川邻水省界交界的一座特长隧道,为高速公路双线隧道,隧道全长6 557m。岩溶地层长约2km,其中,F1断层下方嘉陵江组灰岩为岩溶较强发育带,如图4-25所示。隧道穿越明月山煤层采空区和断层,地质复杂多变,主要不良地质有断层、瓦斯、煤层采空区、溶洞、特大涌水、突泥等,隧道受不良地质构造影响严重。特大涌水比较突出,连续15个月出现日涌水量5万t以上,且最大日涌水量达18万t。隧道掘进至K5+573掌子面时,拱顶上方发生突水、突泥,大量淤泥涌入隧道,掩埋隧道150余m,并在K5+610处的地表发生塌陷,形成一个长16m、宽8m、深6~12m的陷坑,陷坑周围出现大面积开裂,开裂范围6 700m² 以上(图4-26)。

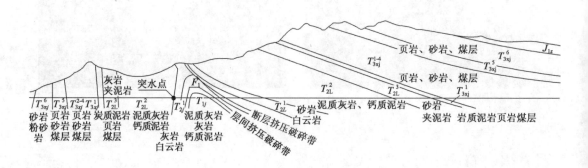

图 4-25   明月山隧道地质纵断面

(5) 华蓥山隧道(贾疏源,1998;陈绍林,2002;李汶洋,2016)

华蓥山隧道为四川广安至重庆高速公路上的一座特长隧道,为双洞分离式隧道,左线长4 706m,右线长4 864m,两轴线相距40m,于1997年10月动工,2000年10月竣工。隧道穿越华蓥山山脉,洞身主要穿越华蓥山背斜和大峡口断裂,隧道内存在断层破碎带、软弱围岩、岩溶等不良地质。碳酸盐岩的分布长度占隧道总长度的95%以上。

在隧道施工中,曾数十次发生岩溶突水涌砂,其中大于 500m³/h 的有 15 次,最大瞬时涌水量近 690 000m³/d,致使施工设备被冲毁,隧道淤塞,停工近 3 个月。如 1998 年 4 月 29～30 日,隧道西口左线洞内涌水量达 36 000m³/h,溶洞涌出泥沙约 7 000m³,被迫停工;右线涌水量约 1 000m³/h,涌出泥沙为 1 200m³。5 月 9 日至 10 日西口左线涌水量达 53 000m³/h,溶洞涌泥沙约 5 000m³,继续被迫停工;右线涌水量约 1 500m³/h,溶洞涌泥沙约 1 000m³。5 月 21 日晚,左线 ZK32+927 左侧边墙底部已封闭的溶

图 4-26　明月山隧道突水突泥情况

洞,从封闭裂隙中涌出水夹泥沙,涌水量达 8 600m³/h,隧道左线及右线地质情况如图 4-27 和图 4-28 所示。值得注意的是,四五月间的每一次暴雨均会导致隧道涌水量陡增。隧道发生特大涌水突泥事故是强降雨、溶洞、断层破碎带、煤矿采空区和地下暗河综合作用的结果。隧道典型底板涌水情况如图 4-29 所示。涌水地段地层岩性主要为钙质泥岩、泥质灰岩夹白云岩等,局部含石膏及岩溶角砾岩。F1 断层情况如图 4-30 所示。

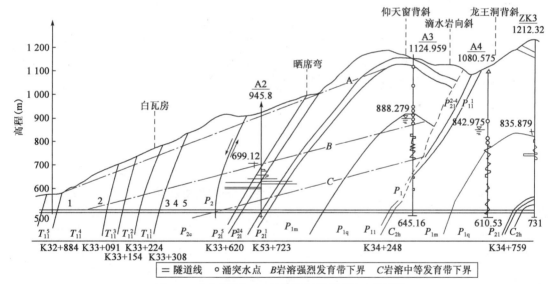

图 4-27　华蓥山隧道西口左线地质剖面及涌水点位置图

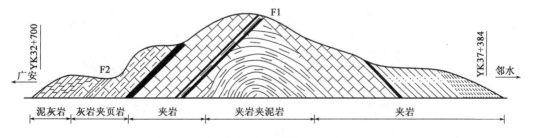

图 4-28　华蓥山隧道右线地质纵断面(刘建国,2003)

图 4-29　华蓥山隧道典型底板涌水

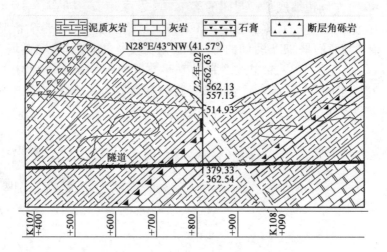

图 4-30　华蓥山隧道与 F1 断层关系

(6)大风垭口隧道(刘仁阳,2006)

大风垭口特长公路隧道位于国道 213 线昆明至曼谷国际大通道上,是云南元磨高速公路最关键的控制性工程。隧道为分离式双洞四车道公路隧道,左线长 3 353m,右线长 3 334m,最大埋深为 331m。隧道跨越哀牢山大断裂,并两次穿越南溪河,地下水极其丰富。隧道地质情况如图 4-31 所示。

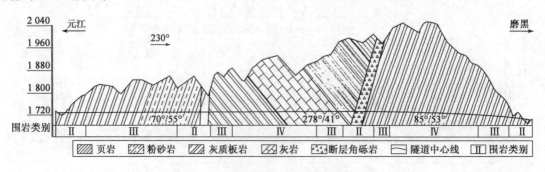

图 4-31　大风垭口隧道下行线工程地质剖面图

2003年9月20日,隧道发生了一次特大涌水和泥石流,致使176m长隧道被掩埋,在隧道正上方形成一个连通至180m高地表,直径达25m、深度约15m的巨大陷坑(图4-32),涌水总量约2.4万m³,涌出泥沙约1.1万m³。通过地表调查发现,南溪河及其支流水量明显减少,有2处断流,长度达150m,下游约40hm²农田干涸。隧道发生特大涌水涌泥甚至塌方事故是降雨、断层、岩溶及软弱岩体综合作用的结果。

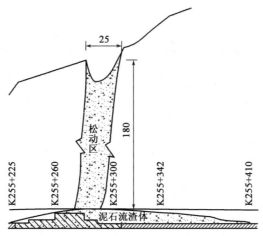

图4-32　大风垭口隧道地表陷坑示意图(尺寸单位:m)

(7)其他隧道

宜万铁路马鹿箐隧道施工过程中先后发生19次特大突涌水。2006年1月21日,隧道施工至2 480m处时,平导洞发生透水事故并通过联络巷灌入正洞,瞬间淹没3 200m隧道并涌出洞口,突水量达700 000m³/h,造成11人失踪。2008年4月11日下午5时左右,位于隧道进口泄水洞内的一部施工设备突然倒塌,5名工人进入洞内抢修时,洞内突发涌水,约10m³的瞬间涌水造成5人死亡(王国斌,2012)。

宜万铁路野三关隧道(湖北省恩施州境内)穿越强岩溶地区,由于连续降雨,地表水与地下溶腔及断层水相通,2007年8月5日凌晨1时左右Ⅰ线DK124+602位置处掌子面爆破后,在组织出渣过程中突发突水突泥事故,一个半小时内突水量15.1万m³,泥石量5.35万m³,导致10名施工人员死亡。

沪蓉线公路谭家坝隧道曾在施工期发生涌水,致使补给地表鱼塘的岩溶泉水断流,地面因地表水被疏干而出现5处塌陷区。

渝怀线铁路歌乐山隧道在施工中遇到岩溶水灾害,初期采取以排为主的治理措施,造成地表10座水库和100多个水塘水位的降低,并致使附近6万多居民和200多家企业单位的生产、生活用水受到不同程度的影响,对附近森林生态环境也造成了局部破坏。

沪蓉线龙潭隧道左线曾发生大型突泥地质灾害,淹没隧道约58m,突泥量高达1 800m³,造成施工中断数月。

衡广线铁路大瑶山隧道进行竖井选位时,主要考虑了井身最短和及时到达断层,以争取缩短工期,却忽略了槽谷地区岩溶现象及岩溶水与断层的连通性,当隧道掘进至334m时,发生突水淹井事故,最大突水量达4 000m³/d,水中含砂量高达20%,导致水下6台高扬程水泵因叶轮淤堵磨损而全部失效,后经开挖迂回平行导洞排水清淤才重新开工,由此造成工程停工达一年。

沪蓉国道主干线湖北段齐岳山隧道全长4 080m,为分离式双向四车道特长公路隧道,最大埋深约354m,岩溶发育十分强烈。乌池坝隧道全长约6.7km,为分离式双向四车道特长公路隧道,最大埋深488m,岩溶十分发育,存在多条地下暗河系统,存在严重的岩溶突水危险(李利平,2009)。

4.5 岩爆

历史上第一次有资料记载的岩爆发生在1738年英国的莱比锡煤矿。南非是岩爆多发国家,主要发生在金矿中。阿尔卑斯山区的辛普森(Simplon)水工隧洞,埋深超过2 200m,修建时围岩发生强烈岩爆现象。日本的清水隧道和新清水隧道建设过程中发生岩爆,飞散的岩片尺寸从几十厘米到几米,厚度达10~30cm。关越隧道围岩为石英闪长岩,隧洞埋深730~1 050m,掌子面发生强烈岩爆。德国鲁尔矿区是发生煤爆最早和最多的产煤区,仅1910~1978年就记载了危害性岩爆283次。苏联塔什塔戈尔铁矿是最具岩爆危险的矿床之一。卢宾铜矿是波兰岩爆活动最频繁的硬岩矿山。美国受到岩爆危害最严重的是爱达荷州北部克达伦的几座铅锌银矿。加拿大安大略省柯克兰德湖区的马卡萨金矿受岩爆危害严重。智利埃尔特尼恩特铜矿1992年3月发生岩爆,导致上百米巷道垮落,停产长达22个月,是南美洲受岩爆危害最严重的矿山。20世纪60年代挪威的赫古拉公路隧道和瑞典的维斯塔引水隧洞是隧道岩爆的典型代表(张镜剑,2008)。

我国最早记录的煤爆发生于1933年抚顺胜利煤矿。据不完全统计,1949~1997年,我国33个煤矿发生了2 000多次煤爆事件,造成严重危害,共伤亡几百人,累计停产1 300多天。岷江渔子溪一级水电站引水隧洞为花岗闪长岩及闪长岩,埋深250~600m,全长8 429m;施工期间断续发生十多次岩爆,最长的一段有25m,最短的仅1m,一般在10m左右。南盘江天生桥二级水电站直径10m的引水隧洞围岩在施工过程中发生多次岩爆,持续时间近2个月;引水隧洞围岩为厚层状灰岩、白云岩,埋深120~600m,多发生在距掌子面4~10m的洞壁。川藏公路二郎山隧道围岩为砂质泥岩、泥灰岩、石英岩,最大埋深770m,建设中先后发生200多次岩爆(张镜剑,2008)。浙江台缙高速公路苍岭隧道,地层岩性为凝灰岩,最大埋深768m,开挖后岩爆活动强烈(汪波,2007)。瀑布沟水电站地下厂房布置在左岸花岗岩体中,开挖过程中多次发生岩爆(许博,2007)。太平驿引水隧道在施工过程中发生岩爆400多次(周德培,1995)。1985年6月天生桥二级水电站2号支洞首次出现岩爆,随着隧道的掘进,岩爆频繁发生,导致人员伤亡和机械损坏(张津生,1991)。秦岭铁路隧道在开挖过程中,有43段(累计长度约1 900m)发生了岩爆。其中,弱岩爆28段(总长1 124m);中等岩爆11段(总长650m),呈较大规模的连续分布,为弹射型和破裂剥落型;强烈岩爆4段(总长120m),呈大规模连续分布,为强烈弹射型,并造成围岩大面积开裂失稳(谷明成,2002)。秦岭终南山特长公路隧道在施工区段内有2 664m产生不同程度的岩爆,其中,弱岩爆6段,中等岩爆7段,强烈岩爆7段。

4.5.1 概述

在深部地下工程和岩石工程的高地应力地区,岩爆作为岩体的一种动力失稳现象,具有突发性,发生时相当迅速,经常会造成灾难性的破坏,并已成为"六大工程灾害"之一,是目前国际深部采矿工程和岩石工程中迫切需要解决的难题(宫凤强,2007)。根据已有的施工经验,高埋深地下洞室在施工过程中主要面临以下六大难题:①高地应力导致岩爆频率和强度明显增加;②巷道围岩变形量大、破坏具有区域性;③地温升高、作业环境恶化;④采矿矿压显现剧烈;⑤突水事故趋于严重;⑥瓦斯涌出量增大(何满潮,2005)。

岩爆现象是在硬脆性完整岩体内,由于洞室埋深大或地壳运动可能使岩体中的应变能产生大量聚集,形成高初始应力,在施工开挖过程中,聚集在岩体中的应变能突然释放,伴有巨大响声,多有岩片飞出,成透镜状,飞出的岩片或岩块体积膨胀,不能再嵌入原处,而且往往先从侧壁分离出,而后发展到顶板,分离面总是平行于揭露面(张镜剑,1991)。

对于岩爆的定义,诸多学者给出了不同的解释并冠以不同的名词,包括岩爆、煤爆、冲击地压、岩石突出、矿震等,但它们都包含一个共同的特点即围岩体不可控地突然破坏和高应变能突然释放。岩爆一词在我国多用于金属矿山、隧道、水电洞室等硬岩工程中,而在煤矿则多称为冲击地压(张俊峰,2010)。概括来说,对岩爆的定义持两种观点:一种以挪威专家 Russense 为代表,认为只要岩石中有声响,产生片帮、爆裂、剥落甚至弹射等现象,有新鲜破裂面产生即为岩爆;另一种以中国学者谭以安为代表,认为只有产生弹射、抛掷性破坏才能称为岩爆,而将无动力弹射现象的破裂归属于静态下的脆性破坏(谭以安,1988;宋建波,2002),并给出了岩爆的明确定义,即岩爆是高地应力条件下地下工程开挖过程中,硬脆性围岩因开挖卸荷导致洞壁应力分异,储存于岩体中的弹性应变能突然释放,因而产生爆裂松脱、剥落、弹射甚至抛掷现象的一种动力失稳工程灾害(谭以安,1991)。

岩爆的产生有外部和内部两方面的原因。其外因在于,岩爆通常发生在高地应力的地下岩体中,由于在岩体中开挖洞室,改变了岩体赋存的空间环境,引起了洞室周围的岩体应力重新分布和应力集中。其内因在于,岩爆一般发生在硬岩中,其岩石矿物结构致密、硬度较高。岩体在变形破坏过程中所储存的弹性变形能不仅能满足岩体变形和破裂所消耗的能量,还有足够的剩余能量转换为动能,使逐渐被剥离得岩块弹射出去,而形成岩爆(王元汉,1998)。

众多的工程岩爆资料显示,岩爆总是发生在高地应力环境下的坚硬岩体中,且现场调查资料表明,这些岩体多是新鲜、干燥、完整的,没有或很少有裂隙。室内试验表明,这些岩体均为脆性岩石,强度高,线弹性特征明显,达到峰值后强度迅速降低,均具有冲击倾向性,而且发生岩爆的岩体中应力水平较高,且岩爆的烈度与应力集中程度密切相关(陈海军,2002)。

在采矿、水电、交通和核电等行业的工程建设中岩爆非常常见。岩爆主要表现为大范围的岩体突然破坏和破裂围岩的动力抛掷,并伴随有不同程度的爆炸、撕裂声,围岩释放的大量能量,能使几米至几百米的洞室瞬间破坏,严重的岩爆可将巨石猛烈抛出,甚至一次岩爆就能抛出数以吨计的岩块和岩片,常常造成人员伤亡和设备损失。岩爆不仅使人产生恐惧感,而且还直接威胁施工人员和设备的安全,严重的还会诱发地震(白明洲,2002)。

根据以往的工程统计资料可以发现,在厂矿、水工、交通等各领域的隧道建设过程中,均有岩爆发生,其造成的严重后果已经严重制约了我国隧道工程的发展。在隧道埋深较大的地段,岩爆发生较为频繁。如厂矿隧道中,岩爆多发生于埋深超过 500m 的洞段;水工和交通隧道中,岩爆多发生在埋深超过 300m 的洞段(范海波,2010)。

从发生的时间来看,岩爆分为即时型岩爆和时滞型岩爆。根据发生的条件和机制,岩爆可分为应变型岩爆、应变—结构面滑移型岩爆和断裂滑移型岩爆。

即时型岩爆是指开挖卸荷效应影响过程中,完整、坚硬围岩中发生的岩爆。深埋隧洞发生岩爆的位置主要包括施工过程中的隧洞掌子面、距掌子面30m范围内的隧洞拱顶、拱肩、拱脚、侧墙、底板以及隧洞相向掘进的中间岩柱等,多在开挖后数小时或1~3d内发生(冯夏庭,2012)。

时滞型岩爆是指深埋隧洞高应力区开挖卸荷及应力调整平衡后,外界扰动作用下而发生的岩爆。该类型岩爆在深埋高应力区开挖岩体时较为普遍,根据岩爆发生的空间位置可分为时空滞后型和时间滞后型。前者主要发生在隧洞掌子面开挖应力调整扰动范围之外,发生时往往空间上滞后于掌子面一定距离,时间上滞后该区域开挖一段时间;后者发生时,空间上在掌子面应力调整范围之内,但时间上滞后该区域开挖一段时间,是时滞型岩爆的一种特例,主要发生在隧洞掌子面施工十分缓慢或施工后停止一段时间。该类型岩爆发生的区域可以得到较好的预测、预报,但发生的时间具有很强的随机性,难以准确进行预测与预报,因此,人员和设备常遭到"突然袭击",造成不可估量的损失(陈炳瑞,2012)。本书附录A表A2列出了一些国内外的隧道工程施工岩爆事故案例。

4.5.2 事故案例

(1)锦屏二级水电站隧洞群

锦屏二级水电站位于四川省凉山彝族自治州木里、盐源、冕宁三县交界处的雅砻江干流锦屏大河湾上,是雅砻江干流上的重要梯级电站,其位置如图4-33所示。锦屏二级水电站大型深埋隧洞群由4条引水隧洞、2条辅助洞及1条施工排水洞组成,隧洞群总长约118km,具有埋深大、洞线长、洞径大、地应力水平高、工程地质条件极其复杂、施工布置困难等特点,是综合难度最大的水工隧洞群工程。2009年11月28日锦屏二级水电站施工排水洞发生极强岩爆,导致一台TBM主梁断裂,开挖面被岩爆碎石填塞,岩爆坑深约10m,如图4-34所示。岩石多为中厚层致密状块状构造的灰色~灰黑色大理岩,白色~灰白色中粒结晶大理岩,新鲜,性脆,硬质岩,石完整性较好,节理裂隙不发育(吴世勇,2010)。

(2)太平驿水电站

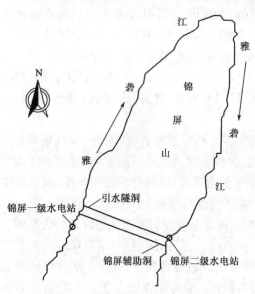

图4-33 锦屏二级水电站位置示意图

太平驿引水式电站位于四川省汶川县境内,引水隧洞沿岷江左岸布置,全长10.5km,成型洞径9m。隧洞沿线山体雄厚,地势陡峻,河谷深切。洞室埋深200~600m,隧洞围岩主要为花岗岩和花岗闪长岩,岩体完整新鲜,岩质坚硬。实测资料表明该地区属高地应力区,最大主应力31.3MPa。隧洞施工过程中总共记录到400多次岩爆现象,其特征如下(周德培,1995):

a) 顶拱处岩爆

b) 边墙及底板处岩爆

c) 掌子面被岩爆碎石完全覆盖

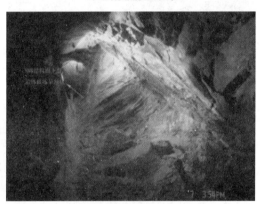
d) 岩爆顶部形成的岩爆塌坑

图4-34 锦屏二级水电站施工排水洞岩爆

①岩爆仅发生在无水的花岗岩岩带中,而在闪长岩、石英富集的岩带中均不发生岩爆,且在岩性变化交界处的花岗岩中,岩爆发生得更为频繁。

②当围岩内部发出的爆裂声清脆,声响极大时,岩爆主要表现为劈裂破坏,其规模不大,多呈片状或贝壳状从母岩中以劈裂的形式剥落下来,且岩块剥落的时间几乎与爆裂声同步;当围岩内部发出的爆裂声沉闷,声响较小时,岩爆主要表现为剪切破坏,其规模往往较大,并伴随有烟状粉末弹射,此时由岩爆产生破坏的岩块一般都滞后于爆裂声20min~1h才会从母岩上掉落。

③岩爆发生的频率随岩体开挖暴露后的时间增长而降低,大部分岩爆发生在开挖后16d内,占记录到的岩爆数量的90%,其中尤以1d内为最高。

④第一个岩爆高峰期在距掌子面2m以内,然后逐渐减小,第二个高峰期在距掌子面1.2~1.4倍洞径的范围内,随后也逐渐减小。

⑤岩爆所产生的破坏规模大小不一,一次岩爆破坏的面积从$0.5m^2$到数百平方米不等,其破坏厚度从数厘米到2~4m不等。一般而言,破坏厚度较小的岩爆大多发生在完整的脆性花岗岩岩体中,而破坏厚度较大的岩爆常发生在节理较少的脆性花岗岩岩体中。

⑥岩爆发生次数及其剧烈程度与覆盖层厚度不存在对应关系。

（3）二郎山隧道

川藏公路二郎山隧道,主隧道全长4 176m,最大埋深770m,为单洞双车道隧道。隧道采用钻爆法施工,先期施工平行导洞。隧道穿越砂岩、砂质泥岩、泥岩、灰岩等地层和11条断层,地质条件较为复杂。据钻孔水压致裂法地应力实测资料,隧址区局部范围内的最大水平主应力最高达53.7MPa。隧道施工中先后发生200多次岩爆现象。连续发生岩爆的洞段共8段,每段长60～355m不等,累计总长度达1 095m(其中主洞410m、平导685m)。二郎山隧道岩爆发生的基本规律包括如下几点(徐林生,1999)：

①岩爆段岩性主要为砂岩、砂质泥岩、石英砂岩和泥岩软质岩层内的泥灰岩、砂岩、粉砂岩夹层。其中,泥质砂岩的单轴抗压强度介于37.63～86.9MPa(平均值62.29MPa)之间,基本上与泥灰岩强度相当,并非传统概念上的软岩类岩石。泥质砂岩中发生岩爆活动,在国内外还是第一次被发现。

②在岩爆区掘进过程中,掌子面至3倍洞径的范围内岩爆活动最为频繁,随后逐渐减少,但也有距掌子面200m处发生岩爆的情形。

③岩爆段围岩级别均为Ⅱ、Ⅲ级,具有明显的岩体结构效应。

④岩爆段岩体表面十分干燥,并具有似烘干样光泽;有地下水存在或断裂部位不发生岩爆活动。

⑤当围岩内部发出清脆的爆裂撕裂声时,岩爆力学机制表现为压致拉裂性破坏,多平行洞壁发生且涉及表层岩体,岩石以薄片状、透镜状、板状形式爆裂剥离下来,无弹射现象,断口多呈新鲜贝壳状;当围岩内部发出沉闷爆裂声,声响较小时,岩爆力学机制主要表现为压致剪切拉裂性破坏,它持续时间较长且有随时间累进性向深部发展的特征,爆裂岩石多呈透镜状、棱板状、块状或片状等,可有弹射现象,断口多呈楔形或弧形凹腔。

（4）陆家岭隧道

陆家岭隧道位于重庆东南部地区,是重庆至宜昌高速公路西段重要工程,全长6 380m,埋深120～600m。隧道围岩主要是凝灰岩,岩石致密坚硬,完整性好,呈块状镶嵌～大块砌体结构,局部有少量结构面或贯通性微张节理,风化程度低,地下水贫乏,不发育。自2003年11月开始施工以来,先后在隧道7个区段的拱顶和边墙发生了93次岩爆,具体发生岩爆的位置及次数如图4-35所示。据水压致裂法地应力测量数据,该地区最大地应力为32.8MPa。陆家岭隧道发生的岩爆具有如下特征(李忠,2005)：

①岩爆发生最高次数的高峰区出现在距离掌子面6～15m(0.5～1倍洞径)的隧道拱角及两侧壁上。

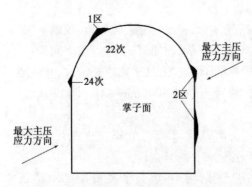

图4-35　陆家岭隧道发生岩爆位置及次数示意图

②岩爆发生的高峰期主要集中在2个时间区段内,第1个岩爆高峰区段集中在掌子面围岩开挖后24h内,占所发生岩爆总数的55.8%;第2个岩爆高峰区段集中在掌子面围岩开挖后16～24d内,占所发生岩爆总数的39.7%。

③岩爆发生最多的岩体,其结构面的发育密度适中,为4～6条/m,太多或太少均不易发

生岩爆。

④隧道发生岩爆最频繁区段的埋深为 382~408m。

(5)甘姆奇克隧道

乌兹别克斯坦安格连(Angren)至琶布(Pop)铁路甘姆奇克隧道(邓伟,2016)有"中亚第一长隧"之称,由主隧道和安全隧道组成。主隧道为单线隧道,长 19 200m;逃生隧道位于主隧道左侧,长 19 268m,作为运营期间隧道检修和人员疏散的通道。隧道最大埋深 1 275m,埋深超过 1km 的地段总长达 7km。全隧设 3 座无轨运输斜井,长度分别为 1 532m、3 500m 和 1 845m。大埋深地段围岩为石英斑岩、花岗斑岩及花岗正长岩等脆性岩体,岩块单轴抗压强度大于 120MPa,最高接近 180MPa。

隧道纵向地形陡峻,在横向两侧均为连绵陡峭高山,裸露地表即为完整花岗闪长岩的隧道进口区段。埋深超过 40m 即开始出现轻微岩爆;埋深超过 80m 开始出现中等岩爆;埋深超过 115m 开始出现强烈岩爆。岩爆总体呈现出随埋深增大出现频率加快,中等和强烈岩爆出现频次增多等特点。但岩爆次数与隧道埋深并没有明显的相关性,当埋深大于 750m 时,岩爆次数才随埋深增大而增多。据统计资料表明,95% 以上的岩爆发生在隧洞拱顶至拱腰段,仅有少量岩爆出现在隧道边墙。此外,岩爆还表现为间歇发生的特点。即在埋深差异不大的地段,岩爆并非连续发生,往往是有几个循环发生岩爆,接下来的几个循环不发生岩爆;有几个循环是强烈岩爆,接下来的几个循环则是中等岩爆或轻微岩爆。如图 4-36 所示为甘姆奇克隧道发生岩爆的几种类型。

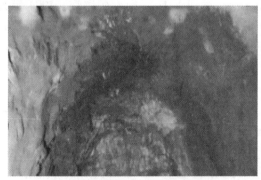
a)拱顶完整岩体薄片状弹射型岩爆

b)拱顶层状岩层折断崩落型岩爆

c)拱顶岩块崩出型岩爆

d)边墙竖向板状岩体折断崩出型岩爆

图 4-36 隧道发生岩爆的类型

4.6 瓦斯爆炸

1913～1934年,意大利开始建造连接博洛尼亚和佛罗伦萨长约12km的Great Apennine铁路隧道,隧道含碳页岩内储存有瓦斯,发生过4次爆炸,一度导致长期停工。除爆炸外,火灾也经常发生。距离隧道北出口4km处在爆破作业后,可燃气体涌出,引燃了木支撑。次日此处发生了一次大爆炸,导致400m长的通风设施被破坏,风房被毁、仰拱坍塌,导致停工7个月,共有97人丧生于该隧道。1971年,美国加利福尼亚州San Fernando隧道修建时,瓦斯气体沿着地震产生的断层带向隧道中大量溢出,隧道内设施成为点火源,导致瓦斯爆炸,造成17人死亡,在场人员仅1人幸存。1971年12月11日,美国Port Huron隧道发生瓦斯爆炸事故,导致22人死亡。隧道内页岩蕴藏有瓦斯气体,由于通风设计不合理,瓦斯气体通风不畅部分聚集,并被点火源引爆,导致发生大爆炸。在伊朗西南部油气盆地中修建的扎格罗斯隧道,发生过多起瓦斯及硫化氢等有害气体的涌出事故,给施工安全及施工人员的健康带来安全隐患,曾导致隧道施工停滞数月。哥伦比亚Chingaza引水隧道穿越无烟煤层和页岩,施工过程中发生了瓦斯爆炸事故。哥伦比亚EI Colegio隧道开挖通过沥青页岩,至少发生了5次爆炸。1978年6月28日,日本东村地区一个使用硬岩TBM在泥岩中掘进的隧道发生瓦斯爆炸事故,9人死亡,2人受伤。该处一地质不连续性显著的背斜赋存瓦斯,在爆炸当日上午8时,瓦斯探测仪检测到1%的瓦斯浓度并发出警报,但洞内供电并没有自动切断,而且探测仪的探测结果被认为是误报,瓦斯浓度达到4.5%时也没有采取任何措施,直到下午17时发生爆炸。2004年香港红磡电缆隧道经过近海垃圾填埋区和海洋沉积层时,监测设备达到100%爆炸极限,因及时采取预警措施,未造成人员伤亡(丁睿,2010;Copur,2012;熊鲲,2012)。

1959年贵昆线岩脚寨隧道发生2次瓦斯爆炸事故,死伤数百人。2004年12月7日,都江堰紫坪铺改建公路隧道(现名友谊隧道)在施工过程中发生瓦斯爆炸,死伤近十人。2005年12月22日,四川都江堰至汶川高速公路董家山隧道发生特别重大瓦斯爆炸事故,共造成44人死亡,11人受伤,直接经济损失达2035万元,是我国近年来最严重的一次隧道瓦斯灾害事故(张祉道,1998;李晓红,2005)。贵昆铁路六沾复线乌蒙山一号隧道是岩溶地区高风险瓦斯突出隧道,其最大瓦斯涌出量达20.624m^3/min,最大瓦斯压力达3.63MPa,瓦斯压力和瓦斯涌出量均为当时国内已建成和在建隧道之最。沪昆客运专线贵州段唯一一座被列为Ⅰ级高风险的高瓦斯突出隧道(斗磨隧道),全长2076m,其中高瓦斯段535m,瓦斯突出段215m,低瓦斯段460m,共穿越10道0.5m以上厚度的煤层,煤层总厚度达17m,最高瓦斯压力达1.3MPa。施工期间安全揭煤40次,其中,揭开非爆炸性煤层8次,揭开具有瓦斯爆炸性危险的煤层16次,揭开突出性煤层16次(先正平,2016)。本书附录A表A5列出了一些国内外的隧道工程施工瓦斯爆炸事故案例。

4.6.1 概述

瓦斯是由多达十几种气体组成的混合物,其中甲烷比例最高,达90%以上。甲烷密度小于空气,加上甲烷扩散能力约为空气的2.6倍,容易在隧道拱顶部位集聚,引起局部瓦斯浓度上升,氧气含量下降,当瓦斯浓度超过16%时,有严重的窒息作用,当瓦斯浓度达到40%以上时,人会立即窒息死亡。随着瓦斯集聚,其中的 H_2S、CO 等有毒、有害气体浓度不断升高,当其浓度超过允许限值时,就会引起人员中毒事件。

瓦斯爆炸需要具备 3 个基本条件,包括①一定的瓦斯浓度:在新鲜空气中,引起瓦斯爆炸的浓度界限一般认为是 5%~16%;②一定的引火温度:点燃瓦斯所需的最低温度,称为引火温度,一般认为是 650~750℃;③充足的氧气含量:含氧量不低于 12%。瓦斯爆炸产生的冲击波可达数千米(余红军,2013)。

瓦斯突出是指隧道在掘进过程中,岩体在地应力、瓦斯释放应力作用下,瓦斯突破抵抗线,能量瞬间释放,大量瓦斯向掘进空间突然喷射的工程地质现象。其表现为几吨至数千吨,甚至几万吨以上的破碎岩土在几秒至几十秒的时间内,由岩体向掘进空间抛出,同时伴有大量瓦斯涌出,可能造成机械、人员被掩埋(韩明,2012)。1834 年,法国 Loire 煤田 Issac 煤矿瓦斯突出,成为世界上首次有记录的煤与瓦斯突出(于不凡,2005)。

《铁路瓦斯隧道技术规范》(TB 10120—2002)规定:"铁路隧道勘测与施工过程中,通过地质勘探或施工检测表明隧道内存在瓦斯,该隧道应定为瓦斯隧道。瓦斯隧道分为低瓦斯隧道、高瓦斯隧道及瓦斯突出隧道三种,瓦斯隧道的类型按隧道内瓦斯工区的最高级确定。瓦斯隧道工区分为非瓦斯工区、低瓦斯工区、高瓦斯工区、瓦斯突出工区共四类。"

交通隧道瓦斯可以分为两大类型,即煤层瓦斯(伴煤瓦斯)和非伴煤瓦斯。煤层瓦斯指的是煤层中吸附的和紧邻煤层泥岩、砂岩岩石孔隙和裂隙中游离态赋存的天然气体。作为赋存瓦斯的煤层在煤系地层中的层序部位相对稳定,且一个地区的煤层瓦斯含量相对稳定。非伴煤瓦斯类型是指赋存于煤系地层中远离煤层的非煤地质体或非煤系地层地质体中的有毒有害可燃气体类型,一般以游离态为主,在隧道工程中具有涌出地点、涌出压力、涌出量的三不确定性,其燃爆灾害具有较低发生概率、极高危险度(袁慧,2014)。

非煤系地层中出现瓦斯一般有三种情况:一是有构造连通隧址区外或隧道深部煤系地层,如炮台山隧道、武隆隧道;二是隧址区虽没有煤系地层,但地层中有些黑色炭质泥岩、页岩等已经达到生气阶段,具备了生成瓦斯的物质基础,如曾家坪 2 号隧道和马蹄石隧道等;三是前两种情况共同作用的产物,如红石岩瓦斯隧道和汀筒沟瓦斯隧道(康小兵,2011)。

隧道内的瓦斯事故主要表现为瓦斯突出、瓦斯爆炸、瓦斯燃烧、瓦斯窒息和瓦斯中毒 5 种类型。一般来说,隧道内发生瓦斯灾害概率较小,但是一旦发生瓦斯爆炸或瓦斯突出灾害,后果往往十分严重,将造成极大的生命财产损失和极恶劣的社会影响。

4.6.2 事故案例

我国典型瓦斯隧道,如朱嘎隧道、家竹箐隧道、新岩脚寨隧道、华蓥山隧道。隧道在穿越富含瓦斯区域地层时,不得不面对两大问题:一是高瓦斯压力地层可能会出现瓦斯突出现象;二是存在瓦斯爆炸的可能性。我国已修建的部分瓦斯隧道见表 4-2。

我国修建的瓦斯隧道(康小兵,2011b;熊建明,2016) 表 4-2

隧道名称	线　　路	长度(m)	埋深(m)	瓦斯等级
岩脚寨隧道	贵昆铁路	2 714	—	高瓦斯
梅子关隧道	贵昆铁路	1 918	375	低瓦斯
梅花山隧道	贵昆铁路	3 968	600	低瓦斯

续上表

隧道名称	线路	长度(m)	埋深(m)	瓦斯等级
二甲隧道	贵昆铁路	1 050	—	低瓦斯
大寨隧道	贵昆铁路	1 942	—	低瓦斯
长冲隧道	湘黔铁路	1 034	—	低瓦斯
杨家峪隧道	阳涉铁路	1 882	123	低瓦斯
灰岭隧道	北京西北环线铁路	3 450	—	低瓦斯
沙木拉达隧道	成昆铁路	6 379	600	低瓦斯
碧鸡关隧道	成昆铁路	2 282	—	低瓦斯
八盘岭隧道	溪田铁路	6 340	500	高瓦斯
云台山隧道	侯月铁路	8 145	约350	高瓦斯
缙云山隧道	成渝铁路	左2 528 右2 478	290	低瓦斯
中梁山隧道	成渝铁路	左3 165 右3 108	约275	高瓦斯
炮台山隧道	达成铁路	3 078	400	高瓦斯
华蓥山隧道	广渝高速公路	左4 706 右4 684	800	有突出危险
家竹箐隧道	南昆铁路	4 990	超过500	有突出危险
发耳隧道	水柏铁路	1 242	小于100	有突出危险
朱嘎隧道	内昆铁路	5 194	370	高瓦斯
八字岭隧道	宜万铁路	5 867	695	低瓦斯
白龙山隧道	水柏铁路	4 845	超过600	高瓦斯
北碚隧道	渝合高速公路	左4 025 右4 035	小于300	高瓦斯
别岩槽隧道	宜万铁路	3 721	530	低瓦斯
财神庙隧道	襄渝铁路	7 628	400	高瓦斯
曹家庄隧道	玉蒙铁路	3 882	约150	低瓦斯
大路梁子隧道	溪洛渡电站对外交通公路	4 360	800	高瓦斯
分水隧道	达万铁路	4 747	约300	低瓦斯
关路坡隧道	神延铁路	3 159	164	低瓦斯
红石岩隧道	合武铁路	7 857	560	低瓦斯
黄草隧道	渝怀铁路	7 186	约800	低瓦斯
黄连坡隧道	内昆铁路	5 306	—	低瓦斯
界牌坡隧道	渝怀铁路	3 548	—	低瓦斯
金洞隧道	渝怀铁路	9 108	1 000	高瓦斯
康牛隧道	南昆铁路	3 186	—	低瓦斯

续上表

隧道名称	线路	长度(m)	埋深(m)	瓦斯等级
梨树湾隧道	遂渝高速公路	左3 880 右3 875	240	低瓦斯
凉风垭隧道	遵崇高速公路	8 214	超过550	低瓦斯
龙溪隧道	都汶高速公路	3 658	839	高瓦斯
南山隧道	万开高速公路	4 850	约839	高瓦斯
袍子岭隧道	洛湛铁路	6 460	约500	低瓦斯
彭水隧道	渝怀铁路	9 024	约500	低瓦斯
齐岳山隧道	宜万铁路	10 528	670	高瓦斯
且午隧道	贵昆铁路	3 878	约100	高瓦斯
青山隧道	内昆铁路	4 268	约1 000	有突出危险
三联隧道	贵昆铁路	12 136	280	高瓦斯
上清河隧道	上清河二级电站隧道	4 238.29	超过300	有突出危险
谭家寨隧道	忠垫高速公路	左4 867 右4 865	—	高瓦斯
天台寺隧道	达成铁路	3 006	约400	高瓦斯
铁峰山隧道	万开高速公路	左6 030 右6 025	630	高瓦斯
通渝隧道	城黔公路	4 279	约100	有突出危险
乌蒙山Ⅰ隧道	贵昆铁路	6 454	约498	高瓦斯
乌蒙山Ⅱ隧道	贵昆铁路	12 266	超过400	高瓦斯
武隆隧道	渝怀铁路	9 418	约500	高瓦斯
新大巴山隧道	襄渝铁路	10 638	790	高瓦斯
新寨隧道	内昆铁路	4 409	约450	有突出危险
野三关隧道	宜万铁路	13 841	1 350	低瓦斯
圆梁山隧道	渝怀铁路	11 068	780	高瓦斯
云顶隧道	达成铁路	7 858	—	高瓦斯
闸上隧道	内昆铁路	4 068	约250	低瓦斯
正阳隧道	渝怀铁路	3 364	约230	高瓦斯
中兴隧道	渝长高速公路	左6 105 右6 082	约100	低瓦斯
紫坪铺隧道	都汶高速公路	左4 090 右4 060	超过550	高瓦斯
刘家排隧道	娄新高速公路	1 234	135	高瓦斯
松卜岭隧道	临吉高速公路	2 405	约500	高瓦斯
肖家坡隧道	渝湘高速公路	左线2 720,右线2 731	460	高瓦斯

炮台山隧道位于四川金堂县境内,线路为绕避沱江沿岸不良地质而穿越龙泉山脉,全长3 078m,是我国在砂岩、页岩地层中遇到的第一座无煤层铁路瓦斯隧道。隧道最大埋深382m,进口段穿越F1、F2两个逆断层(破碎带宽30~50m)及一个向斜(九龙滩向斜),受区域构造及局部小构造的影响,岩层的产状变化大,节理极为发育且连通性好。地层岩性主要为砂岩夹泥岩、砾岩、泥岩夹砂岩,不穿越煤层。隧道原设计为无瓦斯隧道。1994年4月3日,在隧道出口端平行导洞掘进至810m时,掌子面突然涌出大量瓦斯,照明灯泡爆裂引发瓦斯燃烧,导致1人死亡,3人受伤;4月4日,汽车进洞引发瓦斯爆炸事故,导致12人死亡。隧道施工被迫停工7个月,损失惨重。经事后调查分析,瓦斯气体来源于隧道下方3 000m的须家河煤系地层(胡千庭,2013)。

渝怀铁路武隆隧道全长9 418m,穿越武隆向斜北西翼,为单斜构造,地层岩性为页岩、泥岩。原设计为无瓦斯隧道,2002年11月21日凌晨3时,隧道掘进至里程D2K189+915进行锚杆钻孔和钢筋焊接的初期支护施工时,突然引发瓦斯燃烧,瓦斯涌出量约0.18m³/min,围岩裂隙瓦斯浓度为40%~60%,工作面前方瓦斯压力较大,瓦斯为隧底下埋深约500m的瓦斯煤层通过断层裂隙而逸出(康小兵,2011)。

贵昆铁路岩脚寨高瓦斯隧道(施工期间通风后的最高瓦斯浓度大于10%)施工中共发生5次燃烧、2次瓦斯爆炸事故。1959年1月27日,在施工爆破过程中发生第一次瓦斯爆炸。第二次瓦斯爆炸发生于1959年6月26日,因主风机更换电动机停风55min,致使瓦斯浓度迅速上升,而拉闸断电时由于非防爆型电开关在拉闸瞬间产生火花,导致瓦斯爆炸。这两起事故直接烧毁支撑131排,并引发塌方,造成70余人遇难,被迫停工76d。

2015年2月24日13时36分,成都市龙泉驿区洛带古镇附近正在建设的五洛路1号公路隧道发生瓦斯爆炸(图4-37),爆炸产生的冲击波造成35kV洛台线受损,导致洛万路、洛西路、阳卫路等10kV高压线路不同程度停电,以及万兴乡、洛带镇7000多户居民停电,并造成7人死亡,19人受伤,直接经济损失1 620余万元(先正平,2016)。

2017年5月2日14时50分左右,贵州省毕节市大方县境内,成贵高铁在建工程七扇岩隧道发生瓦斯爆炸事故(图4-38),事故共造成12人死亡,12人受伤。

图4-37 五洛路1号隧道瓦斯爆炸现场升起的蘑菇云

图4-38 七扇岩隧道发生瓦斯爆炸后的洞口

4.7 TBM 隧道典型事故

随着我国穿越山区的远距离输水工程及一些超长山岭隧道的大规模建设,TBM 工法由于其安全性及掘进的高效率,渐渐成为此类工程的主要开挖方法。但由于 TBM 机械与岩体的相互作用关系比较复杂,常常会产生一些异于传统新奥法的事故或风险事件,这里仅列出一些经典案例供读者参考。此外,本书附录 A 表 A6 还列出了一些国内外 TBM 工法施工的隧道工程事故案例。

4.7.1 西康铁路秦岭Ⅰ线隧道

西康铁路是我国华北、西北地区连接西南地区的干线铁路,国家"九五"重点建设项目。1996 年 12 月开工,2000 年建成开通,为国家Ⅰ级单线电气化铁路。是继京沪、京广、京九、京哈之后,中国第 5 条南北大通道。铁路正线长度 267.49km。西康铁路是当时中国桥隧比例最高的铁路,其中著名的秦岭隧道全长 18.46km,最大埋深约 1 600m,隧道长度为当时国内第一位、世界第六位。这是我国第一条使用 TBM 施工的铁路隧道。

1)工程概况

该隧道位于陕西省西安市长安区和柞水县交界处,在青岔车站与营盘车站之间,由两座基本平行的单线隧道组成,两线间距为 30m。其中Ⅰ线隧道长 18.452km,Ⅱ线隧道长 18.456km,隧道两端高差 155m。

秦岭Ⅰ线隧道岩石以Ⅲ级围岩为主,其他则主要为Ⅱ级围岩和一些断层地段(围岩等级为Ⅳ、Ⅴ级)。在秦岭隧道出口 K5~K7 段以含绿色矿物混合花岗岩为主,干抗压强度 117~226MPa,属硬岩。在里程 D7K6+879~D7K7+850 段,岩性为混合片麻岩,间夹有斜长角闪片麻岩,云母片岩地层,局部夹有花岗质结晶岩脉,干抗压强度 220~300MPa。

2)TBM 选型

Ⅰ线隧道两端各使用一台隧道掘进机(TBM)施工,通过国际招标引进德国 WIRTH 公司的产品,其型号为 TB850/I000E,属全断面敞开式掘进机,其主要技术参数:刀盘直径 8.5m,主机长 2m,质量约 80t,连接桥加后配套长 234m,整机总长约 256m,总质量约 1 300t。根据合同要求,设备总功率为 5 400kV·A,刀盘转速为 2.7r/min(软岩)或 5.4r/min(硬岩),刀盘扭矩为 5 800kN·m,刀盘最大推力为 21 000kN。

岩性以Ⅱ级围岩为主,由抗压强度可知为硬岩。在此类围岩中掘进,受刀具自身性能的影响,推进速度极低。平均每个循环需 2h,最长每个循环需 3.5h。

3)遇到的问题

(1)在硬岩中掘进速度慢、TBM 对地质特别敏感,它最适用的地质条件是多节理裂隙的中等强度岩体。秦岭隧道进口端,截至 1998 年 6 月 25 日,累计掘进长度为 1 416m,平均月进度为 236m,更换刀圈计 385 个;出口端相应累计掘进长度为 1 493m,平均月进度为 332m,更换刀圈计 139 个。

(2)在破碎围岩中施工支护能力较低、进度较慢

当掘进破碎易坍的硬岩时,换刀较少,掘进速度较快,但为防止坍塌,对毛洞要及时支护,支护时间较长。据进口端初步统计,掘进与支护的耗时比约为1:4。因支护设备安装在主机或后备套系统上,支护完成之前,掘进机不能向前掘进,制约着掘进速度的提高。

(3)备用件供应问题

据调查,意大利CMC公司的专家认为,TBM施工中的备件库存量应为整机数量的10%左右,才能及时供应。秦岭隧道的备件量达不到要求。刀具消耗量比合同规定的大得多,大量零部件的备件不足,有些零部件因无备件替换只能"带病工作"。

(4)机械和电气系统问题

TBM在秦岭隧道施工以来,出现了不少机电问题。在产品质量上存在的问题,包括主电机离合器摩擦片耐磨性能差;1号、2号、3号皮带机的皮带耐磨性能差;仰拱起重机和拖拉系统的链轮、链条的耐磨性能差;卸渣机的塑料履带易断;矿车的制动瓦磨损快;部分电气元件易损坏,如整流器、限位开关及继电器等;液压元器件漏油等。在产品设计质量上存在的问题,包括主轴承的密封润滑油窜入齿轮箱润滑油中;刀圈挡环脱落;刀盘后的清渣功能不能满足实际需要;前喷浆系统不能喷豆粒石砂浆;超前钻机弧形支架与钢拱架运输相互干扰;除尘系统的功能达不到安全指标;前左侧锚杆钻机和清渣皮带机有干扰;3号皮带机不能满足在曲线半径为50m的弯道上施工要求;激光测量器的工作距离达不到400m,且偏差大;后锚杆钻机无工作平台,难于作业;拖拉系统液压泵站的温度过高,不能正常工作或不能使用;外凯氏车架和内凯氏车架的方向不垂直等。

(5)操作和管理人员的技术素质问题

在我国铁道部门,TBM的引进尚属首次,就管理人员、技术人员和工人来说,以前对TBM了解甚少,机械和电气技术人员与土建技术人员的相互学习和配合也有待加强。TBM采购合同签订后,操作人员虽经短期的国内外培训和试掘进,但对其各部分的新技术了解还不深,尤其对电气和液压系统出现的问题还难以独立处理,总体技术素质还不高。

4.7.2 万家寨引黄入晋工程

万家寨引黄工程由万家寨水利枢纽、总干线、南干线、南干连接段和北干线五部分组成。工程分为二期施工,一期向太原引水,引水流量25.8m³/s;二期向山西大同、朔州引水,引水流量22.2m³/s。输水线路总长452.6km,其中,总干线长44km,南干线长103km,连接段长138.6km,北干线长167km。一期工程包括总干线、南干线及连接段,全长284.7km,其中隧洞162.2km,计划2002年年底完成。二期工程为北干线,全长为167km,待一期工程完成后再施工。

引黄一期工程中隧洞施工里程较长,其中深埋长隧洞达125km。工程建设与设计单位收集了国内外大量的有关隧洞施工的相关资料,结合引黄工程具体情况,经过技术经济论证,决定对总干线6号、7号、8号隧洞全长21.214km、南干线4号、5号、6号、7号隧洞全长90.299km和南干联结段7号隧洞长13.52km采用TBM法施工。

综上所述,山西省万家寨引黄工程总计采用6台TBM进行无压引水隧洞的施工,其掘进总长度为125.5km。

1)工程概况

引黄入晋联结段 7 号隧洞位于华北板块的太原中新生代盆地西北部的太原西山山地。隧洞围岩以中奥陶统马家沟组白云质灰岩、泥灰岩为主。灰岩、白云质灰岩为厚层块状结构,强度较大。泥灰岩为极软岩,强度随构造部位不同差别较大,变形模量介于 300~1 000MPa 之间。在一平缓背斜的近核部(地面高程 1 250m,隧道埋深近 300m),沿着泥灰岩与钙质泥岩间发育了一条宽 10m 左右的层间剪切带。这条灰黑色灰岩和灰黄色泥灰岩的层间剪切带,厚为 12~13cm,产状 30°∠20°。根据勘察资料,隧洞开挖处水平地应力明显高于垂直地应力,最大水平应力为 10MPa,方向 NE。

2)TBM 选型

(1)总干线 6 号、7 号、8 号隧洞总长 21.214km,施工由意大利 CMC-SELI 集团公司承包,采用 1 台美国罗宾斯公司制造的开挖直径 6.125m、成洞内径 5.46m 的 180 系列双护盾全断面掘进机。其中 6 号洞长 6 341m,7 号洞长 2 685m,8 号洞长 12 188m,设计引水流量 48m³/s,糙率 0.014,纵坡 1∶1 500。于 1993 年 6 月进场准备,1994 年 7 月 TBM 从 8 号洞出口向进口掘进,1996 年 1 月贯通;7 号洞于 1996 年 6 月开始掘进,1996 年 10 月贯通;6 号洞于 1996 年 11 月开始掘进,1997 年 9 月贯通。平均日进尺 30m,最大日进尺 76m;平均月进尺 700m,最大月进尺 1 095m。

(2)南干线施工由意大利英波基洛、CMC 和中国水电四局组成的万龙联营体承包。英波基洛为牵头公司,合同总工期为 48 个月。采用 4 台双护盾全断面掘进机施工。4 号(6 882m)、5 号(26 428m)、6 号(14 545m)洞为国际 II 标,7 号(40 975m)洞为国际 III 标。南干线设计引水流量为 25.8m³/s,4 号和 5 号隧洞北段开挖洞径 4.92m,成洞内径 4.3m;5 号洞南段、6 号、7 号隧洞开挖洞径 4.88m、成洞内径 4.2m。4 号隧洞 1999 年 2 月开工,1999 年 10 月贯通;5 号隧洞 1999 年 11 月开工,2001 年 4 月贯通;6 号隧洞 1998 年 12 月开工,2000 年 8 月贯通;7 号隧洞 1998 年 12 月开工,2001 年 4 月贯通。南干线平均日进尺 45m,最大日进尺 99m;平均月进尺 1 300m,最大月进尺 1 800m。

(3)南干线连接段隧洞长 13.52km,施工由意大利 CMC 公司承包,采用 1 台美国罗宾斯公司制造的开挖直径 4.819m、成洞内径 4.14m 的 180 系列双护盾全断面掘进机。7 号隧洞长 13 520m,纵坡 1∶1 700,糙率 0.014。施工单位于 2000 年 5 月开工,2001 年 9 月贯通。平均日进尺 55m,最大日进尺 113m,平均月进尺 1 333m,最大月进尺 1 650m。管片采用六边形混凝土预制片,每圈 4 片,呈蜂窝状。总干线隧洞混凝土预制片每片宽 1.6m,南干线隧洞预制片每片宽 1.4m,南干连接段隧洞预制片每片宽 1.2m;轻型管片厚 22cm,重型管片厚 25cm,均为双层配筋。混凝土管片接缝中设有复合橡胶止水条,以防渗水。

3)存在的问题

(1)总干线 7 号隧洞出口段属黄土洞段,当 TBM 掘进至 K0+48m 处时,发生坍塌冒顶事故,机头出现下沉,TBM 被卡不能移动。工程地质分析认为该段灰岩和泥灰岩间发育的层间剪切带及其塑性挤出是卡机的主要原因。施工中在进洞土体段掘进时发生塌方,处理期间因掘进机长时间停滞,机头部位土体受压后发生变形,停机部位土体产生的沉陷长度约 90m,最大沉陷达 54cm。7 号洞总长 2 160m,圆形断面,支护后直径 5.46m,该段的处理方案是将原施工中作为永久支护的混凝土管片拆除,随后再按隧洞正确中心线进行调整。因处理段属浅埋土洞且上覆土体多为壤土和粉砂土,在前期施工中曾发生过土体塌方,故本次处理是以超前小导管对土体预灌浆为主导,然后按照管片拆除、隧洞扩挖、一次支护、钢筋混凝土衬砌的顺序施工,随即进行喷锚支护,最后施作全断面混凝土衬砌。通过调整辅助推进缸推力,封闭4个周边进渣斗,拆除8个边缘刀,减少周边进渣量,加大正面进渣量,限制超挖等措施,穿越了塌方区域。但由于 TBM 机头下沉,106m 长的隧洞洞底高程低于设计高程。

(2)在南干线连接段 7 号隧洞施工过程中,当 TBM 掘进到桩号 K48+193.067 处时,突遇膨胀围岩变形塌方,致使机头被卡。后通过在 TBM 前、后护盾的两侧中部各割开一个边长 500mm×500mm 的窗口,并利用护盾上的两个地质观测窗口,对机头的上、下、前、外部塌方岩体进行扩挖及支护,仅用 10 天就恢复了 TBM 正常掘进。

(3)在总干线 6 号洞掘进时,遇到含水率高达 32% 的红黏土洞段,含水率超过了土的塑限,红黏土粘在滚刀上使 TBM 无法前进。施工单位在掌子面喷注特殊泡沫剂、清洁剂等改变黏土特性的措施,但都未成功。最后通过人工清理滚刀,以日进尺 2~3m 的速度通过该洞段。

(4)在总干线 6 号隧洞桩号 K4+238 处遇到喀斯特溶洞。该溶洞宽 2m,高 7m,能见深度 10m,体积约 400m³。为使 TBM 通过溶洞时不发生下沉,用豆砾石将其回填至高出洞底 25cm,待 TBM 通过溶洞后,再对回填部位进行水泥回填灌浆。

(5)在南干线 7 号洞掘进时,先后遇到断层、膨胀岩、溶洞、煤层、地下水等不良地质情况,通过采取固结掌子面、超前灌浆、开挖上导洞对顶拱岩层进行加固等措施,使 TBM 恢复掘进。

4.7.3 吉林引松供水工程

该工程设计从丰满水库坝上取水,由输水总干线、输水干线和输水支线等组成。输水干线包括总干线、长春干线、四平干线和辽源干线。输水支线为从干线或调节水库至各受水城市或附近水库的线路。输水线路总长 550.6km,其中输水干线全长 266.3km,输水支线全长 284.3km。

2013 年 12 月 28 日开工建设的吉林省中部城市引松供水工程,于 2016 年 1 月 10 日,该工程首段引水隧洞提前 110 天贯通。

1)工程概况

TBM3 工程标段总长度 22 955m,总体走向由北东向南西,高程为 364~484m,洞室最大埋深 260m,如图 4-39 所示。

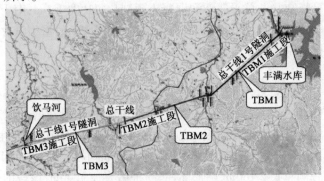

图 4-39 松供水工程总干线布置

隧道穿越合计6 859m长的灰岩段,TBM于灰岩段长距离施工在世界范围内尚属首次。灰岩岩体风化不均程度较明显,施工过程中易出现因掌子面不平整而引发刀具异常损坏或掌子面坍塌堵住刀盘进渣口等情况。

2）TBM选型

输水总干线采用自流输水,丰满水库取水口至饮马河为隧道,长约72km,开挖直径为7 930mm,坡度1/4 300,采用3台开敞式TBM掘进施工。其中,TBM3由中铁隧道集团有限公司施工,采用了中铁工程装备集团有限公司提供的具有自主知识产权的1台CTT8030E型TBM施工,是国内首次采用具有自主知识产权的国产TBM施工。TBM刀盘上装有4把17英寸中心双刃滚刀,48把19英寸单刃滚刀,整机长度约300m,质量达1 320t。

3）工程特点

TBM刀座基座使用厚板加工,增强刀座抗变形能力;TBM搭载了与山东大学共同研制的激发极化超前地质预报系统,采用多同源性阵列激发极化观测模式,理论上具有减弱电极附近异常体干扰的优势,且能压制掌子面近处异常体的敏感性,阵列电极的接收模式可以实现异常体的三维反演成像,实现对涌水、溶洞等不良地质的探测。

TBM从2015年6月1日始发至2016年7月3日,TBM掘进后裸露的围岩呈现出溶腔溶洞发育、围岩变化频繁、地层软硬不均、涌水多发等不良地质条件。TBM安全穿越了7km灰岩、12处断层破碎带、5处低阻异常带,最大断层影响宽度200m,并且成功穿越了53m的全断面碳质板岩段,攻克了围岩强度低、易塌方、岩体泥化黏刀盘、撑靴打滑、调向困难等诸多难题。在施工中,TBM掘进整体保持了连续、快速、稳定的态势,刀盘、刀座均未发生影响施工的损伤,刀盘出渣能力得到了充分验证,掘进里程7 346.8m,平均月进尺600m,最高月进尺1 226m,表现出高效的破岩能力。

4.7.4 引汉济渭工程

引汉济渭工程又称陕西南水北调工程项目,是指用以满足西安、咸阳、宝鸡、渭南、杨凌及沿渭河两岸的11个县城和6个工业园的调输配水工程。

引汉济渭工程地跨黄河、长江两大流域,横穿秦岭屏障。项目分为调水工程、输配水工程。调水工程包括蓄水水库及秦岭隧洞,即陕西汉中境内汉江上的黄金峡水库、汉江支流子午河三河口水库,秦岭隧洞总长98.3km。输配水工程由南干线、过渭干线、渭北东干线和西干线组成。

1）工程概况

引汉济渭工程属跨流域调水工程,由黄金峡水利枢纽、引汉济渭输水隧洞(黄三隧洞和秦岭隧洞)、三河口水利枢纽三大部分工程组成。工程区位于陕西省中南部的秦岭山区,跨越长江、黄河两大水系,分布于陕南、关中两大自然地区。隧洞主要穿越变质岩和岩浆岩地层,岩性以变砂岩、千枚岩、片岩、石英岩、大理岩、片麻岩和花岗岩、闪长岩为主。隧洞区大地构造单元上属秦岭褶皱系,主要发育有3条区域性断层,29条一般性断裂带,围岩条件较好,其中Ⅰ级围岩长度58.18km,占总长度的71.3%,Ⅳ、Ⅴ级围岩长度23.45km,占总长度的28.7%。地下水主要分为第四系松散岩类孔隙水、碳酸盐岩类岩溶裂隙水和基岩裂隙水三大类。工程具有地质条件复杂、大埋深、高地应力、高地温、施工通风与运输距离长、反坡排水困难等特点。

2)TBM 选型

该工程 39.13km 采用 2 台 TBM 施工,42.495km 采用钻爆法施工。进洞口、11 座斜井(22.057km)及与其相连的主洞段采用钻爆法施工,其中 0 号、-1 号、1 号、2 号、7 号斜井为钻爆工区施工斜井,用以辅助施工主洞。3 号、6 号斜井为 TBM 设备进洞、出渣通道,TBM 通过斜井运至井底组装。4 号、5 号斜井仅为 TBM 中间辅助施工斜井,当 TBM 施工通过 4 号、5 号斜井后,出渣及风、水、电供应均改为从 4 号、5 号斜井供给。岭脊地段 TBM 拆卸洞设在两台 TBM 贯通面附近,并通过设一迂回导坑进入主洞施工。

TBM 施工段采用 2 台直径 8.02m 岩石掘进机施工、连续皮带机出渣、全圆穿行式模板台车衬砌方案。岭南 TBM 通过 3 号斜井运至井底,在洞内组装调试完成后向出口方向掘进;岭北 TBM 通过 6 号斜井运至井底,在洞内组装调试完成后向进口方向掘进;出口段 TBM 在出口段洞内组装并完成调试后向 5 号斜井方向掘进。

3)工程难点

(1)反坡排水。TBM 长距离下坡掘进施工,如何在发生突涌水时及时将水排出,避免 TBM 被淹是重点。

(2)岩石主要为花岗岩、石英岩、闪长岩,其中花岗岩及闪长岩以Ⅱ、Ⅲ级围岩为主,岩石硬度大,最大抗压强度达到 240MPa,如何保证 TBM 高效破岩、快速掘进是重点。隧道埋深大,最大达到 200m,地应力高,TBM 掘进防岩爆是重点。

(3)4 号支洞洞底到标段终点之间独头掘进长度约 12.4km,长距离通风是难点。

(4)高岩温(最高达 42℃)对 TBM 施工影响较大,施工环境和设备散热困难,故障率明显增加,如何降低岩温对设备和环境的影响是重点。

(5)软弱围岩、破碎带及区域性断层 TBM 施工,防坍塌、卡机及设备保护是重点。

4.7.5　瑞士圣哥达基线隧道

圣哥达基线隧道(Gotthard-Base Tunnel)穿越圣哥达山口(Gotthard Pass),是欧洲南北轴线上穿越阿尔卑斯山最重要的通道之一。建设用时 17 年,共耗资 120 亿瑞士法郎(约 661.5 亿人民币)。长约 35mile(约 57km),穿越瑞士阿尔卑斯山脉底部,距地面 8 000ft(约 2 438.4m),超过日本的青函隧道(全长约 53.9km),成为世界上最长与最深的隧道(含铁路隧道和公路隧道)。

圣哥达隧道由瑞士政府斥资建成,设计使用年限为 100 年。实际上是两条平行的隧道,每条隧道都长达将近 57km,加上其他通道,这条贯穿瑞士阿尔卑斯山区的隧道总长达 151.84km。

为了将施工时间缩短一半,施工单位在工地开挖出四条出入通道,以使隧道施工可以在 5 个不同地点[埃斯特费尔德(Erstfeld)、乌里州(Amsteg)、塞德龙(Sedrun)、法伊多(Faido)和博迪奥(Bodio)]同时进行。大约每隔 325m(1 066ft)就修建一条联络通道将两条隧道连接到一起。

列车可以在两个多功能车站内(分别位于 Sedrun(塞德龙)及法伊多(Faido))切换隧道。这些车站主要用作设置通风系统及技术设施,在工程完成后作为紧急停靠站及逃生通道。

1)工程概况

Faido 掘进段(图 4-40)穿越两条主要的构造区,即北侧的圣哥达断层带和南侧的 Penninsche 片麻岩区。这两个区域之间为 Piora Mulde 盆地,岩性主要含白云石硬石膏。从结构的角度来看,圣哥达地块可以认为是正片麻岩(变质入侵)与副片麻岩(变质沉积物)交替出现的一段,并在东西方向上急剧倾斜。根据地质预测,Penninische 片麻岩区在北边以复杂的折叠 Chiéra Synform 变化,越向南越趋于平缓。Penninische 片麻岩区可以划分为云母含量高的 Lucomagno 片麻岩和云母含量低的 Leventina 片麻岩。

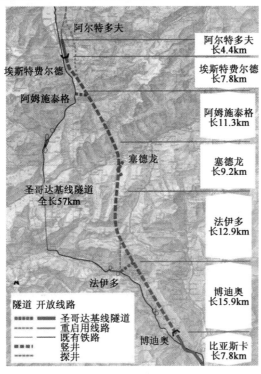

图 4-40 圣哥达基线隧道掘进段布置

可能发生的灾害包括 TBM 设备及后配套的卡机事故、临时支护失效、围岩洞周变形导致断面变小等。

2)TBM 选型

采用四台德国海瑞克公司生产的敞开式 TBM 掘进,开挖直径为 9.58m,共完成 95km 的掘进。刀盘的设计经验来源于列奇堡基线隧道,刀盘扁平型设计并安装 66 把 17 英寸滚刀,滚刀可以通过刀盘的前后两侧进行更换,单把滚刀的平均贯入力可以达到 267kN。

3)遇到的问题

对于法伊多掘进段,东线 TBM 在 2007 年 7 月 7 日开工,西线 TBM 在几个月后开始掘进。东线的单轨运行隧道设计使用相对刚性的支护形式,即 25cm 厚的喷射混凝土、钢拱架、锚杆和钢筋网。由于掌子面后方十几米出现的变形,临时支护遭受了严重损坏,安装上的钢拱架变形严重,喷射混凝土出现掉块情况。

为了减少屏蔽干扰的危险,节约支护的开支和实现更好的推进速度,第一次尝试优化安装钢拱架与钢筋网联合工作区。使用了改进后的临时支护，在穿越更恶劣地质时变形显著增加。停机阶段的位移风险增加，导致开挖工作区的护盾与喷混支护区的调控空间受到影响。在控制室内测到拱顶位移达到了150mm，同时还发生了小型塌方的险情。在Bodio掘进段遇到了类似的危险，通过重新设计制造喷混设备，使超挖区域能在后期完成支护。

第 5 章　风险评估软科学方法

硬科学(Hard Science)和软科学(Soft Science)是用来比较科学领域的方法学严谨性、准确性和客观性的口语术语。简单来说，自然科学被认为是硬科学，而社会科学被认为是软科学。因而，传统意义上的软科学方法常被用来解决社会实践中遇到的各种问题，这与数学、物理、化学、生物学等学科中的研究方法存在着显著差别。

本书并不取此种广义上的软科学方法定义，而是狭义地将以计算机运算为基础，通过大量工程案例样本训练得出工程风险内在规律的方法定义为风险评估软科学方法。这种方法并不以人为假设作为工程风险研究的基础，而是以工程中的实测数据为依据，因而，往往更能反映工程中的实际风险状况，即更具客观性。

下面以改进德尔菲方法、支持向量机方法、人工神经网络方法、贝叶斯网络方法、BIM技术、深度学习方法、ICI蒙德法和案例实证分析为例，对风险评估软科学方法的概念和应用进行详细阐述。

5.1　改进德尔菲方法

本节以山岭隧道施工期岩爆风险为例系统说明改进德尔菲(Delphi)方法的评估流程与具体应用。

从现象学的理论出发给出岩爆的定义，即矿井或隧道的围岩或岩柱破坏、碎化发生崩出或弹射的现象，并伴随能量的猛烈释放(钱七虎，2014)。在深部地下岩体工程施工中，岩爆是一种发生较为普遍的地质灾害。岩爆带来的影响包括人员伤亡、设备损坏、施工或生产的延误、更高的施工成本等。

岩爆预测系统具有多变量性、强耦合性、强干扰性等特征，目前还无法全面掌握岩爆发生的机理，不妨借助专家经验来预测岩爆风险发生的可能性。而传统的专家调查因主观性较大，难以满足工程实践需求。为此，本书通过引入专家"选择力"和"预测力"的概念，并借助贝叶斯理论对专家调查法的整个流程进行改进，使之更具客观性和实用性。

5.1.1　岩爆风险可能性的定量评估标准

在介绍改进德尔菲方法之前，首先利用决策树方法得到岩爆风险可能性的定量评估标准。

岩爆的发生常常伴有岩石破裂、岩体碎片剥落、声发射等现象。表5-1给出了岩爆强度等级的定性描述，该描述常被用作岩爆经验分级的标准以评估和记录岩爆的强度。

岩爆强度的经验分级标准(Liu,2013) 表5-1

岩爆强度	岩爆强度等级	定性描述
无	I	没有岩爆声响及岩爆活动迹象
轻微	II	可能导致部分岩片松动:周围岩石将会变形、破裂或剥落;有轻微声响,但没有岩石喷出现象
中等	III	薄岩片的破裂和剥落:周围岩体将会变形和断裂;有相当数量的岩片松动、突然破裂并喷出,并伴有周围岩石的脆性断裂现象
强烈	IV	大量岩块松动、剥离并猛烈喷出:周围岩体严重爆裂并突然喷出,伴随有强烈的爆破声响,并迅速扩展到深部岩体

为了能够较为准确地预测岩爆,必须有相应各强度等级的定量标准,下面将采用决策树进行数据挖掘,以客观确定岩爆强度等级的定量评判标准。

这里选择3个指标作为岩爆预测的主要参数,分别为应力系数(Stress Coefficient) $T_s = \sigma_\theta/\sigma_c$、岩石脆性系数(Rock Brittle Coefficient) $B = \sigma_c/\sigma_t$ 和弹性能量指数(Elastic Energy Index) W_{et}。

使用决策树进行数据挖掘,还需要收集一些岩爆实测数据作为模型训练的样本。通过查阅文献共收集到162组岩爆样本数据(徐飞,2010;Zhou,2012)用于建立决策树模型。这些岩爆案例涉及广泛的工程类型(如水电站隧道、公路隧道、铁路隧道、核冷却隧道、煤矿和金属矿等)和地域(如中国、挪威、瑞典、日本、意大利等),从而使得该模型具有较强的泛化能力。

1)决策树模型

决策树模型是一种简单易用的非参数分类器,它不需要对数据作任何的先验假设,计算速度较快,结果易解释,且稳健性强,不怕噪声数据和个别属性的数据缺失。基本计算步骤简单来说,即先从 n 个自变量中挑选一个,寻找最佳分割点,将数据划分成两组;然后,针对分组后的数据,将上述步骤重复下去,直到满足某种条件为止。这里采用了一种条件推理树(Conditional Inference Tree)理论,它根据统计检验来确定自变量和选择分割点。并使用R语言party库中的ctree函数加以实现。

如图5-1所示是由应力系数 T_s 的数据创建的决策树模型,图中 a、b、c、d 分别对应岩爆强度等级的I级、II级、III级、IV级。应力系数 T_s 值对应各强度等级岩爆的取值范围见表5-2。

应力系数 T_s 与岩爆强度等级对应关系 表5-2

岩爆强度等级	应力系数 T_s
I	$T_s < 0.2$
II	$0.2 \leq T_s < 0.464$
III	$0.464 \leq T_s < 0.72$
IV	$T_s \geq 0.72$

注:(1)Russenes(1974): $T_s > 0.55$,强岩爆; $T_s = 0.3 \sim 0.55$,中岩爆; $T_s = 0.2 \sim 0.3$,弱岩爆; $T_s \leq 0.2$,无岩爆。
(2)Hoek(1980): $T_s > 0.7$,严重岩爆; $T_s = 0.42 \sim 0.56$,中等岩爆; $T_s = 0.34 \sim 0.42$,严重片帮; $T_s < 0.34$,少量片帮。
(3)王元汉(1998): $T_s > 0.7$,严重岩爆; $T_s = 0.5 \sim 0.7$,一定会发生岩爆; $T_s < 0.3$,无岩爆。
(4)徐林生(1999): $T_s > 0.7$,严重岩爆; $T_s = 0.5 \sim 0.7$,一定会发生岩爆; $T_s < 0.3$,无岩爆。

第5章 风险评估软科学方法

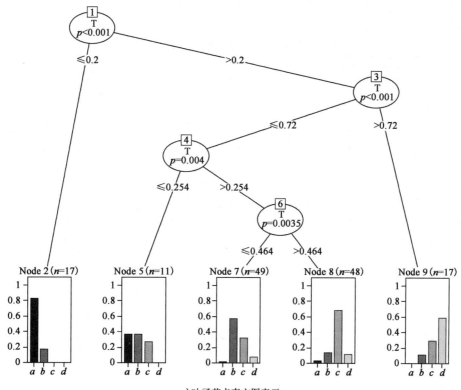

a) 叶子节点直方图表示

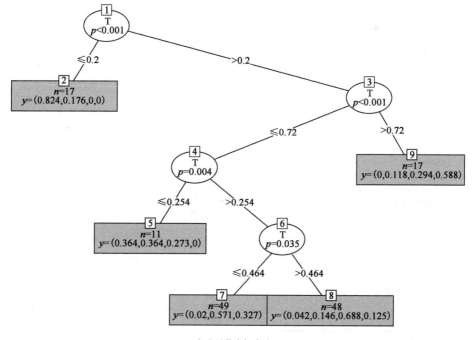

b) 叶子节点概率表示

图 5-1 指标 T_s 的决策树

同理可得，岩石脆性系数 B 和弹性能量指数 W_{et} 的取值与岩爆强度等级之间的对应关系分别见表5-3和表5-4。

岩石脆性系数 B 与岩爆强度等级对应关系 表5-3

岩爆强度等级	岩石脆性系数 B
Ⅰ	$B \geqslant 49.5$
Ⅱ	$26.25 \leqslant B < 49.5$
Ⅲ	$14.265 \leqslant B < 26.25$
Ⅳ	$B < 14.265$

注：王元汉(1998)：$B>40.0$，无岩爆；$B=26.7\sim40.0$，弱岩爆；$B=14.5\sim26.7$，中岩爆；$B<14.5$，强岩爆。

弹性能量指数 W_{et} 与岩爆强度等级对应关系 表5-4

岩爆强度等级	弹性能量指数 W_{et}
Ⅰ	$W_{et} < 1.96$
Ⅱ	$1.96 \leqslant W_{et} < 3$
Ⅲ	$3 \leqslant W_{et} < 6.4065$
Ⅳ	$W_{et} \geqslant 6.4065$

注：(1)王元汉(1998)：$W_{et}<2.0$，无冲击倾向；$W_{et}=2.0\sim5.0$，中等冲击倾向；$W_{et}\geqslant5.0$，强烈冲击倾向。
(2)冯夏庭(2013)：$W_{et}<2.0$，无岩爆；$W_{et}=2.0\sim3.5$，弱岩爆；$W_{et}=3.5\sim5.0$，中岩爆；$W_{et}>5.0$，强岩爆。

2）岩爆风险可能性等级评估指标及评估标准

总结上述3个指标的取值范围，并增加对应的专家评估分值范围即可得到岩爆风险可能性等级 P 值的评估指标，见表5-5。

岩爆风险可能性等级 P 值评估指标 表5-5

指标	取值范围	分数
应力系数 T_s	$T_s < 0.2$	0~5
	$0.2 \leqslant T_s < 0.464$	6~10
	$0.464 \leqslant T_s < 0.72$	11~15
	$T_s \geqslant 0.72$	16~20
岩石脆性系数 B	$B \geqslant 49.5$	0~5
	$26.25 \leqslant B < 49.5$	6~10
	$14.265 \leqslant B < 26.25$	11~15
	$B < 14.265$	16~20
弹性能量指数 W_{et}	$W_{et} < 1.96$	0~5
	$1.96 \leqslant W_{et} < 3$	6~10
	$3 \leqslant W_{et} < 6.4065$	11~15
	$W_{et} \geqslant 6.4065$	16~20

如表5-6所示列出了岩爆风险可能性等级 P 值的评估标准。其中，分值 R 的计算方法将在下文详述。

岩爆风险可能性等级 P 值评估标准   表 5-6

分值 R	可能性等级描述	等级 P
16~20	很可能	4
11~15	可能	3
6~10	偶然	2
0~5	不可能	1

5.1.2 专家小组评判流程与专家权重的确定及更新

专家调查法具有主观性较强的缺点，但在岩爆发生机理及其预测尚没有被很好理解和掌握之际，专家经验仍具有很重要的参考价值。为了使专家调查结果更为可信，能够更客观地反映岩爆的发生规律，下面将引入"选择力"和"预测力"的概念（Jiang，2010），并利用"云模型"来计算各评估指标的"相对重要程度"，专家小组评判流程及权重更新如图 5-2 所示。同时，利用多次评估迭代和专家权重的更新，得到更为合理的评估结果。

1）专家个人评判

下面给出专家评判时用到的基本概念"选择力"、"预测力"、专家权重和专家对指标的预测力权重。假定有 n 个专家参与调研，评估指标个数为 m。

（1）选择力（Selectivity）

专家的选择力包括两方面的内容，即"敏感性"和"特异性"，两者的表达式如下：

敏感性（Sensitivity）：
$$\alpha_i^+ = P(+i \mid INF) \quad (i = 1,2,\cdots,n) \quad (5-1)$$

特异性（Specificity）：
$$\alpha_i^- = P(-i \mid UINF) \quad (i = 1,2,\cdots,n) \quad (5-2)$$

式中：α_i^+——专家选择力的敏感性；

α_i^-——专家选择力的特异性；

$+i$——专家认为第 i 个因素有影响；

$-i$——专家认为第 i 个因素无影响；

INF——评估指标对事故发生有影响；

$UINF$——评估指标对事故发生无影响。

计算专家权重 w_i：

$$w_i = \frac{\alpha_i^+ + \alpha_i^-}{\sum_{k=1}^{n}(\alpha_k^+ + \alpha_k^-)} \quad (k=1,2,\cdots,n; i=1,2,\cdots,n)$$
(5-3)

这里需要注意的是，鉴于初次评估时专家的"选择

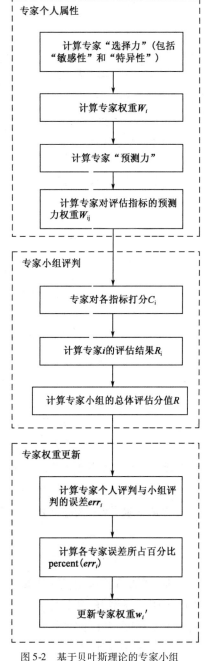

图 5-2 基于贝叶斯理论的专家小组评判及专家权重更新流程图

力"较难得到,可以设计一份调查问卷,以便较为合理的得到各专家对岩爆的了解程度,并根据问卷反馈来的信息确定专家的"敏感性"和"特异性"。如表5-7所示是一份调查问卷示例。

岩爆事故核心因素调查问卷(示例) 表5-7

序 号	您认为导致岩爆的核心因素有哪些?	是/否
1	岩石单轴抗压强度 σ_c	
2	洞壁最大剪应力 σ_θ	
3	岩石单轴抗拉强度 σ_t	
4	应力系数 $T_s = \sigma_\theta / \sigma_c$	
5	岩石脆性系数 $B = \sigma_c / \sigma_t$	
6	弹性能量指数 W_{et}	
7	岩石点荷载强度 I_s	
8	隧道轴向应力 σ_L	

(2)预测力(Predictivity)

根据贝叶斯理论,可以计算专家 i 对指标 j 的预测力(β_{ij}^+ 和 β_{ij}^-)。

$$\begin{aligned}\beta_{ij}^+ &= P(INF_j \mid +i) \\ &= \frac{P(+i \mid INF_j)P(INF_j)}{P(+i \mid INF_j)P(INF_j) + P(+i \mid UINF_j)P(UINF_j)} \\ &= \frac{\alpha_i^+ P(INF_j)}{\alpha_i^+ P(INF_j) + (1 - \alpha_i^-)P(UINF_j)} \\ &(i = 1,2,\cdots,n; j = 1,2,\cdots,m)\end{aligned} \quad (5\text{-}4)$$

$$\begin{aligned}\beta_{ij}^- &= P(INF_j \mid -i) \\ &= \frac{P(-i \mid INF_j)P(INF_j)}{P(-i \mid INF_j)P(INF_j) + P(-i \mid UINF_j)P(UINF_j)} \\ &= \frac{\alpha_i^- P(INF_j)}{\alpha_i^- P(INF_j) + (1 - \alpha_i^+)P(UINF_j)} \\ &(i = 1,2,\cdots,n; j = 1,2,\cdots,m)\end{aligned} \quad (5\text{-}5)$$

式中:β_{ij}^+ ——考虑专家 i 敏感性的条件下,指标 j 引发事故的概率;

β_{ij}^- ——考虑专家 i 特异性的条件下,指标 j 引发事故的概率。

计算专家 i 对指标 j 的预测力权重 w_{ij}:

$$w_{ij} = \frac{\beta_{ij}^+ + \beta_{ij}^-}{\sum_{k=1}^{n}(\beta_{kj}^+ + \beta_{kj}^-)} \quad (5\text{-}6)$$

因为"影响因素指标对岩爆事故有(无)影响"的概率 $P(INF)$ 和 $P(UINF)$ 事先很难确定,为此采用云模型方法(具体步骤下文详述),通过利用已有的岩爆历史数据来分析得到各指标相对重要程度,并以此来代表 $P(INF)$。

2)专家小组评判

令 X_{ij} 代表专家 i 对指标 j 的打分,即:

$$X_{ij} = 0 \sim 20(任一整数)$$

令 C_i 代表专家 i 对 m 个评估指标的判断，即：

$$C_i = \{x_{i1}, x_{i2}, \cdots, x_{ik}, \cdots x_{im}\}$$
$$(i = 1, 2, \cdots, n; k = 1, 2, \cdots, m)$$

式中：x_{ij}——变量 X_{ij} 的取值。

计算专家 i 的评判结果 R_i，得：

$$R_i = \sum_{j=1}^{m} w_{ij} x_{ij}$$
$$(i = 1, 2, \cdots, n; j = 1, 2, \cdots, m) \tag{5-7}$$

计算专家小组的总体评判结果 R，得：

$$R = \sum_{i=1}^{n} w_i R_i \tag{5-8}$$

而后，根据表 5-2 中 R 值所在的分值区间即可得到事故发生可能性等级 P 的取值。

3）专家权重更新

计算专家个人评判结果与专家小组评判结果的误差，得：

$$err_i = |R_i - R|$$
$$(i = 1, 2, \cdots, n) \tag{5-9}$$

计算各专家误差所占百分比，得：

$$\text{percent}(err_i) = \frac{err_i}{\sum_{k=1}^{n} err_k}$$
$$(k = 1, 2, \cdots, n; i = 1, 2, \cdots, n) \tag{5-10}$$

计算更新之后的专家权重 w_i'，得：

$$w_i' = \frac{w_i \cdot [1 - \text{percent}(err_i)]}{\sum_{k=1}^{n} w_k \cdot [1 - \text{percent}(err_i)]}$$
$$(k = 1, 2, \cdots, n; i = 1, 2, \cdots, n) \tag{5-11}$$

5.1.3 指标相对重要程度

（1）云模型

云模型是一种将定性概念转化为通过期望 Ex、熵 En 和超熵 He 定量表达指标的不确定转化模型（Liu, 2013）。在数据挖掘、不确定性推理和序列预测等方面，云模型是一种有效的工具。

假定一个数据集 X 有 m 个样本，$D(D \geq 1)$ 个属性，利用云模型来分析数据集 X 的分类问题，假设被分为 p 类，即 $X = [X_1, X_2, \cdots, X_p]$。则类别 k 的样本 X_k 可以用一个云模型来表示，即 $CG_k(Ex_k, En_k, He_k)$，相应的参数计算如下：

$$Ex_k = \text{mean}(X_k) \tag{5-12}$$

$$En_k = \frac{\max(X_k) - \min(X_k)}{6} \tag{5-13}$$

$$He_k = \text{const} \tag{5-14}$$

利用数据样本不同属性的相似程度来获得各个属性的权重值，即相对重要程度。类别 X_s 和类别 X_t 的属性 j 间的距离定义如下：

$$d(X_{sj}, X_{tj}) = \begin{cases} 0 & (X_{sj} \subseteq X_{tj} or X_{sj} \subseteq X_{tj}) \\ \dfrac{|Ex_{sj} - Ex_{tj}|}{3(En_{sj} + En_{tj})} & （others） \end{cases} \quad (5-15)$$

式中：$En_{sj} = \dfrac{Ex_{sj} - \min(X_{ij})}{3}$ 或 $En_{sj} = \dfrac{\max(X_{ij}) - Ex_{sj}}{3}$。

计算类别 X_s 和类别 X_t 的属性 j 间的相似性，得：

$$S(j) = S(X_{sj}, X_{tj}) = \begin{cases} 1 & d(X_{sj}, X_{tj}) = 0 \\ 1 - \min[d(X_{sj}, X_{tj})] & 0 < d(X_{sj}, X_{tj}) < 1 \\ 0 & d(X_{sj}, X_{tj}) \geq 1 \end{cases} \quad (5-16)$$

计算属性 j 的权重值，得：

$$w(j) = \dfrac{1 - S(j)}{\sum\limits_{j=1}^{D}[1 - S(j)]} \quad (5-17)$$

（2）指标相对重要程度值计算

基于前文提到的 162 组岩爆样本数据，利用云模型计算岩爆各指标相对重要程度 $P(INF)$。

表 5-8 ~ 表 5-11 列出了 4 个岩爆等级各评估指标的统计指标和熵指标。

岩爆等级 I 样本数据集相关计算参数　　　　　　　　表 5-8

等级 I	σ_θ	σ_c	σ_t	σ_θ/σ_c	σ_c/σ_t	W_{et}
样本数	18	18	18	26	26	26
残缺样本数	8	8	8	0	0	0
最小值	2.60	18.32	0.38	0.05	6.67	0.01
最大值	107.50	178.00	10.90	0.72	79.99	7.80
期望 Ex_{sj}	27.31	79.96	4.26	0.21	38.44	2.22
均方差	28.29	51.03	2.44	0.14	26.05	2.32
熵 En_{sj}（前者）	8.24	20.55	1.29	0.05	10.59	0.73
熵 En_{sj}（后者）	26.73	32.68	2.21	0.17	13.85	1.86

岩爆等级 II 样本数据集相关计算参数　　　　　　　　表 5-9

等级 II	σ_θ	σ_c	σ_t	σ_θ/σ_c	σ_c/σ_t	W_{et}
样本数	32	32	32	49	49	49
残缺样本数	17	17	17	0	0	0
最小值	13.50	26.06	0.77	0.14	4.48	0.85
最大值	148.40	263.00	15.04	0.90	42.90	9.00

续上表

等级Ⅱ	σ_θ	σ_c	σ_t	σ_θ/σ_c	σ_c/σ_t	W_{et}
期望 Ex_{sj}	53.74	110.31	6.09	0.40	24.30	3.37
均方差	32.03	52.93	3.68	0.16	9.40	1.90
熵 En_{sj}(前者)	13.41	28.08	1.77	0.09	6.61	0.84
熵 En_{sj}(后者)	31.55	50.90	2.98	0.17	6.20	1.88

岩爆等级Ⅲ样本数据集相关计算参数　　　　　表5-10

等级Ⅲ	σ_θ	σ_c	σ_t	σ_θ/σ_c	σ_c/σ_t	W_{et}
样本数	43	43	43	62	62	62
残缺样本数	19	19	19	0	0	0
最小值	26.90	51.50	2.20	0.22	0.15	0.85
最大值	132.10	236.00	17.10	0.85	55.00	9.30
期望 Ex_{sj}	59.16	122.73	6.45	0.53	22.08	4.77
均方差	23.77	42.71	3.65	0.15	10.39	1.51
熵 En_{sj}(前者)	10.75	23.74	1.42	0.10	7.31	1.31
熵 En_{sj}(后者)	24.31	37.76	3.55	0.11	10.97	1.51

岩爆等级Ⅳ样本数据集相关计算参数　　　　　表5-11

等级Ⅳ	σ_θ	σ_c	σ_t	σ_θ/σ_c	σ_c/σ_t	W_{et}
样本数	14	14	14	25	25	25
残缺样本数	11	11	11	0	0	0
最小值	19.50	30.00	2.50	0.27	2.25	0.90
最大值	167.20	235.00	13.20	1.41	32.20	9.00
期望 Ex_{sj}	72.57	108.30	6.14	0.73	18.19	5.43
均方差	41.66	47.41	2.97	0.25	8.32	2.01
熵 En_{sj}(前者)	17.69	26.10	1.21	0.15	5.31	1.51
熵 En_{sj}(后者)	31.54	42.23	2.35	0.23	4.67	1.19

通过式(5-17)可计算得到各评估指标的相对重要程度,结果见表5-12。

岩爆风险预测指标相对重要程度　　　　　表5-12

指标	σ_θ	σ_c	σ_t	σ_θ/σ_c	σ_c/σ_t	W_{et}
$P(INF)$	0.1014	0.0226	0.0085	0.4776	0.1351	0.2548

图5-3形象地绘出了各评估指标的相对重要程度值。从图中可以看出σ_θ/σ_c、σ_c/σ_t和W_{et}3个指标对岩爆的预测结果影响最大。而σ_θ、σ_c和σ_t的相对重要程度较小,因此,舍去这3个指标值,将σ_θ/σ_c、σ_c/σ_t和W_{et}3个指标的相对重要程度取值归一化。计算结果见表5-13。

说明:关于不采用指标σ_θ的原因包括两方面:一是计算结果表明两个单一指标的组合比单个指标效果更好,例如指标$T_s(\sigma_\theta/\sigma_t)$的相对重要程度值为0.4776,而指标$\sigma_\theta$的相对重要程度值仅为 0.101 4；二是，指标 T_s 和 σ_θ 相互关联，单独将指标 σ_θ 引入将降低指标 T_s 的预测能力。

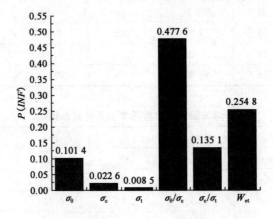

图 5-3　各岩爆风险预测指标的相对重要程度

修正后的岩爆风险预测指标相对重要程度　　　　　　　　　　表 5-13

指标	σ_θ/σ_c	σ_c/σ_t	W_{et}
$P(INF)$	0.550 5	0.155 8	0.293 7

5.1.4　示例应用

(1) 专家个人属性

假设有 8 位专家参与调研（专家的"选择力"取 0~1 之间的随机数），通过式(5-1)~式(5-3)计算得到各专家的选择力和权重，见表 5-14。

专家选择力及权重　　　　　　　　　　表 5-14

专家编号	α_i^+	α_i^-	$w_i(\%)$
1	0.891 078 3	0.680 809 5	13.01
2	0.544 232 8	0.485 069 3	8.52
3	0.936 968 6	0.885 100 6	15.08
4	0.805 149 1	0.859 502 5	13.78
5	0.722 570 8	0.942 857 6	13.79
6	0.718 744 9	0.652 122 9	11.35
7	0.942 413 9	0.737 962 0	13.91
8	0.673 517 0	0.601 989 8	10.56

通过式(5-4)~式(5-6)计算各专家对各指标的预测力权重值，见表 5-15。

专家预测力权重　　　　　　　　　　表 5-15

专家编号	指标 $\sigma_\theta/\sigma_c(\%)$	$\sigma_c/\sigma_t(\%)$	$W_{et}(\%)$
1	50.38	18.28	31.34
2	50.20	18.40	31.39

续上表

专家编号\指标	σ_θ/σ_c(%)	σ_c/σ_t(%)	W_{et}(%)
3	44.22	22.82	32.96
4	40.97	25.59	33.44
5	48.26	19.71	32.03
6	43.09	23.58	33.33
7	45.13	21.91	32.96
8	46.90	20.60	32.50

(2) 专家小组评判及专家权重更新

通过式(5-7)和式(5-8)计算得到专家小组评判结果见表5-16。从表中可以看出岩爆风险可能性等级为3级。

专家小组评判结果　　　　　　　　　　　　　　　　　表5-16

专家编号\指标	σ_θ/σ_c	σ_c/σ_t	W_{et}	R_i
1	5	15	17	10.59
2	10	14	14	11.99
3	6	14	18	11.78
4	16	19	9	14.43
5	15	15	6	12.12
6	13	16	12	13.37
7	16	13	18	16.00
8	13	13	12	12.67
分值 R				12.98
可能性等级 P				3

通过式(5-9)~式(5-11)计算得到各专家更新之后的权重值,见表5-17。

更新之后各专家权重值　　　　　　　　　　　　　　　　表5-17

专家编号	差异值	初始权重(%)	更新后权重(%)
1	2.3937	10.94	9.67
2	0.9912	10.85	11.23
3	1.2023	12.76	12.92
4	1.4437	14.27	14.08
5	0.8654	11.46	12.02
6	0.3912	13.91	15.30
7	3.0187	13.25	10.83
8	0.3081	12.56	13.93

由表5-17可以看出，专家1和专家7因判断误差较大，导致更新之后权重降低。根据工程实际情况与专家评判结果决定是否进行下一轮专家调查及权重更新。

5.2 支持向量机方法

深部硬岩隧道施工过程中岩爆灾害频发，如何有效预测岩爆灾害发生及其强度是一大难题。由于岩爆预测系统具有多变量、强耦合和强干扰的特点，普通方法往往很难胜任，因而常常采用各种软科学方法（Sun,2000），比如人工神经网络、支持向量机、灰色理论等。通过采用支持向量机算法及相关程序建立了多种岩爆强度等级预测模型，发现在洞周最大剪应力 σ_θ、岩石单轴抗压强度 σ_c、岩石单轴抗拉强度 σ_t、应力系数 $T_s = \sigma_\theta/\sigma_c$、岩石脆性系数 $B = \sigma_c/\sigma_t$、弹性能量指数 W_{et} 6个岩石力学指标中，后3个指标对岩爆预测起积极作用，而前3个指标则会干扰其预测。由后3个指标所建立的岩爆强度等级预测模型的预测准确度达到了85%，可以满足实际工程需要。

5.2.1 岩爆等级预测模型

洞周最大剪应力 σ_θ 反映了岩爆区的地层应力特点和隧道断面尺寸的影响，岩石的单轴抗压强度 σ_c 和单轴抗拉强度 σ_t 反映了岩爆区的岩石特征，弹性能量指数 W_{et}（即岩石试件在受力变形过程中，达到峰值强度之前积累的弹性应变能与卸载的耗损应变能之比）则反映了岩石存储弹性变形能的能力和岩石变形破坏的能量过程（Kidybinski,1981）。综合研究Turchaninov(1972)、Russenes(1974)、Hoek(1980,1997,2010)、王元汉(1998)、徐林生(1999)和张镜剑(2008)等人提出的经验评判标准，共同的特点是应力系数 T_s 被选作1个输入参数。Zhou(2010)建立的岩爆标准指出，当 $T_s \geqslant K_s$ 时岩爆将会发生，并且 K_s 的值取决于岩石脆性系数 B。当 B 很小时，岩爆会很剧烈；而当 B 很大时，岩爆则很轻微。因此，这里选取洞周最大剪应力 σ_θ、单轴抗压强度 σ_c、单轴抗拉强度 σ_t、应力系数 T_s、岩石脆性系数 B 和弹性能量指数 W_{et} 6个指标作为评判岩爆等级的因素，并分析采用6个指标的不同组合时预测模型的准确度。

分析前述收集到的162组岩爆数据，6个指标均完整的数据有108组，应力系数 T_s、岩石脆性系数 B、弹性能量指数 W_{et},3个指标完整的数据有162组。得到的现场数据来自四川江边水电站引水隧洞、锦屏二级水电站引水隧洞、秦岭隧道、金川二矿区、马路坪矿山、北洺河铁矿、苍岭隧道、括苍山隧道、程潮铁矿、冬瓜山铜矿、通渝隧道、大相岭隧道等，涉及采矿、交通隧洞、水电工程等多个领域。下面对这些指标进行不同的组合设计（括号内的数字表示各组合的样本数量）。从已有的研究成果来看，应力系数、岩石脆性系数、弹性能量指数3个指标往往起到关键作用，因此，指标组合9~组合11将分别用来评判这3个指标各自的相对重要程度。

①组合1：T_s、B、W_{et}（162组）；

②组合2：T_s、B、W_{et}、σ_θ（108组）；

③组合3：T_s、B、W_{et}、σ_c（108组）；

④组合 4：T_s、B、W_{et}、σ_t（108 组）；
⑤组合 5：T_s、B、W_{et}、σ_θ、σ_c（108 组）；
⑥组合 6：T_s、B、W_{et}、σ_θ、σ_t（108 组）；
⑦组合 7：T_s、B、W_{et}、σ_c、σ_t（108 组）；
⑧组合 8：T_s、B、W_{et}、σ_θ、σ_c、σ_t（108 组）；
⑨组合 9：B、W_{et}、σ_θ、σ_c、σ_t（108 组）；
⑩组合 10：T_s、W_{et}、σ_θ、σ_c、σ_t（108 组）；
⑪组合 11：T_s、B、σ_θ、σ_c、σ_t（108 组）；
⑫组合 12：T_s（162 组）；
⑬组合 13：σ_θ、σ_c、σ_t（108 组）。

对于组合 1 和组合 12，取 142 组数据作为训练集，20 组数据作为测试集；对于剩下的组合，取 96 组数据作为训练集，12 组数据作为测试集。

1) 组合 1：T_s、B、W_{et}

如图 5-4 所示的是参数 c、g 取不同值时的交叉验证准确度。

如图 5-5 所示的是测试集的实际分类与预测分类的对比图，其中圆圈表示实际分类，星号表示预测分类。从图中可以看出 20 组数据中有 3 组预测错误。

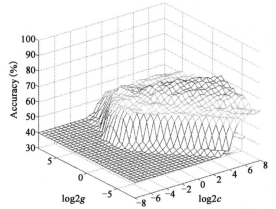

图 5-4　SVC 参数选择后的交叉验证准确度

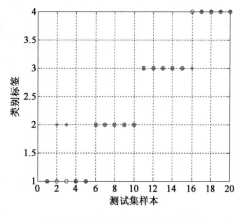

图 5-5　预测分类与实际分类对比图

训练与测试的结果如下：
①交叉验证准确度：$Accuracy = 71.831\%$
②损失函数值最优取值：$Best\ c = 16$
③gamma 函数值最优取值：$Best\ g = 1.414\ 2$
④训练集准确度：$train\ set\ accuracy = 80.985\ 9\%$（115/142）
⑤测试集准确度：$test\ set\ accuracy = 85\%$（17/20）

由组合 1 所建岩爆预测模型的预测结果见表 5-18。

下文几种组合的建模、训练及测试流程大体相同，下面将只给出结论，具体细节不再赘述。

组合 1 的预测结果　　　　　　　　　　　　　　　　　　　表 5-18

组合	样本组 1				样本组 2				样本组 3				样本组 4				准确度(%)
真实值	1	1	1	1	2	2	2	2	3	3	3	3	4	4	4	4	85
组合 1	1	2	2	1	1	2	2	2	3	3	3	3	3	4	4	4	

2）其他组合

这里列出了余下 12 种组合所建岩爆预测模型的预测结果。为了方便后文的对比分析，分成 6 组进行展示。

（1）组合 2、3、4

分别由组合 2、3、4 所建岩爆预测模型的预测结果见表 5-19。

组合 2、3、4 的预测结果　　　　　　　　　　　　　　　　　　　表 5-19

组合	样本组 1			样本组 2			样本组 3			样本组 4			准确度(%)
真实值	1	1	1	2	2	2	3	3	3	4	4	4	—
组合 2	1	2	2	2	2	2	3	3	3	3	3	3	58.33
组合 3	1	2	2	2	2	2	3	3	3	3	3	3	58.33
组合 4	1	2	2	2	2	2	3	3	3	3	3	4	66.67

（2）组合 5、6、7

分别由组合 5、6、7 所建岩爆预测模型的预测结果见表 5-20。

组合 5、6、7 的预测结果　　　　　　　　　　　　　　　　　　　表 5-20

组合	样本组 1			样本组 2			样本组 3			样本组 4			准确度(%)
真实值	1	1	1	2	2	2	3	3	3	4	4	4	—
组合 5	1	2	2	2	2	2	3	3	3	3	3	3	58.33
组合 6	3	3	3	3	3	3	3	3	3	3	3	3	50
组合 7	1	2	2	2	2	2	3	3	3	3	3	4	66.67

（3）组合 8

由组合 8 所建岩爆预测模型的预测结果见表 5-21。

组合 8 的预测结果　　　　　　　　　　　　　　　　　　　表 5-21

组合	样本组 1			样本组 2			样本组 3			样本组 4			准确度(%)
真实值	1	1	1	2	2	2	3	3	3	4	4	4	58.33
组合 8	3	2	2	2	2	2	3	3	3	3	3	3	

（4）组合 9、10、11

分别由组合 9、10、11 所建岩爆预测模型的预测结果见表 5-22。

组合 9、10、11 的预测结果　　　　　　　　　　　　　　　　　　　表 5-22

组合	样本组 1			样本组 2			样本组 3			样本组 4			准确度(%)
真实值	1	1	1	2	2	2	3	3	3	4	4	4	—
组合 9	2	2	2	3	3	3	3	3	3	3	3	3	25

续上表

组合	样本组1				样本组2				样本组3				样本组4				准确度(%)
组合10	3	2	2	1	2	2	3	3	3	2	2	3					41.67
组合11	3	2	2	2	2	2	3	3	3	3	3	4					58.33

(5) 组合12

由组合12所建岩爆预测模型的预测结果见表5-23。

组合12的预测结果　　　　　表5-23

组合	样本组1				样本组2				样本组3				样本组4				准确度(%)
真实值	1	1	1	1	2	2	2	2	3	3	3	3	4	4	4	4	65
组合12	2	2	2	1	1	2	2	2	3	3	3	3	3	3	3	4	

(6) 组合13

由组合13所建岩爆预测模型的预测结果见表5-24。

组合13的预测结果　　　　　表5-24

组合	样本组1			样本组2			样本组3			样本组4			准确度(%)
真实值	1	1	1	2	2	2	3	3	3	4	4	4	41.67
组合13	3	2	2	2	2	3	3	3	3	2	2	3	

5.2.2 讨论与分析

通过对所建立的多种组合的岩爆预测模型进行训练与测试,可以发现一些有趣的现象。下面将从6个方面对不同组合预测模型的预测结果进行讨论与分析,以揭示其背后的原因,从而得出一些有益的结论。

(1) 组合2、3、4对比分析

这3个组合包含共同的指标 T_s、B 和 W_{et},测试集的准确度分别为

① 组合2(T_s、B、W_{et}、σ_θ):58.33%(7/12);

② 组合3(T_s、B、W_{et}、σ_c):58.33%(7/12);

③ 组合4(T_s、B、W_{et}、σ_t):66.67%(8/12)。

分别由组合2、3、4所建立模型的预测准确度基本一致,即3个指标 σ_θ、σ_c、σ_t 对预测模型的贡献大体相当,且利用此模型预测正确的个数刚刚过半。

(2) 组合5、6、7对比分析

这3个组合从另一角度说明了3个指标 σ_θ、σ_c 和 σ_t 的作用。

该组合也包含共同的指标 T_s、B 和 W_{et},测试集的准确度分别为:

① 组合5(T_s、B、W_{et}、σ_θ、σ_c):58.33%(7/12);

② 组合6(T_s、B、W_{et}、σ_θ、σ_t):50.00%(6/12);

③ 组合7(T_s、B、W_{et}、σ_c、σ_t):66.67%(8/12)。

3个组合的预测准确度基本一致,即3个指标 σ_θ、σ_c 和 σ_t 对预测模型的贡献大体相当。

(3)组合9、10、11对比分析

这3个组合包含共同的指标σ_θ、σ_c、σ_t,测试集准确度分别为:

①组合9(B、W_{et}、σ_θ、σ_c、σ_t):25.00%(3/12);

②组合10(T_s、W_{et}、σ_θ、σ_c、σ_t):41.67%(5/12);

③组合11(T_s、B、σ_θ、σ_c、σ_t):58.33%(7/12)。

从测试集准确度可以看出组合9的预测准确度最低,即当缺少指标应力系数T_s时,模型的预测准确度显著降低。因此,应力系数T_s对于岩爆预测来说是一个比较关键的因素。为此设置组合12单独观察指标T_s的作用。

④组合12:65.00%(13/20)。

在仅采用指标应力系数T_s的情况下,模型的预测准确度就达到了60%以上,说明应力系数T_s是岩爆预测的一个关键参数。

组合9、10、11的预测准确度依次升高,即应力系数T_s、岩石脆性系数B和弹性能量指数W_{et} 3个指标对岩爆预测的贡献依次降低。即在此3个指标中,T_s对岩爆预测的贡献最大,B的作用次之,W_{et}的作用最小。

(4)组合9、10、11和组合5、6、7对比分析

对比两个大组合的测试集准确度就可以看出,组合9、10、11的预测准确度明显低于组合5、6、7的预测准确度,即3个指标T_s、B和W_{et}比另外3个指标σ_θ、σ_c和σ_t对岩爆预测的贡献更大。因此,T_s、B和W_{et}是岩爆预测中需要重点关注的3个指标。

(5)组合1和组合8对比分析

这两个组合有3个共同的指标T_s、B和W_{et},测试集准确度分别为:

①组合1(T_s、B、W_{et}):85.00%(17/20)。

②组合8(T_s、B、W_{et}、σ_θ、σ_c、σ_t):58.33%(7/12)。

组合8比组合1多了3个指标σ_θ、σ_c和σ_t,但模型的预测准确度反而降低了。这表明指标σ_θ、σ_c和σ_t不但不能提高岩爆的预测准确度,相反还会起到反作用。为此设置了组合13来观察仅有σ_θ、σ_c和σ_t 3个指标时的预测准确度。

③组合13(σ_θ、σ_c、σ_t):41.67%(5/12)。

仅由σ_θ、σ_c和σ_t 3个指标建立的预测模型的预测准确度低于50%,显然不能用于实际工程的预测。

(6)测试集的实际分类与预测分类对比分析

①所有的13种组合所建立的预测模型中,除组合9、组合10和组合13外,岩爆强度等级为Ⅱ、Ⅲ级的测试样本全部预测正确。仔细观察可以发现,组合9中缺少指标T_s,结果岩爆强度等级为Ⅱ级的测试样本全部预测错误;组合10中缺少指标B,结果岩爆强度等级为Ⅱ级的3个测试样本中有1个预测错误;组合13中缺少指标T_s、B和W_{et},结果岩爆强度等级为Ⅱ级的3个测试样本中有1个预测错误。

由此可以看出,当预测指标中包含指标T_s时,利用支持向量机所建立的预测模型对Ⅱ级和Ⅲ级岩爆的预测具有相当高的准确度。

②所有的13种组合所建立的预测模型中,除组合1和组合12外,岩爆强度等级为Ⅰ级和Ⅳ级的测试样本几乎全部预测错误(个别组合6个测试样本中预测正确1个)。而组合1岩爆

强度等级为Ⅰ级和Ⅳ级的10个测试样本预测正确7个,组合12岩爆强度等级为Ⅰ级和Ⅳ级的10个测试样本预测正确3个。仔细观察可以发现,组合1和组合12有一个共同的特点,即不包含σ_θ、σ_c和σ_t 3个指标中的任何1个。

由此可以看到,σ_θ、σ_c和σ_t 3个指标会严重干扰强度等级为Ⅰ、Ⅳ级岩爆的判断。因此,为成功辨识等级为Ⅰ级和Ⅳ级的岩爆,预测模型中不能包含此3个指标中的任何1个。

同时,当只有指标T_s时(组合12),岩爆强度等级为Ⅰ级和Ⅳ级的预测准确度仅为30%(3/10),明显低于组合1的70%(7/10),由此可以看出,为准确预测强度等级为Ⅰ级和Ⅳ级的岩爆,T_s、B和W_{et} 3个指标1个都不能少。

③由组合1所建立的预测模型用来预测强度等级为Ⅰ级和Ⅳ级的岩爆时,预测准确率仅为70%(7/10),低于等级为Ⅱ、Ⅲ级岩爆的100%(10/10)。本书认为其中一个重要原因是前人在利用经验方法辨识岩爆强度等级时可能存在误判。当然这种失误有时是不可避免的,因为辨识岩爆强度等级时往往依据视觉和听觉上的经验标准来判定,而非准确定量的标准,从而将强度等级Ⅱ级的岩爆误认为等级Ⅰ级,或将等级为Ⅳ级的岩爆误认为等级Ⅲ级也就不足为奇了。

④通过上文所建立的岩爆预测模型进行岩爆等级预测可以看出,强度等级为Ⅱ级和Ⅲ级的岩爆占到绝大多数,当然这与收集到的岩爆样本有密切关系,但这种现象仍然能够说明一定问题,即工程中强度等级为Ⅱ级和Ⅲ级的岩爆居多,Ⅳ级岩爆较少(而且还有一些可能是被误判的)。

5.2.3 小结

通过上文的分析,不难得出如下结论:

(1)在岩爆预测的6个指标(洞周最大剪应力σ_θ、岩石单轴抗压强度σ_c、岩石单轴抗拉强度σ_t、应力系数$T_s = \sigma_\theta/\sigma_c$、岩石脆性系数$B = \sigma_c/\sigma_t$和弹性能量指数$W_{et}$)中,应力系数$T_s$、岩石脆性系数$B$和弹性能量指数$W_{et}$ 3个指标是影响岩爆强度等级预测的关键因素,而洞周最大剪应力σ_θ、单轴抗压强度σ_c和单轴抗拉强度σ_t 3个指标往往会对强度等级为Ⅰ级和Ⅳ级的岩爆预测造成干扰。

(2)应力系数T_s、岩石脆性系数B和弹性能量指数W_{et} 3个指标对岩爆等级预测的影响程度依次降低。其中,应力系数T_s是预测岩爆强度等级的3个指标中最重要的1个。

(3)实际工程中的岩爆强度等级可能存在误判现象,即将等级为Ⅱ级的岩爆误认为等级Ⅰ级,将等级为Ⅳ级的岩爆误认为等级Ⅲ级。

由组合1的3个指标建立的基于支持向量机的岩爆强度等级预测模型对岩爆等级的预测具有较高的准确度(85%),在一定程度上可以满足实际工程的需要。

5.3 人工神经网络方法

随着我国城镇化的发展,高层建筑、地铁、地下商业街等大量兴建,深基坑工程越来越多,随之而来的建设风险也越来越大。为保障深基坑施工安全,对围护结构的变形监测与控制提出了严格要求,若对变形控制不慎,轻则引起周围建(构)筑物开裂,重则引发基坑大变形甚至坍塌,造成重大人员伤亡、财产损失及严重的社会影响。2008年杭州地铁某基坑因地下连续墙发生横向断裂引发大面积坍塌事故,导致周边道路塌陷、地下管线破裂、河水倒灌,造成了严重的人员伤亡和财产损失(任骏,2012)。因此,为保证深基坑工程的安全施工,开挖过程中的变形监测和预测就成了工程施工中的重要环节。根据目前的深基坑开挖和现场监测资料,对于基坑工程施工而言,围护结构的水平位移是能够比较好地反映基坑本身及其周边环境稳定状况的重要物理量。因此,实现对基坑围护结构水平位移较为准确的预测就显得非常重要。然而,由于基坑变形的影响因素很多,各种因素的影响程度又很难用量化指标准确表达,这就导致了基坑变形的模糊性、非线性等特点,使其较难用传统的数学方法建立显式的输入输出关系(Jamali et al,2013)。而BP神经网络所具有的非线性、良好的泛化能力以及模糊推论能力使其非常适合基坑围护结构水平位移的预测工作。齐干和朱瑞钧(2007)利用BP神经网络对基坑施工期间的周边地表沉降进行预测,结果表明BP神经网络应用于此类工程是可行的。李燕(2013)利用层次分析法筛选出影响深基坑围护结构水平位移的16个重要因素,建立了相应的BP神经网络预测模型。殷晟泉等(2011)利用Elman动态神经网络实现了对深基坑变形的预测。陈尚荣和赵升峰(2010)考虑到神经网络良好的非线性映射能力,提出了使用BP神经网络来处理基坑变形的非线性时间序列问题,为解决该问题提供了新思路。朱旭芬和袁宝远(2009)运用遗传算法和ICBP神经网络实现了对基坑钢支撑轴力的预测,其中遗传算法主要用来对神经网络隐层神经元个数进行寻优,一定程度上解决了BP神经网络隐层神经元个数较难确定的问题。李水兵和李培现(2011)通过采用附加动量法和自动调整学习速率两种方法对BP神经网络进行优化,一定程度上加快了网络的收敛速度。通过设定自动调整学习速率,误差经过快速下降后,学习速率自动变慢,从而增加了网络的稳定性。张灿等(2013)通过对3种神经网络模型的预测结果进行对比分析,得出遗传算法神经网络较BP神经网络和小波神经网络能更好地预测基坑施工沉降。乔金丽等(2012)通过采用适当的自适应学习速率和动量因子及变步长的方法对BP神经网络进行改进,并采用此改进模型预测了盾构隧道开挖引起的最大地表沉降。韦立德等(2003)针对BP神经网络采用梯度下降法容易陷入局部极小的缺点,提出了使用遗传算法来进一步改善搜索性能的思路。正因为单独使用BP神经网络容易陷于局部最优,而遗传算法在全局寻优上具有独特的优势。因此,本书采用遗传算法优化BP神经网络的方法,探索建立预测基坑围护结构水平位移的神经网络模型。同时,因为基坑工程施工现场监测的时间序列数据中蕴含着系统演化的信息,本书中神经网络模型使用实际监测数据作为输入数据能够充分减小人为因素的干扰,从而能更好地把握系统内在的变形规律。

5.3.1 遗传算法

(1)简介

遗传算法主要基于Darwin的进化论和Mendel的遗传学说。Darwin进化论的核心观点是适者生存原理,Mendel遗传学说的主要观点是基因遗传原理。

遗传算法深度融合了两者的优点,其基本原理:首先,把问题的解表示成单个个体,在算法中表现为一个二进制编码的串。在执行遗传算法之前,给出一群个体,即假设解。然后,把这些假设解置于问题的"环境"中,并按适者生存的原则,从中选择出较适应环境的个体进行复制,再通过交叉、变异过程产生更适应环境的新一代群体。经过一代代地进化,最后收敛到最适应环境的某个个体上,即问题的最优解。

(2)实现

本书根据遗传算法的基本原理,利用 MATLAB 软件,编制了遗传算法通用程序,程序中所包含的函数包括 Genetic.m(主程序)、Select.m(选择)、Cross.m(交叉)、Mutation.m(变异)、fun.m(适应度函数)、Code.m(编码)、Decode.m(解码)和 test.m(检查交叉或变异后染色体的可行性)。由于代码数量较大,不在此列出。遗传算法的实施流程如图 5-6 所示。

5.3.2 BP 神经网络

对于 BP 神经网络的简要说明见本书第 3 章 3.3 节,这里仅列出本章将用到的几个重要参数。

(1)隐层数

Kolmogorov 定理说明带有合适网络结构和恰当权值的单隐层 BP 神经网络可以逼近任意闭区间上的连续函数。因而,一个三层(包含一个隐层)的 BP 神经网络可以完成任意 n 维到 m 维的复杂非线性映射。据此该工程问题的神经网络隐层数取 1 层。

(2)隐层神经元个数

如何确定隐层神经元的个数,目前理论上并没有一种科学和普遍的方法,但最基本的原则是在满足准确度要求的前提下取尽可能紧凑的结构,即取尽可能少的数目。采用试算法,隐层神经元个数取 7 即可满足该工程问题的要求。

(3)学习率

学习率 η 的取值会影响学习过程中网络权值的稳定性。大的学习率可能使得网络权值每一次的修正量过大,甚至会导致权值在修正过程中超出某个误差的极小值时不规则跳跃而不收敛;小的学习率会导致学习时间过长,但是能保证收敛于某个极小值。因此,一般倾向选取较小的学习率以保证学习过程的收敛性,通常取值在 0.001~0.8 之间。这里学习率取 0.05。

(4)初始连接权值

BP 算法本身决定了误差函数一般存在多个局部极小点,不同的网络初始权值直接决定了 BP 算法收敛于哪个局部极小点或全局极小点。因此,为了得到比较好的结果,就要求计算程序通过多次改变网络初始连接权值求得相应的极小点,并通过比较这些极小点误差的大小,确定"全局极小点"。为解决这一问题,本书采用遗传算法优化 BP 神经网络初始权值的选取工作。

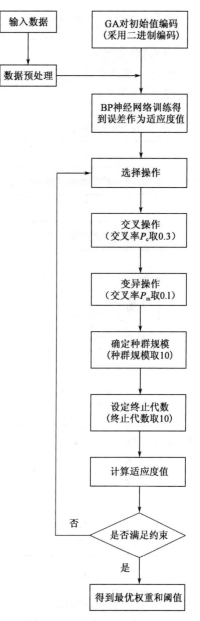

图 5-6 遗传算法实施流程图

5.3.3 基坑变形预测模型

(1) 选取训练样本

为建立基坑变形的神经网络预测模型,首先要合理地选取训练样本。通常有两种方式可供选择。

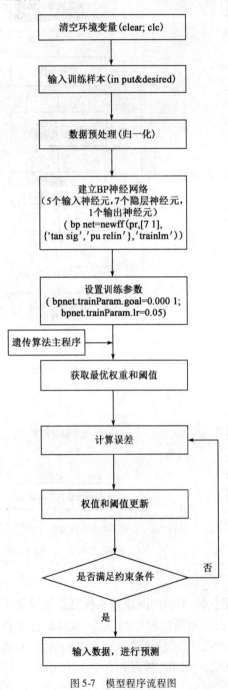

图 5-7 模型程序流程图

① 影响基坑变形的因素多种多样,包括地层变异性、围护结构类型、基坑的几何尺寸和形状以及施工等因素。选取对基坑变形影响较大的因素指标作为模型输入量,训练得到相应的预测模型。

但考虑到施工因素对基坑变形的影响很大,且这部分因素很难用量化指标来精确表达,因而采用该方法得到的预测模型通常仅适用于限定的工程而缺乏普适性。

② 采用基坑变形的实际监测数据作为模型输入量,能有效减少人为因素的干扰,从而能够较好地反映系统内在的变形规律。

BP 神经网络模型的应用,需要适量的训练样本,而在施工的初始阶段,监测数据少,无法满足样本需要,为此建议采用"新陈代谢"的方式进行训练。所谓"新陈代谢",即随着施工的进行,监测数据会越来越多,不断将这些新的数据加入到训练样本中,动态地训练、调整和更新神经网络。这为施工过程中的动态监测和预测提供了一种好的思路。另外,还可以将本地区地质条件与施工条件较为接近的已有基坑工程的变形监测数据作为训练样本,来弥补基坑施工初期训练样本不足的问题。

综合上述两种方法的特点来看,采用第二种方法训练得到的模型能更好地反映基坑的变形规律,这也是本书使用的动态样本方法。

(2) 程序实现

利用 MATLAB 软件编制了基于遗传算法的 BP 神经网络程序,包括变形监测数据的动态时长样本建立,网络权值与阈值优化,网络学习训练以及实现基坑围护结构水平位移的预测。程序实现的详细流程如图 5-7 所示(包括重要参数的选取设置)。

5.3.4 工程案例

1)工程概况

宁波地铁某地下二层岛式站台车站,车站范围为矩形框架结构,车站基坑长 267.250m,标准段基坑宽 20.70m,车站主体均采用明挖法施工。车站主体围护结构采用地下连续墙加内支撑体系。基坑标准段深度 15.81~16.31m,采用 800mm 厚地下连续墙加混凝土(第一道支撑)和钢管内支撑体系。地下连续墙总计 114 幅,平面形状有"一"字形、"L"形、"Z"形、"T"形,第一道支撑采用 700mm×800mm 混凝土支撑,标准段第二、三、四、五道及盾构井段第二、三、四、五、六道为圆形钢板支撑(ϕ609mm, t = 16mm)。基坑平面布置如图 5-8 所示。

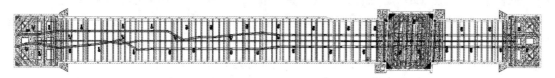

图 5-8 基坑平面布置图

拟建场地第四纪地层发育,厚度大于 70m,成因类型以海相沉积为主,总体特征为:①沉积物粗细韵律变化明显,总体趋势呈自老至新粒度变细,具多旋回性;②沉积物的沉积环境由陆相向海相过渡。中更新世早期以洪积为主,中更新世晚期~晚更新世早期以冲积、冲湖积为主,晚更新世晚期以海陆交互沉积为主,全新世则以海相沉积为主。基坑部分地质纵剖面图如图 5-9 所示。

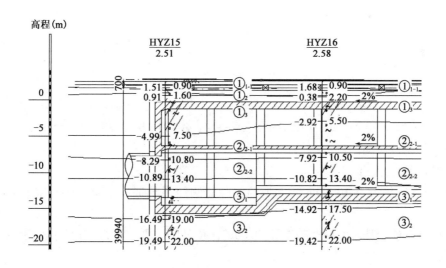

图 5-9 地质纵剖面图(尺寸单位:mm)

①$_{1-1}$-杂填土;①$_2$-黏土;①$_3$-淤泥质黏土;②$_{2-1}$-淤泥;②$_{2-2}$-淤泥质黏土;③$_1$-灰色粉砂土;③$_2$-粉质黏土夹粉砂

2)建立神经网络模型

取 CX45 测斜孔 10.00m 深度处整个施工过程的变形监测数据作为训练样本,建立关于深基坑地下连续墙围护结构水平位移经遗传算法优化的 BP 神经网络模型,并运用此模型对同一基坑 CX48 测斜孔 10.00m 深度处的围护结构水平位移进行预测。测斜孔平面布置如图 5-10 所示。

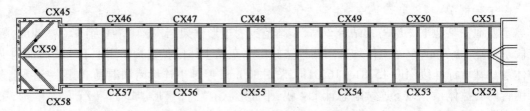

图 5-10　基坑水平位移测点布置示意图

利用遗传算法优化 BP 算法程序寻找全局最优解,即合适的初始权重和阈值。从图 5-11 中可以看出,当进化到第 8 代时,适应度值基本趋于稳定,说明进化代数设置为 10 对该问题是比较合适的。

利用选取的训练样本训练该神经网络模型,训练过程中均方差(mse)的变化如图 5-12 所示,图示模型在训练到第 4 次时达到了设定的约束条件,即模型已收敛。由此可得出结论,遗传算法可加快模型训练的收敛速度。

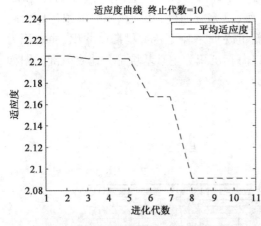
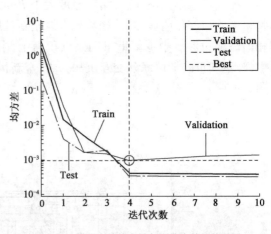

图 5-11　遗传算法进化代数与适应度关系曲线　　图 5-12　模型训练均方差与训练次数的关系图

3) 模型训练及预测结果分析

下面将开展三方面的工作:

① 对比 CX45 测斜孔 10.00m 深度处的实际监测结果与训练结果,判断模型训练的优劣程度。

② 利用模型预测基坑 CX48 测斜孔 10.00m 深度处的水平位移,并与实际监测结果进行对比,判断模型的泛化能力。

③ 利用不经遗传算法优化的模型预测基坑 CX48 测斜孔 10.00m 深度处的水平位移,并与经过优化的模型的预测结果进行对比,分析遗传算法的优化效果。

(1) 模型训练结果分析

本书共选取了 CX45 测斜孔 10.00m 深度处的 188 组监测数据,利用连续 5d 变形数据预测第 6d 变形的方式来组成训练样本,并将训练结果与实际监测结果进行对比,得到"绝对误差的绝对值≥1mm"的有19组,占总数的10.11%;"绝对误差的绝对值≥2mm"的仅有3组,占总数的1.60%。结果表明,该模型的训练结果满足准确度要求。模型的训练结果与实际监测结果随时间变化的曲线如图5-13所示。

CX45测斜孔位置处土体的施工被分成了6块,每块施工的起始日期分别是1月26日、2月11日、2月21日、3月1日、3月6日、3月16日,对应开挖深度分别是0m、3.6m、6.8m、9.6m、12.0m、12.75m。

(2)模型预测结果分析

本书共选取了CX48测斜孔10.00m深度处水平位移的180组监测数据,利用经遗传算法优化后的神经网络模型和未经遗传算法优化的神经网络模型进行预测,分别得到预测结果a和预测结果b,见表5-25。

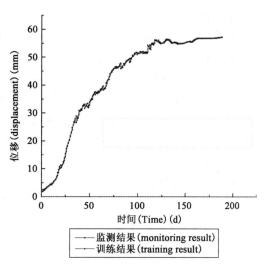

图5-13 训练结果与监测结果对比图

神经网络预测结果　　　　　　　　　　　　　　　　表5-25

序号	监测结果	预测结果 a	绝对误差	相对误差	预测结果 b	绝对误差	相对误差
…	…	…	…	…	…	…	…
29	23.32	23.024 6	-0.295 4	-1.28%	24.439 3	1.119 3	4.80%
30	25.08	24.466 7	-0.613 3	-2.51%	24.114 3	-0.965 7	-3.85%
31	26.05	25.915 7	-0.134 3	-0.52%	24.587 6	-1.462 4	-5.61%
32	28.30	26.710 7	-1.589 3	-5.95%	26.828 4	-1.471 6	-5.20%
33	30.28	28.961 0	-1.319 0	-4.55%	28.255 0	-2.025 0	-6.69%
…	…	…	…	…	…	…	…
88	50.43	50.416 2	-0.013 8	-0.03%	50.498 6	0.068 6	0.14%
89	50.21	50.734 4	0.524 4	1.03%	50.819 8	0.609 8	1.21%
90	50.32	50.427 4	0.107 4	0.21%	50.581 6	0.261 6	0.52%
91	53.16	50.489 5	-2.670 5	-5.29%	50.605 0	-2.555 0	-4.81%
92	55.97	53.094 3	-2.875 7	-5.42%	52.534 1	-3.435 9	-6.14%
…	…	…	…	…	…	…	…
176	55.76	55.689 8	-0.070 2	-0.13%	55.672 6	-0.087 4	-0.16%
177	55.92	55.839 4	-0.080 6	-0.14%	55.805 3	-0.114 7	-0.21%
178	56.07	55.984 6	-0.085 4	-0.15%	55.941 1	-0.128 9	-0.23%
179	56.23	56.133 9	-0.096 1	-0.17%	56.072 0	-0.158 0	-0.28%
180	56.39	56.278 6	-0.111 4	-0.20%	56.206 8	-0.183 2	-0.32%

CX48测斜孔位置处土体的施工被分成了5块,每块施工的起始日期分别是2月19日、3月22日、3月29日、4月9日、4月17日,开挖深度分别是0m、3.6m、6.8m、10.0m、13.05m。

①预测结果 a。

在 180 组预测结果中"绝对误差的绝对值≥1mm"的有 26 组,占总数的 14.44%;"绝对误差的绝对值≥2mm"的有 6 组,占总数的 3.33%;"绝对误差的绝对值≥5mm"的仅有 1 组,占总数的 0.56%。模型的预测结果与实际监测结果随时间变化的曲线对比如图 5-14 所示。

值得注意的是,判断神经网络模型泛化能力的优劣,主要不是看预测结果的误差大小本身,而是要看其误差是否接近于训练样本的误差。据此可以得出,遗传算法模型较好地映射了基坑围护结构水平位移的变形规律,即具有了较好的泛化能力。

②预测结果 b。

在 180 组预测结果中"绝对误差的绝对值≥1mm"的有 46 组,占总数的 25.56%,占到了总数的 1/4;"绝对误差的绝对值≥2mm"的有 22 组,占总数的 12.22%;"绝对误差的绝对值≥5mm"的有 4 组,占总数的 2.22%。

对比以上两组预测结果可以看出,不经遗传算法优化的神经网络对基坑围护结构水平位移的预测值与实际监测值偏差较大,"误差绝对值≥2mm"的数据占到了总数据的 1/10 以上,而经过优化的神经网络模型的预测结果明显更接近实际情况。上述实例表明不经遗传算法优化的神经网络可能收敛到局部最优点;而经过遗传算法优化的神经网络,则可收敛于"全局最优点"。

另外,基坑围护结构水平位移在各级钢支撑施作前后往往变化较大,而从图 5-14 中可以看出经过训练后的神经网络能够很好地对这种变形进行预测。因此,在选取训练样本的时候,要非常注意选取整个施工周期的监测数据,以保证训练后的模型具有较好的泛化能力。

为验证此模型对基坑不同位置处均具有较好的预测性能,又分别对 CX46、CX51 和 CX59 测斜孔处的水平位移进行了预测,得到预测结果与监测结果的对比如图 5-15 ~ 图 5-17 所示。从图中不难看出,CX46 和 CX49 测斜孔的预测结果与监测结果相当吻合,而 CX51 测斜孔的预测结果相比较而言,误差稍大,但仍在可接受的范围内。究其原因,分析可能是 CX51 测斜孔相比 CX46 和 CX59 测斜孔距 CX45 更远,地层差异更大,以及紧邻已完工的建筑结构。因此,要取基坑周边不同位置处的监测数据作为训练样本,建立多组预测模型,以使其具有更强的泛化能力。

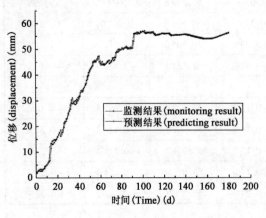

图 5-14 预测结果与监测结果对比图

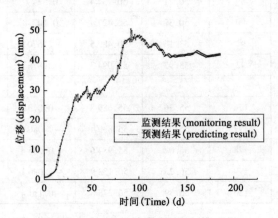

图 5-15 CX46 训练结果与监测结果对比图

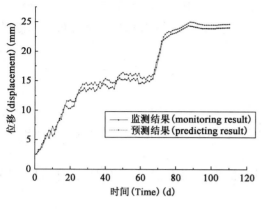

图 5-16　CX51 训练结果与监测结果对比图

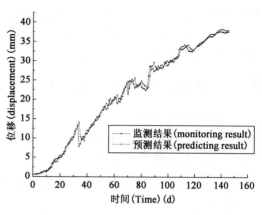

图 5-17　CX59 训练结果与监测结果对比图

5.3.5　小结

(1) 采用经过遗传算法优化的 BP 神经网络模型来分析基坑围护结构水平位移这种位移时间序列特征关系,误差小,收敛速度快,证明了该模型与方法分析此类数据具有较好的可信度和实用性。

(2) 直接选取基坑围护结构水平位移的实际监测数据作为模型的训练样本,可大大减少人为因素造成的干扰,从而能够更好地反映系统内在的变形规律。同时要注意选择整个施工周期的监测数据作为训练样本,以保证模型具有良好的泛化能力。

(3) 导致施工过程中基坑发生变形的影响因素有很多,其中有些因素非常关键,如支护的施作时机等,如果能将这些关键因素合理量化并与实际变形监测数据共同作为训练样本来训练模型,则得到的模型的预测准确性、泛化能力和稳健性将会更好。

5.4　贝叶斯网络方法

当利用概率方法评估隧道施工风险时,采用人为假设的概率分布往往并不合适,且经常会碰到小样本问题,即已有数据不足以支撑风险评判。这种条件下,贝叶斯网络方法被引入到工程风险评估中。风险事件与其发生概率之间的这种不确定性关系用不确定模型表达更合适,即对于统计风险而言,一个风险事件可能对应着几个概率值,只是程度不同而已(黄宏伟,2010)。

据统计,隧道工程开挖过程中由于围岩变形过大或者失稳引起的事故发生率一般占总事故发生率的 50% 以上(刘学增,2010)。日本在 1977 年至 1996 年近 20 年的隧道工程施工中,由于"崩塌和冒顶"造成的人员伤亡占到了 20%,紧随排名第一的"建设机械"之后且相差无几(先明其,1998)。这里以山岭隧道施工塌方风险为例,通过查阅诸多参考文献收集到 249 条隧道施工的塌方案例,建立了山岭隧道施工塌方案例数据库(部分案例信息见附录 A)。借助贝叶斯网络整合专家经验和案例数据的能力,以及兼顾变量间的独立性和学习变量间随机关系的能力,通过隧道施工塌方风险源辨识和分析建立了贝叶斯网络结构图。基本节点的先验概率通过统计分析案例数据得到,其他节点的条件概率则通过专家经验或逻辑推理得到,将这些基本概率表和条件概率表输入到 Netica 软件中,建立了山岭隧道施工期塌方风险分析模型,并通过敏感性分析得到对塌方风险影响较大的若干因素。最后以元磨高速公路大风垭口隧道特大塌方为例对该模型进行了验证。

5.4.1 隧道施工塌方风险分析与辨识

1) 塌方风险案例

通过查阅近些年国内期刊上发表的文献,共收集得到山岭隧道施工塌方有效案例249个,建立了隧道施工塌方风险案例库。

这些案例涉及的信息可分成五类,包括隧道基本信息、地质信息、施工信息、设计信息和塌方基本信息。

隧道基本信息:名称、地点、类型、长度、跨度、布置形式、断面形状。

地质、水文信息:围岩等级、不良地质或地形、偏压、是否煤系地层、地下水。

施工信息:施工方法、施工阶段、施工质量、施工单位、开工时间、施工通风情况。

设计信息:支护设计与揭露的地层是否相符、是否需要变更。

塌方基本信息:塌方发生日期、事故描述、塌方位置处隧道埋深、塌方前大气降水、塌方前征兆持续时间、塌方发生在白天还是夜间、是否设置逃生管道、塌方前是否进行人员疏散或庇护、塌方处距掌子面距离、塌方体积、塌方时现场工作人数、人员伤亡情况、财产损失情况、塌方治理方法等。

综上所述,总共包括33小类信息,其中可归结为塌方风险源的条目总结如下:

①隧道基本信息:隧道跨度、隧道布置形式、隧道断面形状。
②地质、水文信息:围岩等级、不良地质或地形、是否偏压、是否煤系地层、地下水。
③施工信息:施工方法、施工质量、施工通风情况。
④设计信息:支护设计是否需要变更。
⑤塌方基本信息:塌方位置处埋深、塌方前大气降水。

共包括14种可能引发隧道施工塌方的风险因素。

2) 风险因素分析

下面结合收集得到的案例对上述14种风险因素进行详细分析。

(1) 隧道跨度

塌方案例中隧道跨度以多种方式呈现,包括行车道数、横断面面积和建筑限界宽度。针对这3种描述方式,给定不同的标准将其划分为3类,分别为小跨度、中等跨度和大跨度(表5-26)。

隧道跨度划分标准　　　　　　　　　　表5-26

行车道数	横断面面积	建筑限界宽度	隧道跨度
1	50m² 以下	10m 以下	小跨度
2	50~100m²(含)	10~13.5m(含)	中等跨度
3 及以上	100m² 以上	13.5m 以上	大跨度

注:建筑限界宽度以二级公路隧道在设计速度为60km/h且设置人行道时的净宽为标准。

(2) 隧道布置形式

根据塌方案例中对开挖隧洞个数及左右洞间距的描述将其划分为3种布置形式,分别为分离式(包括单洞隧道)、小净距和连拱,双洞分离式隧道与小净距隧道以左右洞最小净距1.5B(B为隧道开挖断面宽度)为界(重庆交通科研设计院隧道科研所,2005)。

(3) 隧道断面形状

这里隧道断面形状划分为两类,即圆形和非圆形。由于所有塌方案例中隧道均为非圆形隧道,后文将不对该项进行分析。

(4) 围岩等级

这里将围岩等级划分为四类,其中Ⅰ、Ⅱ级为一类,Ⅲ级为一类,Ⅳ级为一类,Ⅴ、Ⅵ级为一类。

(5) 不良地质或地形

根据塌方案例中对隧道穿越地层不良地质或地形的描述,将其分成3类。隧道穿越岩溶、断层、湿陷性黄土或膨胀性矿物等地层时,地层不良地质或地形为严重;隧道穿越地层围岩较完整或仅存在少量节理裂隙时,地层不良地质或地形为轻微;其他情况地层不良地质或地形为中等。

(6) 偏压

根据塌方案例中对隧道偏压的描述,将其划分为无偏压、小偏压和大偏压。

(7) 煤系地层

塌方案例中仅有1例存在煤系地层且发生瓦斯爆炸进而诱发隧道塌方,鉴于煤系地层中存在发生瓦斯爆炸的可能性,故将此因素考虑在内。

(8) 地下水

塌方案例中仅有26个隧道案例地下水贫乏,由此可见地下水与隧道塌方存在很大相关性,根据塌方案例中对地下水丰富程度的描述,将其划分为3类,即贫乏、中等和丰富。

(9) 施工方法

这里将山岭隧道施工方法分为两类,即传统法(如钻爆法)和机械法(如TBM)。由于收集到的所有塌方案例均为传统法开挖,下文将不对此项进行分析。

(10) 施工质量

这里将隧道施工质量分为好、中和差3类。

(11) 施工通风

由于隧道施工通风情况将影响煤系地层中的瓦斯浓度,因而将其从施工质量中拿出,并将其划分为好、中和差3类。

(12) 支护设计

根据隧道发生塌方的地段是否需要支护设计变更来考虑隧道支护设计情况对塌方风险的影响。

(13) 埋深

隧道埋深将影响隧道的成拱效应和应力大小,这里将其划分为3类,即浅埋 $h \leq (2 \sim 2.5) h_q$(无法确定时,深浅埋界限值可取 50m),深埋 $(2 \sim 2.5) h_q < h \leq 500m$,超深埋 $h > 500m$。

（14）大气降水

大气降水将补给地下水并加剧隧道围岩的弱化，这里将其划分为3类，即贫乏、中等和丰富。

5.4.2 贝叶斯网络建模

1) 贝叶斯网络结构图

利用上述辨识得到的影响隧道施工塌方的风险因素，建立了山岭隧道施工期塌方风险贝叶斯网络结构图（图5-18），它由11个基本节点、8个中间节点、1个终止节点和26条弧线组成。该贝叶斯网络由7个子网络（图5-19~图5-25）组成，分别与围岩情况、涌水突泥风险、岩爆风险、瓦斯爆炸风险、自稳能力、综合地质风险和塌方风险相关。表5-27列出了该贝叶斯网络结构图中的所有节点信息。

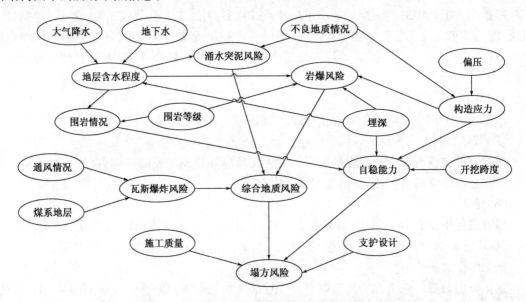

图5-18 山岭隧道施工期塌方风险贝叶斯网络结构图

贝叶斯网络的节点信息   表5-27

编号	节点	数量	状态
A	大气降水	3	A_1:很少；A_2:中等；A_3:丰富
B	地下水	3	B_1:贫乏；B_2:一般；B_3:发育
C	不良地质情况	3	C_1:无；C_2:节理、褶皱等；C_3:岩溶、断层、湿陷性黄土、膨胀性矿物等
D	偏压	3	D_1:无；D_2:些许偏压；D_3:大偏压
E	围岩等级	4	E_1:Ⅰ级、Ⅱ级；E_2:Ⅲ级；E_3:Ⅳ级；E_4:Ⅴ、Ⅵ级
F	埋深	3	F_1:浅埋；F_2:深埋；F_3:超深埋
G	煤系地层	2	G_1:是；G_2:否
H	施工质量	3	H_1:差；H_2:中；H_3:好
J	支护设计	2	J_1:需要变更；J_2:无需变更

续上表

编号	节点	数量	状态
K	开挖跨度	3	K_1:小;K_2:中;K_3:大
L	通风情况	3	L_1:差;L_2:中;L_3:好
M	地层含水情况	3	M_1:贫乏;M_2:中等;M_3:丰富
N	构造应力	3	N_1:低;N_2:中;N_3:高
Q	瓦斯爆炸风险	3	Q_1:低;Q_2:中;Q_3:高
R	自稳能力	3	R_1:强;R_2:中;R_3:弱
S	岩爆风险	3	S_1:低;S_2:中;S_3:高
T	涌水突泥风险	3	T_1:低;T_2:中;T_3:高
U	围岩情况	3	U_1:好;U_2:中;U_3:差
V	综合地质风险	3	V_1:低;V_2:中;V_3:高
W	塌方风险	4	W_1:Ⅰ级;W_2:Ⅱ级;W_3:Ⅲ级;W_4:Ⅳ级

(1)"围岩情况"子网络

影响开挖隧道围岩情况的节点及其相互关系如图5-19所示。开挖隧道围岩情况由围岩本身破碎情况和地层含水情况两方面控制。围岩本身破碎情况由围岩等级来反映。地层含水情况首先由地下水状况确定,若地层埋深较浅,也会受到大气降水的影响。

(2)"涌水突泥风险"子网络

引发开挖隧道涌水突泥风险的节点及其相互关系如图5-20所示。当开挖隧道穿越的地层附近存在不良地质,且地层含水丰富时,极易发生涌水突泥灾害。

图5-19 "围岩情况"子网络结构图 图5-20 "涌水突泥风险"子网络结构图

(3)"岩爆风险"子网络

引发开挖隧道岩爆风险的节点及其相互关系如图5-21所示。较完整岩体在高地应力时极易发生岩爆灾害。岩体完整性由围岩等级反映,岩体地应力情况首先由埋深确定,若开挖地层及其周围存在不良地质或偏压情况时,也可能形成较高的构造应力。

(4)"瓦斯爆炸风险"子网络

引发开挖隧道瓦斯爆炸风险的节点及其相互关系如图5-22所示。瓦斯爆炸风险主要由瓦斯浓度和隧道通风情况决定。这里瓦斯浓度情况由地层中是否存在煤层决定。

(5)"自稳能力"子网络

影响开挖隧道围岩自稳能力的节点及其相互关系如图5-23所示。隧道开挖后围岩自稳能力主要由地层情况和隧道开挖跨度决定。这里地层情况主要由围岩情况、埋深和构造应力三方面来体现。

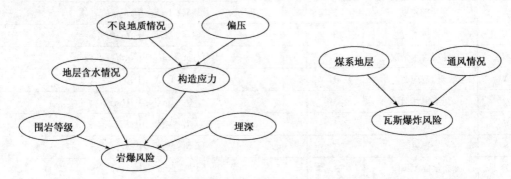

图 5-21 "岩爆风险"子网络结构图　　图 5-22 "瓦斯爆炸风险"子网络结构图

图 5-23 "围岩情况"子网络结构图

(6)"综合地质风险"子网络

决定综合地质风险的节点及其相互关系如图 5-24 所示。为减少塌方风险父节点个数,这里引入综合地质风险节点,来综合反映涌水突泥风险、岩爆风险和瓦斯爆炸风险情况。

(7)"塌方风险"子网络

影响开挖隧道塌方风险的节点及其相互关系如图 5-25 所示。开挖隧道塌方主要受地层条件、施工因素和支护设计 3 方面影响。地层条件的影响由综合地质风险和自稳能力来反映。

图 5-24 "综合地质风险"子网络结构图　　图 5-25 "塌方风险"子网络结构图

2) 基本概率表

量化贝叶斯网络是确定基本节点的概率表和中间节点及终止节点的条件概率表。通常而言,量化贝叶斯网络有 4 种方式,即统计数据、经验判断、已有的物理模型或经验模型和逻辑推理(Peng,2012)。通过统计数据来量化贝叶斯网络是一种方便且可信的方式,但由于可得到的统计数据信息有限,这里仅用来量化基本节点的概率表。

通过上述建立的山岭隧道施工塌方风险案例数据库来量化贝叶斯网络基本节点的概率。

11个基本节点中除施工质量、支护设计和通风情况外，另外8个节点的基本概率表分别通过计算各自分项所占百分比得到，见表5-28～表5-35。施工质量的先验概率引用 Špačková (2011)的研究成果，见表5-36。支护设计假设服从离散均匀分布，见表5-37。通风情况应结合施工现场实际情况，这里假设其先验概率见表5-38。

(1) 大气降水(A)基本概率

大气降水(A)基本概率　　　　　　　　　　表5-28

状态	A_1	A_2	A_3
数量(个)	133	13	103
概率(%)	53.41	5.22	41.37

(2) 地下水(B)基本概率

地下水(B)基本概率　　　　　　　　　　表5-29

状态	B_1	B_2	B_3
数量(个)	26	130	93
概率(%)	10.44	52.21	37.35

(3) 不良地质情况(C)基本概率

不良地质情况(C)基本概率　　　　　　　表5-30

状态	C_1	C_2	C_3
数量(个)	3	188	58
概率(%)	1.20	75.50	23.29

(4) 偏压(D)基本概率

偏压(D)基本概率　　　　　　　　　　　表5-31

状态	D_1	D_2	D_3
数量(个)	219	21	9
概率(%)	87.95	8.43	3.61

(5) 围岩等级(E)基本概率

围岩等级(E)基本概率　　　　　　　　　表5-32

状态	E_1	E_2	E_3	E_4
数量(个)	0	37	100	112
概率(%)	0.00	14.86	40.16	44.98

(6) 埋深(F)基本概率

埋深(F)基本概率　　　　　　　　　　　表5-33

状态	F_1	F_2	F_3
数量(个)	105	142	2
概率(%)	42.17	57.03	0.80

(7) 煤系地层(G)基本概率

煤系地层(G)基本概率　　表5-34

状态	G_1	G_2
数量(个)	248	1
概率(%)	99.60	0.40

(8) 开挖跨度(K)基本概率

开挖跨度(K)基本概率　　表5-35

状态	K_1	K_2	K_3
数量(个)	9	191	49
概率(%)	3.61	76.71	19.68

(9) 施工质量(H)基本概率

施工质量(H)基本概率　　表5-36

状态	H_1	H_2	H_3
概率(%)	30	60	10

(10) 支护设计(J)基本概率

支护设计(J)基本概率　　表5-37

状态	J_1	J_2
概率(%)	50	50

(11) 通风情况(L)基本概率

通风情况(L)基本概率　　表5-38

状态	L_1	L_2	L_3
概率(%)	30	60	10

3) 条件概率及终止节点先验概率

条件概率通过专家经验判断和逻辑推理得到,9个中间节点和终止节点的条件概率表附录B。

将上述基本概率和条件概率输入到Netica软件中可计算得到终止节点"塌方风险"各状态的先验概率值,见表5-39。可以看出,塌方风险为Ⅳ级的概率最高,Ⅲ级和Ⅳ级的概率之和达到79%,真实地反映出了所给案例的高塌方风险状态。

塌方风险的先验概率值　　表5-39

塌方风险	Ⅰ级	Ⅱ级	Ⅲ级	Ⅳ级
状态	W_1	W_2	W_3	W_4
概率(%)	7	14	25	54

5.4.3 敏感性分析

(1) 重要性指标

当开挖隧道的塌方风险为Ⅲ级及以上时,隧道施工是比较危险的,为方便计算分析,这里将Ⅲ级和Ⅳ级风险概率之和作为一个参数进行分析,即$M=c$。

贝叶斯网络的敏感性分析需用到如下两个公式(Peng,2012):

$$I_{\min}(SN) = \frac{P(TN) - P(TN \mid SN_{\min})}{P(TN)} \tag{5-18}$$

$$I_{\max}(SN) = \frac{P(TN \mid SN_{\max}) - P(TN)}{P(TN)} \tag{5-19}$$

式中: SN——选择节点;

           TN——目标节点;

      $P(TN)$——目标节点的先验概率值;

$P(TN \mid SN_{\min})$——选择节点取$SN_{\min}$状态时目标节点的条件概率值;

$I_{\min}(SN),I_{\max}(SN)$——节点$SN$的两个重要性指标。

变量$SN_{\min}$和$SN_{\max}$的含义通过举例来说明:在其他节点的基本概率值保持不变,"施工质量"节点取状态"好"的概率为1时,塌方风险为c的概率比施工质量取其他两种状态时的概率均小,就称"施工质量"取状态"好"为其$SN_{\min}$;同理可得$SN_{\max}$。

$I_{\min}(SN)$和$I_{\max}(SN)$为选择节点SN的两个重要性指标。以目标节点TN为"塌方风险$M=c$"为例,$I_{\min}(SN)$越大,表示节点SN对降低$P(M=c)$越有效;$I_{\max}(SN)$越大,表示节点SN对增大$P(M=c)$越有效。

(2)节点敏感性分析

根据在Netica软件中建立的塌方风险贝叶斯网络及式(5-18)和式(5-19)可以计算得到11个基本节点和8个中间节点的$P(M=c \mid SN_{\min})$、$P(M=c \mid SN_{\max})$和重要性指标值,见表5-40、表5-41。

基本节点的重要性指标值   表5-40

风险因素	$P(M=c \mid SN_{\min})$	$I_{\min}$	$P(M=c \mid SN_{\max})$	$I_{\max}$
A	0.777	0.015 21	0.803	0.017 74
B	0.633	0.197 72	0.868	0.100 13
C	0.301	0.618 50	0.969	0.228 14
D	0.775	0.017 74	0.945	0.197 72
E	0.674	0.145 75	0.854	0.082 38
F	0.679	0.139 42	0.938	0.188 85
G	0.788	0.001 27	0.877	0.111 53
H	0.694	0.120 41	0.854	0.082 38
J	0.747	0.053 23	0.830	0.051 97
K	0.503	0.362 48	0.946	0.198 99
L	0.788	0.001 27	0.789	0

图 5-26 直观表达了 11 个基本节点的重要性指标值的大小。从图中可以看出,"不良地质情况(C)""开挖跨度(K)"和"地下水(B)"对降低"塌方风险 $M=c$"的概率影响较大,而"不良地质情况(C)""开挖跨度(K)""偏压(D)"和"埋深(F)"对增大"塌方风险 $M=c$"的概率影响较大。从图 5-27 也可以看出同样的规律。

图 5-28 直观表达了 8 个中间节点的重要性指标的大小。从图中可以看出,"构造应力(N)""自稳能力(R)"和"围岩情况(U)"对降低"塌方风险 $M=c$"的概率影响较大,而除"地层含水情况(M)"和"围岩情况(U)"外,其他中间节点对增大"塌方风险 $M=c$"的概率影响均较大。从图 5-29 也可以看出同样的规律。

中间节点的重要性指标值　　　　　　　　　表 5-41

风险因素	$P(M|SN_{min})$	I_{min}	$P(M|SN_{max})$	I_{max}
M	0.551	0.301 65	0.892	0.130 55
N	0.244	0.691 00	0.962	0.219 27
Q	0.789	0	0.991	0.256 02
R	0.004	0.994 80	0.995	0.261 09
S	0.565	0.283 90	0.971	0.230 67
T	0.556	0.295 31	0.999	0.265 91
U	0.327	0.586 19	0.866	0.097 59
V	0.561	0.288 97	0.998	0.265 27

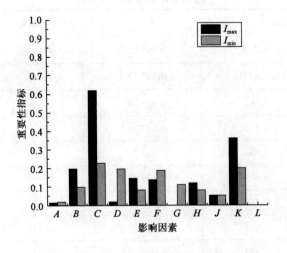

图 5-26　基本节点对塌方风险敏感性的重要性指标值

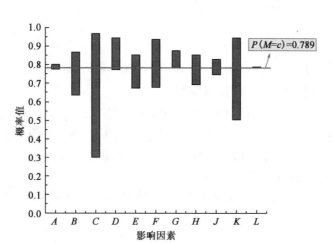

图 5-27　基本节点对塌方风险概率取值的影响区间

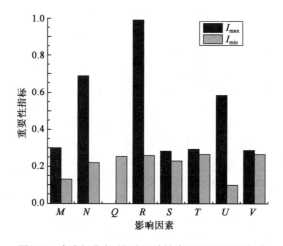

图 5-28　各中间节点对塌方风险敏感性的重要性指标值

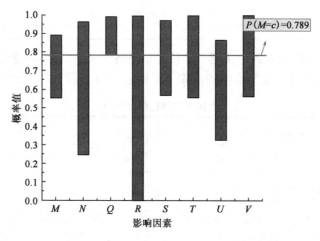

图 5-29　各中间节点对塌方风险概率取值的影响区间

5.4.4 工程实例验证

以元磨高速公路大风垭口隧道特大塌方(李志厚,2008)为例,验证上述基于贝叶斯网络的山岭隧道施工期塌方风险分析和预测模型。

元磨高速公路大风垭口隧道工程下行线在施工过程中发生涌水和塌方事故,并在隧道塌方位置正上方地表形成一个直径达25m、深达15m的陷坑。隧道采用上下分离式双洞四车道形式,上行线长3 354m、下行线长3 373m。隧道涌水塌方处设计围岩为Ⅳ级,拱顶距地表180m,地表和地下水丰富,且位于断层破碎区。

根据该隧道的隧道特征、地质水文条件、施工情况和设计情况描述,其贝叶斯网络模型的基本节点状态取值见表5-42。

大风垭口隧道基本节点状态取值 表5-42

编 号	节 点	状 态
A	大气降水	A_1:很少
B	地下水	B_3:发育
C	不良地质情况	C_3:断层
D	偏压	D_1:无
E	围岩等级	E_3:Ⅳ级
F	埋深	F_2:深埋(180m)
G	煤系地层	G_2:否
H	施工质量	按模型先验概率取值
J	支护设计	按模型先验概率取值
K	开挖跨度	K_2:中
L	通风情况	按模型先验概率取值

将表5-42中的数据输入到上文建立的贝叶斯网络模型中,得到的隧道涌水突泥风险和塌方风险概率见表5-43,贝叶斯网络模型计算过程如图5-30所示。

大风垭口隧道风险概率 表5-43

风险指标	概率值
涌水突泥风险(T)	T_1:0,T_2:0,T_3:100%
塌方风险(W)	W_1:0,W_2:0,W_3:2.50%,W_4:97.50%

从表5-43中可以看出该隧道发生涌水突泥和塌方风险的概率非常高,与实际工程施工中发生严重涌水和特大塌方情况相符,表明该贝叶斯网络模型能够较为合理的预测实际工程的施工塌方风险。

第5章 风险评估软科学方法

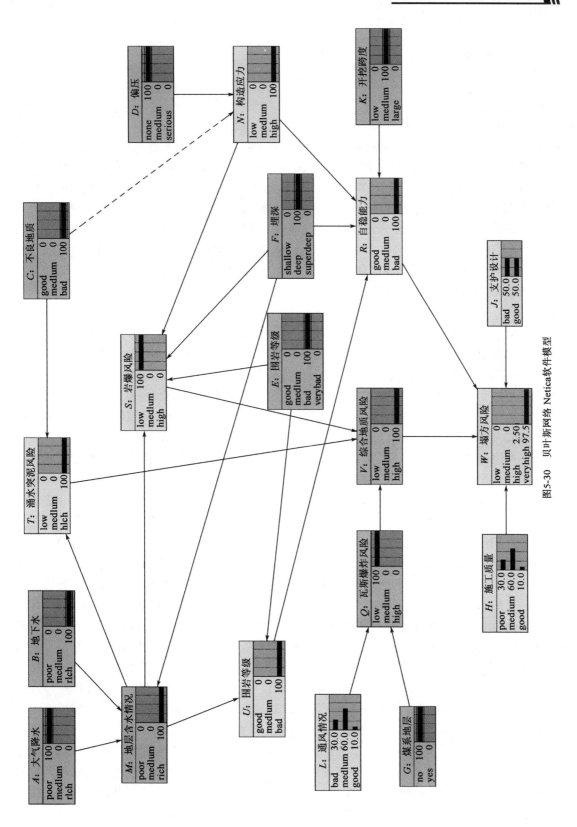

图5-30 贝叶斯网络 Netica软件模型

5.5 深度学习方法

5.5.1 概述

机器学习(Machine Learning)是对能通过经验自动改进的计算机算法的研究,应用范围从在大型数据集中探索通用程序的数据挖掘,到自动学习用户兴趣信息的过滤系统。机器学习是用数据或以往的经验来优化计算机程序的性能标准,通俗地说,机器学习是研究机器程序如何具有人类的学习能力。20世纪50年代阿瑟·塞谬尔(Arthur Lee Samuel)基于他自己的理论研究成果,编制了世界上第一个有自学习功能的游戏程序,并于1956年2月24日在康涅狄格州的西洋跳棋比赛中一举夺魁。因此,塞谬尔被称为"机器学习之父",并获得IEEE计算机先驱奖(1987年)。机器学习是当今信息化时代应用最广的技术之一,包括网页搜索、商品推荐、智能硬件产品等。利用传统机器学习技术构建一个模式识别系统,需要一个精致的发动机和相当专业的知识,并通过人工设计一个处理原始数据的特征提取器,因而其泛化学习能力相当有限。

深度学习(Deep Learning)是机器学习的一种方式,是近十年来人工智能领域取得的重要突破。它在语音识别、自然语言处理、计算机视觉、图像与视频分析、多媒体等诸多领域均取得了巨大成功。从本质上来说,深度学习是一种特征学习方法,把原始数据通过一些简单但非线性的模型转变为更高层次、更加抽象的表达。通过足够多的转换组合,任意复杂的函数理论上都可以被学习。卷积神经网络是深度学习的一种重要手段,在图像分类领域表现出强大的能力。1962年Hubel和Wiesel以猫的视觉神经细胞为研究基础而提出"感受野"的概念。而卷积神经网络的提出也正源于此,即以复杂神经网络模仿生物对物体的学习和识别方式,在神经网络中体现为稀疏连接和权值共享。1980年Fukushima提出的神经认知机(Neocognitron)具有一定的自我学习能力,可以认为是卷积神经网络的首次尝试。1995年Yann Le Cun提出了一种实用性的卷积神经网络模型,用于手写数字的识别,效果显著。由于CNN庞大的参数量(权值和偏置参数),模型进行学习(训练)花费的时间代价极大,受限于当时人们对CNN的认识、网络训练的反向传播算法以及计算机硬件的落后,CNN的发展曾一度止步不前。2006年机器学习大师Hinton在Science上发表文章提出逐层训练的方法,即以上一层训练的结果作为下一层的输入,解决了模型难以达到最优的问题。2012年在世界图像识别大赛(ILSVRC)上,Alex提出的CNN模型有三点创新,即Dropout训练策略、非线性的激活函数(ReLU)以及随机平移扰动,刷新了以往的比赛成绩(错误率由26%降低至15%),自此以后CNN在世界范围内被大量应用于图像识别领域。例如,在人脸识别领域,2013年提出的DeepFace、DeepID等具有超过97%的识别率,而增加了扩展网络结构的DeepID2+达到了99.47%识别率,超过了人类的识别能力。其他领域中,Cruz-Roa等(2013)利用深度学习对癌细胞和正常组织细胞进行分类,采用了1417张图像作为数据库,在训练集和测试集上均达到了超过90%的准确率。深度学习正在取得重大进展,解决了人工智能界多年未能克服的难题。除了在图像识别、语音识别等领域表现优异之外,它还在很多领域击败了其他机器学习技术,包括预测潜在的药物分子的活性、分析粒子加速器数据、重建大脑回路、预测在非编码DNA突变对基因表达和疾病的影响等。

5.5.2 分类

1）自动编码机

自动编解码网络可看作是传统的多层感知器的变种,其基本想法是将输入信号经过多层神经网络后重构原始的输入,通过非监督学习的方式挖掘输入信号的潜在结构,将中间层的响应作为潜在的特征表示。其基本结构如图 5-31 所示。

自动编解码机由将输入信号映射到低维空间的编码机和用隐含特征重构初始输入的解码机构成。自动编码机可以通过级联和逐层训练的方式组成深层结构,其中只需要将前一层中隐含层的输出作为当前层的输入。深度模型通过逐层优化的方式训练后,还可以通过让整个网络重构输入信号的原则进行精调。在自动编码机的框架下,很多研究者通过引入正则约束的方式,开发了很多变种模型。一些研究者将稀疏表示的思想引入,提出了稀疏自动编解码机。为了增强自动编码机的泛化性,Vincent 等(2008)提出了降噪自动编码机,他们在训练之前给训练样本加入人工制造的噪声干扰,使得网络可以从有噪声的信号中重构原始的干净输入。

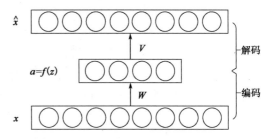

图 5-31　自动编码机模型结构示意图

2）受限玻尔兹曼机

玻尔兹曼机(Boltzmann Machine,简写 BM)是一种随机的递归神经网络,由 Hinton 等(2006)提出,能通过学习数据的固有内在表示,解决复杂学习问题的最早人工神经网络之一。受限玻尔兹曼机(Restricted Boltzmann Machine,简写 RBM)是玻尔兹曼机的扩展,同样由 Hinton 等提出,由于去掉了玻尔兹曼机同层之间的连接,因而大大提高了学习效率。

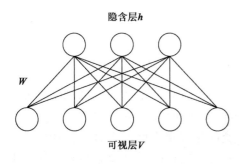

图 5-32　受限玻尔兹曼机模型结构示意图

如图 5-32 所示,RBM 是一个双向图模型,由可视层 v 和隐含层 h 组成,可视层和隐含层之间的联合概率分布定义为:

$$P(v,h) = \frac{1}{z}\exp(v^T Wh + V^T bv + h^T b_h) \tag{5-20}$$

式中:z——归一化函数;

W——可视层和隐含层之间的连接权重;

b——偏置项。

此模型的优化目标和一般的概率图模型相同,均基于最大似然估计,即最小化训练数据的似然概率的负对数:

$$E(v,h) = -\log P(v,h) \tag{5-21}$$

一些研究者在 RBM 基础上提出了很多扩展模型。原始的 RBM 模型中可视层为二值变量,相关学者通过引入高斯核使得 RBM 支持连续变量作为输入信号。一些拓展模型修改

RBM 的结构和概率分布模型，使得它能模拟更加复杂的概率分布，如"mean-covariance RBM" "spike-slab RBM"和门限 RBM。这些模型中通常都定义了一个更加复杂的能量函数，学习和推断的效率因此会有所下降。此外，相关学者提出在 RBM 的生成式学习算法中融入判别式学习，使得它能更好地应用于分类等工作。

3) 深度神经网络

神经网络技术起源于 20 世纪 50~60 年代，当时叫感知机，是最早被设计并实现的人工神经网络，它是一种二分类的线性分类模型，主要用于线性分类，分类能力十分有限。输入的特征向量通过隐含层变换到达输出层，在输出层得到分类结果。早期感知机的推动者是 Rosenblatt。但单层感知机遇到了一个严重问题，即对稍复杂一些的函数就无能为力（比如最为典型的"异或"操作）。随着数学理论的发展，此缺陷直到 20 世纪 80 年代才被 Rumelhart、Williams、Hinton、LeCun 等人发明的多层感知机（multilayer perceptron，MLP）克服。多层感知机可以摆脱早期离散传输函数的束缚，使用 sigmoid 或 tanh 等连续函数模拟神经元对激励的响应，在训练算法上则采用了 Werbos 发明的反向传播 BP 算法。

图 5-33 为全连接深度神经网络的结构示意图。通过增加隐含层的数量及相应的节点数，可以形成深度神经网络，深度神经网络一般指全连接的神经网络，该类神经网络模型常用于图像及语言识别等领域。在图像识别领域，由于其将图像数据变换为一维数据进行处理，忽略

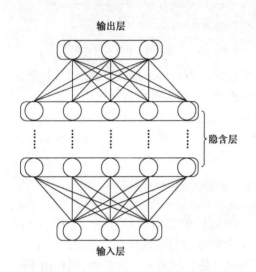

图 5-33　全连接深度神经网络模型结构示意图

了图像的空间几何关系，因此在图像识别领域的识别率不及卷积神经网络，且由于相邻层之间全连接，要训练的参数规模巨大，进一步限制了全连接神经网络模型结构的深度和广度。

4) 卷积神经网络

近几年，卷积神经网络（Convolutional Neural Nnetwork，简写 CNN）在大规模图像特征表示和分类中取得了巨大成功。标志性事件是在 2012 年的 ImageNet 大规模视觉识别挑战竞赛中，Krizhevsky 实现的深度卷积神经网络模型将图像分类的错误率降低了近 50%。2016 年 4 月份著名的围棋人机大战中以 4∶1 大比分优势战胜李世石的 AlphaGo 人工智能围棋程序就采用了 CNN + 蒙特卡洛搜索树算法。LeCun 等人在 1998 年采用卷积神经网络，构建了用于手写字符图像识别的模型，其网络结构如图 5-34 所示。

通常认为，卷积神经网络是含有多个隐含层的复杂神经网络。模型由数据层、视觉层（卷积层、池化层、激励层）以及其他层（全连接层、随机失活层、分类层等）组成。

数据层是模型的入口，处于网络的最底层，以固定大小的图像为输入数据"喂"给网络模型，在图像的每个通道，每个像素点以具体数值（0~255）体现。

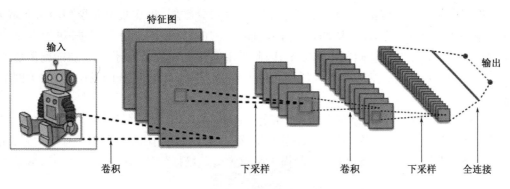

图 5-34　卷积神经网络模型结构示意图

视觉层是卷积神经网络的主要组成部分,体现了卷积神经网络的核心思想。由于图像具有局部性和不变性的性质,因此采用不完全连接的方式可以大大减少参数数量,同时可避免关键特征信息的丢失。卷积层由若干个大小为 $l×l$ 的卷积核对 $w×h$ 的输入图像的一个邻域进行卷积,即以一组权重和不同窗口内数据做内积,并以一定步长 s 进行滑动,同一个卷积核在一次运算中共享权重,最终每个神经元都进行了一次或多次卷积运算,输出为 $(h-l)/(s+1)×(w-l)/(s+1)$ 维度的特征图像。每一次卷积宏观上可以认为是对图像特征的抽取,卷积层数越多,可得到越深越抽象的图像特征。

池化层也称降采样层,通常设置在卷积层和激励层之后,以一定大小 $l×l$ 的池化窗口和一定步长 s 对 $w×h$ 的特征图像的一个邻域进行降采样,得到 $(h-l)/(s+1)×(w-l)/(s+1)$ 的特征图像。池化可以减小模型参数,学习特征图像的空域特征,实现对平移、缩放和其他形式扭曲的不变性,减小过拟合的发生。常用的手段为最大值池化和平均值池化,宏观上平均值池化侧重于保存图像的背景信息,而最大值池化侧重于保留图像的纹理信息。

激励层是激活函数所在的层,起着筛选数据,增加结构非线性的作用,通过非线性函数变换,对输入数据进行激励。激励层不会改变神经元的个数和分布,常用的激活函数见表 5-44。

卷积神经网络中常用的激活函数　　　　　　　　　表 5-44

函 数 名 称	函 数 表 达 式
Sigmoid	$f(x) = \dfrac{1}{1+\mathrm{e}^{-x}}$
Hyperbolic Tangent	$f(x) = \dfrac{\mathrm{e}^x - \mathrm{e}^{-x}}{\mathrm{e}^x + \mathrm{e}^{-x}}$
Power	$f(x) = (a + b \cdot x)^c$
ReLU	$f(x) = \max(x, 0)$
ELU	$f(x) = \begin{cases} x & (x>0) \\ a[\exp(x)-1] & (x<0) \end{cases}$

非线性激活函数 ReLU(Rectified-Linear Units)既可以避免梯度过大导致的梯度弥散(梯度爆炸)以及梯度过小导致的梯度消失现象,又可以保持较快的计算速度,因此在 CNN 中广泛采用。

其他层中包含了全连接层、随机失活层（Dropout）、分类层、批次规范化层（Batch Normalization）等，实现对 CNN 结构模型增加期望的功能。在神经网络的训练过程中，过拟合是经常出现的问题，在 CNN 中这个问题更加突出，因此采用了随机失活层，其作用是在前向传播的过程中使得某些节点随机失活。随机失活层在很大程度上避免了过拟合的发生，增加了网络结构的鲁棒性。

Softmax 层是卷积神经网络的分类层，完全嵌入到 CNN 中，是端对端（end to end）的结构，通常设置在 CNN 的最后一层。这种方法分类准确率高，计算量小，并行分布处理能力强，能充分逼近复杂的非线性关系。Softmax 层的损失函数为交叉熵损失（cross-entropy loss），数学表达式如下：

$$L_i = -f_{y_i} + \log \sum_j e^{f_{y_j}} \tag{5-22}$$

式中：L_i——第 i 个标签的损失；
j——总标签数；
f_y——前向传播得到的得分向量。

5）循环神经网络

在全连接的深度神经网络和卷积神经网络中，每层神经元的信号只能向上一层传播，样本的处理在各个时刻相互独立，因此，该类神经网络无法对时间序列上的变化进行建模。样本的时间顺序对于自然语言处理、语音识别等应用非常重要，为了适应这种需求，创建了一种新的神经网络结构——循环神经网络（Recurrent Neural Networks，简写 RNN）。RNN 中神经元的输出可以在下一个时间戳直接作用到自身，即第 i 层神经元在 t 时刻的输入，除了 $i-1$ 层神经元在 $t-1$ 时刻的输出外，还包括其自身在 t 时刻的输入。如图 5-35 所示，$t+1$ 时刻网络的最终结果 $O_{(t+1)}$ 是该时刻输入和所有历史输出共同作用的结果，这就达到了对时间序列建模的目的。

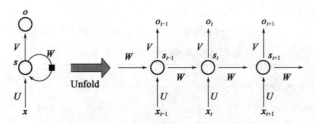

图 5-35　RNN 在时间上进行展开

为了适应不同的应用需求，RNN 模型出现了不同的变种，主要包括以下几种：

（1）长短期记忆模型

该模型通常比 vanilla RNNs 能够更好地对长短时依赖进行表达，主要为了解决通过时间的反向传播（backpropagation through time，简写 BPTT）算法无法解决的长时依赖问题，因为 BPTT 会带来梯度消失或梯度爆炸问题。传统的 RNN 虽然被设计成可以处理整个时间序列信息，但其记忆最深的还是最后输入的一些信号，而受之前的信号影响的强度越来越低，最后可能只起到一点辅助作用，即 RNN 输出的还是最后的一些信号，这样的缺陷使得 RNN 难以处理长时依赖的问题，而 LSTM 是专门为解决长时依赖而设计的，不需要特别复杂地调试超参数，默认就可以记住长期的信息，其不足之处是模型结构较 RNN 复杂。其结构如图 5-36 所示。

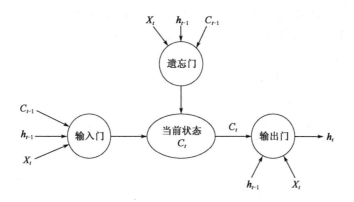

图 5-36　LSTM 单元结构示意图

(2) Simples RNNs (SRNs)

SRNs 是 RNNs 的一种特例,它是一个三层网络,并且在隐含层增加了上下文单元,如图 5-37 所示的 y 便是隐含层,u 便是上下文单元。上下文节点与隐含层节点一一对应,且值是确定的。在每一步中,使用标准的前向反馈进行传播,然后使用学习算法进行学习。上下文每一个节点保存其连接的隐含层节点的上一步输出,即保存上文,并作用于当前步对应的隐含层节点的状态,即隐含层的输入由输入层的输出与上一步自己的状态所决定。因此 SRNs 能够解决标准的多层感知机无法解决的对序列数据进行预测的任务。

(3) BidirectionalRNNs

该模型是一个相对简单的 RNNs,如图 5-38 所示,是由两个 RNN 上下叠加在一起组成,其输出由两个 RNN 的隐含层状态决定,双向 RNN 网络模型可以用来根据上下文预测一个语句中缺失的词语,即当前的输出不仅与前面的序列有关,并且还与后面的序列有关。

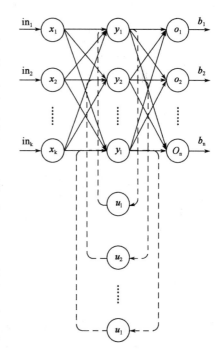

图 5-37　SRN 网络结构示意图

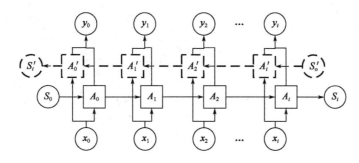

图 5-38　双向循环网络结构示意图

此外针对不同的应用需求还出现了一些包括深度 RNN 模型（Deep RNN）、回声状态网络（Echo State Networks）、门控 RNN 模型（gated recurrent unit，简写 GRU）、时钟频率驱动的 RNN（Clockwork RNN）模型等。

6）多模型融合的神经网络

除了单个的神经网络模型，还出现了不同神经网络模型组合的神经网络，比如 CNN 和 RBM、CNN 和 RNN 等，通过将各个网络模型的优势组合起来可以达到最优的效果。这部分具体信息请参考相关文献。

5.6　BIM 技术

5.6.1　BIM 概述

建筑信息模型（BuildingIn for mation Modeling，简称 BIM）是在建筑物的生命周期中生成和管理建筑物数据的过程。对于设计、施工和维护作业来说，BIM 是一种革命性的方法，有望加快施工速度，改善各方之间的协作，控制变更成本，提高效率，从而提高整体生产力。

然而，BIM 这一名词还没有一个统一的定义，不同部门或企业的定义各有侧重，下面列出了几种 BIM 定义。

（1）维基百科：由完全和充足信息构成以支持生命周期管理，并可由计算机应用程序直接解释的建筑或建筑工程信息模型。

（2）《建筑信息模型应用统一标准》：在建设工程及设施全生命期内，对其物理和功能特性进行数字化表达，并依此设计、施工、运营的过程和结果的总称。

（3）美国国家 BIM 标准（NBIM）：由三部分组成：①BIM 是一个设施（建设项目）物理和功能特性的数字表达；②BIM 是一个共享的知识资源，是一个分享有关这个设施的信息，为该设施从建设到拆除的全生命周期中的所有决策提供可靠依据的过程；③在项目的不同阶段，不同利益相关方通过在 BIM 中插入、提取、更新和修改信息，以支持和反映其各自职责的协同作业。

（4）美国建筑师学会：一种结合工程项目信息数据库的模型技术。

（5）Autodesk 公司：建筑物在设计和建造过程中，创建和使用的"可计算数字信息"。而这些数字信息能够被程序系统自动管理，使得经过这些数字信息所计算出来的各种文件，自动地具有彼此吻合、一致的特性。

常见的 BIM 工具见表 5-45。

常见的 BIM 工具　　　　　　　　　表 5-45

供　应　商	目　　的	BIM 工　具	文件格式
AutodeskInc.	Building Model	Revit Architecture/Structure	CAD Formats；DWG；DXF，DGN，SAT；DWF/DWFx；ADSK；Image；IFC；ODBC

续上表

供应商	目的	BIM 工具	文件格式
AutodeskInc.	Site Model	AutodCAD Civil 3D	DGN,DWG,DXF,DWS,DWT,DWF,Nwf
	Integration	Naviswork	NWD,NWF,NWC
Bentley System	Building Model	Bentley Architecture	DGN,DWG,DXF,STEP,IGES
	Site Model	InRoads Site	DGN,DWG
		PowerCivil	DGN,DWG,XMLdata,PDF
	Integration	Bentley Navigator	DGN,DWG
Graphisoft	Building Model	ArchiCAD	DWG,DGN

BIM 技术最早由美国佐治亚理工学院的 Chuck Eastman 博士于 1975 年提出。之后，Jerry Laiserin 等人对这一概念进行了补充和规范，并进一步推广。2002 年，Phil Bernstein 首次采用 BIM 概念来宣传相关软件。此后，美国总务管理局(General Services Administration，简写 GSA)在 2003 年推出了 3D-4D-BIM 计划，并提出一系列有关 BIM 的指导性建议(Qing-Hua，2012)。美国陆军工程兵团(the United States Army Corps of Engineers，USACE)于 2006 年制定并发布了未来 15 年(2006～2020 年)的 BIM 技术发展路线图。美国建筑科学研究院(the National Institute of Building Sciences)于 2007 年制定了国家 BIM 标准(NBIM)，建筑 SMART 联盟(Building SMART Alliance，简写 BSA)对 BIM 应用进行了研究(Yalcinkaya，2015)。截至 2008 年年底，BSA 已经获得了一系列标准，包括工业基础类(the Industry Foundation Classes，简写 IFC)标准、美国国家 CAD 标准和建筑信息模型(the Journal of Building Information Modeling，简写 JBIM)标准。威斯康星州成为美国第一个采用 BIM 技术进行大型公共项目建设的州。2009 年，日本国土交通省开始引进 BIM 技术，现在 BIM 已经应用于整个日本。此外，欧洲和韩国的许多政府机构也致力于制定 BIM 技术的应用标准。BIM 技术在我国起步较晚，目前也只有一些大型设计院有技术和实力将其应用到项目设计中。比如，2005 年沈阳建筑设计研究院开始将 Revit 软件应用于协同设计，2010 年中国建筑设计研究院应用 BIM 技术协同设计了敦煌旅游中心项目。随着我国政府部门的强力推动，近几年来有关 BIM 技术的研究、开发和应用已经成为一个重要课题。2012 年 1 月，住房和城乡建设部发布了"关于印发《2012 年第二批工程建设协会标准制订、修订计划》的通知"，标志着我国 BIM 标准的制定正式启动。2013 年 10 月，住房和城乡建设部工程质量安全监督司下发了《关于推进建筑信息模型应用的指导意见》，明确了 BIM 技术在中国的发展目标。目前，我国已颁布的国家 BIM 标准有《建筑信息模型应用统一标准》(GB/T 51212—2016)和《建筑信息模型施工应用标准》(GB/T 51235—2017)。国外的 BIM 指南、报告和愿景见表 5-46。

表 5-46

国外的 BIM 指南、报告和愿景

区域	组织	项目	类型和日期	描述
澳大利亚	CRC-CI	National Guidelines & Case Studies	Guidelines and six case studies—2008	强调开放一致的流程,并测试选定软件的兼容性
挪威	STATSBYGG	HITOS	Documented Pilot sections based on modelling roles	一个"全面的IFC测试",记录了一个合作项目上获得的经验
美国	AGC	Contractor's Guide to BIM	Guidelines—version 1, September 2006	旨在帮助承包人了解如何开始使用 BIM 或 VDC
美国	AIA	Integrated project Delivery (IPD)	Guide—2007	项目交付方法将人员、系统、业务结构和实践整合到一个过程中,通过合作利用所有参与者的智慧,优化项目成果,为所有者增加价值,减少浪费,并通过设计、制造和建设的各个阶段实现效率最大化
美国	GSA	3D-4D-BIM Program	Guidelines—2006 in 7 series	旨在为从事 BIM 新设计和 GSA 主要现代化项目实践的 GSA 员工和顾问提供服务
美国	NIST	NBIMS National Building Information Modelling Standards	Guidelines—2007	NBIMS 建立了信息交换的标准定义,以支持使用标准语义和本体用软件实现关键业务环境
美国	USACE	US Army Corps of Engineers	BIM—A roadmap for Implementing BIM to solve the Time and Cost Challenges of MILCON Transformation	该计划的范围是在美国陆军工程兵土木工程和军事建筑业务流程中实施 BIM,包括与 USACE 建筑施工 (AEC) 行业合作伙伴和软件供应商合作的过程
美国	USCG	U. S. Coast Guard	BIM User Guides and Standards (partial publicly-available information)	目标是开发和维护一个 BIM 标准

续上表

区域	组织	项目	类型和日期	描述
欧盟	BIPS(丹麦)	Digital Construction	Guidelines 2007 in 4 parts	由4部分组成:3D CAD手册,3D工作方法,项目协议以及分层和对象结构
	SENATE Properties (芬兰)	BIM Requirements 2007	Guidelines—2007 in 9 volumes subdivided by discipline	BIM项目中的一般操作程序和BIModels的详细总体要求,侧重于设计阶段
	TNO(荷兰)	E-BOUW	Framework—2008 presented through a wiki	一个由17个正交维度组成的BIM框架,通常描述的是建筑信息建模世界,构成关于BIM的"思维方式"
	Consortium of Organisations	InPro	Report—2006 till 2010	开放信息环境是由于两种方法的结合而产生的一组结果:一方面是业务流程和所需的组织,另一方面是支持业务流程的基础技术
	Consortium of Organisations	CONCUR Concurrent Engineering in Building and Civil Engineering	Demonstration Project—2002	CONCUR展示了在使用先进的基于Web的ICT的项目合作伙伴之间同时从事建筑工程和设计工作
	Consortium of Organisations	ERABUID	Report—2008	回顾BIM的发展和实施:技术,标准和未来的步骤
	Consortium of Organisations	STAND-INN	Development Process—Quick Guide 2007	使用国际金融公司标准将绩效建筑标准融入业务流程(和制造流程),以加强创新和可持续发展

5.6.2 BIM 在隧道工程中的应用

BIM 集成了建筑模型的数字化和信息化功能,几乎涵盖了建设项目的所有信息。BIM 技术的最大优点是其保存项目信息的方式,使其可以应用到项目的整个生命周期。与一般建筑工程相比,隧道工程施工期间地质条件复杂,工程量大,未知因素多,资源配置更为重要。这些条件使得 BIM 在隧道行业的优势大于建筑行业。因此,隧道行业对 BIM 技术提出了更为迫切的要求。与工业和民用建筑工程相比,隧道工程具有自身独有的特点。首先,隧道是条带状的柔性结构,长度从几百米到几千米不等,这与位于集中地区的工业和民用建筑完全不同。其次,隧道通常位于地下,与周围地层条件密切相关。因此,地质调查的准确性极大地影响了隧道设计的质量。因此,BIM 标准不能直接应用于隧道工程,BIM 技术在隧道工程中的应用也不能完全遵循工业与民用建筑的 BIM 技术路线。必须在已有工程案例的基础上结合隧道自身的特点进行探索。

基于 BIM 的隧道项目可以取得明显的经济效益。以地铁隧道为例,BIM 可以应用于设计阶段的详细设计、碰撞检测、二维和三维绘图以及数量统计等工作中。在施工阶段,BIM 可以用来完成施工模拟、资源分配和施工配置。在运营阶段,BIM 模型可以应用于地铁工程的运营管理和应急救援工作。

基于 BIM 技术的隧道工程实施过程包括:①结合地质信息建立三维地质模型;②根据地质模型选择隧道路线;③根据实际环境切割路线段进行草图设计和参数化设计;④应用 BIM 软件或平台生成 3D 隧道实体;⑤将信息添加到隧道模型中,包括属性、描述附件、参数设置、外部链接和数据库存储等。国内一些应用 BIM 技术的隧道工程见表 5-47。

5.6.3 BIM 与风险管理

近几年来 BIM 技术在国内发展如火如荼,基于如下几方面的考虑,本书将其与工程风险管理联系起来,期待未来工程风险管理能在 BIM 技术的基础上有更进一步的发展。

①工程全寿命期的海量数据是其最大优势。

②三维可视化设计为工程风险可视化的开展提供了极大便利。

③"风险管理"可作为 BIM 技术的一个维度(Division),与设计、施工、运营、工期、成本等维度深度整合,实现工程全寿命期的风险管控。

④BIM 技术在"协作、可视化、全寿命期、工程数字化、成本与工期管控"等理念上与工程风险管理不谋而合,实现二者的兼容互通非常顺畅且有意义。

⑤BIM 技术标准的多样化为工程风险评价体系的多样化提供了一个非常契合的平台。

BIM 的优势包括如下几方面:

①降低项目协作风险。

②减少"碰撞",降低工程返工风险,从而降低成本。

③方便工程后期维护,降低运营风险。

④保存工程全寿命期的各类数据,降低关键数据丢失的风险。

⑤可以运用当前快速发展的各种智能技术,降低工程设计和施工人员出错的风险。

⑥问题回溯十分顺畅,方便开展工程风险评价。

第5章 风险评估软科学方法

表5-47

国内应用 BIM 技术的隧道工程

工程名称	工程特点	BIM实施阶段	设计单位	成果	存在问题
新合山隧道	在现有铁路隧道上方垂直穿越58种截面	从可行性设计到施工图设计的整个设计过程	中铁第四勘察设计集团有限公司	NAVISWORKS 8199 m多专业整合，施工过程4D模拟	没有生成三维地质模型的软件，没有BIM标准，BIM软件的兼容性问题
上海越江隧道	地下管线复杂，地面沉降要求严格	可行性设计，施工进度检测，碰撞检测，工程量统计	上海城市建设设计研究总院（集团）有限公司	减少管道路线改变带来的危险，提高各项目之间的协调效率	不能在所有阶段应用BIM技术，主要应用建筑BIM软件
清凉山隧道	典型的山地隧道，地质复杂，隧道曲线较大	设计阶段，施工阶段，工程预算，辅助绘图	中铁第一勘察设计院集团有限公司	优化设计质量，提高管理水平	在软件专业化、本地化、标准化和兼容性方面存在问题
奔中山2号隧道	位于中国西藏，起伏的地形，覆盖着冻土，海拔约1700m	设计阶段，4D施工模拟	中国中铁二院工程集团有限责任公司	对薄弱环节采取重点措施，减少发生危险事故	BIM的应用范围很小，主要用于辅助设计
北京地铁7号线	复杂的地下管线，密集的地面建筑	初步规划，视觉设计，自动碰撞检测，施工图绘制	北京市市政工程设计研究总院有限公司	日常客流分析计算，设计人员和管理人员共享资源	主要依靠REVIT软件
石鼓山隧道	破碎的黄土高原，地质条件差	模型设计，碰撞检测，辅助绘图	中铁第一勘察设计院集团有限公司	提高设计精度，缩短施工周期，保证施工量	BIM技术主要应用于设计阶段

5.7 ICI 蒙德法

5.7.1 ICI 蒙德法简介

ICI 蒙德法是由英国帝国化学公司于 1976 年在道化学方法的基础上提出的一种危险指数评价方法。该方法既肯定了道化学公司火灾、爆炸危险指数法，又在其定量评价的基础上作了重要改进和补充，并编写了"技术守则"指导评价。它被公认是一种十分有效的、适合化学工业装置的火灾、爆炸、毒性危险程度评价方法（刘铁民，2005）。

ICI 蒙德法将化工装置和工艺区域划分成不同的单元，并对不同单元的危险性分别评价。对单元内的危险物质以其物质系数评价其危险性，并考虑了危险物质的量、工艺方法及单元布置方式等因素的影响。同时建立了火灾、爆炸、毒性等潜在危险的量化评价方法。依照蒙德法的"技术守则"对以上各因素进行评分，并按照推荐的公式计算总危险度 R。对采取安全措施的装置，采用工艺管理、安全态度等补偿系数进行危险水平再评价，使预测定量化更具实用意义（卜全民，2003）。

在穿煤层隧道建设与运营过程中，瓦斯风险（爆炸、火灾、中毒等）与 ICI 蒙德法的评价对象类似，故本书引入蒙德法以提供一种评价隧道工程瓦斯风险的实用技术。

5.7.2 基于 ICI 蒙德法的瓦斯风险评估

1）瓦斯风险评估方法与流程

根据穿煤层隧道瓦斯特点，将瓦斯爆炸的风险源归纳为三类：第一类风险源是赋存于煤岩中的瓦斯，是该风险事件的客观基础；第二类风险源为瓦斯爆炸的三个诱发因素，即瓦斯浓度达到爆炸浓度，足够的氧含量和存在明火源；第三类风险源为现场管理失误或管理系统缺陷（孙斌，2003）。

结合蒙德法的核心思想，提出了穿煤层隧道瓦斯风险量化评估方法如下：

①根据围岩的性质及穿越地层的特点，将隧道进行分段，并将每一段视为一个待评价的单元。

②采用物质系数 B 及数量危险性系数 Q 来量化第一类风险源。

③采用施工过程危险性系数 P 来量化评价第二、三类风险源。

④沿用毒性危险性系数 T、火灾负荷系数 F、内部爆炸系数 E、地区爆炸系数 A 评价中毒、火灾、爆炸的风险水平。

⑤采取相应的风险规避措施后，重新评价单元的风险水平，以此取代蒙德法中的安全补偿系数的作用。

针对某一隧道单元（或者整条隧道），瓦斯风险的定量化评估流程如图 5-39 所示。

2）各评估指标的取值方法

（1）物质系数 B

物质系数 B 是描述瓦斯气体在标准状态下的火灾、爆炸或放出能量的危险性潜能的尺度。隧道中的瓦斯气体的物质系数受到瓦斯中各种气体所占比例的影响。瓦斯气体的物质系数参照一般可燃性物质及惰性气体混合物的计算方法计算。纯甲烷的物质系数为6.71。非活性成分的物质系数取0.1。按气体含量加权得到物质系数B(刘铁民,2005)。

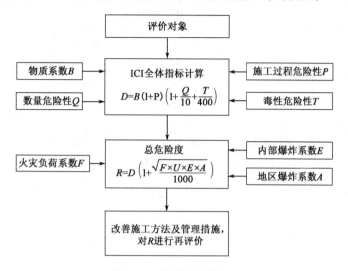

图5-39 瓦斯风险评估流程

(2)数量危险性系数Q

数量危险性系数Q用于评价隧道内可能出现的瓦斯气体总量的危险性。它受到煤层瓦斯含量、煤层与隧道相对位置、隧区地质构造及围岩的完整性等条件的影响。计算方法为：首先，将各风险源量化，并根据实际状况进行相应的评分；然后，以层次分析法判断各风险源的权重；最后，依照各风险源的权重加权得到数量危险性系数Q的评价值。

(3)过程危险性系数P

过程危险性系数P用于评价隧道施工过程中各种工艺、工法及管理状况或运营过程中各种监测、管控手段的危险性。为了得到过程危险性系数P的评价值，首先，应建立以瓦斯爆炸为顶事件的事故树，并对事故树的各底事件进行量化，且根据实际状况进行评分；然后，以层次分析法计算各事件的权重；最后，按照事故树中"与"和"或"的逻辑关系进行计算。

(4)毒性危险性系数T

毒性危险性系数T用于评价瓦斯气体对施工人员的毒性作用。瓦斯气体的毒性作用可以分为两部分考虑：一是无毒的窒息性气体甲烷对人健康的危害，此时T值可取50；二是瓦斯气体中混杂的有毒成分对人的毒害作用，此时T值可采用时间负荷值(TLV)来计算，具体的计算方法见参考文献(刘铁民,2005)，将两者相加即得到T的评价值。

(5)火灾负荷系数F、内部爆炸系数E、地区爆炸系数A

火灾负荷系数F是以单位面积的燃烧热为基础，根据火灾可能持续时间计算得到的，用于评价火灾的危险性；内部爆炸系数E用于评价当前评价的隧道单元内发生爆炸危险性；地区爆炸系数A用于评价隧道内多个单元发生连锁爆炸的危险性。F、E、A的计算方法见参考文献(刘铁民,2005)。

(6)在Q、P的量化评价过程中，可以采用四级评分(级分为1、3、9、27)来量化风险源，并使用图5-40中公式计算得到的R值，参照表5-48可查得与《公路桥梁和隧道工程设计安全风险评估指南(试行)》(以下简称《指南》)中对应风险等级。根据实际情况的需要,可以对评价标准进行微调。

总危险度 R 值评价表 表5-48

风 险 等 级	R 值
Ⅰ	$R < 6$
Ⅱ	$6 \leqslant R < 10$
Ⅲ	$10 \leqslant R < 45$
Ⅳ	$R \geqslant 45$

(7)在采取相应的风险控制措施后,如钻孔注浆、加强隧道内通风、完善潜在火源的管理制度等,需重新计算总危险度 R,即残留风险的评价值。

5.7.3 工程实例分析

1)工程概况

贵州某隧道全长约1.5km,穿越地层为二叠系上统龙潭组泥质粉砂岩、砂岩、炭质泥岩及煤层,岩体较破碎,围岩等级为Ⅳ、Ⅴ级。隧区共赋存八层煤层,且存在多个采空区,部分采空区已接近隧道边缘。

2)瓦斯风险评估

根据前文所述的评估方法与流程,建立用于评价施工期内瓦斯风险的评估表(表5-49)。

瓦斯风险评估表 表5-49

主 参 数	分 项 参 数	分项参数取值	主参数计算值
瓦斯物质系数	—	—	$B = (6.71 \times 0.63 + 0.1 \times 0.37) = 4.35$
数量危险性系数	煤层瓦斯含量	9	$Q = 6.76$
	煤层与隧道相对位置	3	
	隧区的地质构造	9	
	围岩的完整性	9	
过程危险性系数	通风机停转	3	$P = 56.46$
	风筒漏风	9	
	供风能力不足	3	
	风筒距工作面距离过长	9	
	超前钻孔探测不准确	3	
	未及时处理聚集瓦斯	3	
	揭煤段施工控制不良	3	
	没按时检测	9	
	检测仪器故障	3	
	警报断电仪器位置不当	9	
	放炮起火	9	
	吸烟	9	
	电焊气焊	3	

续上表

主 参 数	分 项 参 数	分项参数取值	主参数计算值
过程危险性系数	大灯泡	3	$P = 56.46$
	摩擦撞击	27	
	设备失爆	9	
	局部通风机管理不善	3	
	接火工艺不合要求	3	
	变压器、电机开关内短路	3	
	电缆接线方法不良	3	
	绝缘击穿短路	3	
	电缆受机械损伤	3	
毒性危险性系数	—	—	$T = 50$
火灾负荷系数	—	—	$F = 15$
内部爆炸系数	—	—	$E = 5$
地区爆炸系数	—	—	$A = 200$
总危险度	—	—	$R = 18.93$,风险等级Ⅲ

注:各参数均无量纲。

此隧道瓦斯风险等级综合评定为Ⅲ级,属于高度风险,必须实施降低风险的应对措施,并制定应急预案。隧道在施工过程中,由于没有重视风险评估结论,导致在隧道施工过程中发生了一起瓦斯燃烧事故。采取相应的瓦斯风险控制措施后,隧道工程得以顺利进展。

5.8 案例实证分析

范例推理(Case-Based Reasoning,简写CBR)是由目标范例的提示而得到历史记忆中的源范例,并由源范例来指导目标范例求解的一种策略。它是一种重要的机器学习方法,借用已有的事例或经验来解决问题、评价解决方案、解释异常情况或理解新情况。范例推理由Shank在1982年提出,1983年由Kolodner在计算机上实现。在基于范例推理中,把当前所面临的问题或情况称为目标范例(Target Case),把记忆的问题称为源范例(Base Case)。范例推理自提出以来,在许多领域都有所发展。中国科学院计算机研究所智能计算机科学开放实验室在基于范例推理方面进行了一系列研究。基于范例推理中的知识表示是以范例为基础,范例的获取比规则获取要容易,从而大大简化了知识的获取。

5.8.1 范例推理过程

(1)范例推理工作步骤

范例推理工作可以概括为如下5个步骤:

①范例描述。将新问题以范例的形式进行描述。

②范例检索。计算范例库中范例与新问题的匹配度,获得新问题的相似范例。

③范例重用。将相似范例的解决方案重用到新问题,根据领域知识和目标约束条件,修改相似范例的解决方案,使之适用于新问题,作为新问题的建议解输出。

④范例修改。对新问题的解进行检验或验证,将验证后的解作为最终解输出。

⑤范例学习。保留获得最终解的新问题,将其存入范例库中,实现范例知识的学习。

(2)范例推理结构

范例推理结构如图 5-40 所示,其中包括如下 3 个关键点:

①范例库。CBR 系统中的主要知识库,范例库的设计是整个范例推理的基础。

②范例检索环节。范例推理的关键步骤,最常用的范例检索策略是最近相邻策略或 k 近邻算法。如何选择有效的特征属性,并为每个特征属性赋予一个合理权重,客观地反映范例和待解问题的相似度,以提高检索的准确性,是问题的关键。

③范例推理中的学习功能。即不断往范例库中增加新的范例。以范例推理为基础的系统需要保持并管理一组数量较大的范例,为了限制范例库的无限膨胀,需要采用合理的方法以删除冗余范例,从而限制范例库的大小。

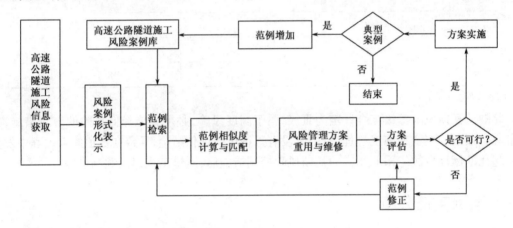

图 5-40 范例推理结构图

5.8.2 范例描述

范例推理的效果在一定程度上依赖于范例库的结构以及范例的知识表示方法。对于复杂的形式,一个范例还可以由许多子范例组成。

范例是一段带有上下文信息的知识,该知识表达了推理过程中在达到其目标的过程中能起关键作用的经验。范例一般由 3 个主要部分组成,即问题或情景描述、解决方案和结果。一个隧道工程施工风险范例可描述如下:

①范例类别。为了有效组织范例库中的范例,可按隧道掘进设备、隧道的功用、施工阶段等进行类别划分,以便于索引和检索。

②范例属性。范例属性分为条件属性和辅助属性。其中,条件属性是在推理过程中起重要作用、与决策结果有因果关系的属性;辅助属性与决策结果无明显因果关系,仅用来更全面地对范例进行描述。由于隧道工程涉及面广、风险相关属性较多,因此可以利用粗糙集方法进行分类,确定哪些是主要属性、哪些是辅助属性。

③解决方案。指风险的分类结果和范例所对应的方法及措施。

④结论。该范例采用上述决策结果后,产生的结果情形的描述。

5.8.3 范例检索

CBR 系统是通过检查出范例库中过去同类的相似问题从而获得当前问题的解决方案,适用于那些没有很强的理论模型和领域知识不完全、难以定义、不良定义或定义一致而经验丰富的决策环境中,因为那些难以规则化的知识或经验可以隐含在范例之中。对于给定目标范例,如何从范例库中检索和选择最为相似的范例决定了范例推理系统的学习和推理性能。范例间的相似度度量是检索的关键。在范例间相似度的评估中,通常是建立一个相似性计算函数对当前范例与旧范例进行比较,常用的相似性度量函数有 Tversky 对比匹配函数、改进的 Tversky 匹配法、距离度量法、最近邻算法(k-Nearest Neighbor,即 k-NN)、多参数的相似性计算、Weber 计算法、局部相似性技术、面向对象范例表示的相似性度量方法、基于模糊集相似性计算的方法等。

当一个基于隧道工程范例的系统遇到新问题时,系统会在范例库中寻找相似的范例或范例集,此过程称为检索。范例检索策略的选择和检索过程直接决定着整个系统的质量和效率。最近相邻法是目前应用最广泛的检索策略,将范例视为散布在以各属性为坐标轴的 n 维空间中,而范例库是已知点的集合。即将隧道工程中可能出现的风险因素一一列出并设计相关推理机制。当一个新问题被提出时,先在范例空间中确定其坐标,然后找到距离最近的"范例点"作为参考。计算过程如下:

假设有一个隧道新范例(查询范例),其中包含一组属性|隧道类型 a_1,隧道功用 a_2,…,风险工序 a_n'|,采用式(5-23)计算该范例和范例库中范例的匹配度。

$$\text{范例匹配度} = \frac{\sum(\text{相似度}[i] \times \text{权重}[i])}{\sum \text{权重}[i]}, 0 \leq \text{权重}[i] \leq 1 \quad (5\text{-}23)$$

其中的相似度采用式(5-24)计算得到。

$$\text{相似度}[i] = (1 - \text{距离}[i]) \times \text{权重}[i] \quad (5\text{-}24)$$

距离的计算方法:如果属性为连续值则按式(5-25)计算;如果为离散属性,例如隧道功用、土质、工序、工法等属性时,则完全匹配距离为0,否则距离为1。

$$\text{距离}[i] = \frac{|y_i - Y_i|}{Y_i} \quad (5\text{-}25)$$

式中,i 表示第 i 个匹配的关键特征($1 \leq i \leq n$);相似度$[i]$ 表示案例间第 i 个关键特征的相似度;权重$[i]$ 表示第 i 个关键特征的权重因子;Y_i 表示案例库中案例的第 i 个特征属性的值;y_i 表示当前发生风险案例的第 i 个特征属性值。

5.9 本章小结

由上述可知,风险评估软科学方法严重依赖工程实测数据、计算机硬件和数据挖掘技术,这是其在当下工程实际中得不到广泛应用的主要原因之一。但其不足在各种条件都能得到满足的条件下反而是其不可忽视的重大优势,相比工程经验更能反映工程实际情况,也更具客观性和说服力。因而可以想见,未来随着工程数据的收集更加完善,不同领域信息技术的互通更加便捷以及计算机软硬件技术的进一步提高,类似本书的各类软科学方法一定会大放异彩。

第6章 动态风险评估方法

工程风险的动态性,本质上是由建设期间工程条件或参数的不确定性引起的。具体到隧道工程则包括隧址区地质条件随空间的变异性、施工措施随时间的动态响应、隧道支护结构变形或应力的分布形式随时间的动态变化等。这些工程条件或参数在时间和空间上的不确定性所导致的动态风险,才是工程人员所面临的真实状况。为此开展动态风险的相关研究具有切实的工程实用价值。本章提出和引入了多种动态风险评估的理论和方法,包括动态权重、马尔可夫理论、动态贝叶斯理论、深度学习技术(循环神经网络)和时间序列等,希望能为工程管理人员提供一些实用的工具来解决不同风险场景下的工程问题。

6.1 基于动态权重的隧道施工安全风险评估新方法

动态风险评估是反馈施工信息并实时控制从而规避隧道施工风险的一种重要手段。然而当前研究主要集中在工程决策阶段,服务于前期施工方法的选择和工程成本的控制。但在隧道施工过程中,其风险却是动态变化的,表现为隧道掌子面随时间向前推进,隧道围岩发生各种不确定性变化,围岩加固、隧道支护、施工工法等响应变化,同时隧道长度增加,带来通风、出渣、人员通行等各种变化,这些变化是隧道工程的特点与常态,因此在《指南》中明确,专项安全风险评估是动态评估,不能简单完成一次静态评估就认为评估工作结束。尽管已有明确的规定,但鉴于隧道施工工期通常较长,采用目前常用的风险评估方法,则对风险评管小组提出了更高的专业要求,导致在实际工程中,动态风险评估很难落实。导致这一结果的一个重要原因,即现有的评估方法、模型具有局限性,评估参数多、获取不易、不能考虑隧道掘进施工的时间、空间序列特征。

本节内容基于传统指标体系法,引入动态权重的概念,建立了一种动态风险评估模型,即以普适标准权重表征隧道施工风险历史信息,以工程标准权重表征隧道工程特殊性,以权重更新系数表征隧道施工过程中评估指标权重的动态变化。并以隧道工程施工塌方风险为例,论述动态风险评估模型的建立与实施流程。与目前相关指南推荐的方法相比较,本方法将工程施工过程通过参数方式引入,从而实现了真正的动态施工、动态风险评估的目的,可为实际隧道工程施工风险管理所借鉴。

6.1.1 动态权重风险评估方法介绍

基于传统指标体系法,将所有评估指标引入相同的评分体系中,规定不同指标的评分为 0~4 分。为表征不同评估指标对评价目标的重要程度，引入权重因子 w_i 衡量每个指标的影响程度，权重之和为 1。取所有评估指标评分的加权平均值为计算分值 S，其计算公式为：

$$S = \sum w_i \cdot s_i \tag{6-1}$$

式中：S——计算分值；

w_i——第 i 个评价指标的权重；

s_i——第 i 个评价指标的评估分值；

i——评价指标的序号。

根据计算分值 S 所处的范围将风险等级划分为 4 级，详见表 6-1。

风险等级标准　　　　表 6-1

风险等级	计算分值 S
等级 4（极高风险）	$S \geqslant 3.5$
等级 3（高度风险）	$2.5 \leqslant S < 3.5$
等级 2（中度风险）	$1.5 \leqslant S < 2.5$
等级 1（低度风险）	$1 \leqslant S < 1.5$

传统指标体系法中每个评估指标的权重是固定的（根据自身所取分值区间大小而定），无法反映隧道施工过程中不同风险因素对隧道施工安全影响强弱的动态变化，因而无法对隧道施工过程安全与否做出合理评判。动态权重是对传统指标体系法的一种改进，评估指标权重的动态变化，具体包括两方面：一是不同隧道工程由于地质条件和施工方案不同，所采用的评估指标权重并不完全相同，即在工程范畴上是动态变化的；二是在隧道工程施工过程中，权重随着施工反馈得到的信息变化而改变，在时间、空间范畴上是动态变化的。

动态权重方法提高了常规指标体系法的灵活性，能够根据实际隧道特点和施工信息反馈，及时调整评估指标对隧道施工安全影响的强弱程度，对工程风险进行实时评估，从而有助于对施工过程做出合理决策。

基于动态权重的动态风险评估模型包含三部分：一是以普适标准权重表征隧道施工风险历史信息；二是以工程标准权重表征隧道工程特殊性；三是以权重更新系数表征隧道施工过程中评估指标权重的动态变化。动态风险评估模型的实施流程如图 6-1 所示。

具体来说，普适权重是通过对收集到的隧道工程施工风险案例信息进行统计分析得到的一组统计概率值，因而

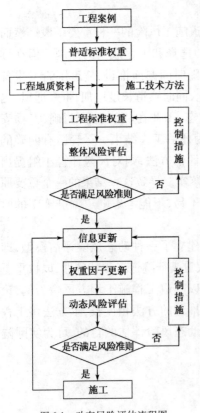

图 6-1　动态风险评估流程图

它反映的是隧道工程施工风险的历史信息,是一组平均意义上的值。工程标准权重是针对具体隧道工程而言,根据隧道施工前勘察得到的地质资料以及部分施工信息对该工程的评估指标权重进行调整得到。权重更新系数是指随工程施工进程对评估指标进行实时更新的系数,根据施工过程中所反馈的地质信息、施工信息等对各个指标的权重进行更新。

虽然指标体系中的各项指标是固定的,其取值区间也是不变的,但由于动态权重可以反映施工过程中动态变化的条件,因而传统指标体系法与动态权重相结合,可有效针对隧道施工过程的安全风险进行合理评估。

6.1.2 隧道塌方动态风险评估

在隧道工程施工过程中,塌方是最为常见的事故之一。塌方发生的后果严重、危害巨大,不仅对现场施工人员和机械造成威胁,同时导致工期延误、增加施工难度、造成严重的经济损失,甚至影响隧道运营期的使用寿命与安全。

导致隧道塌方的因素众多,机制复杂。通过查阅相关文献资料,总结出隧道塌方的主要风险因子,包括地质环境(围岩等级、围岩破碎风化情况、地下水等)、自然条件(大气降雨、自然灾害等)和施工情况(施工方法、施工质量水平、开挖跨度等)3个方面。

①围岩等级。围岩等级影响围岩强度和围岩完整性,据统计,围岩强度(完整性)与发生塌方的概率成反比,强度越高,塌方的概率越低。

②地下水。地下水的存在会降低岩体凝聚力,影响岩体力学强度,特别是水对结构面力学参数影响显著,是造成岩体塌方的主要因素之一。

③围岩风化程度。围岩的破碎程度影响围岩的完整性,进而影响围岩的透水性,岩石的强度和稳定性随风化程度加强而降低。

④特殊矿物质。围岩中某些特殊矿物(如蒙脱石)等,遇水膨胀,容易导致隧道开挖后发生大变形,从而诱发塌方事故的发生。

⑤隧道埋深。隧道埋深较浅时,围岩自然成拱的自稳能力差,易引发塌方。

⑥大气降水。大气降水不仅增加地表含水量,还会抬升地下水位,导致围岩富水性增加,降低围岩的强度和稳定性。

⑦施工方法。隧道工程常用的施工方法有传统方法(如NATM)和机械方法(如TBM)两类。由于传统方法爆破开挖对围岩扰动大,影响围岩稳定性,容易造成塌方。

⑧施工质量。施工是导致隧道塌方的一个重要因素,是塌方风险因子中的人为因素。

⑨开挖跨度。开挖跨度过大会影响围岩的承载和自稳能力。

李风云(2011)收集了大量的隧道塌方事故案例,并做了详细统计。依据其统计数据,遴选出9个影响占比较大的风险因子,分别为岩体结构类型、围岩强度、地下水、不良地质、隧道埋深、开挖跨度、施工质量、施工方法和降水,并统计了隧道施工塌方9个评价指标的频数,计算每个指标的百分比作为该指标的普适标准权重值,详见表6-2。参照《指南》《岩土工程勘察规范》(DGJ 08-37—2002),给出隧道工程施工塌方风险评估打分标准,详见表6-3。

隧道塌方风险因子权重表 表6-2

评价指标	岩体结构类型	围岩强度	地下水	不良地质	隧道埋深	开挖跨度	施工质量	施工方法	降水
数量	299	281	181	91	93	69	106	168	109
百分比(%)	21.40	20.11	12.96	6.51	6.66	4.94	7.59	12.03	7.80
权重	0.21	0.20	0.13	0.07	0.07	0.05	0.07	0.12	0.08

隧道塌方风险评估打分标准 表6-3

因素	序号	评估指标	权重	指标描述	分值
地质环境	1	围岩结构类型	0.21	整体结构	0
				块状结构	1
				层状结构	2
				破裂状结构或散体状结构	3~4
	2	围岩强度(MPa)	0.20	硬质岩($f_r>30$)	0~1
				软岩($5<f_r\leq30$)	2~3
				极软岩($f_r\leq5$)	4
	3	地下水	0.13	地下水贫乏	0
				地下水较发育	1
				地下水发育	2
				地下水丰富	3~4
	4	不良地质	0.07	无特殊不良地质	0
				松散破碎带及断层破碎带或富水,岩溶,或含蒙脱石等遇水膨胀的矿物质	1~3
				含有以上多种不良地质情况	4
	5	隧道埋深 h(m)	0.07	$h>40$	0~1
				$10<h\leq40$	2
				$h\leq10$	3~4
自然条件	6	大气降雨	0.05	降雨少或不降雨	0
				连续阴雨或雨季	1~2
				强降雨或暴雨	3~4
施工情况	7	施工质量	0.07	施工质量水平高	0~1
				施工质量水平较低	2~4
	8	施工方法	0.12	掘进机施工	0~1
				新奥法施工	2
				矿山法施工	3~4
	9	开挖跨度 d(m)	0.08	$d\leq7$	0
				$7<d\leq12$	1~2
				$d>12$	3~4

由于不同的隧道工程具有不同的特征,用一套普适标准权重来评估某一特定隧道工程施工过程塌方风险等级显然是不合适的,于是引入工程标准权重作为反映工程特殊性的指标。其实施方法为,以上述获得的9个普适标准权重为基础,以表6-2为标准,根据工程资料进行评估,得到评估分值,采用公式(6-2)计算工程标准权重。

$$w(0)^i = \frac{w_i \cdot s(0)^i}{\sum w_i \cdot s(0)^i} \tag{6-2}$$

式中：$w(0)^i$——第 i 项指标工程标准权重;
  $s(0)^i$——第 i 项指标初次评估分值;
  w_i——第 i 项指标普适标准权重;
  i——评估指标的序号, $i=1,2,\cdots,9$。

在后续隧道施工过程中,各项评估指标的权重值以工程标准权重为基础进行动态更新。更新方法为乘权重法,权重乘子计算公式为：

$$\varphi(j)^i = 1 + |s(j)^i - s(0)^i| \tag{6-3}$$

式中：$s(j)^i$——第 i 项指标第 j 次更新的评估分值,为第 i 项指标第 j 次更新的权重乘子;
  j——动态权重更新的次数。

指标 i 第 j 次更新后的权重值为：

$$w(j)^i = \frac{w(0)^i \cdot \varphi(j)^i}{\sum w(0)^i \cdot \varphi(j)^i} \tag{6-4}$$

式中：$w(j)^i$——第 i 项指标第 j 次更新后的权重。

6.1.3 雅砻江某水电站隧道工程风险评估

雅砻江某水电站绕坝隧道工程位于四川省西部雅砻江水坝基地,主要用于水坝基地施工期间场内物资运输及地方交通过坝。隧道全长2 460m,跨度9.5m,为单洞双车道隧道。该工程所处地区主要以Ⅴ级和Ⅳ级围岩为主,进口段地表上覆崩坡积块碎石土,结构松散,下伏薄层状粉砂质板岩、变质砂岩互层,岩体总体上裂隙发育,岩层层间结合较差。地下水发育,年降水平均。该工程进口段地表如图6-2所示。

雅砻江某水电站绕坝隧道工程始建于2013年6月,于同年7月和8月,隧道进口段分别发生了两次冒顶塌方,经回填注浆等措施后继续施工。2014年8月10日开始,隧道进口段发生严重塌方,地表坡体变形,如图6-3所示。

对雅砻江某水电站绕坝工程隧道整体和2014年8月份发生塌方地段进行动态评估,其评估流程及结果分别表6-4和表6-5。对于隧道整体评估,计算分值为3.072分,风险等级为3级,表明在施工过程中有较大几率发生塌方事故。而在连续降雨的条件下,地下水水位上升,同时近地表岩体富水量增加,加上在施工过程中揭露的围岩松散破碎带,通过表6-3的打分标准,指标3、指标4和指标9动态评估分值相应增加2分,其权重随之增加,其他指标权重相应减小,动态评估计算分值达到3.563,风险等级更新为4级,为极高风险。从上述结果可知隧道整体风险分值较高,为高度风险,表明在该工程施工过程中需要采取针对性措施,降低风险。在该塌方地点的动态评估中计算分值极高,为极高风险,发生塌方概率极大。而在施工过程中由于施工变更争论及其他方面原因,最终未能有效实施风险控制措施,导致塌方和滑坡事故。

通过这一案例,说明基于动态权重的评估方法,对于施工过程中的安全风险开展动态评估是适用和有效的。

图6-2 雅砻江某水电站绕坝隧道进口段地表图

图6-3 隧道洞口塌方图

雅砻江某水电站隧道工程整体风险评估　　　　　　　　　　　　表6-4

名称	岩体结构类型	围岩强度	地下水	不良地质	隧道埋深	施工方法	开挖跨度	施工质量	降水	合计
普适标准权重 w	0.21	0.2	0.13	0.07	0.07	0.05	0.07	0.12	0.08	—
评估指标描述	风化严重,局部为块碎石堆积体	围岩等级主要为Ⅴ级和Ⅳ级	地下水发育	可能存在不良地质	隧道洞身埋深大于10m但洞口埋深较浅	传统施工方法	开挖跨度9.5m	施工质量较好	年降水量平均	—
初次评估分值 $s(0)$	4	3	2	1	4	3	1	1	2	—
$w \cdot s(0)$	0.856	0.603	0.259	0.065	0.266	0.148	0.076	0.120	0.156	2.550
工程标准权重 $w(0)$	0.336	0.237	0.102	0.026	0.104	0.058	0.030	0.047	0.061	—
初始风险评估	1.343	0.710	0.203	0.026	0.418	0.174	0.030	0.047	0.122	3.072

雅砻江某水电站隧道工程洞口段动态风险评估　　　　　　　　　　表6-5

名称	岩体结构类型	围岩强度	地下水	不良地质	隧道埋深	施工方法	开挖跨度	施工质量	降水	合计
（塌方处）指标描述	风化严重,局部为块碎石堆积体	围岩等级主要为Ⅴ级和Ⅳ级	地下水极丰富	存在松散破碎带	洞口处隧道埋深较浅	传统施工方法	开挖跨度9.5m	施工质量较好	连续强降雨	—
动态评估分值 $s(j)$	4	3	4	3	4	3	1	1	4	—

续上表

名称	岩体结构类型	围岩强度	地下水	不良地质	隧道埋深	施工方法	开挖跨度	施工质量	降水	合计
$s(j)-s(0)$	0	0	2	2	0	0	0	0	2	—
乘子 $\varphi(j)$	1	1	3	3	1	1	1	1	3	—
$w(0)\cdot\varphi(j)$	0.336	0.237	0.305	0.077	0.104	0.058	0.030	0.047	0.184	1.377
动态权重 $w(j)$	0.244	0.172	0.221	0.056	0.076	0.042	0.022	0.034	0.133	—
动态评估 $s(j)\cdot w(j)$	0.975	0.516	0.886	0.167	0.303	0.127	0.022	0.034	0.533	3.563

6.2 基于马尔可夫过程的风险指标动态预测方法

《指南》给出的总体风险评估指标体系中，隧道设计断面大小、隧道布置形式等根据使用要求在设计阶段就已确定；隧道全长由隧址地形决定；施工方法、支护措施等由围岩情况和不良地质条件决定，在一定的施工段内差别不大。在进行隧道总体风险评估和塌方、岩爆等专项风险评估时，所依据的地质信息主要来自地质钻孔和物探成果。严格地说，地质钻孔所得资料仅在钻孔位置是相对准确的，无法给出隧道全长的地质情况，物探成果也不例外。当隧道埋深较大时，物探的准确性降低；同时受工作条件的影响和设备能力的限制，两个相邻钻孔的间距通常会超过百米甚至几百米，钻孔之间地质情况的不确定性也相应增大。

依靠单一的地勘成果，难以准确获得隧道全线的地质情况，以其作为指标所完成的风险评估，只能是对一定长度隧道区段平均风险的静态描述，无法体现风险随隧道开挖动态变化的过程。开展随隧道开挖过程的动态风险分析，首先要实现对风险评估指标体系中存在不确定性的底层指标进行动态预测。同时兼顾预测的准确性和实际使用时的方便程度，本节介绍基于马尔可夫过程的地质情况预测方法及大气降水预测方法。

地球上所呈现的地质现象都是经历了长期的历史演变而形成的，这个演变的过程还在持续不断发展。任何一种地质过程的演变和发展，既遵循着某种确定的物理和化学规律，又同时受各种随机因素的影响。研究表明，地层剖面上岩相的变化常常只与前一层中岩相的变化有关，与更前面的地层无关，即地层剖面上岩相的变化具有马尔可夫性。马尔可夫(Markov)理论被广泛应用于地质分析及风险预测。Ioannou(1987)提出了预测隧道地质情况的马尔可夫模型，用以指导设计和施工。刘振峰等(2003,2005)对石油储层岩相的空间分布采用马尔可夫链进行随机模拟。陈永进和武法东(2000)应用马尔可夫链模拟了地质剖面沉积层序。Steven(1997)提出了岩相沿任意空间方向随机转变的马尔可夫过程建模方法。Špačková(2011)建立动态贝叶斯网络进行隧道风险评估，地质参数作为底层节点的重要部分，在空间上的变化通过马尔可夫链进行预测。Guan等对山岭隧道沿线地质情况进行马尔可夫预测，并根据掘进揭示的实际情况进行修正以实现动态分级。Liu 在利用马尔可夫链对岩性进行预测的基础上,建立了 TBM 施工随机循环网络,可实现对长隧道 TBM 施工工期风险的分析。钟仪华等(2016)将根据马尔可夫链预测得到的地质参数作为底层节点,输入到所建立的石油钻井风险贝叶斯网络中,实现了对石油钻井风险的动态预测。

6.2.1 马尔可夫方法介绍

马尔可夫过程(Markov Process)是一类随机过程,这类随机过程具有马尔可夫性或无后效性,即过程或系统在时刻 t_0 所处的状态为已知的情况下,过程在时刻 $t > t_0$ 所处的状态(状态的条件分布)仅与过程在时刻 t_0 的状态有关,与时刻 t_0 之前的状态无关。通俗地说,即过程"将来"的状态取决于其"现在"的状态,而不依赖于"过去"的状态,即不考虑"现在"的状态是如何由"过去"发展而来的。

马尔可夫性可用分布函数表述如下:

设随机过程 $\{X(t), t \in T\}$ 的状态空间为 I,如果对时间 t 的任意一个数值 $t_1 < t_2 < \cdots < t_n, n \geq 3, t_i \in T$,在条件 $X(t_i) = x_i, x_i \in I, i = 1, 2, \cdots, n-1$ 下,$X(t_n)$ 的条件分布函数恰等于在 $X(t_{n-1}) = x_{n-1}$ 的条件下 $X(t_n)$ 的条件分布函数,即:

$$P\{X(t_n) \leq x_n \mid X(t_1) = x_1, X(t_2) = x_2, \cdots, X(t_{n-1}) = x_{n-1}\} \\ = P\{X(t_n) \leq x_n \mid X(t_{n-1}) = x_{n-1}\}, x_n \in \mathbf{R} \tag{6-5}$$

马尔可夫链(Markov Chain)是马尔可夫过程的原始模型,由俄国数学家安德烈·马尔可夫(Андрей Андреевич Марков)于1907年提出,是一种离散状态离散空间马尔可夫过程,可记为 $\{X_n = X(n), n = 0, 1, 2, \cdots\}$,看作是在时间集 $\{T_1 = 0, 1, 2, \cdots\}$ 上对离散状态的马尔可夫过程进行连续观察的结果,链的状态空间为 $\{I = a_1, a_2, \cdots\}, a_i \in \mathbf{R}$,对任意的正整数 m, n, r 和 $0 \leq t_1 < t_2 < \cdots < t_r < m; t_i, m, n + m \in T_1$ 有条件概率,即:

$$P\{X_{m+n} = a_j \mid X_{t1} = a_{i1}, X_{t2} = a_{i2}, \cdots, X_{tr} = a_{ir}, X_m = a_i\} \\ = P\{X_{m+n} = a_j \mid X_m = a_i\}, a_i \in I \tag{6-6}$$

式(6-6)右端代表链在时刻 m 处于状态 a_i 的条件下,经时刻 n 的变化,在时刻 $m+n$ 处于状态 a_j 的概率,称为转移概率(Transition Probability),即:

$$P(m, m+n) = P\{X_{m+n} = a_j \mid X_m = a_i\} \tag{6-7}$$

由于链从 m 时刻从任一状态 a_i 出发,到时刻 $m+n$ 必然转移为 $a_1, a_2, a_3, \cdots$ 中的某一个,即:

$$\sum_{i=1}^{+\infty} P_{ij}(m, m+n) = 1 \quad (i = 1, 2, \cdots) \tag{6-8}$$

各转移概率组成转移概率矩阵 $P(m, m+n) = [P_{ij}(m, m+n)]$,该矩阵的每一行元素之和为 1。

当转移概率只与 i, j 及时间间隔 n 有关时,称此链具有平稳性,称为齐次链,转移概率 $P_{ij}(n) = P\{X_{m+n} = a_j \mid X_m = a_i\}$ 称为 n 步转移概率,构成 n 步转移概率矩阵 $P(n) = (P_{ij}(n))$,当 $n=1$ 时称为一步转移概率,即讨论当前时刻(或位置)的状态对下一时刻(或位置)状态分布的影响,下一时刻的参数状态分布由式(6-9)计算。

$$S_{t_1} = S_{t_0} \cdot P$$
$$S_{t_i} = S_{t_{i+1}} \cdot P$$
$$\vdots$$
$$S_{t_n} = S_{t_1} \cdot P \tag{6-9}$$

式中：S_{t_0}——参数在初始时刻（或位置）t_0 的初始状态分布，称为参数的初始状态分布；

S_{t_i}——参数在时刻（或位置）t_i 的状态分布；

P——该链的一步转移概率矩阵。

下面以一个简单的例子进行说明。

池塘里有 3 片荷叶 A、B、C，青蛙在初始时刻 t_0 任意选择其中一片跳上去，选择 A 的概率是 0.5，选择 B 的概率是 0.3，选择 C 的概率是 0.2，这便构成了状态的初始分布 $S_0 = (0.5, 0.3, 0.2)$。之后每间隔固定的时刻，青蛙会重新选择跳到另一片荷叶上，也可能留在原来的荷叶上，转移概率矩阵 P 描述了下一时刻青蛙做出选择的概率。

$$P = \begin{bmatrix} 0.2 & 0.5 & 0.3 \\ 0.4 & 0.2 & 0.4 \\ 0.3 & 0.5 & 0.2 \end{bmatrix}$$

第一行代表的含义为，青蛙最初停在荷叶 A 上，下一时刻继续留在 A 上的概率为 0.2，跳至 B 的概率为 0.5，跳至 C 的概率为 0.3。

已知状态的初始分布和转移概率矩阵的情况下，可以对之后任意时刻青蛙在哪片荷叶上的概率进行预测。

时刻 t_1 的状态分布为 $S_1 = S_0 \cdot P = (0.28, 0.41, 0.31)$，即 t_1 时刻青蛙位于 A、B、C 的概率分别为 0.28、0.41、0.31，位于荷叶 B 的概率较大；

时刻 t_2 的状态分布为 $S_2 = S_1 \cdot P = (0.313, 0.377, 0.31)$，即 t_2 时刻青蛙位于 A、B、C 的概率分别为 0.313、0.377、0.31；

经过 $n-1$ 步的转移之后，可以发现以后任一时刻青蛙位于 A、B、C 这 3 片荷叶的概率不再随时间发生变化，$S_n = (0.307692301, 0.384615398, 0.307692301)$，这是马尔可夫链遍历性的体现，其转移概率矩阵存在极限，即：

$$\lim_{n \to +\infty} P_{ij}(n) = \pi_j (\text{不依赖于} i) a_i, a_j \in I \tag{6-10}$$

或

$$P(n) = P^n \xrightarrow{n \to +\infty} \begin{bmatrix} \pi_1 & \pi_2 & \cdots & \pi_j & \cdots \\ \pi_1 & \pi_2 & \cdots & \pi_j & \cdots \\ \vdots & \vdots & \cdots & \vdots & \cdots \\ \pi_1 & \pi_2 & \cdots & \pi_j & \cdots \\ \vdots & \vdots & \cdots & \vdots & \cdots \end{bmatrix} \tag{6-11}$$

$\pi = (\pi_1, \pi_2, \cdots)$ 称为链的极限分布，也是链的平稳分布，意思是当用 $\pi = (\pi_1, \pi_2, \cdots)$ 作为链的初始分布时，之后任一时刻状态的分布都是 $\pi = (\pi_1, \pi_2, \cdots)$，不再发生变化。在青蛙跳荷叶的例子中,当用 $S_n = (0.307\ 692\ 301, 0.384\ 615\ 398, 0.307\ 692\ 301)$ 作为初始状态分布时,之后任一时刻的状态分布均为 $S_n = (0.307\ 692\ 301, 0.384\ 615\ 398, 0.307\ 692\ 301)$。

6.2.2 地质资料的统计与整理

间隔一定距离对地质参数进行描述时,参数状态随隧道开挖里程的延伸发生变化,从地层变化的角度看,下一位置的参数状态仅与当前位置该参数的状态有关,与之前位置的参数状态无关,即可认为单一地质参数的状态在空间某一方向上的变化情况服从离散状态离散空间马尔可夫过程,即马尔可夫链。

(1) 参数状态划分

单一地质参数描述了围岩某一方面的性质,各个地质参数的不同状态进行组合,构成了各种不同的围岩情况。对地质情况进行描述,即是对各地质参数所处的状态进行描述。

利用马尔可夫链进行围岩情况预测时,首先需对各参数的状态进行离散,每个参数所有的可能状态构成该参数的状态空间。以引汉济渭秦岭隧道为例,表 6-6 为对岩石饱和单轴抗压强度 R_c、岩体完整性系数 K_v、围岩含水程度 W、初始地应力情况 G_s 等 4 类地质参数进行状态划分的结果。各参数的状态空间分别为:

$$I_{R_c} = (1,2,3,4,5)$$
$$I_{K_v} = (1,2,3,4,5)$$
$$I_W = (1,2,3,4)$$
$$I_{G_s} = (1,2,3)$$

对应表 6-6 中相应的具体数值(或状态)。

引汉济渭秦岭隧道地质参数状态划分　　　　　表 6-6

参数状态 s	1	2	3	4	5
R_c(MPa)	<30	30~60	60~100	100~150	>150
K_v	<0.35	0.35~0.45	0.45~0.75	0.75~0.85	>0.85
W	干燥	湿润~渗水	线状~股状漏水	突涌水	—
G_s(MPa)	0~5	5~30	>30	—	—

(2) 参数状态的转移概率矩阵

各地质参数沿隧道开挖方向的状态转移规律由状态转移概率矩阵描述。在隧道工程中,状态转移概率矩阵反映的是隧址所在地区地层变化的情况,需根据该地区的地质勘探资料经统计得到。不同地区的地质转移情况不同,相应的转移概率矩阵也不同。

首先以一个简单的例子介绍此方法。

某计算机机房的一台计算机经常出故障,为判断其在任一时刻的运行状态,每隔 15min 观察一次计算机的运行状态,用 1 表示正常工作,0 表示不正常状态,97 次观测后所得的数据序列为:

1110010011111100111101111100111111110001101101
1110110110101110110111101111100110111111100111

计算机的运行状态共进行了 96 次转移,其中:

$$0 \rightarrow 0, 8 \text{ 次};$$
$$0 \rightarrow 1, 18 \text{ 次};$$
$$1 \rightarrow 0, 18 \text{ 次};$$
$$1 \rightarrow 1, 52 \text{ 次}。$$

一步转移概率可用频率近似地表示为：

$$p_{00} = P\{X_{n+1} = 0 \mid X_n = 0\} \approx \frac{8}{8+18} = \frac{8}{26}$$

$$p_{01} = P\{X_{n+1} = 1 \mid X_n = 0\} \approx \frac{18}{8+18} = \frac{18}{26}$$

$$p_{10} = P\{X_{n+1} = 0 \mid X_n = 1\} \approx \frac{18}{18+52} = \frac{18}{70}$$

$$p_{11} = P\{X_{n+1} = 1 \mid X_n = 1\} \approx \frac{8}{18+52} = \frac{8}{70}$$

根据引汉济渭秦岭隧道约82km的勘探资料，以50m为间隔，将地勘资料按表6-6转化为参数状态，统计每个参数的状态由位置t_i到t_{i+1}的转移$S_{t_i} \rightarrow S_{t_{i+1}}$，$R_c$的统计结果见表6-7。

引汉济渭秦岭隧道 R_c 转移情况统计　　　　　　　　　　　表6-7

状态转移情况 $S_{t_i} \rightarrow S_{t_{i+1}}$	发 生 次 数	转 出 总 计	转 移 频 率
1→1	38		0.575 757 576
1→2	28		0.424 242 424
1→3	0	66	0
1→4	0		0
1→5	0		0
2→1	29		0.084 057 971
2→2	271		0.785 507 246
2→3	44	345	0.127 536 232
2→4	1		0.002 898 551
2→5	0		0
3→1	0		0
3→2	45		0.061 643 836
3→3	676	730	0.926 027 397
3→4	9		0.012 328 767
3→5	0		0
4→1	0		0
4→2	1		0.002 309 469
4→3	9	433	0.020 785 219
4→4	422		0.974 595 843
4→5	1		0.002 309 469

续上表

状态转移情况 $S_{t_i} \to S_{t_{i+1}}$	发生次数	转出总计	转移频率
5→1	0		0
5→2	0		0
5→3	0	61	0
5→4	1		0.016 393 443
5→5	60		0.983 606 557

统计的数据足够多时,认为 R_c 各状态之间相互转移的频率近似等于状态转移概率。由此得到参数状态的一步转移概率矩阵为:

$$P_{R_c} = \begin{bmatrix} 0.575\,76 & 0.424\,24 & & & \\ 0.084\,06 & 0.785\,51 & 0.127\,54 & & \\ & 0.061\,64 & 0.926\,03 & 0.012\,33 & \\ & 0.002\,31 & 0.020\,79 & 0.974\,60 & 0.002\,31 \\ & & & 0.016\,39 & 0.983\,61 \end{bmatrix}$$

$$P_{K_v} = \begin{bmatrix} 0.758\,93 & 0.241\,07 & & & \\ 0.077\,13 & 0.807\,16 & 0.115\,70 & & \\ & 0.062\,31 & 0.925\,82 & 0.011\,87 & \\ & 0.002\,41 & 0.016\,87 & 0.978\,31 & 0.002\,41 \\ & & & 0.014\,08 & 0.985\,92 \end{bmatrix}$$

$$P_W = \begin{bmatrix} 0.871\,65 & 0.025\,77 & 0.027\,58 & \\ 0.014\,85 & 0.917\,91 & 0.007\,50 & 0.006\,49 \\ 0.014\,49 & 0.246\,38 & 0.586\,96 & 0.152\,17 \\ & 0.019\,61 & 0.411\,76 & 0.568\,63 \end{bmatrix}$$

$$P_{G_s} = \begin{bmatrix} 0.823\,53 & 0.176\,47 & \\ 0.013\,70 & 0.981\,74 & 0.004\,57 \\ & 0.008\,26 & 0.991\,74 \end{bmatrix}$$

(3) 状态相似矩阵

地勘得到的隧址区域地质信息往往不能很准确,与实际围岩状况存在一定的偏差,可做如下假设:由同一勘察单位在某区域使用同一勘察方法时,勘探结果与实际情况的偏差是一定的。定义相似矩阵 L 来反映这个偏差的程度:

$$\boldsymbol{L} = (l_{ij}) = \begin{bmatrix} l_{11} & l_{12} & \cdots & l_{1m} \\ l_{21} & l_{22} & \cdots & l_{2m} \\ \vdots & \vdots & \ddots & \vdots \\ l_{1n} & l_{2n} & \cdots & l_{mn} \end{bmatrix} \tag{6-12}$$

第一行元素的含义为:根据地勘确定某一位置该参数的状态为1,开挖后发现此位置该参数的状态实际为1的概率为 l_{11},状态为 $2,3,\cdots,m$ 的概率分别为 $l_{12},l_{13},\cdots,l_{1m}$。

相似矩阵衡量的是对地勘成果的信心程度,可根据工程师和施工方的经验来定性确定。若工程区域存在已建隧道,可对地勘结果与实际开挖后揭露的地质情况进行对比,根据统计结果来反映该区域内某一地勘方法与实际地质情况的相符程度,数据量足够多时即可得到较准确的相似矩阵。对于长隧道而言,该隧道地勘与已开挖段的对比数据更具代表性。

在引汉济渭秦岭隧道的掘进过程中,施工单位对岩壁完整程度、出水情况、岩爆、围岩设计变更等均进行了记录,并每隔50m进行钻孔取芯以准确测定围岩强度,得到该位置围岩的真实状况。因此取50m为间隔对比地勘资料与开挖后揭露的实际情况。其他隧道取实际钻孔取芯的间距作为数据采样点。对各单一参数,将每个位置由开挖揭露的围岩按表6-6转化为参数状态,与同一位置由地勘确定的参数状态进行比较,统计各位置参数状态发生变化的次数,数据量足够多时,认为频率即概率。对引汉济渭秦岭隧道约20km已开挖段进行对比统计,得到各参数的相似矩阵为:

$$\boldsymbol{L}_{R_c} = \begin{bmatrix} 0.80 & 0.15 & 0.05 & & \\ 0.10 & 0.75 & 0.10 & 0.05 & \\ 0.05 & 0.10 & 0.75 & 0.10 & 0.05 \\ & 0.05 & 0.10 & 0.75 & 0.10 \\ & & 0.05 & 0.15 & 0.8 \end{bmatrix}$$

$$\boldsymbol{L}_{K_v} = \begin{bmatrix} 0.80 & 0.15 & 0.05 & & \\ 0.10 & 0.75 & 0.10 & 0.05 & \\ 0.05 & 0.10 & 0.75 & 0.10 & 0.05 \\ & 0.05 & 0.10 & 0.75 & 0.10 \\ & & 0.05 & 0.15 & 0.80 \end{bmatrix}$$

$$\boldsymbol{L}_W = \begin{bmatrix} 0.60 & 0.30 & 0.08 & 0.02 \\ 0.10 & 0.75 & 0.10 & 0.05 \\ 0.05 & 0.10 & 0.75 & 0.10 \\ 0.01 & 0.04 & 0.15 & 0.80 \end{bmatrix}$$

$$L_{G_s} = \begin{bmatrix} 0.80 & 0.15 & 0.05 \\ 0.15 & 0.70 & 0.15 \\ 0.02 & 0.08 & 0.90 \end{bmatrix}$$

其中,围岩含水程度 W 的状态对比统计结果见表6-8。

引汉济渭秦岭隧道 W 状态对比统计　　　　表6-8

地勘预判 S_{ti}	实际揭示 S'_{ti}	发生次数	总计	频率
1	1	217		0.616 48
1	2	102	352	0.289 78
1	3	28		0.079 54
1	4	5		0.014 20
2	1	1		0.043 48
2	2	18	23	0.782 61
2	3	3		0.130 43
2	4	1		0.043 48
3	1	0		0
3	2	2	14	0.142 86
3	3	11		0.785 71
3	4	1		0.071 43
4	1	1		0.111 11
4	2	0	9	0
4	3	1		0.111 11
4	4	7		0.777 78

6.2.3 参数状态的预测与更新

(1)确定参数的初始状态

进行预测前,需确定参数的初始状态分布。如前所述,通常认为地勘资料仅在钻孔位置是相对准确的,两个钻孔之间的地层信息是根据钻孔位置的地勘资料外推得到,存在较大的不确定性,预测工作即针对钻孔间区段进行。

选取引汉济渭秦岭隧道 SZK-1 钻孔(里程 K28 + 600)与 CZK-4 钻孔(里程 K29 + 800)之间的区段进行预测(该段在相似矩阵的数据统计范围之外),以 K28 + 600 作为起始点,根据地勘报告:

K28 + 600 ~ K28 + 880 段为弱富水区,无区域性断裂通过。片岩、片麻岩、石英片岩、花岗岩、石英岩多为中厚层状或巨块状,岩质坚硬而脆。原生层理、浅层风化节理、裂隙较发育,次生构造节理裂隙不发育,节理、裂隙的充填性较好,地下水主要储存于层理、风化节理、裂隙中,泉水不发育。地表测流地下径流模数 $M = 223 \sim 555 \text{m}^3/\text{d} \cdot \text{km}^2$,推荐平均值为 $M = 409 \text{m}^3/\text{d} \cdot \text{km}^2$。地下水水化学类型为 $HCO_3 \cdot SO_4$-Ca.Mg 或 HCO_3-Ca 型水,矿化度 0.283 5 ~ 0.325 5g/L,对混凝土无侵蚀性。预测该段隧洞正常涌水量 4 264m³/d,可能出现的最大涌水量 8 528m³/d。

K28+880~K29+800 段为贫水区,地下水相对贫乏,地下水天然露头(泉)出露几乎没有,受大气降水影响较大,渗透系数 0.007 245m/d,整体属基岩非含水层(体)或隔水层(体)。经地表测流,地下径流模数 $M=86m^3/d \cdot km^2$。地下水均呈短距离运移,主要接受大气降水及冰雪融水补给,径流排泄条件良好,动态变化大。近岭脊区域水化学类型为 HCO_3-Ca 或 $HCO_3 \cdot SO_4$-Ca 水,矿化度 0.069~0.142g/L,对混凝土无侵蚀性。预测该段隧洞正常涌水量为 3 773m³/d,可能出现的最大涌水量为 7 546m³/d。

由地勘资料推测,K28+600~K28+880 段内围岩为湿润状态的可能性较大,参数 W 的状态为 2,由 W 的相似矩阵可知 W 的初始状态分布为 $S_0=(0.1, 0.75, 0.1, 0.05)$。K28+880~K29+800 段围岩含水状态为干燥,W 状态为 1。

(2)初步预测参数状态

根据马尔可夫链的计算公式,已知参数初始状态分布与状态转移概率矩阵时,即可对后续的参数状态进行初步预测,对引汉济渭秦岭隧道 K28+600~K29+800 之间的围岩含水情况 W 的初步预测结果如图 6-4 所示。

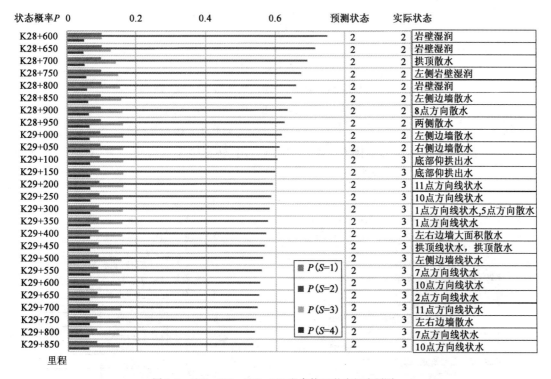

图 6-4　K29+600~K29+900 段参数 W 状态初步预测

(3)参数状态的更新与动态预测

由于马尔可夫链具有遍历性,此预测结果仅在较近范围内有效,一定距离之外的参数状态分布将趋于稳定,不发生变化,这显然与实际情况不符。因此,需在预测结果与实际情况不符时,对该参数的状态转移概率矩阵进行更新。这里所指的实际情况,来自隧道掘进过程中揭露的围岩情况,也可由补勘点钻孔得到相关信息。

根据贝叶斯理论,若 p 位置某参数状态为 i,由该位置预测下一个位置 q 的参数状态为 j,而实际掘进揭示 q 位置的参数状态为 k,则可由式(6-13)对该参数的状态转移概率矩阵进行更新。

$$P'_{ij} = \frac{P_{ij} l_{jk}}{\sum_{j=1}^{n} P_{ij} l_{jk}} \tag{6-13}$$

通过对状态转移概率矩阵的不断更新,可实现对隧道全长参数状态的动态预测,能有效预测的范围随每次更新相应扩大。图 6-5 所示对 W 的初步预测中,K29+100~K29+150 段预测状态为 2,掘进至该位置时,发现 W 的实际状态为 3,计算得到:

$$P'_{21} = \frac{P_{21} l_{13}}{\sum_{j=1}^{4} P_{2j} l_{j3}} = 0.008\,51$$

$$P'_{22} = \frac{P_{22} l_{23}}{\sum_{j=1}^{4} P_{2j} l_{j3}} = 0.657\,93$$

$$P'_{23} = \frac{P_{23} l_{33}}{\sum_{j=1}^{4} P_{2j} l_{j3}} = 0.326\,58$$

$$P'_{24} = \frac{P_{24} l_{43}}{\sum_{j=1}^{4} P_{2j} l_{j3}} = 0.006\,98$$

更新后的概率转移矩阵为:

$$P'_W = \begin{bmatrix} 0.871\,65 & 0.025\,77 & 0.027\,58 & \\ 0.008\,51 & 0.657\,93 & 0.326\,58 & 0.006\,98 \\ 0.014\,49 & 0.246\,38 & 0.586\,96 & 0.152\,17 \\ & 0.019\,61 & 0.411\,76 & 0.568\,63 \end{bmatrix}$$

对后续区段的预测更新为图 6-5 所示,可以看出,转移概率矩阵更新后,对后续的预测结果更接近开挖后所揭示的真实情况。

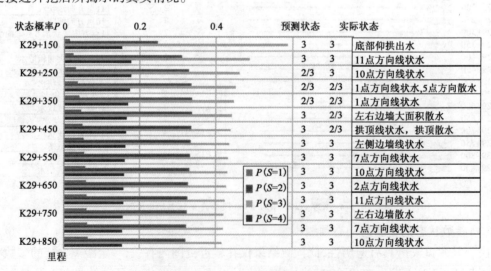

图 6-5　更新的 K29+150~K29+900 段参数 W 状态预测

6.2.4 小结

隧道工程风险相关的其余参数的状态同样按上述过程进行预测,将预测地质参数作为总体风险或各专项风险评估的底层指标,对指标进行适时更新,可评判相应隧道区段的风险水平,实现动态风险评估。

公路隧道设计、施工过程中,通常按照《工程岩体分级标准》(GB/T 50218—2014)的规定对围岩进行分级,以描述整体的地质情况,围岩分级由不同地质参数的值(分值)计算得到。在本节介绍方法的第一步,也可按照《工程岩体分级标准》(GB/T 50218—2014)划分各参数状态,确定各参数不同状态的组合情况,按标准中的公式,可计算每种组合对应的 BQ 值范围,由此也可完成对隧道围岩的动态分级。

该方法目前尚存在一定的局限性,如不能预测断层、剪切带等地层突变情况,实际应用时,需根据参数状态劣化趋势判断是否需进行超前地质预报,结合超前地质预报成果完成风险评估。

6.3 基于动态贝叶斯的水风险评价方法

如本书第 3 章所述,对于隧道施工,突水涌泥是其重大风险之一。隧道施工环境复杂、施工周期较长、诱发突涌水的因素多且互相影响。有关突水涌泥的风险评估,对指导施工安全具有重要意义。本节将突涌水量的预测转变为风险预测,使得在工程实际中对隧道突涌水的风险控制更具有可行性。为了完成将隧道突涌水的预测转变为风险预测问题,本节引入贝叶斯网络理论。贝叶斯网络理论、动态贝叶斯网络理论因其具有坚实的数学理论基础,被国内外学者认为是不确定环境中实现知识表示、推断、预测等最理想的工具。经过多年的发展,贝叶斯网络在国内外很多领域得到成功应用,包括质量控制、知识发现、决策支持等,已经发展成为不确定性分析与推理领域的一种重要方法。

6.3.1 动态贝叶斯网络

在很多情况下,需要对随机过程进行建模,即变量的取值随着时间的变化而变化。动态贝叶斯网络将贝叶斯网络扩展到对时间演化的过程进行表示。这里的"动态"指的是建模的系统是动态的,而非贝叶斯网络的结构是动态变化的。

设变量集 $X = (X_1, \cdots, X_n)$,用 $X_1^t, \cdots, X_n^t$ 表示变量在 t 时刻的状态。另设:①随机过程满足马尔可夫假设,即 t 时刻的状态只受到 $t-1$ 时刻的影响,$P(X^t | X^0, \cdots, X^{t-1}) = P(X^t | X^{t-1})$;②随机过程是稳定的,即对所有 t,条件概率 $P(X^t | X^{t-1})$ 都是相同的。有了马尔可夫假设和稳定性假设后,有如下定义:

定义 1:(转移网络 $B_\rightarrow$)一个转移网络 $B_\rightarrow$ 是一个贝叶斯网片段,节点包括 X 和 X',其中 X 中的节点没有父节点,X' 中的节点具有条件概率分布 $P(X' | \text{parent}(X'))$,由链规则可知,$B_\rightarrow$ 表现了条件概率分布

$$P(X' | X) = \prod_{i=1}^{n} P(X_i' | \text{parent}(X_i')) \qquad (6-14)$$

定义2：一个动态贝叶斯网模型表示一个二元组$(B_0,B_\rightarrow)$，其中B_0是以X^0为节点的初始贝叶斯网，$B_\rightarrow$是2-时间片的转移网络。对任意时刻$t,X^0,\cdots,X^t$的联合概率分布为：

$$P(X^0,\cdots,X^t) = P(X^0)\prod_{i=1}^{n}P(X_i^t \mid X^{t-1}) \tag{6-15}$$

给定窗口长度，可以通过叠加B_0和$B_\rightarrow$形成一个完整的动态贝叶斯网络，这个过程称之为动态贝叶斯网络的打开。动态贝叶斯网络的图模型如图6-6所示：

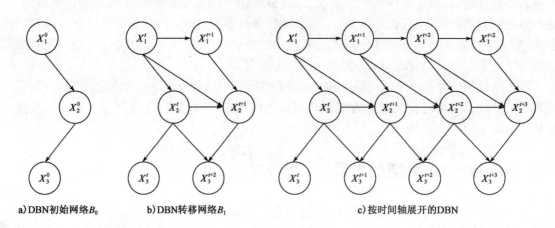

图6-6 动态贝叶斯网络结构图

动态贝叶斯网络是静态网络在时间序列上的扩展，初始网络代表了网络的初始状态，转移网络反映了动态贝叶斯网络中相邻时间片之间的前后依赖关系，相邻时刻变量之间转移概率的大小反应了它们之间依赖关系的强弱。动态贝叶斯网络不仅能够描述变量之间的因果关系，而且还能够对变量在时间序列上状态的演化过程进行描述，即它能够对动态事件进行建模与分析。

动态贝叶斯网络的推理方法是由静态的贝叶斯网络发展而来的，除具有静态贝叶斯网络的优点之外，还具有时间特性，即分析问题的过程中考虑了时间因素的影响，这使得推理过程具有了前后连续性，这样推理方法就更符合客观事物的发展规律。这样前一时刻输入信息会在下一时刻自动地保留而不丢失，能够结合历史信息和当前证据信息，具有信息的时间累积能力，能更有效地降低不同层次的信息融合推理过程中的不确定性，提高信息融合的准确度。

6.3.2 隧道水风险静态贝叶斯网络

（1）网络的构建

通过对隧道突涌水的风险进行辨识分析，建立了隧道施工中水风险的贝叶斯网络结构图（图6-7），包含7个基本节点、1个中间节点、1个终止节点和9条弧线。该贝叶斯为网络由2个子网络组成，分别表示了岩体质量指标和水风险的等级。表6-9列出了该贝叶斯网络结构图中所有的节点信息。表6-10为不良地质的等级划分表。

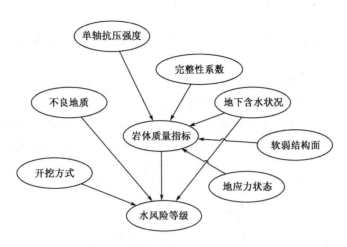

图 6-7 隧道水风险贝叶斯网络结构图

贝叶斯网络的节点信息 表 6-9

代号	节点	数量	状态
EM	开挖方式	2	TBM；钻爆法
BGC	不良地质	4	无致灾性；弱致灾性；中等致灾性；强致灾性
UCS	单轴抗压强度(MPa)	5	<30；30~60；60~100；100~150；>150
KV	完整性系数	5	<0.35；0.35~0.45；0.45~0.75；0.75~0.85；>0.85
UWC	地下含水状况	4	贫乏；低；中等；丰富
WSP	软弱结构面	3	<30°，30°<b<75°；a>60°，b>75°；其他
ISF	地应力状态	3	低；高；极高
RC	岩体质量指标	5	Ⅰ级；Ⅱ级；Ⅲ级；Ⅳ级；Ⅴ级
WRL	水风险等级	4	Ⅰ级(干燥)；Ⅱ级(湿润)；Ⅲ级(线股状流水)；Ⅳ级(管状喷涌)

注：a 为结构面走向与洞轴线夹角；
b 为结构面倾角。

不良地质等级划分表 表 6-10

等级划分	具体描述
无致灾性	隧道附近不存在可致突水的不良地质现象
弱致灾性	隧道附近底板上方有小型含导水构造，或隧道附近底板下方有小型承压含导水构造
中等致灾性	隧道附近底板上方有中型含导水构造，或隧道附近底板下方有中型承压含导水构造
强致灾性	隧道附近底板上方有大型含导水构造，或隧道附近底板下方有大型承压含导水构造

(2) 条件概率

对于岩体指标这个子网络而言，其条件概率通过蒙特卡洛计算得到，根据 BQ 分级，随机产生 10 000 组样本，分别计算其岩体质量等级，统计分析得到其条件概率。对于水风险等级子网络，条件概率通过专家经验判断和逻辑推理得到。

（3）敏感性分析

依据本书第 5 章 5.4 的敏感性分析理论，对影响隧道水风险的各基本节点的重要性进行评判。

根据在 Netica 软件中建立的隧道水风险贝叶斯网络，可以计算得到 7 个基本节点的重要性指标，图 6-8 直观表达了 7 个基本节点的重要性指标值的大小。从图中可以看出，不良地质 BGC、岩体完整性系数 KV 和地下水含量 UWC 对降低"隧道水风险 $M=c$"的概率影响较大，同时，不良地质 BGC、岩体完整性系数 KV 和地下水含量 UWC 对增大"隧道水风险 $M=c$"的概率影响较大。

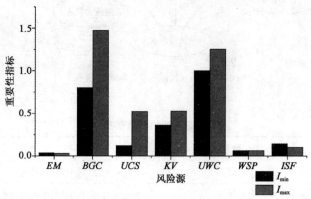

图 6-8　基本节点对隧道水风险敏感性的重要性指标

6.3.3　隧道水风险动态贝叶斯网络

为了连续的预测隧道开挖过程中的水风险等级，建立了隧道水风险的动态贝叶斯网络，如图 6-9 所示，考虑到单轴抗压强度 UCS、岩体完整性系数 KV、地下含水量 UWC 和地应力状态 ISF 4 个参数的影响。以引汉济渭秦岭隧道工程为基础，统计得到这 4 个参数的相似矩阵和转移矩阵，详见本章 6.2 节。

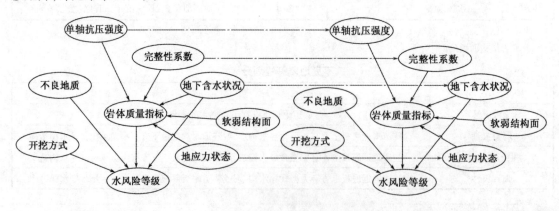

图 6-9　隧道水风险动态贝叶斯网络结构图

相应地，在 Netica 软件中建立隧道水风险的动态贝叶斯模型，如图 6-10 所示，对引汉济渭秦岭隧道 K30+250～K30+650 之间的水风险等级进行预测，预测结果如图 6-11 所示。

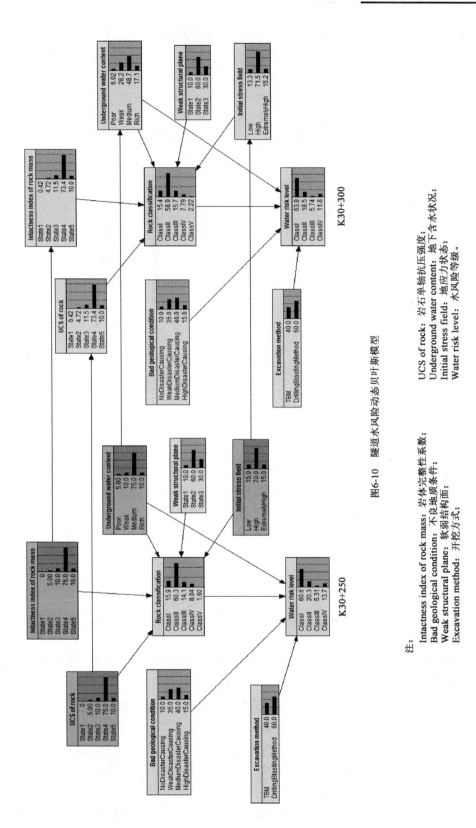

图6-10 隧道水风险动态贝叶斯模型

注：

Intactness index of rock mass: 岩体完整性系数；
Bad geological condition: 不良地质条件；
Weak structural plane: 软弱结构面；
Excavation method: 开挖方式；

UCS of rock: 岩石单轴抗压强度；
Underground water content: 地下含水状况；
Initial stress field: 地应力状态；
Water risk level: 水风险等级。

从图6-11可以看出,从里程K30+250到K30+650隧道发生Ⅱ级、Ⅲ级和Ⅳ级涌水的概率在逐渐减少,发生Ⅰ级涌水的概率在逐渐增大,也就是说,隧道发生突涌水的概率越来越小,水对隧道产生的影响也越来越小。在隧道的开挖过程中,当单轴抗压强度 UCS、岩体完整性系数 KV、地下含水状况 UWC 和地应力状态 ISF 这4个参数的预测结果和实际情况不符时,这时就应对该参数的状态转移概率矩阵进行更新。这里所指的实际情况,来自隧道掘进过程中揭露的围岩情况,也可以来自补勘点钻孔得到的信息,具体的更新方法详见本章6.2节。

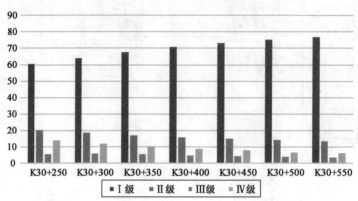

图6-11　K30+250到K30+650隧道水风险预测

6.3.4　小结

本节采用动态贝叶斯网络对隧道掘进过程中的水风险进行预测,相较于马尔可夫链预测涌水,贝叶斯网络能更详细、具体的阐述事物之间的关系,并通过马尔可夫链将各个风险源在不同时刻的状态联系在一起,组成动态贝叶斯网络结构。相较于静态贝叶斯网络,动态贝叶斯网络模型具有时间积累的能力,其推理信息比静态贝叶斯网络更加准确。

但是,由于马尔可夫链尚存在一定的局限性,例如不能预测断层、破碎带等地质突变情况,也就造成了动态贝叶斯推理的不准确性。因此,在实际应用中,需根据参数状态劣化趋势判断是否需开展超前地质预报,结合超前地质预报成果完成风险的动态评估。

6.4　基于深度学习的隧道掌子面地质辨识和超前预测

在矿山法施工的隧道中,地质信息的获取和超前地质的预测一直是合理制订施工方案,管控施工进度,并进行动态风险评估,从而规避风险的重要的一环。施工过程中,开挖的掌子面展示了复杂的地质面貌,这对于地质信息的获取至关重要。目前,对掌子面分析仍然是通过地质技术人员,手工方式进行地质素描、现场测量、记录数据。这种方式效率低下,且由于掌子面本身稳定性未知,潜在塌方风险,因而工程人员无法详细获取和判别掌子面特征。另外,对掌子面特征的分析结果往往因分析人员的经验、专业知识的不同而不尽相同,且通过隧道开挖部分预测隧道前方的地质结构,目前采用人工分析的方式还难以做到。

在人工智能快速发展的新时代,无疑为解决这一难题提供了新的方法和思路。基于卷积神经网络的图像识别手段已经在许多国际比赛中取得了令人瞩目的成绩和结果,也有相关学者结合卷积神经网络和循环神经网络进行了图像特征的描述,在动态信息的预测中,循环神经网络表现突出,性能优异。本节设计了一种以摄像技术为基础的掌子面地质识别和超前预测的技术方案,并提出了一种基于多模型融合的神经网络掌子面地质辨识和超前预测方法,该方法结合了卷积神经网络(Convolutional Neural Network,CNN)和长短时间记忆网络(Long Short Term Memory Network,LSTM),以掌子面的摄影图像为输入,是一个端对端的模型。

6.4.1 掌子面地质图像采集方案设计

(1)拍摄角度选择

拍摄角度又称摄像角度、画面角度、镜头角度。拍摄角度是指摄像机和对象之间形成的方向关系、高度关系和远近关系。这种关系称为几何角度。除此之外,角度还有主观角度、客观角度和主客观角度之分。为了能完整地反映掌子面的地质信息和立体角度,摄影方案的设计包括了正面角度和侧面角度。正面角度能表达掌子面的本来面貌,有利于表现掌子面的横线条,但缺点是缺乏立体感和空间透视感。在隧道施工期间,空气中的灰尘较多,而正面角度在存在遮挡物的条件下,不能完全展示掌子面的空间面貌。侧面角度有利于表现掌子面结构变化的方向性,线条富于变化,结合正面角度,能够展示掌子面形貌的立体感。

(2)摄像方案所需的装置

摄像方案需要的装置包括数码相机(或工业相机)、固定与置平装置、照明设备、脉冲激光测距仪等。

数码相机是拍摄掌子面图像的主要工具。与专业测量相机拍摄掌子面图像相比,利用数码相机拍摄掌子面具有方便、快捷的特点。为了获得较高质量的掌子面图像,应尽可能选择高像素的数码相机。

固定与置平装置位于数码相机的底部,用于数码相机的安放固定,并通过调节置平装置设置数码相机水平角度。置平装置需由生产精密测量仪器的正规厂家来制作,并对装置的置平精度进行严格校正,方可应用于摄影测量的实际操作。

由于隧道内照明较暗,空气中弥漫着粉尘,且相机与掌子面间具有一定的距离,相机自带的闪光灯通常无法实现摄取高质量图像的目的。因此,在拍摄掌子面时应配备照明设备,以保证相机拍摄出高质量的掌子面图像。

脉冲式激光测距仪是在工作时向目标射出一束或一系列短暂的脉冲激光束,由光电元件接收目标反射的激光束,计时器测定激光束从发射到接收的时间,计算出从测距仪到目标的距离。激光测距仪安置于数码相机上,通过置平装置置平,用于测量相机与掌子面之间的距离,同时多个传感器的布置还可以判断拍摄面和掌子面之前的空间几何特征。

(3)相机布置方案

隧道内拍摄掌子面时,通常采用三点位布置相机。图6-12给出了几种相机位置的设置方案。考虑成像的一致性、连贯性与可对比性,在一条隧道施工期间,相机的布置宜采用同一种方案,包括位置参数,拍摄参数等。

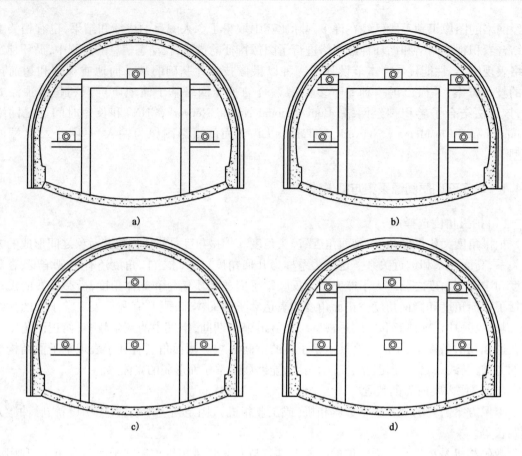

图 6-12 相机布置方案

(4) 图像采集方法

在图像采集过程中,要注意施工引起的粉尘的影响,尽量避免人为干扰,保证采集到的掌子面图像为正射影像。掌子面图像采集方法流程如下:

①选择适宜的时间。掌子面拍摄一般在隧道爆破、清渣完成后,通风排出掌子面附近粉尘后进行。

②拍摄位置的选择。根据拍摄掌子面的几何尺寸,确定相机的拍摄距离,通常相机距离掌子面 5~10m。确定拍摄距离后,即可确定相机的 3 点位置。

③照明设备使用方式。采用碘钨灯或聚光 LED 灯,以适合的方式与角度,将灯光照射到掌子面上,尽量保证掌子面亮度均匀。

④数码相机的使用。采用固定三脚架固定相机,调节置平装置使数码相机呈固定水平角度。调节相机焦距、光圈、曝光时间、白平衡等参数,每个点位拍摄至少 3 张照片。

⑤记录、测量数据。记录相机距离掌子面的位置参数,以及相机方位参数,同时记录隧道掌子面开挖里程、拍摄时间等信息。

通过上述方法采集的掌子面图像通常比较清晰、噪声相对较少,基本能够满足系统处理要求。图 6-13 为某隧道掌子面拍摄图片。

 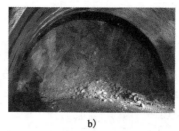 

图 6-13　某隧道掌子面拍摄图片

6.4.2　深度学习模型方法

1）掌子面地质辨识卷积神经网络模型

在每一个固定断面的掌子面图像识别中,采取了卷积神经网络结构。该结构的设计源于 2014 年 ILSVAC 比赛中的 VGG 和 GoogLeNet,参照其思想,使用小卷积核和 inception 模块构建了 CNN 结构,如图 6-14 所示。

图 6-14 中所示的卷积层、池化层、softmax 等在本书第 5 章 5.5 节已经做了详细介绍,这里不再赘述。在新的 inception 模块中,全部采用大小为 1×1 和 3×3 的卷积核,将最大值池化和 3 种不同的卷积方式并行设置,增加网络的宽度;同时 4 条线路的网络层数不尽相同,堆叠在一起,增加网络的深度,有利于提高对不同尺度图像的适应性。inception 模块如图 6-15 所示。

使用模型时,首先将 3 个点位的图像进行预处理,每个点位选择一张图像,3 张图像作为一组输入,CNN 模型直接输出包括掌子面岩石岩性、掌子面岩石等级、掌子面结构面产状等信息。当然,与任何神经网络方法一样,构建的 CNN 模型首先需要通过学习(训练)达到预定要求后,才可以真正用于掌子面特征判定。有关卷积神经网络训练的知识请参考相关文献。

2）超前地质预测多模型融合方法

(1) LSTM 模型结构

LSTM 是一种特殊的循环神经网络,可以学习长期依赖信息。LSTM 由 Hochreiter 和 Schmidhuber 提出,并在近期被 Alex Graves 改良和推广。在很多问题上,LSTM 都取得相当巨大的成功,并得到了广泛应用。

所有 RNN 都具有一种重复神经网络模块的链式形式。在标准的 RNN 中,这种重复模块只有一个简单的结构,比如一个 tanh 层。LSTM 与之类似,但其重复模块拥有不同的结构。不同于单一神经网络层,这里设置有四层网络,并以一种特殊的方式进行交互,如图 6-16 所示。

LSTM 的关键是细胞状态,水平线在图上方贯穿运行,如图 6-17 所示。

细胞状态类似于传送带,直接在整个链上运行,只有少量的线性交互。信息在上面流转并保持不变。LSTM 通过精心设计的称为"门"的结构来去除或者增加信息到细胞状态的能力。LSTM 拥有三个门,来保护和控制细胞状态。门是一种让信息选择式通过的方法。其包含一个 sigmoid 神经网络层(图 6-18)和一个 pointwise 乘法操作。Sigmoid 层输出 0 到 1 之间的数值,描述每个部分有多少量可以通过。0 代表"不许任何量通过",1 指代"允许任意量通过"。

图 6-14 卷积神经网络结构

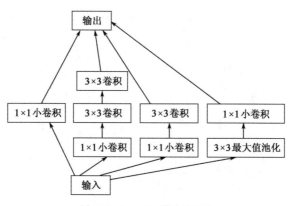

图 6-15 inception 模块结构图

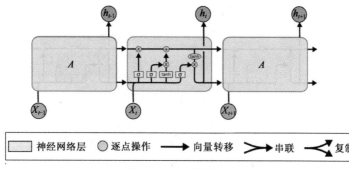

图 6-16 LSTM 结构图

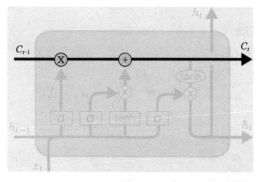

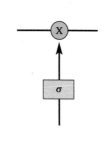

图 6-17 细胞状态水平线   图 6-18 sigmoid 神经网络层

在 LSTM 结构中,第一步是决定从细胞状态中丢弃什么信息。这个决定通过一个称为"忘记门层"完成。该门会读取上一时刻输出的内容 h_{t-1} 和本时刻输入的内容 x_t,输出一个 0~1 之间的数值给细胞状态 C_{t-1}。1 表示"完全保留",0 表示"完全舍弃",如图 6-19 所示。与此步骤相关的数学表达式为式(6-16)。

$$f_t = \sigma(W_f \cdot [h_{t-1}, x_t] + b_f) \tag{6-16}$$

第二步是确定新信息能否被存放在细胞状态中。这里包含两个部分。第一,sigmoid 层("输入门层")决定什么值将要更新。第二,一个 tanh 层创建一个新的候选值向量并被加入到状态中,如图 6-20 所示。与此步骤相关的数学表达式为式(6-17)和式(6-18)。

$$i_t = \sigma(W_i \cdot [h_{t-1}, b_G] + b_i) \tag{6-17}$$

$$\tilde{C}_t = \tanh(W_C \cdot [h_{t-1}, x_t] + b_C) \tag{6-18}$$

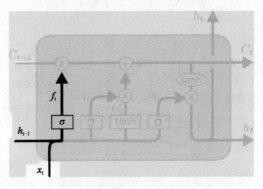

图 6-19 "忘记门层"决定丢弃信息

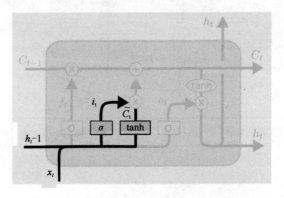

图 6-20 "输入门层"和 tanh 层确定更新的信息

第三步是更新旧细胞状态,C_{t-1} 更新为 C_t。把旧状态与 f_t 相乘,接着加上输入门中更新的信息,如图 6-21 所示。与此步骤相关的数学表达式为式(6-19)。

$$C_t = f_t^* C_{t-1} + i_t^* \tilde{C}_t \tag{6-19}$$

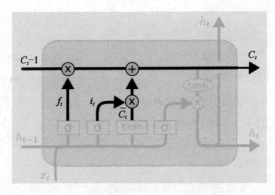

图 6-21 更新细胞状态

最后一步通过"输出门层"确定细胞状态的哪个部分将被输出。接着,把细胞状态通过 tanh 进行处理(得到一个 -1~1 之间的值)并将它和 sigmoid 门的输出相乘,从而获得本时刻的输出值,如图 6-22 所示。与此步骤相关的数学表达式为式(6-20)和式(6-21)。

$$\sigma_t = \sigma(W_o[h_{t-1} \cdot x_t] + b_o) \tag{6-20}$$

$$h_t = o_t^* \tanh(C_t) \tag{6-21}$$

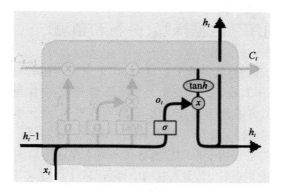

图 6-22　获得输出值

（2）多模型融合

卷积神经网络擅长分析图像问题，可以用其分析大尺度图像的中潜在的深度特征；而循环神经网络擅长处理和时间相关的数据，可以用于分析以往数据，并对未来数据进行预测的问题。在超前地质预测的模型中，融合了 CNN 和 LSTM，模型如图 6-23 所示，先通过 CNN 对图像特征进行提取，再将 CNN 的输出按照时间顺序通过 LSTM，LSTM 将底层 CNN 的输出链接起来作为下一刻的输入。

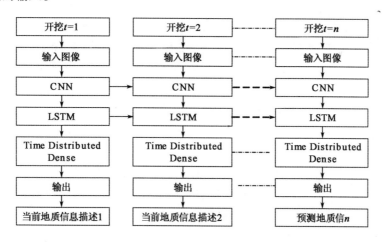

图 6-23　超前地质预测模型

图 6-23 中的 Time Distributed Dense 层是一个基于时间维度的全连接层，输入数据的格式为：(nb_sample, time_steps, input_dim)，其中 nb_sample 表示每次训练的样本数，因为本文中每次一个序列用于训练，每次 nb_sample 均为 1。Time_steps 表示当前输入序列的长度，inupt_dim 为输入的特征维度。输出为(nb_sample, time_steps, output_dim)，其中 output_dim 为输出的特征维度。

6.4.3　小结

本节针对掌子面地质辨识和超前预测给出了一种基于人工智能的解决方案，但由于模型训练需要大量的高质量样本,因此这方面仍有很多工作需要完成。除了训练样本的收集与整理,相关的智能网络推理理论、算法、模型等也需要进一步研究。

6.5 隧道施工时间序列数据降噪、分析和预测

隧道现场监控量测是隧道施工的重要组成部分,可以将隧道开挖后围岩和支护系统力学性态的动态变化作为判断围岩稳定性和支护系统可靠性的依据,把施工监测所获得的信息加以处理,与工程类比的经验方法相结合,建立必要的判断准则,从而利用监测数据处理后的结果,及时调整施工决策。隧道围岩变形是多因素综合作用的结果,可作为围岩稳定性评价及围岩稳定状态判断的标准。隧道围岩变形的监测数据本质上是一种时间序列,本节在基于卡尔曼滤波技术过滤掉"噪声"数据的基础上,引入时间序列数据分析方法实现对隧道变形趋势的预测。

6.5.1 卡尔曼滤波技术简介

传统的滤波方法,只能识别与有用信号处于不同频带的噪声。20 世纪 40 年代,维纳和柯尔莫哥罗夫把信号和噪声的统计性质引进了滤波理论,在假设信号和噪声都是平稳过程的条件下,利用最优化方法对信号真值进行估计,被称为维纳滤波。这种方法要求信号和噪声都必须是以平稳过程为条件。20 世纪 60 年代初,Kalman(1960)提出了一种新的线性滤波方法,被称为卡尔曼滤波。其特点是在线性状态空间基础上对存在噪声的输入和观测信号进行处理,以求取系统状态或真实信号。

维基百科对卡尔曼滤波的定义,即一种高效率的递归滤波器(自回归滤波器),它能够从一系列的不完全及包含噪声的测量中,估计动态系统的状态。卡尔曼滤波是一种递归估计,即只要获知上一时刻状态的估计值以及当前状态的观测值就可以计算出当前状态的估计值,因此不需要记录观测或者估计的历史信息。卡尔曼滤波器与大多数滤波器不同之处,在于它是一种纯粹的时域滤波器,不需要像低通滤波器等频域滤波器那样,需要从频域设计转换到时域实现。

(1)卡尔曼滤波理论

假设有线性离散系统:

$$x_k = F_{k-1}x_{k-1} + G_{k-1}u_{k-1} + w_{k-1} \tag{6-22}$$

$$y_k = H_k x_k + v_k \tag{6-23}$$

其中,u_k 是已知的输入,$\{w_k\}$ 和 $\{v_k\}$ 是零均值、不相关白噪声,有已知的协方差矩阵 Q_k 和 $\{R_k\}$,即:

$$w_k \sim (0, Q_k)$$
$$v_k \sim (0, R_k)$$
$$E[w_k w_j] = \delta_{k-j} Q_k, E[v_k v_j] = \delta_{k-j} R_k$$

其中,δ_{k-j} 是 Kronecker-δ 函数,即 $k=j$,则 $\delta_{k-j}=1$;$k\neq j$,则 $\delta_{k-j}=0$。目的是在已知的系统动态方程和带噪声量测$\{y_k\}$的基础上估计状态量 x_k。对于状态估计可用的信息量,取决于要解决的问题本身。如果我们利用包括 k 时刻和 k 时刻以前的量测量估计 x_k,那么能得到一个后验估计,表示为 $\hat{x}_k^+$。上标"+"表示这个估计是后验的。获得后验状态估计的方法是在 k 时刻和 k 时刻以前的量测值的条件下计算 x_k 的期望值。

如果利用 k 时刻之前（不包括 k）的量测值来估计 x_k，那么能得到一个先验估计，表示为 $\hat{x}_k^-$。上标"−"表示这个估计是先验的。获得先验状态估计的方法是在时间 k 时刻以前的量测值的条件下计算 x_k 的期望值。

$\hat{x}_0^+$ 表示未使用任何测量值前 x_0 的初始估计。第一个量测值在时间 $k=1$ 时计算得到。

用 P_k 表示估计误差的协方差。P_k^- 表示 $\hat{x}_k^-$ 的估计误差协方差，P_k^+ 表示 $\hat{x}_k^+$ 的估计误差协方差：

$$P_k^- = E[(x_k - \hat{x}_k^-)(x_k - \hat{x}_k^-)^T] \tag{6-24}$$

$$P_k^+ = E[(x_k - \hat{x}_k^+)(x_k - \hat{x}_k^+)^T] \tag{6-25}$$

利用 $\hat{x}_{k-1}^+$ 可得到 $\hat{x}_k^-$：

$$\hat{x}_k^- = F_{k-1}\hat{x}_{k-1}^+ + G_{k-1}u_{k-1} \tag{6-26}$$

式(6-26)称为 $\hat{x}$ 的时间更新方程。从时间 $(k-1)^+$ 到 k^-，状态估计值的传播方式与状态均值的传播方式相同。在时间 $(k-1)^+$ 到 k^-，没有更多的可用量测值去更新状态估计值，因此只能在已知的系统动态方程的基础上更新状态估计值。

对于估计误差的协方差，可由式(6-27)得到，称为 P 的时间更新方程。

$$P_k^- = F_{k-1}P_{k-1}^+F_{k-1}^T + Q_{k-1} \tag{6-27}$$

已经推导出了 $\hat{x}$ 和 P 的时间更新方程，现在需要推导 $\hat{x}$ 和 P 的量测更新方程。根据递推最小二乘估计法，可利用量测值 y_k 计算得到 x 的估计值：

$$K_k = P_k^- H_k^T (H_k P_k^- H_k^T + R_k)^{-1} \tag{6-28}$$

$$\hat{x}_k^+ = \hat{x}_k^- + K_k(y_k - H_k\hat{x}_k^-) \tag{6-29}$$

$$\begin{aligned} P_k^+ &= (I - K_k H_k)P_k^-(I - K_k H_k)^T + K_k R_k K_k^T \\ &= [(P_K^-)^{-1} + H_k^T R_k^{-1} H_k]^{-1} \\ &= (I - K_k H_k)P_k^- \end{aligned} \tag{6-30}$$

这是 $\hat{x}$ 和 P 的量测更新方程。其中，K_k 称为卡尔曼滤波增益。

(2) 自适应卡尔曼滤波

在很多实际应用中，系统过程噪声方差矩阵 Q 和量测误差方差矩阵 R 事先无法得到，甚至状态转移矩阵 F_k 和量测矩阵 H_k 也很难建立。这就使得所建立的模型可能与实际模型不符，从而引起滤波发散。针对此种情况，这里引入自适应卡尔曼滤波方法。在滤波过程中，自适应滤波一方面利用量测值修正预测值，另一方面也对未知的或不确切的系统模型参数和噪声统计参数进行修正。自适应滤波的方法有很多，包括贝叶斯法、极大似然法、相关法与协方差匹配法等。其中较常用的自适应滤波法是相关法，它又包括输出相关法和新息相关法。

由于篇幅所限，这里仅讨论在系统模型参数已知，而噪声统计参数 Q 和 R 未知情况下的自适应滤波过程，对于其他情形，请读者查阅相关资料。

基于极大似然估计的自适应卡尔曼滤波，通过系统状态方差阵和量测噪声方差阵实时估计系统噪声统计特性的变化，以保证滤波器更好地适应这种变化。极大似然估计从系统量测值出现概率最大的角度估计，其特点是不仅考虑新息的变化，而且考虑新息协方差矩阵 C_{ck} 的变化。

新息序列定义为：

$$v_k = y_k - F_k\hat{x}_k^- \tag{6-31}$$

新息协方差矩阵为：

$$C_{vk} = \frac{1}{k}\sum_{i=1}^{k} v_i v_i^T \quad (6\text{-}32)$$

量测噪声协方差矩阵 $\hat{R}$ 为：

$$\hat{R}_k = C_{vk} - H_k P_k^- H_k^T \quad (6\text{-}33)$$

系统噪声协方差矩阵 $\hat{Q}$ 为：

$$\hat{Q}_k = \frac{1}{k}\sum_{i=1}^{k} \Delta x_i \Delta x_i^T + P_k^+ - F_{k-1} P_{k-1}^+ F_{k-1}^T \quad (6\text{-}34)$$

其中，$\Delta x_k = \hat{x}_k^+ - \hat{x}_k^- = K_k v_k$。

6.5.2 时间序列分析方法

时间序列，顾名思义是用时间顺序排序的一种随机变量。时间序列分析是一种处理随时间变化而又相互关联数据的数学方法，即一种处理动态数据的参数化时域分析方法。其主要手段是选择恰当的数学模型来近似描述动态数据，通过研究分析，深入了解数据的内在结构和复杂特性，以达到预测和控制的目的。时间序列分析是概率统计学的一个重要分支，它用随机过程和概率统计方法分析随时间变化的随机数据序列，包括建立模型、参数估计以及最佳预测和控制等内容。

1）基本概念

（1）随机过程

称描述观测序列概率结构的模型为随机过程。所要研究的时间序列是离散时间上的随机过程，它可看作是无限样本总体的一个实现。进行统计分析的主要目的之一就是根据这些样本去推断总体的性质。

①平稳随机过程。

在时间序列模型的发展过程中，一个重要特征就是对统计均衡做某种形式的假设。其中较为特殊的是平稳性假设。通常，一个平稳时间序列能够用其均值、协方差来进行描述。

a. 严平稳过程。如果时间序列 X_t 的概率分布或统计特性不随时间的变化而变化，则称该时间序列是严平稳的。

b. 宽平稳过程。如果时间序列满足以下条件：

$$E(X_t) = m$$
$$E(X_{t+k} - m)(X_t - m) = r_k$$
$$E(X_t^2) < \infty$$

式中，m 是常数，$X_t(t \in T)$ 称为弱平稳过程或广义平稳过程，简称为平稳过程。若 T 为离散集，则称 X_t 为平稳序列。

严平稳过程如果二阶矩有界，则一定是宽平稳序列；宽平稳序列如果同时是高斯过程，则一定是严平稳序列。

平稳序列是短记忆的，即它的当前值不会受以前较远值的影响，只受近期值的影响。平稳序列有明显的上下波动，形成一条围绕均值不断波动的曲线。而非平稳序列是指数据序列的性质与时间起点有关，是时间起点的一个确定性函数。

②平稳过程的各态历经性。

若将随机序列 X_t 看作是具有离散参数的随机过程,则 $\frac{1}{N}\sum_{t=1}^{N}X_t$ 为随机过程的样本函数按不同时刻取平均,该函数随样本不同而变化,是个随机变量。而 $m = E(X_t)$ 是随机过程的均值,即任意时刻的过程取值的统计平均。大数定律表明,随时间 N 的无限增长,随机过程的样本函数按时间平均以越来越大的概率近似于过程的统计平均。亦即,只要观测的时间足够长,则随机过程的每个样本函数都能够"遍历"各种可能状态。随机过程的这种特性称为遍历性或各态历经性。

在实际问题中,要严格验证平稳过程是否满足各态历经条件比较困难,但各态历经性定理的条件较宽,工程中所遇到的平稳过程大多能满足。此外,各态历经性定理的重要意义在于从理论上给出如下结论:一个实平稳过程,如果它是各态历经的,则可用任意一个样本函数的时间平均代替平稳过程的统计平均。

(2)白噪声

若 X_t 代表某一变量在时间上无限延伸的序列,我们可以提出一种描述该序列的模型是:

$$X_t = f(X_{t-1}, X_{t-2}, \cdots) + a_t \tag{6-35}$$

模型中 f 把现在的情况同以前的情况联系起来,而 a_t 为 t 时刻出现的干扰,表示残差,当 a_t 满足以下条件时,则称 a_t 为白噪声。

$$E(a_t) = 0$$

$$r_k = E(a_t a_{t+k}) = \begin{cases} \sigma_a^2 & (k = 0) \\ 0 & (k \neq 0) \end{cases}$$

$$a_t \sim NID(0, \sigma_a^2)$$

$$E(a_t X_{t-k}) = 0 \quad (k > 0)$$

(3)滞后算子、差分算子和求和算子

滞后算子 B:

$$B^k X_t = X_{t-k}$$

当 $0 < c < 1$ 时:

$$(1 - cB)^{-1} = 1 + cB + (cB)^2 + (cB)^3 + \cdots$$

差分算子 ∇:

$$\nabla^d = (1 - B)^d$$

求和算子 S:

$$S^d = \nabla^{-d}$$

2)时间序列基本模型

随机时间序列分为三种模型:自回归(autoregressive)模型、移动平均(moving average)模型和自回归移动平均(autoregressive-moving average)模型。

(1)自回归(AR)模型

具有如下结构的模型称为 p 阶自回归模型,简记为 AR(p):

$$\begin{cases} x_t = \varphi_0 + \varphi_1 x_{t-1} + \varphi_2 x_{t-2} + \cdots + \varphi_p x_{t-p} + \varepsilon_t \\ \varphi_p \neq 0 \\ E(\varepsilon_t) = 0, \text{Var}(\varepsilon_t) = \sigma_\varepsilon^2, E(\varepsilon_t \varepsilon_s) = 0, s \neq t \\ Ex_s \varepsilon_t = 0, \forall s < t \end{cases} \tag{6-36}$$

AR(p)模型有3个限制条件：

条件一：$\varphi_p \neq 0$。此限制条件保证了模型的最高阶数为p。

条件二：$E(\varepsilon_t)=0, \mathrm{Var}(\varepsilon_t)=\sigma_\varepsilon^2, E(\varepsilon_t\varepsilon_s)=0, s\neq t$。此限制条件说明当期的随机干扰与过去的序列值无关。

条件三：$Ex_s\varepsilon_t=0, \forall s<t$。此限制条件说明当期的随机干扰与过去的序列值无关。

通常会缺省默认的限制条件，把AR(p)模型简记为：

$$x_t = \varphi_0 + \varphi_1 x_{t-1} + \varphi_2 x_{t-2} + \cdots + \varphi_p x_{t-p} + \varepsilon \tag{6-37}$$

当$\varphi_0 = 0$时，自回归模型式又称为中心化AR(p)模型。非中心化AR(p)序列可通过下面的变换转化为中心化AR(p)系列。令：

$$\mu = \frac{\varphi_0}{1-\varphi_0-\cdots-\varphi_p}, y_t = x_t - \mu$$

则y_t为x_t的中心化序列。中心化变换实际上就是非中心化的序列整个平移了一个常数位移，这种整体移动对序列值之间的相关关系没有任何影响。

引进延迟算子，中心化AR(p)模型又可简记为：

$$\Phi(B)x_t = \varepsilon_t \tag{6-38}$$

式中，$\Phi(B) = 1 - \varphi_1 B - \varphi_2 B^2 - \cdots - \varphi_p B^p$，称为$p$阶自回归系数多项式。

(2) 移动平均（MA）模型

具有如下结构的模型称为q阶移动平均模型，简记为MA(q)：

$$\begin{cases} x_t = \mu + \varepsilon_t - \theta_1 \varepsilon_{t-1} - \theta_2 \varepsilon_{t-2} - \cdots - \theta_q \varepsilon_{t-q} \\ \theta_q \neq 0 \\ E(\varepsilon_t) = 0, \mathrm{Var}(\varepsilon_t) = \sigma_\varepsilon^2, E(\varepsilon_t\varepsilon_s) = 0, s \neq t \end{cases} \tag{6-39}$$

MA(q)模型有两个限制条件：

条件一：$\theta_q \neq 0$。这个限制条件保证了模型的最高阶数为q。

条件二：$E(\varepsilon_t)=0, \mathrm{Var}(\varepsilon_t)=\sigma_\varepsilon^2, E(\varepsilon_t\varepsilon_s)=0, s\neq t$。即随机干扰序列$\varepsilon_t$为零均值白噪声序列。

通常会缺省默认的限制条件，把MA(q)模型简记为：

$$x_t = \mu + \varepsilon_t - \theta_1 \varepsilon_{t-1} - \theta_2 \varepsilon_{t-2} - \cdots - \theta_q \varepsilon_{t-q} \tag{6-40}$$

当$\mu = 0$时，移动平均模型又称为中心化MA(q)模型。对非中心化MA(q)模型只要做一个简单的位移$y_t = x_t - \mu$，就可以转化为中心化MA(q)模型。

引进延迟算子，中心化MA(q)模型又可简记为：

$$x_t = \Theta(B)\varepsilon_t \tag{6-41}$$

式中，$\Theta(B) = 1 - \theta_1 B - \theta_2 B^2 - \cdots - \theta_q B^q$，称为$q$阶移动平均系数多项式。

(3) 自回归移动平均（ARMA）模型

具有如下结构的模型称为自回归移动平均模型，简记为ARMA(p,q)：

$$\begin{cases} x_t = \varphi_0 + \varphi_1 x_{t-1} + \varphi_2 x_{t-2} + \cdots + \varphi_p x_{t-p} + \varepsilon_t - \theta_1 \varepsilon_{t-1} - \theta_2 \varepsilon_{t-2} - \cdots - \theta_q \varepsilon_{t-q} \\ \varphi_p \neq 0, \theta_q \neq 0 \\ E(\varepsilon_t) = 0, \mathrm{Var}(\varepsilon_t) = \sigma_\varepsilon^2, E(\varepsilon_t\varepsilon_s) = 0, s \neq t \\ Ex_s\varepsilon_t = 0, \forall s < t \end{cases} \tag{6-42}$$

若 $\varphi_0 = 0$，该模型称为中心化 ARMA(p,q) 模型。缺省默认条件，中心化 ARMA(p,q) 模型可简写为：

$$x_t = \varphi_0 + \varphi_1 x_{t-1} + \varphi_2 x_{t-2} + \cdots + \varphi_p x_{t-p} + \varepsilon_t - \theta_1 \varepsilon_{t-1} - \theta_2 \varepsilon_{t-2} - \cdots - \theta_q \varepsilon_{t-q} \quad (6-43)$$

默认条件与 AR 模型、MA 模型相同。

引进延迟算子，ARMA(p,q) 模型简记为：

$$\Phi(B) x_t = \Theta(B) \varepsilon_t \quad (6-44)$$

式中，$\Phi(B) = 1 - \varphi_1 B - \varphi_2 B^2 - \cdots - \varphi_p B^p$，称为 p 阶自回归系数多项式；$\Theta(B) = 1 - \vartheta_1 B - \theta_2 B^2 - \cdots - \theta_q B^q$，称为 q 阶移动平均系数多项式。

当 $q = 0$ 时，ARMA(p,q) 模型就退化成了 AR(p) 模型；当 $p = 0$ 时，ARMA(p,q) 模型就退化成了 MA(q) 模型。

因此，AR(p) 模型与 MA(q) 模型实际上是 ARMA(p,q) 模型的特例，它们被统称为 ARMA 模型。而 ARMA(p,q) 模型的统计性质也正是 AR(p) 模型和 MA(q) 模型统计性质的有机组合。

(4) 求和自回归移动平均(ARIMA)模型

差分运算具有较强的确定性信息提取能力，许多非平稳序列差分后会显示出平稳序列的性质，这时称此非平稳序列为差分平稳序列。对差分平稳序列可以使用 ARIMA 模型进行拟合。

具有如下结构的模型称为求和自回归移动平均模型，简记为 ARIMA(p,d,q)：

$$\begin{cases} \Phi(B) \nabla^d x_t = \Theta(B) \varepsilon_t \\ E(\varepsilon_t) = 0, \mathrm{Var}(\varepsilon_t) = \sigma_\varepsilon^2, E(\varepsilon_t \varepsilon_s) = 0, s \neq t \\ E x_s \varepsilon_t = 0, \forall s < t \end{cases} \quad (6-45)$$

式中，$\nabla^d x_t = (1-B)^d$；$\Phi(B) = 1 - \varphi_1 B - \varphi_2 B^2 - \cdots - \varphi_p B^p$，为平稳可逆 ARMA$(p,q)$ 模型的自回归系数多项式；$\Theta(B) = 1 - \vartheta_1 B - \theta_2 B^2 - \cdots - \theta_q B^q$，为平稳可逆 ARMA$(p,q)$ 模型的移动平均系数多项式。

3) 模型识别

(1) 自相关系数和偏自相关系数

通过考察平稳序列样本自相关系数和偏自相关系数的性质选择适合的模型拟合观察值序列，所以模型拟合的第一步是要根据值序列的取值求出该序列的样本自相关系数 $\{\hat{\rho}_k, 0 < k < n\}$ 和样本偏自相关系数 $\{\hat{\varphi}_{kk}, 0 < k < n\}$ 的值。

样本自相关系数可以根据公式(6-40)求得：

$$\hat{\rho}_k = \frac{\sum_{t=1}^{n-k}(x_t - \bar{x})(x_{t+k} - \bar{x})}{\sum_{t=1}^{n}(x_t - \bar{x})^2}, \forall 0 < k < n \quad (6-46)$$

样本偏自相关系数可以利用样本自相关系数的值，根据公式(6-41)求得：

$$\hat{\varphi}_{kk} = \frac{\hat{D}_k}{\hat{D}}, \forall 0 < k < n \quad (6-47)$$

式中：$\hat{D} = \begin{vmatrix} 1 & \hat{\rho}_1 & \cdots & \hat{\rho}_{k-1} \\ \hat{\rho}_1 & 1 & \cdots & \hat{\rho}_{k-2} \\ \cdots & \cdots & \ddots & \cdots \\ \hat{\rho}_{k-1} & \hat{\rho}_{k-2} & \cdots & 1 \end{vmatrix}$，$\hat{D}_k = \begin{vmatrix} 1 & \hat{\rho}_1 & \cdots & \hat{\rho}_{k-1} \\ \hat{\rho}_1 & 1 & \cdots & \hat{\rho}_{k-2} \\ \cdots & \cdots & \ddots & \cdots \\ \hat{\rho}_{k-1} & \hat{\rho}_{k-2} & \cdots & \hat{\rho}_k \end{vmatrix}$

（2）模型选择

计算出样本自相关系数和偏自相关系数的值之后，就要根据它们表现出来的性质，选择适当的 ARMA 模型拟合观察值序列。这个过程实际上就是要根据样本自相关系数和偏自相关系数的性质估计自相关阶数 $\hat{p}$ 和移动平均阶数 $\hat{q}$。因此，模型识别过程也称为模型定阶过程。

ARMA 模型定阶的基本原则如表 6-11 所示。

ARMA 模型定阶规则 表 6-11

$\hat{\rho}_k$	$\hat{\varphi}_{kk}$	模 型 定 阶
拖尾	p 阶截尾	AP(p) 模型
q 阶截尾	拖尾	MA(q) 模型
拖尾	拖尾	ARMA(p,q) 模型

但是在实践中，定阶原则在操作上具有一定的困难。由于样本的随机性，样本的相关系数不会呈现出理论截尾的完美情况，本应截尾的样本自相关系数或偏自相关系数仍会呈现出小值振荡的情况。同时，由于时间序列通常都具有短期相关性，随着延迟阶数 $k\to\infty$，$\hat{\rho}_k$ 与 $\hat{\varphi}_{kk}$ 都会衰减至零值附近作小值波动。

Jankins 和 Watts 于 1968 年证明：

$$E(\hat{\rho}_k) = \left(1 - \frac{k}{n}\right)\rho_k \tag{6-48}$$

即该样本自相关系数是总体自相关系数的有偏估计值。当 k 足够大时，平稳序列自相关系数呈负指数衰减，有 $\rho_k \to 0$。

根据 Bartlett 公式计算样本自相关系数的方差近似等于：

$$\text{Var}(\hat{\rho}_k) \cong \frac{1}{n}\sum_{m=-j}^{j}\hat{\rho}_m^2 = \frac{1}{n}(1+2)\sum_{m=1}^{j}\hat{\rho}_m^2, k > j \tag{6-49}$$

当样本容量 n 充分大时，样本自相关系数近似服从正态分布：

$$\hat{\rho}_k \sim N\left(0, \frac{1}{n}\right)$$

Quenouille 证明，样本偏自相关系数也同样近似服从这个正态分布：

$$\hat{\varphi}_{kk} \sim N\left(0, \frac{1}{n}\right)$$

根据正态分布的性质，有：

$$\Pr\left(-\frac{2}{\sqrt{n}} \leq \hat{\rho}_k \leq \frac{2}{\sqrt{n}}\right) \geq 0.95$$

$$\Pr\left(-\frac{2}{\sqrt{n}} \leq \hat{\varphi}_{kk} \leq \frac{2}{\sqrt{n}}\right) \geq 0.95$$

因此,可以利用2倍标准差范围辅助判断。

如果样本自相关系数或偏自相关系数在最初的 d 阶明显大于2倍标准差范围,而后几乎95%的自相关系数都落在2倍标准差的范围以内,而且由非零自相关系数衰减为小值波动的过程比较突兀,这时通常视为自相关系数截尾,截尾阶数为 d。

如果有超过5%的样本相关系数落入2倍标准差范围之外,或由显著非零的相关系数衰减为小值波动的过程比较缓慢或非常连续,这时通常视为相关系数不截尾。

4)模型检验

当一个拟合模型通过了检验,说明在一定的置信水平下,该模型能有效地模拟观察值序列的波动,但这种有效模型并不是唯一的。为了解决此问题,引入 AIC 和 SBC 信息准则来优化模型。

(1) AIC 准则

AIC 准则由日本统计学家 Akaike 于1973年提出,其全称为最小信息量准则(Akaike Information Criterion)。

该准则认为一个拟合模型的好坏可以从两方面去考察:一方面是常用来衡量拟合程度的似然函数值;另一方面是模型中未知参数的个数。

通常似然函数值越大说明模型拟合的效果越好。模型中未知参数个数越多,说明模型中包含的自变量越多,模型变化越灵活,模型拟合的准确度越高。而未知参数越多,说明模型中自变量越多,未知的风险越多。参数越多,参数估计的难度就越大,估计的精度也越差。因此,一个好的拟合模型应该是一个拟合精度和未知参数个数的综合最优配置。

AIC 准则就是在此种情形下提出的,它是拟合精度和参数个数的加权函数。

$$AIC = -2\ln(模型中的极大似然函数值) + 2(模型中未知参数个数)$$

使 AIC 函数达到最小的模型被认为是最优模型。

在 ARMA(p,q) 模型场合,对数似然函数为:

$$l(\tilde{\beta};x_1,\cdots,x_n) = -\left[\frac{n}{2}\ln(\sigma_\varepsilon^2) + \frac{1}{2}\ln|\Omega| + \frac{1}{2\sigma_\varepsilon^2}S(\tilde{\beta})\right] \tag{6-50}$$

因为 $\frac{1}{2}\ln|\Omega|$ 有界,$\frac{1}{2\sigma_\varepsilon^2}S(\tilde{\beta})] \to \frac{n}{2}$,所以:

$$l(\tilde{\beta};x_1,\cdots,x_n) \propto -\frac{n}{2}\ln(\sigma_\varepsilon^2) \tag{6-51}$$

中心化 ARMA(p,q) 模型的未知参数个数为 $p+q+1$,非中心化 ARMA(p,q) 模型的未知参数个数为 $p+q+2$。

所以,中心化 ARMA(p,q) 模型的 AIC 函数为:

$$AIC = n\ln(\sigma_\varepsilon^2) + 2(p+q+1) \tag{6-52}$$

非中心化 ARMA(p,q) 模型的 AIC 函数为:

$$AIC = n\ln(\sigma_\varepsilon^2) + 2(p+q+2) \tag{6-53}$$

(2) BIC 准则与 SBC 准则

AIC 准则为选择最优模型带来了极大便利,但 AIC 准则也有其不足之处。对于一个观察值序列而言,序列越长,相关信息就越分散,要较充分地提取其中的有用信息,或者说要使拟合精度较高,通常需要多自变量复杂模型。在 AIC 准则中拟合误差会被样本容量放大,但参数个数的惩罚因子却和样本容量无关,其权重始终为常数 2。因此,在样本容量趋于无穷大时,由 AIC 准则选出的最优模型不收敛于真实模型,它通常比真实模型所含的未知参数个数要多。

为了弥补 AIC 准则的不足,Akaike 于 1976 年提出 BIC 准则。而 Schwartz 在 1978 年根据贝叶斯理论也得出同样的判别准则,称为 SBC 准则。SBC 准则的定义为:

$$SBC = -2\ln(\text{模型的极大似然函数值}) + \ln(n), n = \text{模型中未知参数个数} \quad (6-54)$$

它对 AIC 准则的改进就是将未知参数个数的惩罚权重由常数 2 变成了样本容量的对数函数 $\ln(n)$。理论证明,SBC 准则是最优模型的真实阶数的相合估计。

中心化 ARMA(p,q) 模型的 SBC 函数为:

$$SBC = n\ln(\sigma_\varepsilon^2) + \ln(n)(p + q + 1) \quad (6-55)$$

非中心化 ARMA(p,q) 模型的 SBC 函数为:

$$SBC = n\ln(\sigma_\varepsilon^2) + \ln(n)(p + q + 2) \quad (6-56)$$

在所有通过检验的模型中使得 AIC 或 BIC 函数达到最小的模型为相对最优模型。

6.5.3 工程应用

这里以某隧道工程施工过程中某一测点的监测数据为例,对隧道围岩变形的时间序列的卡尔曼滤波及变形预测过程进行展示。

部分监测数据(持续监测近 50d)见表 6-12。

隧道围岩部分变形监测数据　　　表 6-12

日期(年月日)	变形量(mm)	日期(年月日)	变形量(mm)
2016.5.19	0	2016.5.27	0.965
2016.5.20	0.095	2016.5.28	0.965
2016.5.21	0.230	……	……
2016.5.22	0.230	2016.7.6	3.025
2016.5.23	0.325	2016.7.7	3.025
2016.5.24	0.550	2016.7.8	3.025
2016.5.25	0.735	2016.7.9	3.025
2016.5.26	0.870	2016.7.10	3.025

1)卡尔曼滤波处理

设观测点状态向量为 $X_k = \begin{pmatrix} x \\ v \end{pmatrix}$,其中 x 为该点位移,v 为速度,以加速度 a 作为噪声。

则状态转移矩阵 $F_k = \begin{pmatrix} 1 & \Delta t \\ 0 & 1 \end{pmatrix}$,噪声为 $w_k = \begin{pmatrix} \frac{1}{2}\Delta t^2 \\ 1 \end{pmatrix}$,根据以上已知数据,对监测数据进行卡尔曼滤波处理(图 6-24)。

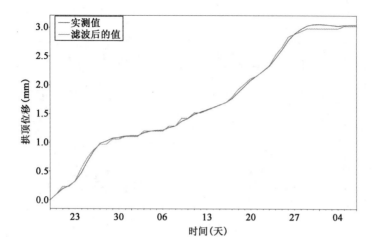

图 6-24　卡尔曼滤波处理前后对比图

可以看出曲线明显变得平滑,说明卡尔曼滤波处理有一定的效果。

2)时间序列建模

(1)选取合适的差分阶数

进行 2 阶差分后可发现差分图(图 6-25)趋于平稳,即可选取 2 阶差分为合适的差分阶数。

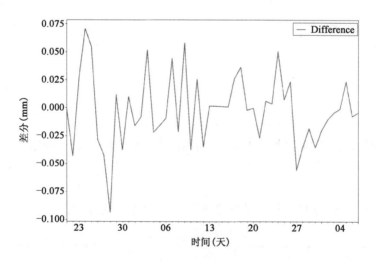

图 6-25　2 阶差分序列图

(2)模型参数确定

以 BIC 值作为模型选取的标准。由图 6-26 可知,自相关系数在 3 阶时超过 2 倍标准差,考虑阶数 q 为 0、3。偏自相关系数在 3、10、12 阶后都降至 2 倍标准差之内,但也是逐渐减小为 0,考虑阶数 p 为 0、3、10、12。各模型的 BIC 值见表 6-13。

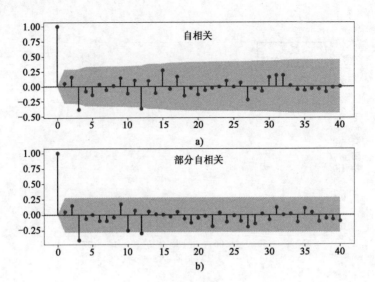

图 6-26 自相关系数图与偏自相关系数图

各模型的 BIC 值　　　　　　　　　　　　　表 6-13

阶 数 p	阶 数 q	BIC 值
0	0	-186.60
0	3	-185.19
3	0	-185.34
3	3	-170.51
10	0	-164.09
10	3	-153.70
12	0	-165.17
12	3	-151.30

根据上文结论,在所有通过检验的模型中使得 BIC 函数达到最小的模型为相对最优模型,取 $p=0,q=0$。

3) 变形预测

取 7 月 8 日至 7 月 10 日的数据进行模型检验,预测值见表 6-14。

监测值与预测值对比　　　　　　　　　　　表 6-14

监测数据	预 测 值	误 差 (%)
3.025	3.045 761	-0.686
3.025	3.044 115	-0.632
3.025	3.040 494	-0.515

由表 6-14 中的数据可知,隧道围岩变形监测数据在经卡尔曼滤波的基础上,经由时间序列方法预测得到的变形值具有相当高的准确度。

6.6 本章小结

由于隧道工程在建设期间所面临的复杂条件,开展动态风险评估具有一定的局限性。本书仅能对某些简单场景或在基于某些假定的基础上作理论层面的探讨,作为一种成熟可靠的工程实用方法还有很多方面有待完善。动态风险评估不应仅仅作为纸面上的词汇,工程管理人员应在工程实践中多加应用,积累更多工程经验,为此类方法的研究提供更多数据支撑。期待本章所提出的若干理念能给读者带来一些启迪和思考。

第7章 基于数值模拟的工程风险分析

通过前述的大量工程案例可知,隧道工程涉及众多的不确定性和不确知性,在建设阶段存在着很大和众多的技术风险。而为什么会发生这些风险事故呢?这些风险是如何发生的呢?能否预先了解事故发生的可能性呢?如何在事故发生前把握事故发生后可能造成的损失呢?这些问题都是隧道工程风险评估与管理所需要解决的。

工程活动本质上是人类改造自然的行为。由于隧道工程必须与岩土体打交道,自然岩土体的特殊性就决定了隧道工程具有显著区别于一般结构工程的诸多特点。从工程风险的角度来说,除去人的主观因素,岩土体本身的不确定性是隧道工程风险最主要的来源。这一不确定性在工程中主要表现为两个方面。

(1)岩土体本身性质的不确定性

工程岩土体在宏观尺度上表现为成分多样复杂、分层分块、无固定物理力学性质的混合体,在细观尺度上是多相混合、非均质、不连续的固体或类固体介质。岩土体的工程性质与其形成过程紧密相关,有很强的区域特异性和不稳定性,因而其物理、力学、化学等性质难以准确预估。另外,地下工程还常常受到水的影响,增大了岩土体性质的复杂性、变异性和不确定性。

(2)工程所依赖信息的不确定性

隧道工程实施之前,均会按规定的要求开展一定程度的地质勘察。详细、全面的地质勘察理论上是可行的,但实际中由于自然条件等原因,无法实现工程全线全面细致的地质勘察,因此工程实施前进行的地质勘察只能获取部分、局部的岩土体信息。而由于相关理论、试验仪器、方法等不够完善,再加上岩土体性质的不确定性,最终使得工程活动参与者所掌握的地层岩土体信息非常不充分,信息的可信度与准确性均远不如钢筋、混凝土等工程材料。

恰当地认识并把握岩土体的不确定特性是准确评估隧道工程风险的关键。为此,已经有许多专家学者提出了适应岩土(隧道)工程的理论和方法,归纳起来主要包括以专家调查法为代表的风险评价预测方法、定量风险评价方法、可靠度理论及基于可靠度理论的风险分析方法和概率风险评价方法(如事故树、贝叶斯网络、马尔可夫模型方法等)。在把握不确定性、评价工程风险的应用中,这些方法都有各自独特的优势,在实际工程中也常常结合起来使用。但不可避免的是,由于隧道工程面临的地质条件复杂、影响因素众多,大多数应用于隧道工程风险评估的方法,仍然存在主观性较大的缺点。因此,寻求更为客观、准确、量化的风险评估方法,是工程风险研究领域面临的难题和挑战。

为了把握高速公路隧道工程的不确定性因素及其规律,一种可以借用的方法是数值模拟方法。数值模拟方法按其原理可以分为很多类,如有限单元法、离散单元法、有限差分法等。这些方法在分析实际问题时均具有可重复性强、分析成本较低、直观性好、结果较为客观等优点,因此是高速公路隧道工程风险评估中可以善加利用的有力工具。本书基于目前的工程应用及科研中数值模拟计算的特点与趋势,提出一些基于数值模拟的风险评估方法思路,以期启迪读者、抛砖引玉,开拓隧道工程风险评估领域的新方法与新思路。

7.1 新思路与实现方法

自 R. W. Clough1965 年首次将有限元法引入到土石坝的稳定性分析以来,数值模拟技术在岩土工程领域获得了巨大进步,并成功地解决了许多重大工程问题。个人计算机的普及及其计算性能的不断提高,使得分析人员在室内进行岩土工程数值模拟成为可能,也使得数值模拟技术逐渐成为岩土工程研究和设计的主流方法之一。数值模拟技术的优势在于有效延伸和扩展了分析人员的认知范围,为分析人员洞悉岩体、土体内部的破坏机理提供了强有力的可视化手段。数值分析已成为土木、水利、采矿等工程领域的专业技术人员和研究人员进行岩土工程分析的重要手段。

7.1.1 数值模拟方法的特点

数值模拟方法,其特点在于"数值"与"模拟"两方面。

数值计算是随着计算机技术广泛应用而形成的一种计算分析方法,数值计算主要考虑的是科学与工程计算领域基于实际问题提出各种数学模型及其算法。求解这些科学与工程计算领域中的问题一般要经历以下几个过程:一是根据实际问题构造相应的数学模型,把它转换成为可以计算的问题,称为数值问题;二是根据问题特点选择计算方法并编制程序;三是在计算机上求解。在隧道工程的稳定性以及开挖分析中,问题的数学模型一般为结构力学和弹塑性力学,若按照古典的解析方法,需给出求解域内基本未知函数在假定计算条件下的"精确解"(或解析解),但这一精确解只有在条件比较光滑、未知量不多的简单问题中才能得到。实际工程尤其是隧道工程所面临的问题十分复杂,其解析解一般难以得到,只有依靠数值计算手段,才能对涉及复杂性质(非线性的应力应变关系、非均质和各向异性)的材料、各种边界条件、任意荷载情况以及任意几何形状等工程问题获得与实际情况近似的数值解。在此过程中,所使用的软件工具就决定了问题获得的计算方法。以通用商业软件为例,ANSYS 主要基于有限单元法,FLAC 采用有限差分法,UDEC 和 3DEC 使用离散单元法,PFC 则使用颗粒流方法。而无论使用哪种方法,首先都应认识到,数值计算本身是有误差的,这一数值误差应根据分析需求加以控制。在实际应用中可以通过缩小单元(网格)尺寸、恰当控制计算条件而使其落在可接受的范围内。图 7-1 表示了模型近似与曲线数值近似。

数值模拟方法中"模拟"的含义,其实是基于一定的理论模型和算法,针对实际问题进行的仿真再现。从这一角度来说,数值模拟方法也是模型实验方法的一种。室内模型实验方法的缺点是成本高、操作复杂、可重复性差以及受主客观因素影响大等,且模型实验方法由于要求的专业水平较高,因而难以在实际工程中推广应用;相较而言,数值模拟方法则具有成本低廉、可以快速得到结果、结果提取和条件控制方便等优点。因此,在隧道工程的风险评估中充分利用数值模拟低成本、高效率的突出优势,可以在一定程度上减少人的主观影响,为判断决策和风险分析提供辅助参考。

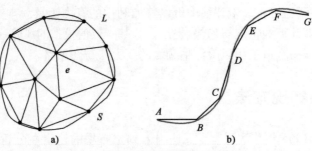

图 7-1 模型近似与曲线数值近似图示

但工程实践者在采用数值模拟技术时,亦当清醒地认识到,数值模拟方法是对实际问题的"模拟",模拟中需要对边界条件、材料属性等实际问题进行简化,这些简化或理想化处理,必然导致模拟结果与实际问题存在一定程度的差异,且由于数值模拟所基于的数学模型和数值算法的形式不同,均会影响到最终的计算结果,不合理的数值模拟甚至会得到错误的结果。正因如此,使用数值模拟手段时,分析者需对所采用数值方法基本原理有大致的了解,对模拟的对象特性有基本的掌握,如此方能选择合理的方法、本构模型、计算参数,确定合理的计算模型,获取适用的计算成果,并最终用于工程风险分析与评估。图 7-2 为简化的边坡数值模拟。

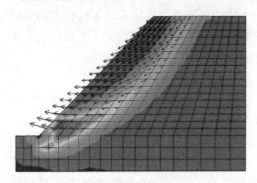

图 7-2 简化的边坡数值模拟

7.1.2 隧道工程风险的特点

隧道及地下工程在建设阶段面临各类风险,风险因素包括内在因素与外在因素。具体体现在其结构本身、周围水文地质条件、周围建设的环境现状和要求,以及施工工艺和操作水平等方面。

(1) 工程水文地质条件的复杂性

工程水文地质条件是隧道设计和施工最重要的基础资料。其复杂性主要表现在:

①地层方面,包括地层层序分布情况、不同岩土介质材料的物理力学性质与参数、岩土介质在切削搅拌后的流动性、黏性和变形以及各种不良地质情况(溶洞、湿陷性黄土、膨胀性岩体、瓦斯等有害气体、非稳定滑坡等)等。

②水文资料方面,主要包括岩土的渗透性、含水量、流向与流速;水位、水压和水的冲刷力;水的腐蚀性;水的补给来源等。

③地层中的其他障碍物,主要包括建筑物或其他构筑物基础、各种管线设施、废弃构筑物、采空区、其他孤立物(如孤石或江底沉船)等。

工程所在区域的水文地质条件是经过漫长的地质年代而逐步形成,经历了复杂的自然和人为因素作用,其介质特性表现出很强的随机变异性。同时,地层中还存在大量水的活动与作用,如地表径流、地下潜水和承压水等。由于地质勘探、现场和室内试验等设备条件的限制,人们只能通过个别测试点的现场试验和若干试样的室内试验对岩土与水文参数作近似的量测估计。大量的试验统计结果表明,岩土体与水文地质参数具有很强的空间变异性,这种不确定性给隧道及地下工程的建设带来了本质上的风险。

(2) 建设中的机械设备、技术人员和技术方案的复杂性

隧道及地下工程建设中,建设队伍、机械设备、施工操作技术水平等对工程的建设风险均有直接的影响。由于工程施工技术方案与工艺流程复杂,且不同的工法又有不同的适用条件,贸然采取某种方案、技术和设备势必会产生风险。同时,整个工程的建设周期长、施工环境条件差,对施工单位人员容易产生不良影响,导致出现各种意外风险事故。

(3) 工程建设的决策、管理和组织方案的复杂性

在规划、设计、施工和运营期的全寿命周期内,最重要的问题是建设的决策、管理和组织。隧道及地下工程与其他工程项目相比,由于具有隐蔽性、复杂性和不确定性等突出特点,工程投资风险大,如何有效、科学地决策、管理和组织就非常重要。从工程立项规划开始,如何选择合理的工程建设地址、路线线位、技术方案、如何减少工程对周围环境的影响、如何评估工程建设的经济效益和社会效益、如何保持整个工程建设的"绿色"和可持续性,每一个问题的决策与执行都需要综合各种风险和效益。

(4) 工程建设周边环境的复杂性

高速公路选线不可避免地会存在邻近或穿越居民区、道路、水库、矿山等的情形,而其涉及的人和物均属于潜在重大风险源。对于这些情况,在有充足技术保障的前提下,工程管理上不出大的疏漏是确保项目正常有序进行的关键。

7.1.3 风险评估新思路

恰当地认识并把握岩土体的不确定特性是准确评估隧道工程风险的关键。目前常用的风险评估方法主要有专家调查法、风险矩阵法、风险评估指标体系法、模糊综合评价法、层次分析法、故障树分析方法等。除以上常用方法外,风险评估与分析可采用的方法还有:

① 工程区域实地探勘与调研分析;
② 危险源辨识(HAZID);
③ 危害与可操作性分析(HAZOP);
④ 故障类型及影响分析(FMEA);
⑤ 事件树分析(Event Tree Analysis);
⑥ 定性风险评价(Qualitative Risk Assessment);
⑦ 定量风险评价(Quantity Risk Assessment);
⑧ 多重风险分析(Multi Risk Analysis);
⑨ 蒙特卡罗模拟(Monte Carlo Simulation);
⑩ 计算机数值模拟与分析。

无论采用何种方法进行分析,均应认识到风险是客观存在的,但人对风险的认识和评价是主观的。由于实际问题的复杂性,目前的隧道工程风险评估不得不在很大程度上依赖人的经验和主观判断。为了减少风险评估中人的主观因素所导致的不利影响,引入数值模拟作为风险评估的依据是一种可行的方法。基于数值模拟的风险评估可采用如下路径。

(1) 提供决策判断的依据

对于决策判断而言,为了做出恰当的选择,决策者需要对工程可能采取的方案,以及这些

方案的利弊、风险、环境影响等方面均有一定程度的预见与认识。数值模拟本质上是基于一定的假设和简化而对实际工程的再现与仿真,因此在这种情形下,数值模拟方法便可以为决策提供较为客观的参考。

对于工程前期的方案比选,可采用数值模拟的手段分析不同线路、不同施工方案下的工程风险水平,综合经济、技术、工期等方面的考虑,为工程决策提供建议与参考。对于一个确定的隧道工程,可以根据工程前期的地勘资料,使用合适的数值模拟方法和软件进行隧道开挖的模拟。因为数值模拟的计算成本较小,可以针对多种不同的开挖方案、施工方法、支护方案等进行计算研究,评价各方案下隧道工程的稳定性、安全性及风险水平。

(2)整合复杂的原始资料以给出判断参考

从分析问题的角度出发,资料和数据越充分,越有利于对问题做出正确的判断;但从分析者的角度来看,拥有充足的资料便意味着需要对大量的信息进行整理和深化。风险评估本质上依赖于两项指标:概率(P)和后果(C)。从大量的工程基础资料出发,整理获得工程风险评估所需的关键信息和参考依据,是数值模拟方法可以胜任的一项任务。

通过建立不同条件下的隧道施工模型,可以分析工程不同条件和各类因素对隧道开挖的影响规律以及程度大小。如果能针对不同的地质地形状况、围岩条件、施工方法开展系统的模拟分析,则可以得到上述各类因素对工程风险(或某项关键指标)的条件概率,进而可根据贝叶斯网络法辅助判断工程风险。

(3)将岩土、环境等的不确定性纳入风险分析

岩土体的不确定性是隧道工程风险的主要来源。单个数值模拟是确定性的求解过程,但由于数值模拟成本低、条件参数设置容易、可重复性强,因而可针对隧道工程的特点开展有目的的、重复多次的数值模拟计算。在模拟计算中,基于已有的地勘资料和前期研究成果,分析工程中具有不确定性的因素及其分布特征,从而视其为随机变量,通过大量的考虑随机性的数值计算系统分析和评价工程风险。

(4)对未知环境给出概率上的合理估计

隧道作为地下一种线状工程,其本身具有岩体自然分布与变异规律,加上工程勘察只能获取沿线有限点位的钻孔信息,结合物探等技术可推演隧道纵向范围内地层的分布,但从工程实践结果可以看到,大多数条件下,所推断的地层分布与实际不能符合。针对地层的这种变异性,如何有效控制隧道施工可能的风险,需要各学科知识、技术的综合应用。随着随机过程、概率可靠度等数学理论的成熟,特别是这些数学方法在工程中的应用实践取得突破,基于数学、统计学、计算机模拟与反演理论与技术,开展地层特性预测的方法得到了推广与提升。

综上所述,将数值模拟应用于隧道工程风险评估,可以将更多的数据和资料纳入风险分析的考虑范畴,辅助工程师判断、整合数据,预估未知因素的可能后果,是一种很好的分析工具,有助于减小风险评估中人的主观因素的影响。

7.2 数值模拟方法分析隧道工程风险

一方面随着公路、铁路、水利、城市建(构)筑物等各类基础设施的大规模兴建,给岩土体的非线性应力变形计算提出了必要性;另一方面计算机及计算技术手段的迅速发展推动了相

关力学理论、数值计算方法等取得了长足进步。这些需求和条件为数值模拟技术应用于土建工程领域提供了极大的推动力。数值模拟的方法主要包括两大类,一类是将岩土体视为连续介质,随后又将其离散化,如有限单元法(Finite Element Method,FEM)、有限差分法(Finite Difference Method,FDM)、边界单元法(Boundary Element Method,BEM)等,以及各种方法的耦合;另一类是考虑岩土体本身的不连续性,如裂缝及不同材料间界面的界面模型和界面单元的使用,离散元法(Discrete Element Method,DEM)、不连续变形分析(Discontinuous Deformation Analysis,DDA)、流形元法(Numerical Manifold Method,NMM)、颗粒流程序(Partical Flow Code,PFC)等是其重要组成部分。由于隧道结构与周围岩土体相互作用的复杂性,数值模拟方法几乎成了工程设计人员计算相关力学参数的唯一选择。但如何应用这些计算成果来辅助评判隧道工程的设计和施工风险仍是当前工程界的一大难题。本节尝试将数值模拟结果中的若干计算参数与隧道工程风险联系起来,以期为读者提供一些启迪。

7.2.1 数值模拟风险评估的优势

在隧道工程计算中,数值模拟得到广泛应用,其中有限单元法尤为突出。隧道中有限元软件的应用主要集中在隧道的开挖分析、应力分析、稳定性分析、地下渗流及耦合分析、支护结构的可靠性分析等方面。有限单元法建立在严格的理论基础上,具有相当的可靠性。其应用在隧道工程风险评估中的优势主要包括以下几方面:

①能够对具有复杂地貌特征的边坡进行三维建模模拟;
②考虑了岩土体的非线性弹塑性本构关系,以及变形对应力的影响;
③能够模拟岩土坡的失稳过程及其滑移面形状;
④能够模拟岩土体与支护的共同作用;
⑤能够模拟复杂的施工开挖方法对隧道工程结构的影响;
⑥利用强度折减法求解安全系数,同时获得隧道收敛变形和支护应力,可以获取客观的风险评价指标。

随着有限元软件的进一步发展和完善,其计算结果将更加精确,对于隧道工程的风险评价也将更具实用价值。

7.2.2 数值模拟风险评估参数化

利用数值模拟方法进行隧道工程的风险评估时,如何确定模型参数至关重要。考虑到隧道工程的风险水平与许多因素有关,如隧道形状尺寸、围岩性质、支护方法、开挖形式等,在建模过程中,需要对关键因素进行参数化取值。数值建模参数化的准确性、适用性将会影响风险评估结果。

下面是针对隧道工程的洞口边坡风险评估的数值模拟参数化过程。

根据已有的研究成果,可以得到几点结论:
①隧道围岩性质和衬砌性能对隧道结构安全风险有显著影响;
②隧道开挖方法对其边坡稳定性有一定影响;
③隧道支护形式对边坡稳定性有一定影响。

根据隧道工程的建设条件及勘察设计和施工技术的特点,并对照《公路隧道设计规范》

(JTG D70—2004)和《指南》,通过风险源筛查,确定隧道工程的主要风险源为岩性及其风化程度、滑坡、施工工法、辅助加固措施、水文条件等。本节主要针对隧道工程的边坡失稳和塌方风险事件进行阐述。

(1)地质参数(岩性、围岩等级)

在隧道工程的数值计算中,计算模型的选用不仅与模型本身的特性有关,还与所要开挖的隧道本身的物理特性有关。不同的围岩级别对施工工艺有不同的要求,而且直接影响对计算模型的选取。因此,充分了解隧址区的地质情况和围岩等级是十分重要的。

隧道洞口处的岩性一般较差,岩体风化程度较严重,洞口边坡围岩等级通常为Ⅲ级、Ⅳ级和Ⅴ级;相比之下,洞身段的围岩情况相对较好,通常情况下为Ⅱ级、Ⅲ级和Ⅳ级。数值模拟的岩体参数取值参考规范要求见表7-1。

各级围岩的物理力学指标标准值　　表7-1

围岩等级	重度 (kN/m^3)	变形模量 (GPa)	泊松比	内摩擦角 (°)	黏聚力 (MPa)	计算摩擦角 (°)
Ⅰ	26～28	>33	<0.2	>60	>2.1	>78
Ⅱ	25～27	20～33	0.2～0.25	50～60	1.5～2.1	70～78
Ⅲ	23～25	6～20	0.25～0.3	39～50	0.7～1.5	60～70
Ⅳ	20～23	1.3～6	0.3～0.35	27～39	0.2～0.7	50～60
Ⅴ	17～20	1～2	0.35～0.4	20～27	0.05～0.2	40～50
Ⅵ	15～17	<1	0.4～0.45	<20	<0.05	30～40

(2)支护参数(衬砌厚度、锚杆强度)

由《公路隧道设计规范》(JTG D70—2004)可知,喷射混凝土的厚度以及支护锚杆的强度将直接影响隧道洞口的变形和洞口边坡的稳定性,因而支护参数是影响洞口边坡风险大小的关键因素。本节将支护参数简化为两项,即喷射混凝土厚度和支护锚杆强度。设计规范中要求喷射混凝土厚度不应小于50mm,不宜大于300mm,锚杆长度也可在其中查到。为了便于获取喷射混凝土和锚杆的变形和内力(即衬砌收敛变形和锚杆应力),如 Midas GTS 软件和 FLAC 3D 软件的隧道模型中,喷射混凝土采用板单元进行模拟,锚杆采用植入性桁架单元进行模拟,同时可以设定锚杆预应力。

(3)施工参数(开挖方案、洞口类型)

山岭隧道施工中常采用全断面法、台阶法、中隔壁法(CD法)、交叉中隔壁法(CRD法)、双侧壁导坑法、中洞法等方法进行开挖。根据隧道埋深、地质情况等条件来选取不同的施工方法。在隧道工程数值模拟中,可以考虑不同施工工法对于隧道结构变形的影响,从而对隧道工程进行设计优化。

(4)加固参数(抗拔桩设计、边坡注浆加固)

桩锚支护作为工程护坡的一种,对边坡扰动小,加固效果好,得到了广泛应用。桩锚支护对隧道洞口边坡的加固效果必定会影响到隧道洞口变形和边坡稳定性。

(5)水文参数(降雨条件、渗流耦合)

考虑到隧道洞口对于地下水渗流和降水渗流的敏感性,数值模拟中应考虑岩土体的降水渗透系数和渗流路径,渗透系数依据勘察报告选取。

上述5类因素是隧道工程建模过程中需要重点考虑的几类参数,这些参数的取值能否反映工程实际将对风险评估结果有较大影响。某隧道工程数值模拟计算的模型图与应力云图如图7-3和图7-4所示。

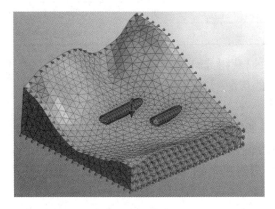

图7-3　某隧道工程进洞段边仰坡稳定数值计算模型

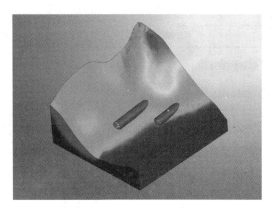

图7-4　某隧道工程进洞段边仰坡变形云图

7.2.3　洞口边坡数值模拟结果风险分析

利用数值模拟方法进行风险评估是将勘察报告里的地质条件、地形特点、施工方法等参数化,利用计算结果的若干指标来评估工程风险。通常来说,用以评价不同风险事件风险情况的指标有所不同,包括围岩应力、支护应力、安全系数、衬砌变形等。

目前,边坡变形破坏判据还没有一个统一的标准。国内外学者提出了十余种用于判断斜坡处于临界失稳状态的预报判据,评价指标包括剪应变贯通带、稳定性系数、可靠概率、变形速率及位移加速度等。本节在借鉴其研究成果的基础上,主要利用边坡稳定性安全系数 FOS、洞口收敛变形位移 d 和锚杆平均应力 σ 来评判边坡的变形失稳,进而对隧道工程洞口边坡的风险等级进行评判。

(1) 边坡稳定性安全系数 FOS

从理论上讲,处于极限平衡状态时,坡体的安全系数等于1。因此,若设计土坡的 FOS 大于1,应能满足要求。但在实际工程中,有些坡体的安全系数虽大于1,但还是发生了滑动,而有些坡体的安全系数小于1,却是稳定的。产生这种情况的主要原因在于影响安全系数计算的因素很多,如计算方法和计算条件的选择、勘察数据的准确度等。目前对于坡体的稳定容许安全系数的数值尚无统一标准。具体选用时,应根据工程情况,结合当地已有实际经验加以确定。在土力学相关书籍中,允许安全系数 FOS 一般可取 $1.05 \sim 1.25$。

本节对边坡稳定系数进行分级评价,边坡稳定系数大于2.0为稳定状态,$1.5 \sim 2.0$ 为较稳定状态,$1.0 \sim 1.5$ 为稳定临界状态,小于1.0为失稳状态。

(2) 洞口收敛变形

为了评估隧道洞口边坡稳定性的安全风险,需要根据一定的原则选取恰当的评估指标或定义功能函数。《公路隧道设计细则》(JTG/T D70—2010)中规定,按承载能力极限状态设计时,公路隧道支护结构需满足一定的洞周水平收敛相对值(表7-2)。

允许洞周水平相对收敛值(%) 表7-2

围岩等级 \ 距掌子面间距(m)	<50	50~300	>300
Ⅲ	0.10~0.30	0.20~0.50	0.40~1.20
Ⅳ	0.15~0.50	0.40~1.20	0.80~2.00
Ⅴ	0.20~0.80	0.60~1.60	1.00~3.00

根据不同的围岩等级条件和距掌子面间距,可以获得允许的洞周水平收敛允许值。隧道工程的拱顶沉降允许值可按洞周水平收敛允许值的0.5~1.0倍采用。

(3)锚杆应力值

在隧道洞口进行开挖时,锚杆的受力状态往往能体现边坡的变形大小。据此对数值建模计算结果中的支护应力进行分级评价,即锚杆应力值大于屈服应力的80%时为不稳定状态,大于或等于屈服应力的50%且小于或等于屈服应力的80%时为较稳定状态,小于屈服应力的50%时为稳定状态。

根据数值模拟计算结果的3项评价指标,利用层次分析法,通过数值计算指标因素间的两两比较,形成判断矩阵,从而计算同层评价指标因素的相对权重(表7-3)。

评价指标判断矩阵 表7-3

评价指标 \ 评价指标	安全系数 FOS	收敛变形位移	锚杆应力状态
安全系数 FOS	1	3	3
收敛变形位移	1/3	1	3
锚杆应力状态	1/3	1/3	1

利用判断矩阵得到3个评价指标的权重,进而可以计算得到隧道洞口边坡风险总体指标 F,并根据表7-4确定隧道洞口边坡的安全风险等级。

隧道洞口边坡风险评估标准 表7-4

风 险 等 级	评价指标 F
Ⅰ	[1,1.5]
Ⅱ	[1.5,2.5]
Ⅲ	[2.5,3.5]
Ⅳ	[3.5,4]

这样将数值模拟计算得到的多种指标的结果统一到单个指标来辅助隧道工程风险评估,是一种可行的思路,但在实际工程应用中仍会遇到诸多问题,还需进一步完善。

7.3 基于随机场理论的隧道工程风险分析

隧道工程与其他岩土工程一样,从勘察到施工都存在着大量的不确定性。在隧道建设时,合理考虑地层变异性并制订相应的风险评估方法对提高工程的安全性和经济性具有重要意义。

7.3.1 隧道工程的地层变异性概述

隧道工程与一般工程项目相比,最大的特点是具有大量的不确定性风险因素,即:客观的不确定性(工程场地的水文地质条件)、主观的不确定性(缺乏类似工程的施工前期信息和经验),对比上述两项风险因素,其中影响最大的是工程水文地质条件的不确定性。由于场地的水文地质条件是风险潜在的客观孕险环境,地层土体是一个无限大的样本母体,无法无限次地进行地质勘察抽样,有限的地质勘察很难实现十分"详尽",而且,工程建设的费用和时间也很难容许。针对工程实际状况,如何充分利用地质钻孔资料,分析场地区域内的土层随机分布与转移状态是一个关键性问题,是进行隧道及地下工程风险分析的基础。

目前,隧道工程的地质勘察包括选址勘察、障碍物勘察、地形及地质勘察和环境保护勘察(日本土木学会,朱伟译,2001),地质勘察的方法主要有地质钻孔(Borehole)、静力触探(Static Penetration Test,PST)和标准贯入试验(Standard Penetration Test,SPT)。其中,最主要的方法是地质钻孔,即通过地质钻孔资料来获得地层资料,建立土层沿工程纵断面的分布图。

工程水文地质条件是隧道设计和施工的基础资料,是隧道工程发生风险的"客观内在孕险因素"。大量工程地质勘察和试验表明,地下土体的水文地质条件具有很多不确定性——空间随机变异性,这些复杂因素的存在给隧道及地下工程建设带来巨大的风险。水文地质的不确定性主要源于水文地质条件的复杂与勘察范围的局限,其中主要的因素包括地层的随机分布与转移、土层参数的随机变异、地下水和人类活动的影响等。

1) 地下工程施工中主要地质情况不确定性因素

国内外很多学者对水文地质的不确定性进行了大量研究,并指出其不确定性主要是地质的不确定性和地质的空间变异性。地下工程建设施工中主要地质情况的不确定性因素包括4个方面。

(1) 地层

①土层空间分布规律;

②地下工程上覆土层厚度;

③不同土体的物理与力学性质;

④岩土切削搅拌后的流动性、黏性和变形;

⑤各种不良地质情况(如潜在有害气体的侵入)等。

(2) 水文

①岩土的渗透性、含水量、流向与流速;

②水位、水压和水的冲刷力;

③水的腐蚀性;

④水的补给来源等。

(3) 地层中的其他障碍物

①建筑物或其他结构物基础;

②各种管线设施;

③废弃的构筑物;

④其他孤立物,如孤石或江底沉船等。

(4)地面构筑物和周围环境设施

①地面构筑物的使用年限、结构类型(框架结构、砖混结构、砖结构)、基础类型(如条基、桩基等)和文物价值;

②构筑物与隧道及地下工程之间的空间关系;

③地面周围的道路设施;

④周围环境状况和居住的人群等。

2)岩土工程中不确定性的来源

岩土工程中不确定性的来源归纳起来主要包括6个方面(朱合华,2016):

①地层介质特性参数的不确定性;

②岩土体分类的不确定性;

③分析模型的不确定性;

④荷载与抗力的不确定性;

⑤地下结构施工中的不确定性;

⑥自然条件的不确定性等。

上述不确定因素中,与水文地质条件有关的随机分布及与岩土参数有关的随机变异性影响最大。有统计资料表明(Becker,1996):一般工程建设中,设计模型的不确定性占5%~15%,施工的变异性占5%~15%,工程决策的不确定性占15%~50%。工程决策风险决定了工程建设施工的风险。英国学者Clayton(2001)的统计数据(图7-5)表明:在隧道及地下工程事故中,将近80%的事故与岩土工程地质勘察有关。因此,必须重视对工程地质勘察不确定性的研究。

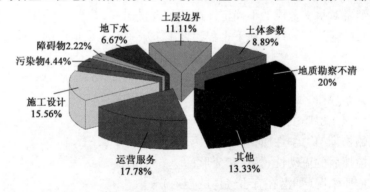

图7-5 隧道工程风险事故类型统计(Clayton,2001)

7.3.2 随机场方法简介

随机场方法的应用实现了对数值计算模型参数的精细化模拟。随机场方法的应用步骤:首先,依据地勘数据确定随机场的模型参数;然后,依据模型参数进行随机场的离散;最后,根据随机场单元与有限元(有限差分)数值模型单元的位置关系进行数值模型参数的赋值计算。

岩土参数的空间变异性表现为局部的随机性与整体的结构性双重特征。其中,相关距离是随机场模型的一个重要参数。空间范围内两点间的土性参数既有变异性又有相关性,随着两点之间距离的增大,土性参数之间的相关性逐渐减小,当间距大于某临界距离后,相关性可以忽略不计,该临界距离称为土性剖面随机场的相关距离。描述相关距离内两点相关性大小的函数即相关函数。常用的相关函数见表7-5,图7-6绘出了这些函数的图形。

常用的自相关函数与方差折减函数对照表　　　　　表7-5

函 数 名	相 关 函 数
三角型	$\rho(\tau) = \begin{cases} 1 - \|\tau\|/\delta & \|\tau\| \leq \delta \\ 0 & \|\tau\| > \delta \end{cases}$
多项式衰退型	$\rho(\tau) = \dfrac{\delta^3}{(\delta+\tau)^3}$
单指数函数	$\rho(\tau) = \exp\left(-\dfrac{2\|\tau\|}{\delta}\right)$
高斯函数	$\rho(\tau) = \exp\left[-\pi\left(\dfrac{\tau}{\delta}\right)^2\right]$
二阶自回归函数	$\rho(\tau) = \left(1 + \dfrac{4\|\tau\|}{\delta}\right)\exp\left(-\dfrac{4\|\tau\|}{\delta}\right)$

据统计资料表明,土层水平向的相关距离比竖向的大很多,土层竖向相关距离一般介于0.5~6m之间,水平向相关距离一般介于30~80m之间。常见土性指标一般服从正态或对数正态分布,因此可用正态或对数正态随机场来模拟常见土性指标的空间变异性。

岩土工程随机有限元分析中,一般需要将连续的随机场用变量向量来表示,利用参数均值、方差、相关距离等数据,确定数值模型中单元的大小,并映射得到各个随机场单元的参数,这一过程称为随机场的离散。常用的随机场离散方法主要有中心点法、局部平均法、插值函数法、加权积分法及正交展开法等,见表7-6。

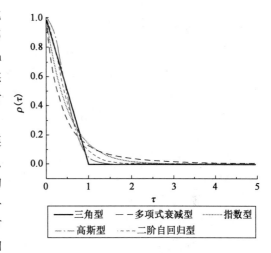

图7-6　随机场常用的相关函数图

常用的随机场离散方法　　　　　表7-6

方　法	概　念
中心点法	用随机场在每个单元中心点的值来表征该随机场在各个单元的属性
局部平均法	将随机场在每个单元的属性用随机场在单元上的局部平均来表征
插值函数法	利用随机场单元节点处的值构造插值函数以表征单元内的随机场
加权积分法	采用随机场在单元高斯点上的加权积分来表征随机场的单元属性
正交展开法	将材料参数随机场进行K-L正交展开,由此推导刚度矩阵的级数展开式,从而获得位移、应力的统计特性

局部平均法对原始数据的要求低、收敛快、精度高,且具有对随机场的自相关函数模型不敏感的特点,在岩土工程中得到了广泛应用。Vanmarcke等学者提供了相关理论及计算方法,本文不再赘述,读者有需要可查阅相关文献。

随机场的离散精度受随机场网格划分影响较大,因此为了尽量减小随机场离散引起的误差,须选用合适的单元尺寸进行随机场的网格划分。有限元网格的疏密由应力梯度决定,与岩土参数随机场无关。在工程应用时,相对稀疏的有限元网格,使得单个随机场网格可以包含一个或多个有限元网格。随机场网格与随机场的波动快慢有关,Vanmarcke(1983)提出网格疏密可由相关距离决定,Liu等(1993)认为还可以由功能函数的梯度确定随机场网格的疏密。Mahadevan等(1991)和Ching等(2013)的研究表明,合适的随机场单元尺寸不仅与随机场的性质相关,还与结构模型、荷载分布、边界条件等有关。因此在将随机场模型引入到隧道结构可靠度计算前有必要对隧道围岩随机场网格尺寸的选定进行专门研究。

地勘数据的运用,一方面根据地质勘察资料以及合理的预测可获得围岩参数的均值、标准差和相关距离等,由此便可采用随机场模型对围岩参数的空间变异性进行模拟;另一方面,勘察或试验数据可以约束取样位置处的参数,以合理地估计边坡土体的空间变异特性,如约束随机场的发展及应用。吴振君等(2009)和 Liu等(1987)基于 Kriging 插值技术建立土体参数约束随机场并采用随机有限元法计算边坡可靠度;Li等(2010)也利用 Kriging 插值技术基于 CPT 试验数据产生约束随机场。

7.3.3 基于随机场的隧道可靠度计算方法

随机场理论已被应用于岩土工程的各个方面,其中以边坡与基础工程两方面的研究成果最为突出,其研究经验和结论可以为隧道工程方面的应用提供有价值的参考。考虑岩土体的空间变异性,韩宪军(2007)和方超(2014)将随机场理论引入到隧道的可靠度设计。下面以一个工程案例对基于随机场的隧道可靠度计算方法进行简要说明。

(1)随机场模型

某公路隧道穿越碎石土层,围岩等级综合评定为Ⅳ级土质围岩。隧道主洞横断面采用《公路隧道设计规范》(JTG D70—2004)中推荐的标准断面(两车道,设计速度 $v=80\mathrm{km/h}$)。隧道覆盖层厚度为39m,最大开挖宽度为12.26m,预留变形量为50mm,洞身支护采用曲墙复合式衬砌,隧道断面尺寸及支护结构设计如图7-7 所示。

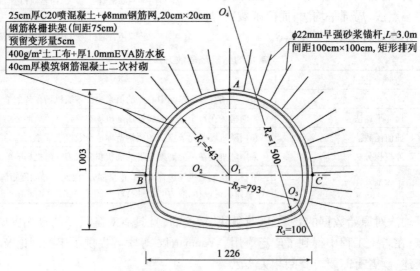

图 7-7　隧道断面尺寸及支护结构示意图(尺寸单位:cm)

模型中设隧道纵向为 Y 轴,水平面内垂直隧道纵向为 X 轴,竖直向上为 Z 轴。计算时假定隧道在纵向不发生位移,模型纵向深度取 6m。考虑到隧道开挖的影响范围,模型左右边界取距离隧道中心线 45m,计算时约束左右边界 X 向的水平位移,底部边界取隧道仰拱底部以下 41m,约束模型底部的竖向位移,模型顶部为自由边界。有限差分模型整体尺寸为 90m × 6m × 90m,计算模型如图7-8所示。

随机场模拟的分析参数包括围岩重度、弹性模量、黏聚力和内摩擦角,假定分析参数均为正态分布随机场,仅考虑黏聚力与内摩擦角的互相关特性,其他参数之间假定为互相独立,围岩参数随机场的均值、标准差及相关系数见表7-7。

图 7-8 隧道有限差分计算模型

围岩物理力学指标的统计参数　　　　　表7-7

统计特征 \ 力学指标	密度 ρ (kg/m³)	弹性模量 E (MPa)	黏聚力 c (kPa)	内摩擦角 φ (°)	泊松比 μ
均值	2 200	100	30	45	0.3
标准差	400	20	6	9	
分布形式	正态分布				
参数相关性	仅考虑 c、φ 的相关性,相关系数 $\rho_{c,\varphi} = -0.5$				

根据隧道有限差分计算模型的尺寸建立围岩参数随机场模型,故此随机场模型尺寸亦为 90m × 6m × 90m。采用均匀矩形网格对随机场模型进行划分,为研究随机场网格划分对计算结果的影响,分别按以下单元尺寸对随机场模型进行网格划分:3m × 3m($x \times z$,下同)、6m × 6m、9m × 9m、18m × 18m、45m × 45m、90m × 90m。算例中假定围岩级别在模型 y 方向未发生变化,随机场在 y 方向的尺寸均取 6m。

围岩参数随机场的相关模型采用可完全分离的单指数相关函数,随机场的相关距离取为 $\delta_z = \delta_{xy} = \delta = \{1m, 2m, 4m, \cdots, 128m\}$。隧道围岩参数随机场的建模效果如图7-9所示,图中单元的颜色越深表示单元的弹性模量 E 越大。

（2）计算过程

利用洞周位移来评价隧道结构的可靠性,基于随机场理论计算位移的功能函数。《公路隧道设计规范》(JTG D70—2004)对不同围岩级别下复合式衬砌初期支护的允许洞周相对收敛值进行了限定。根据相关条文并结合工程概况可算得隧道结构的允许水平收敛值 $[x]$ 及拱顶沉降值 $[z]$。

由此可建立隧道结构的极限状态方程,见式(7-1)和式(7-2)。

$$g(x) = [x] - x \tag{7-1}$$

$$g(z) = [z] - z \tag{7-2}$$

式中：x、z——分别代表隧道最大水平收敛值、拱顶沉降值。

无论是水平收敛还是拱顶沉降超过允许值,隧道结构均判定为失效,即隧道结构可靠度是一个串联系统,应按系统可靠度的方法进行计算。但对于以水平挤压变形为主的隧道,其系统失效概率主要由水平收敛控制,拱顶沉降对系统失效概率的贡献很小,此时可仅将隧道收敛超限作为失效模式,即可靠度计算时可仅将式(7-1)作为极限状态方程。同理对于以竖向变形为主的隧道,可仅将式(7-2)作为极限状态方程。

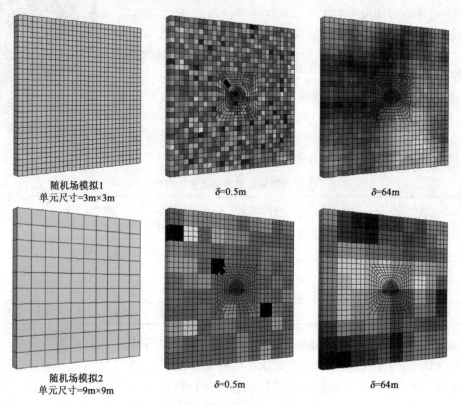

图7-9　隧道围岩参数随机场模型

将隧道结构可靠度计算的随机有限差分法应用于隧道结构可靠度计算,主要步骤如下:

①根据工程概况建立隧道有限差分计算模型,选定需进行随机场模拟的分析参数,并在有限差分计算程序中预留分析参数的输入接口。

②根据已有研究成果与经验数据获得分析参数的统计特征,如均值、标准差、参数间的相关系数、竖向与水平相关距离、相关模型等。

③设定 Monte-Carlo 模拟次数 M,采用局部平均法分别对分析参数进行随机场离散,并生成 M 组随机场变量。

④将第 i 组($i=1,\cdots,M$)随机场变量作为材料参数映射到隧道模型的有限差分单元,进行第 i 次随机有限差分计算,计算完成后记录所需结果数据,如隧道拱顶沉降、水平收敛、支护结构内力等。

⑤重复步骤④M 次。

⑥对 M 组结果数据进行统计分析,根据隧道结构的极限状态方程计算可靠度。

(3)结果分析

数值分析得出网格选定原则,即隧道水平收敛对随机场网格尺寸的要求比拱顶沉降更为严格,在采用 Monte-Carlo 随机有限差分法分析隧道水平收敛时,随机场单元长度与土层相关

距离的比值 δ/l 宜小于 $1/8$；在分析拱顶沉降时，δ/l 宜小于 $1/5$。

在不同的相关距离组合与相关函数的影响下，隧道拱顶沉降的均值与方差（检测）对失效概率的影响情况可概括为两点：

①可将主要勘察费用投入到竖向相关距离的勘测，水平向相关距离可根据已有经验数据取值。

②采用高斯函数作为随机场的自相关函数模型，可获得更为保守的隧道可靠性分析结果。

提出"拟可靠度指标"（记为 β'），通过 β' 的大小近似反映土层空间变异性对隧道结构可靠性的影响。β' 按式(7-3)计算。

$$\beta' = \frac{\mu_{g(x)}}{\sigma_{g(x)}} = \frac{6 - \mu_x}{\sigma_x} \tag{7-3}$$

通过"拟可靠度指标"对隧道可靠度进行计算，得出风险评估结果。

7.4 隧道壁后空洞数值分析

壁后空洞是运营隧道广泛存在的病害。随着交通的迅猛发展，从 20 世纪 90 年代至今，我国建成了数量可观的各类隧道，这批隧道普遍采用新奥法设计施工技术。隧道结构的主流形式是以锚喷支护作为初期支护，以模筑混凝土作为二次永久衬砌的复合衬砌结构。在隧道的施工过程中，因衬砌厚度不足、设计厚度与实际厚度存在差异、施工塌方处理不彻底，而在其背后留有空洞的现象是比较普遍的。特别是在传统的矿山法条件下，此空洞的存在，使衬砌受到不均匀的荷载，不能产生充分的地层反力。另外，在采用喷锚构筑法初期，在二次衬砌与喷射混凝土之间，仍然可能留有空隙。这种结构缺陷，在不同的地应力场（塑性地压、偏压及围岩松弛的垂直地压）作用下，导致这批隧道现已出现不同程度的病害。鉴于隧道尤其是长大隧道结构在路线中的重要性，研究空洞对隧道承载力的影响大小、产生病害的方式以及正确的处置方法已成为重要的课题。隧道壁后空洞的实例如图 7-10 所示。

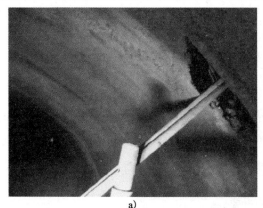
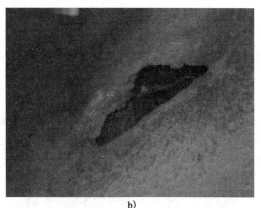

a)　　　　　　　　　　　　　　　　　b)

图 7-10　隧道衬砌壁后空洞

山岭隧道衬砌壁后空洞是造成衬砌损伤和次生灾害的重要原因之一。1999 年，日本 Rebunhama 隧道因衬砌剥落（最大掉块达 70cm）导致一列货运列车脱轨，经调查后发现，该隧道拱顶附近因围岩松动产生空洞区，造成局部围岩压力增大而使衬砌剥落。2016 年 3 月 10 日，我国高铁客运线五峰山隧道发生坠石,隧道顶部二衬脱落混凝土块(长3m、宽2m、厚35cm),所幸发现及时而未造成人员伤亡和重大财产损失。这些事故表明,隧道壁后空洞隐蔽性强,对衬砌危害大,且灾害后果严重,在隧道长达100年的运营期中,其风险不可忽视。

现在,已经有许多方法可以帮助人们侦测壁后空洞的存在,如钻孔取芯法、探地雷达无损检测法等。但对于已经查知其存在的壁后空洞,如何根据工程状况与空洞特征来估计其潜在风险,却还没有较好的方法。根据前述数值模拟技术所具有的优势,可以考虑采用数值模拟方法加以分析讨论。

7.4.1 壁后空洞的风险后果估计

为了估计隧道壁后空洞的安全风险,需要根据一定的原则选取恰当的评估指标或定义功能函数。我国《公路隧道设计细则》(JTG/T D70—2010)规定,公路隧道支护结构需满足验算的安全系数要求。规范规定偏心受压混凝土的抗压和抗拉强度验算需满足式(7-4)和式(7-5)。

$$K_c N \leqslant \varphi \alpha R_{hy} bh \tag{7-4}$$

$$K_t N \leqslant \varphi \frac{1.75 R_{hl} bh}{\frac{6e_0}{h} - 1} \tag{7-5}$$

式中:K_c、K_t——偏心受压混凝土的抗压、抗拉安全系数;
$\quad\quad\quad N$——构件截面的轴向合力;
$\quad\quad\quad \varphi$——构件纵向弯曲系数,可查表获得;
$\quad\quad\quad \alpha$——轴向力的偏心影响系数,可查表;
$\quad\quad R_{hy}$、R_{hl}——混凝土的极限抗压、抗拉强度;
$\quad\quad\quad b$、h——计算截面的宽度、高度;
$\quad\quad\quad e_0$——计算截面的偏心距。

通过对比壁后空洞存在与不存在情况下的衬砌安全系数,可以评估壁后空洞的影响大小。在大多数情况下,壁后空洞不会直接造成衬砌崩塌,但却能显著影响衬砌的安全性能,使其安全系数大幅降低。将规范要求衬砌须满足的安全系数与实际安全系数对比,便可确定壁后空洞风险的后果的严重程度。

7.4.2 壁后空洞风险的影响因素

隧道壁后空洞的风险水平与许多因素有关,如隧道形状尺寸、空洞尺寸、空洞位置、隧道围岩性质、衬砌特性等。从简化分析的角度出发,对隧道壁后空洞风险影响较小的次要因素可以暂不予考虑,根据已有的许多文献和研究,可以得出几点结论:

①壁后空洞的形状对其效应影响较小;
②壁后空洞的大小和位置在诸多因素中至关重要;
③隧道围岩性质和衬砌性能对空洞风险有显著的影响。

基于以上的文献资料结果,下文的计算分析中主要考虑以下12项影响因素:隧道埋深 H、隧道尺寸(半径 r)、衬砌厚度 t、混凝土强度等级 C、围岩弹性模量 E、围岩泊松比 μ、岩体纵波波速 v_p、完整岩石单轴抗压强度 σ_i、空洞起始角 θ、空洞高度 h_v、空洞宽度 w 和空洞长度 l。

第7章 基于数值模拟的工程风险分析

为了能使用数值模拟进行分析,还需要采用一定的参数化方法来表征上述影响因素。

(1) 隧道埋深 H

隧道埋深是影响隧道开挖以及围岩应力的主要因素,计算中截取埋深为 H 的一段隧道进行三维数值计算。考虑到数值模拟的计算模型存在一定的边界影响效应,模型宽度一般需为隧道直径的 3~5 倍以上;同时为了兼顾数值模拟的计算效率和计算精确度,数值模型宽度取为 70m,纵向深度取为 20m。本算例中采用 FLAC 3D 软件进行数值模拟,所采用的隧道模型如图 7-11 所示。

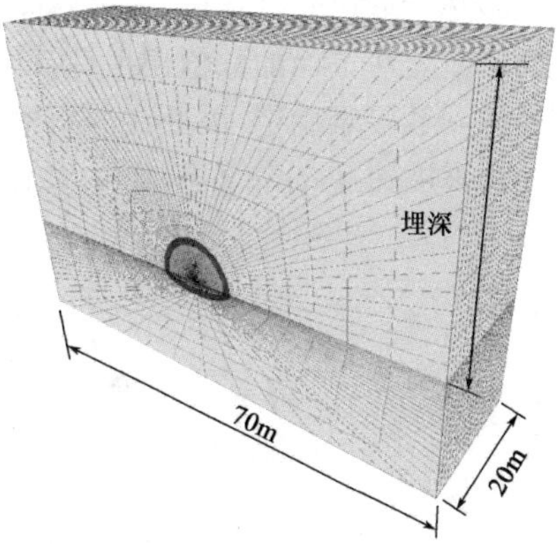

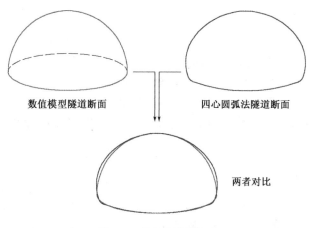

图 7-11 数值模拟计算模型图

(2) 隧道尺寸(半径 r)

为了方便建模和后续的重复计算,将山岭隧道的断面形状作简化处理,把传统四心圆弧法隧道断面简化为半圆形 + 半椭圆形,即上部为半圆形,下部为半椭圆形,简化前后的隧道断面对比如图 7-12 所示。经过简化处理之后,可将隧道的断面尺寸以单一参数 r 表示,r 为半圆的半径,也是椭圆的长轴。

图 7-12 简化的隧道断面

(3) 衬砌参数

由式(7-4)和式(7-5)可知,衬砌的厚度以及衬砌混凝土的强度将直接影响评估指标(安全系数),因而衬砌参数是影响壁后空洞风险大小的关键因素。将衬砌参数简化为两项,即衬砌厚度 t 和混凝土强度等级 C。衬砌混凝土的极限抗拉和抗压强度可根据其强度等级通过查表获得。为了便于获取衬砌的内力(轴力、弯矩),此次数值模拟的隧道衬砌采用 FLAC 3D 软件内置的结构单元 Liner 进行模拟。

(4) 围岩性质参数

表征围岩性质的参数很多,性质参数如密度、孔隙率、弹性模量、UCS(单轴抗压强度)、岩体纵波波速等,综合指标如 RQD 指标、BQ 指标、RMR 指标、GSI 指标等。在数值模拟的弹塑性分析中,进行计算所需的主要参数为岩体弹性参数和塑性屈服参数。弹性参数包括弹性模量 E 和泊松比 μ(或体积模量与剪切模量),塑性屈服参数则根据所采用的屈服准则而有所不同。

Hoek-Brown 准则是基于大量的试验资料提出的岩体强度准则,可以反映岩石和岩体的非线性破坏特征以及结构面、应力状态对强度的影响,并能够解释最大主应力和最小主应力对强度的影响。在下面的数值模拟计算中,岩体的屈服准则采用了 Hoek-Brown 准则。但由于该准则所需参数较难确定,因此在分析中采用了一种改进的 Hoek-Brown 准则(李硕标,2016),通过岩体纵波波速 v_p 计算各项参数,该改进的 Hoek-Brwon 准则定义如式(7-6)~式(7-10)。

$$\sigma_1 = \sigma_3 + \sigma_c \left(m_v \frac{\sigma_3}{\sigma_c} + s_v \right)^{a_v} \tag{7-6}$$

$$m_v = m_i \exp\left(\frac{40v_p - 290}{84 - 42D_v} \right) \tag{7-7}$$

$$s_v = \exp\left(\frac{40v_p - 290}{27 - 9D_v} \right) \tag{7-8}$$

$$a_v = \frac{1}{2} + \frac{1}{6}\left[e^{-(8v_p+2)/9} - e^{-20/3} \right] \tag{7-9}$$

$$D_v = 1 - \left(\frac{v_p}{v_0} \right)^2 \tag{7-10}$$

式中:σ_1、σ_3——岩体的最大、最小主应力;

m_v——岩石材料常数的折减值;

v_0、v_p——完整岩石、岩体纵波波速;

s_v、a_v——与岩体质量有关的参数,s_v 反映岩体破碎程度;

D_v——考虑岩体爆破损伤和应力释放的扰动因子。

因此,描述岩体塑性屈服特性的参数可简化为两项,即岩体纵波波速 v_p 和完整岩石单轴抗压强度 σ_i。

(5)空洞特征参数

描述壁后空洞特征的参数主要为:表征壁后空洞在隧道环向所处位置的起始角 θ,壁后空洞三维尺寸的空洞高度 h_v、空洞宽度 w 和空洞长度 l。其中空洞起始角定义为空洞边缘自水平沿顺时针方向转过的角度,如图 7-13 所示;壁后空洞的三维尺寸定义为沿隧道环向的空洞宽度 w、沿隧道径向的空洞高度 h_v 和沿隧道纵向的空洞长度 l(图 7-14)。

而由于数值模拟在计算前需对计算域进行离散化(即划分网格或单元),为了便于建模与计算,将壁后空洞的出现区域在环向上分为 60 份,每份即为 3°环向宽度,如图 7-15 所示。

通过上述定义,任意一个隧道壁后空洞的位置与尺寸就可以通过以上的 4 个参数唯一地确定下来。但需要说明的是,因为几何模型离散分割的原因,这里所述的空洞尺寸和位置唯一确定是针对上述的指定划分条件而言的。精确、连续的壁后空洞位置和尺寸生成并非不可,但需要通过几何模型建模参数实

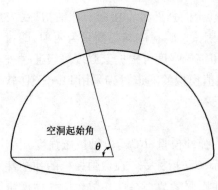

图 7-13 壁后空洞起始角

现,流程和建模较为复杂。这里采取了化整为零的离散近似方法,在分割数恰当的情况下,既能保证分析要求,又提高了分析效率,而这种化整为零的近似方法,也正是数值模拟方法的核心思想。

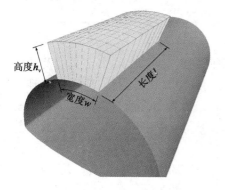

图 7-14　壁后空洞尺寸

图 7-15　空洞出现区域离散化分割

7.4.3　影响因素取值范围

前文已经对影响壁后空洞风险的因素进行了定义,并将这些影响因素进行了适用于数值模拟的参数化,而为了能够用于数值模拟,需给出参数的具体取值。表 7-8 列出了数值模拟计算中所采用的岩体参数取值范围。需要说明的是,由于时间和计算效率所限,这里的算例只针对Ⅲ级围岩进行了计算,表 7-8 所列的岩体性质参数为《公路隧道设计细则》(JTG/T D70—2010)给出的岩体强度指标参考取值。表中的中括号[ ]表示该项取值在给出的区间内连续。

岩体性质参数取值范围　　　　　　　　　　表 7-8

岩体性质参数	取 值 范 围
弹性模量 E(GPa)	[7,10.7]
泊松比 μ	[0.26,0.3]
岩体纵波波速 v_p(km/s)	[2.5,3.2]
完整岩石单轴抗压强度 σ_i(MPa)	[30,60]

表 7-9 列出了其他影响因素在数值模拟计算中的取值范围。

其他影响因素取值范围　　　　　　　　　　表 7-9

影 响 因 素	取 值 范 围
隧道半径 r(m)	3,3.5,4,…,7
隧道埋深 H(m)	[30,150]
空洞起始角 θ(°)	3,6,9,…,90
空洞高度 h_v(m)	0.5,1.0,1.5,2.0
空洞宽度 w(°)	3,6,9,…,180

续上表

影响因素	取值范围
空洞长度 l(m)	2,4,6,8
衬砌厚度 t(m)	0.3,0.4,0.5,0.6,0.7,0.8
混凝土强度等级 C	15,20,25,30,40,50

实际上表 7-8 和表 7-9 给出了 12 维壁后空洞工况空间的定义域，在本书定义的范围内（有限的工程范围内，各参数离散或连续），每一组参数组合（一组自变量）都对应于一个唯一确定的壁后空洞工况。相对应的，数值模拟则可以获取这一组参数组合所对应的隧道衬砌安全状况（安全系数）。因而从这一角度来说，数值模拟计算所反映的实际上是一种函数映射关系。

若需要更为精细的工程实际工况，又或者需要得到更为详细的结果，则可以进行相应的参数定义、分割以及计算输出结果定义。传统数值模拟计算所得到的是计算模型的应力场、位移场、速度场等结果，这些计算结果内容庞大，需要经验丰富的工程师加以分析才能有效地利用。这里所采用的提取特定结果进行加工的方法，实际上抛弃了许多信息，存在较大的改进余地，读者可以根据自身需要自行设计，以满足相应的工程需要。

7.4.4 数值模拟与人工神经网络拟合

从上述可以看出，即使经过大量简化，壁后空洞风险的影响因素仍然多达 12 项，若针对这 12 项影响因素开展系统全面的研究，则需要数万次的数值模拟计算方能总结出各项因素的影响规律。而为了能够将岩土环境等的不确定性引入，所需的计算次数更多。鉴于上述原因，可以考虑引入在学习预测方面具有突出能力的人工神经网络（ANN），相关介绍参见本书第 3 章 3.3 节。

（1）数值模拟与计算

在隧道壁后空洞的风险分析中采用 ANN 方法。为了能够构建符合运营隧道壁后空洞分析的神经网络，可采用监督学习的 BP（Back Propagation）算法来训练针对性的人工神经网络，BP 算法详情见本书第 3 章 3.3 节，而训练网络所需的样本则来自于数值模拟计算。这里采用了随机抽样的方法对前文定义的运营隧道壁后空洞工况进行了抽样模拟计算：

①第一步，在表 7-8 和表 7-9 给定的参数取值范围内，随机且概率均等（即按照均匀分布）地生成单个数值模拟情景的各项参数，并将这些参数组合记录下来，用于 ANN 训练的输入参数。

②第二步，使用第一步所确定的参数生成数值模拟的计算模型，每个计算模型都对应于上文定义的 12 维壁后空洞工况空间内的一个点，通过数值模拟计算获取 12 维壁后空洞工况空间映射至 2 维安全系数空间的结果；与此同时，计算其他参数不变但无壁后空洞时的隧道安全系数，以便于将两者结果进行对比。

③第三步，将第二步计算所得的同组参数下有、无壁后空洞的安全系数结果分别记录；同组结果相减，可以得到每一组壁后空洞参数下空洞所造成的安全系数减小量。

④第四步，将前三步所生成的计算参数组合、计算安全系数结果分别用作 ANN 网络训练

的输入参数和输出参数,使用 BP 算法训练针对性的 ANN 网络模型。

在该案例中,一共通过数值模拟生成了超过 1 000 个的样本数据用于 ANN 训练,实际选取其中 800 组数据用于训练,另取 50 组用于 ANN 网络预测结果的测试。因篇幅所限,将 850 组数据中的部分列于表 7-10 中。

网络训练数据　　　　　　　　　　表 7-10

	样本数据编号	1	2	3	4	5	6	⋯
输入参数	隧道半径 r(m)	5.5	4.5	6	5	4.5	4	⋯
	隧道埋深 H(m)	71.92	107.2	75.75	37.41	123.5	146.5	⋯
	衬砌厚度 t(m)	0.8	0.7	0.7	0.5	0.6	0.7	⋯
	混凝土强度等级 C	15	25	15	20	40	30	⋯
	岩体弹性模量 E(GPa)	9.71	9.59	8.43	8.53	9.21	8.16	⋯
	泊松比 μ	0.290	0.283	0.260	0.276	0.268	0.273	⋯
	岩体纵波波速 v_p(km/s)	2.673	2.949	2.625	2.914	2.89	2.853	⋯
	完整岩石单轴抗压强度 σ_i(MPa)	49.1	52.3	39.9	48.7	50.4	52.5	⋯
	空洞起始角 θ(°)	75	81	81	63	66	81	⋯
	空洞高度 h_v(m)	1.5	1.5	2	1	1	1.5	⋯
	空洞宽度 w(°)	6	54	27	48	111	27	⋯
	空洞长度 l(m)	4	6	4	6	2	6	⋯
输出参数	衬砌抗压安全系数 K_c	7.061	7.396	6.343	15.60	9.886	6.190	⋯
	衬砌抗拉安全系数 K_t	1.967	1.869	1.81	3.410	2.017	2.155	⋯
	K_c 下降值 ΔK_c	0.378	1.700	1.301	3.653	0.570	1.089	⋯
	K_t 下降值 ΔK_t	0.293	0.776	0.980	1.073	0.246	1.875	⋯

(2) BP 算法训练 ANN

根据 Hornik 等人的研究,单一隐层的 BP 神经网络已经可以任意精度近似拟合任意给定函数。因而在选取神经网络结构组成时,将拟训练的 ANN 取为单隐层结构的神经网络。

使用前述 800 组数值模拟结果用于网络训练,经过多次测试,当隐层节点数取为 75 时,网络的拟合效果较好,从而最终确定了用于运营隧道壁后空洞风险分析的 ANN 网络结构为 75 隐节点的单隐层结构(图 7-16)。因篇幅所限,表 7-11 和表 7-12 列出了部分网络节点的权重值(表中 ΔK_c 与 ΔK_t 分别表示壁后空洞导致的衬砌安全系数减小值)。

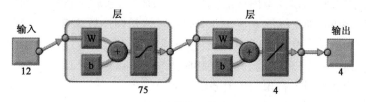

图 7-16　ANN 网络结构

输入层至隐层节点权重表　　　　　　　　　　　　　　　表7-11

节点	1	2	3	4	5	6	…	75
r	-0.1507	0.5835	-0.9031	1.0475	0.2442	0.1176	…	-3.9849
h_v	1.4848	-0.8040	0.4581	0.8097	-0.0200	-0.3131	…	-3.5381
H	-0.3230	-0.8162	-0.4274	0.1124	-0.3455	0.7912	…	0.7633
C	1.2443	-0.6103	0.5374	0.7601	0.7424	0.0354	…	0.2784
t	0.8920	0.3280	0.2574	-0.2728	-1.0134	-0.4072	…	3.4184
v_p	-0.3328	0.3413	1.3331	-0.0729	-0.4046	-0.0392	…	0.6942
E	0.4099	0.7949	-0.1067	-0.2909	0.3577	0.2827	…	-1.8961
μ	0.0416	0.9580	-0.9031	1.3711	-0.0219	-0.2252	…	-1.7864
σ_i	-0.9903	0.4990	0.3142	0.4659	0.1463	0.2390	…	1.1887
θ	0.4758	-0.4005	-0.9756	-0.5265	-0.2260	0.3923	…	6.8632
w	-0.3837	-0.6978	-0.0173	0.2872	-1.3134	0.0795	…	-1.9048
l	0.3833	0.7239	0.2679	0.4648	-1.5732	-0.5924	…	-2.5608

隐层至输出层节点权重表　　　　　　　　　　　　　　　表7-12

节点	1	2	3	4	5	6	…	75
K_c	-0.00876	-0.00931	-0.00686	-0.00870	0.00905	0.02652	…	0.00974
K_t	1.46296	-0.61141	-0.40495	0.83387	-0.90547	-0.33199	…	0.29173
ΔK_c	0.01336	-0.00784	0.17278	0.00042	0.11183	0.33419	…	0.00310
ΔK_t	0.78263	0.44750	1.18911	-0.06476	0.37205	0.78481	…	0.24148

同时使用剩余50组数据对训练的ANN进行测试,检验其拟合效果与预测能力,检验结果如图7-17所示,图中横轴为样本值,纵轴为ANN预测值。由此可知,训练所得的ANN网络具有较好的拟合效果和预测能力。

7.4.5 壁后空洞风险评估

为了展示基于数值模拟和ANN技术的壁后空洞风险评估思路的应用,以一具体的工程实例来说明。

王市岭隧道:王市岭隧道为位于浙江省金华市浦江县境内的一座高速公路隧道,全长180m,埋深约为40m,隧道类型为双连拱隧道,双车道通行,车道宽9.5m,属于原杭金衢高速公路金华段。为研究王市岭隧道病害及其修复加固方法,在隧道改造施工封道期间,现场开展了包括空洞检测、声波测试以及室内样品测试等多项研究,获取了该隧道的特征参数如下:隧道半径6.5m,埋深40m,围岩纵波波速3.03km/s,岩体弹性模量8.53GPa,完整岩石单轴抗压强度78MPa,实际衬砌厚度0.4~0.5m,混凝土强度等级C30。通过雷达探测,发现该隧道存在多处壁后空洞,其中一个壁后空洞位于拱腰附近,长约4m、宽约1m。

通过对现场情况的分析,得出以下几点结论:

①勘察设计给出的隧道围岩等级为Ⅲ级,但该隧道围岩的不确定性较大;

②实际检测结果表明,隧道衬砌厚度为0.4~0.5m,且绝大部分小于0.5m。

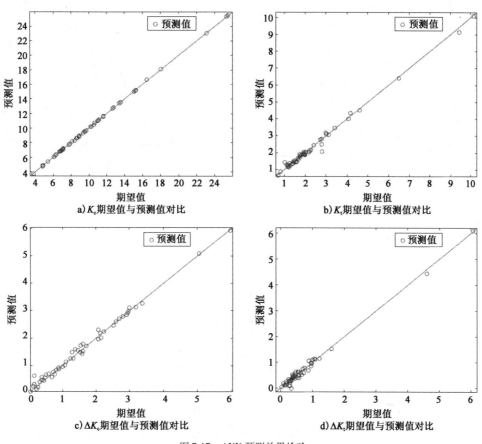

图 7-17 ANN 预测效果检验

基于上述结论,使用训练好的 ANN 网络预测壁后空洞的影响效应,并将部分条件参数的不确定性引入,作以下假设:

①假设不确定的参数为岩体弹性模量 E、岩体纵波波速 v_p 和衬砌厚度 t;

②假设以上 3 项参数服从 $q=6$、$r=3$ 的 β 分布;

③按实测的数据确定 E 和 v_p 的上限,按规范建议的 Ⅲ 级围岩参数下限值确定下限,即认为实际的围岩参数位于规范建议的范围内,但弱于现场实测值。

故给出以上 3 项参数的分布,如图 7-18 所示。其他的 9 项参数取值见表 7-13。

使用训练好的 ANN 网络可以快速获取壁后空洞对安全系数的影响,因而可以采用蒙特卡罗法获取其失效概率。这里定义安全系数小于规范要求值时结构失效(或不安全)。使用 1 000 次蒙特卡罗模拟,获得该隧道在无壁后空洞时,以及存在壁后空洞时的衬砌安全系数分布,如图 7-19 所示(抗压安全系数 K_c 全部满足规范要求,故不再列出)。

图中红色区域为安全系数小于规范要求值 2.4 的样本数量,故失效概率为:$p_f = 25/1000 = 2.5\%$。根据可靠度指标分别为 2、1.5、1 和 0 时的正态分布概率值,定义运营隧道壁后空洞的风险评估标准见表 7-14。

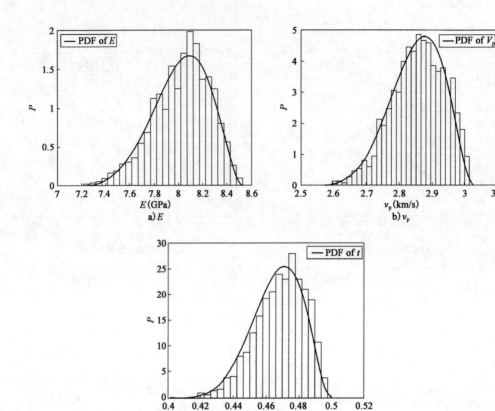

图 7-18 参数的概率密度函数与实际采样分布

参 数 取 值 表　　　　　　表 7-13

参数项	μ	σ_i(MPa)	r(m)	H(m)	θ(°)	h_v(m)	w(°)	l(m)	C
取值	0.28	78	6.5	40	15	0.5	12	4	30

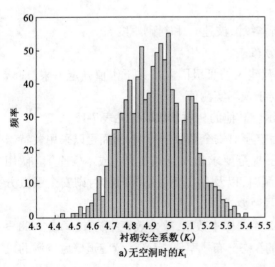

a) 无空洞时的 K_t

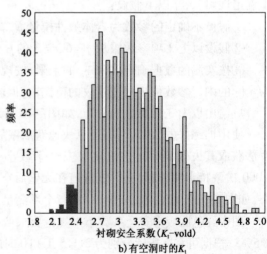

b) 有空洞时的 K_t

图 7-19 衬砌安全系数分布

运营隧道壁后空洞的风险评估标准　　　　　　表 7-14

风险等级	可靠度指标 β	安全系数低于规范要求的概率	备 注
Ⅰ	>2	[0,0.023)	低风险
Ⅱ	(1.5,2]	[0.023,0.067)	中等风险
Ⅲ	(1,1.5]	[0.067,0.16)	高风险
Ⅳ	[0,1]	[0.16,1]	极高风险

由此可得,该空洞的存在所导致的运营隧道风险等级为中等风险,表明该空洞已有较大可能造成风险事故,需要给予一定的关注,并在需要的情况下采取注浆填充、加固等治理措施。

7.5　本章小结

本章正式提出了基于数值模拟的工程风险分析的理念,并通过一系列工作完整地阐述了它的实施过程。首先,通过研究隧址区地层岩土体参数存在的随机变异性,为更加真实地模拟岩土体与隧道结构的相互作用提供了理论基础,并对将随机场理论应用于岩土体地层的数值模拟做了一些尝试。然后,建立了数值模拟成果与风险评估之间的联系,实现了二者之间的转换。最后,将软科学方法与数值模拟结合起来,提高了此项工作的效率和准确度,同时这也是该理念的核心内容。虽然数值模拟的成果与工程实际还有一定的差距,但在当前的理论水平和技术条件下,将其应用于隧道工程的风险评估和预测仍有相当重要的参考价值。

第8章 基于"互联网+"的工程安全风险评估与管理智慧云系统

21世纪互联网技术大放异彩,它不仅深刻改变了人们的生活,也为工程技术的发展带来变革的契机。隧道工程的风险评估与管理工作作为其全生命周期的重要一环,互联网平台协作、互通、共享的特性与之不谋而合。在此情形下,顺应工程技术的发展趋势,开发基于"互联网+"的工程安全风险评估与管理智慧云系统,期冀为同行业工作者提供一个有价值的工具来辅助开展工程管理工作。下文将对该系统的框架和功能作简要说明。

8.1 工程需求

8.1.1 参与方协作系统

参与方协作系统定位于参建各方(包括业主方、设计方、施工方、监理方及其他第三方相关机构)的沟通、协调、配合的平台,方便各方建立一种高效、标准化的辅助沟通手段。

(1)需求

工程实施过程中召开各种沟通协调会议非常普遍,也是比较有效的一种方式。该模块不寻求替代面对面的会议讨论,而是开发一种辅助交流工具,帮助提高工作效率和建立标准化流程,其需求要点如下:

①合理组织和管理与工程相关的各类人员,方便各方沟通、协调工作事宜;

②人员权限设置;

③日程协作管理,方便各方高效配合;

④群组管理,方便沟通比较保密的文件及信息(不方便使用其他第三方通信软件);

⑤会议管理,会议通知及会议记录的周知、异地视频会议等。

(2)流程

此功能模块的基本内容及相互关系如图8-1所示,主要是提供若干实用功能,方便各方沟通协作。

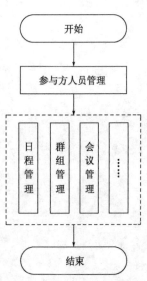

图8-1 参与方协作系统流程图

8.1.2 工程全寿命期信息系统

工程全寿命期信息系统主要着力于工程实施过程中各类文件资料的规范化管理,以便于工程实施期间的资料备案及各类项目验收工作等,并为工程后期的运营管理工作提供参考。

(1)需求

此模块重点在于各类电子文件资料的组织管理,主要需求如下:

①人员及权限管理;
②图纸、照片、视频及其他文件管理;
③文件阶段设置(包括可行性研究阶段、初步设计阶段、施工图设计阶段、施工阶段、运营阶段等,视实际情况而定);
④各类报表管理功能;
⑤项目验收功能;
⑥资料备案功能等。

(2)流程

此功能模块的基本内容及相互关系如图 8-2 所示,主要提供用于电子资料的组织管理,方便不同用途资料的汇总整理。

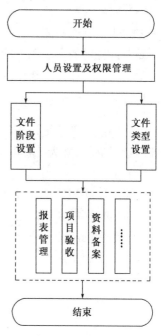

图 8-2 工程全寿命期信息系统流程图

8.1.3 基于德尔菲法的专家调研系统

基于德尔菲法的专家调研系统借助互联网平台收集某领域的专家学者对所研究对象的经验信息。该技术可以克服传统纸质专家调查问卷方法的诸多不足,是系统平台收集数据信息的一种方式。

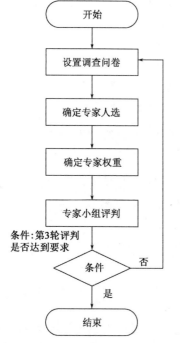

图 8-3 基于德尔菲法的专家调研流程图

(1)需求

此功能模块的理论基础是本书第 5 章 5.1 节,其要点主要包括:

①专家权重的确定及更新;
②多轮专家评判;
③调查问卷发放与收集的便捷化和智能化。

(2)流程

基于德尔菲法的专家调查过程主要包括如下几点(图 8-3):

①设置用于评判对象的问题或指标(调查问卷),并确定专家人选;
②确定专家权重及其对指标的预测权重;
③专家根据问题或指标开展第一轮评判;
④管理人员根据反馈结果更新专家权重,并设置新的调查问卷;
⑤管理人员根据实际需要重复③④过程(一般不超过3轮),直至得到最终结果。

(3)方法

①构建工程专家库；

②设置合适的专家调查问卷；

③改进德尔菲法的运用。

8.1.4 风险登记管理系统

风险登记管理系统用于隧道工程实际案例或事件的登记和管理，定位于辅助工程管理人员进行施工决策，并为工程的后期运营维护提供宝贵资料。

(1)需求

此模块应实现如下三方面的内容：

①对历史事故案例进行组织管理；

②收集新的隧道工程事故案例信息；

③对处于施工期的隧道工程进行风险登记管理。

(2)流程

可将事故案例或风险事件的登记管理简要划分为如下 3 个步骤(图 8-4)：

①通过系统平台录入所涉及隧道工程的基本信息，并将相关的文件、图片等资料上传至系统与此条目关联；

②确认此事故或风险事件具体所属类别，并根据工程需求，对事故类别进行细分，以便对事故或风险事件的情形进行精确描述；

③在系统平台中录入此项事故或事件的详细信息资料，并根据后期的发展情况及时更新。

(3)方法

①收集整理国内外隧道工程全寿命期的事故案例信息，并汇总工程基本信息和事故要点；

②灵活设置隧道工程基本信息和事故信息的基本条目，方便具体工程管理人员根据实际需求进行增减；

③对各项条目进行跟踪维护，若有新的情况及时更新。

8.1.5 风险因素辨识系统

风险因素辨识系统旨在对风险因素进行快速、综合、定性评判，为后续定量风险评估提供重要参考。

(1)需求

此模块基于本书第 3 章 3.2 节的理论内容，核心要点如下：

①风险源辨识；

②风险事件辨识；

③风险源与风险事件之间的相互关系辨识。此项又包含 3 个分项：

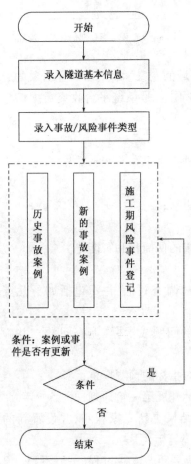

图 8-4 风险登记管理流程图

a. 风险源诱发风险事件的路径:直接路径、渐进路径和间接路径;

b. 风险源诱发风险事件的差异:风险源诱发风险事件的种类和后果;

c. 风险事件发生后对诱发其风险源的影响:加强、无影响和缓解。

(2)流程

风险因素辨识系统可简单有效地实现风险等级的定性评判,具体过程包括如下几点(图8-5):

①辨识出工程实施过程中存在的风险源和可能发生的风险事件;

②确定各风险源诱发风险事件的路径、重要程度及可能性等级(3个等级);

③确定各风险源诱发风险事件的后果严重程度等级(3个等级);

④根据各风险源的重要程度确定多风险源评判风险事件的权重,并对事件的风险状况依权重进行综合评判;

⑤确定风险事件发生后对各风险源的影响情况,并对其权重进行更新。

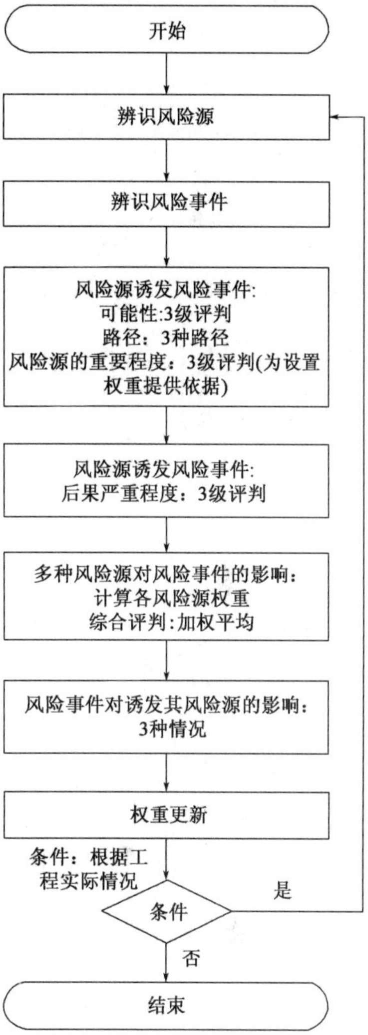

(3)方法

①建立风险源数据库;

②建立风险事件数据库(包括不会直接导致严重后果的事件);

③辨识风险源、风险事件、风险路径:结合评估资料及现场踏勘作经验判断;

④3级评判,即3个等级:出于简单易操作考虑;

⑤利用下式更新权重。

$$风险源重要程度值 = \begin{cases} 0 \sim 1, & 加强 \\ 0, & 无影响 \\ -1 \sim 0, & 缓解 \end{cases}$$

图 8-5 风险因素辨识流程图

8.1.6 风险分析、评估和预测方法集成系统

风险分析、评估和预测方法集成系统侧重于为工程管理人员提供一个"即开即用"的工具箱,方便工程中的风险评估工作。

(1)需求

此模块是本书各类风险分析、评估和预测方法的软件实现,主要内容如下:

①风险评估软科学方法;

②动态风险评估方法;

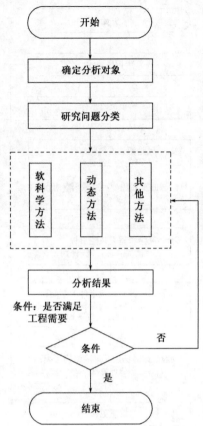

图 8-6 风险分析、评估和预测方法集成系统

③其他一些定量、半定量的风险评估方法。
(2)流程
此功能模块的内容及相互关系如图 8-6 所示,主要是将各类风险分析方法程序化。

8.1.7 工程建设人员不安全行为识别系统

工程建设期间,各方参与人员的不安全行为是引发工程事故并危及其自身安全的一大主要因素(即风险源)。通过利用当前快速发展的深度神经网络技术(图像识别方面主要为卷积神经网络),对隧洞内工作人员的行为进行实时监测、识别和预警,将其对工程和自身的不利影响降至最低。

(1)需求
①洞内暗光线条件下的清晰摄像,需购置或开发相应硬件设备和技术;
②视频数据的安全稳定传输,可根据现场实际情况采用有线或无线方式;
③人员不安全行为的快速、高效识别;
④采用声音、灯光等方式对具有不安全行为的人员进行提醒;
⑤对不安全行为的改正情况进行识别并记录。
(2)流程
此模块的实施流程如图 8-7 所示。
(3)方法
要实现此模块的功能,需借助或开发如下几项技术:
①暗光线环境下的高清摄像技术;
②大流量视频数据的安全、稳定传输与存储技术;
③深度学习技术(主要为卷积神经网络,见本书第 5 章 5.5 节);
④声、光预警技术(可结合本书第 9 章 9.3 节的风险可视化技术来实施)。

8.1.8 工程地质预测评判系统

隧道施工中,地质状况的优劣往往是决定施工难易、安全与否最为重要的因素。此功能模块主要用来实现对隧道掌子面前方的地质情况及可能存在的不良地质作用进行预判,进而辅助工程施工。此模块的主要理论基础为本书第 6 章 6.2 节、6.3 节和 6.4 节。

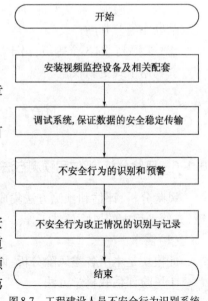

图 8-7 工程建设人员不安全行为识别系统

(1)需求

①根据已有勘测资料和岩体开挖后的实际状况,预测掌子面前方一定范围的地质状况,如围岩级别等。

②根据已有资料,结合监测数据及相关事故征兆,对掌子面前方可能存在的不良地质情况进行重点预判。

(2)流程

此模块的实施流程如图 8-8 所示。

(3)方法

实现此模块需开发或借助如下几项理论或技术:

①马尔可夫理论;

②深度学习技术,尤其是卷积神经网络;

③掌子面专用摄影技术。

8.1.9 TBM 设备风险监测系统

使用 TBM(Tunnel Boring Machine 简称 TMB)在合适的地层中开挖隧道,相比钻爆法而言,可以显著提高施工速度,而且一定程度上也更加安全。但 TBM 机械在掘进过程中,更换刀具、养护皮带,往往花费非常长的时间,甚至主轴承或刀盘的损坏将使整台设备报废。为此,在隧道掘进过程中对 TBM 设备可能存在的风险进行监测和预警将非常必要。

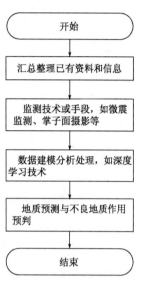

图 8-8 工程地质预测评判系统

(1)需求

① 开发用于监测设备各部件的仪器设备;

②TBM 刀盘、刀具、皮带等重要部件的实时监测;

③ 设备风险的可视化呈现。

(2)流程

此模块的实施流程如图 8-9 所示。

8.1.10 拟数值模拟计算系统

此模块的理论基础为本书第 7 章内容,主要目的是通过前期大规模的数值模拟计算,建立各类问题的"黑盒"模型,为后期实际解决各类问题提供数据上的支撑。

(1)需求

①为不同问题设计专门的数值模拟解决方案;

②将大量数值模拟的计算结果进行规范化存储;

③基于人工神经网络技术和海量数据对问题建模;

④利用模型库实现对各类问题的"黑盒"预测。

(2)流程

此模块的实施流程如图 8-10 所示。

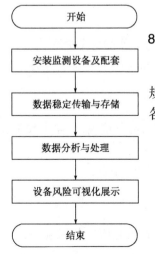

图 8-9 TBM 设备风险监测系统

8.1.11 基于指南的风险评估系统

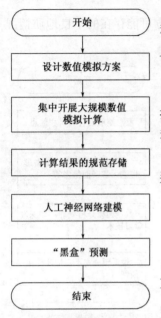

图 8-10 拟数值模拟计算系统

基于指南的风险评估系统将隧道风险评估过程(包括总体评估和专项评估)进行网络化,可以使得此项工作更加标准化和智能化,且更具实用性。

(1)需求

此模块的理论基础是《公路桥梁和隧道工程施工安全风险评估指南(试行)》《高速公路路堑高边坡工程施工安全风险评估指南》和本书第 3 章 3.3 节,其主要内容如下:

①完整实用的风险评估指标体系(包括指标的权重设置)及评判标准;

②隧道工程风险评估分段;

③风险评估结果的自动化计算汇总。

(2)流程

对隧道、高边坡等工程开展风险评估的基本流程(图 8-11)如下:

①将工程划分成若干风险评估区段,并根据各自的特点,设置不同的风险事件列表;

②确定专家人选,并设置专家权重;

③专家小组开展总体风险评估及专项风险评估。

(3)方法

①指标体系法;

②专家调查法;

③分段(单元)评估方法。

8.1.12 风险/事故应急处置系统

风险/事故应急处置系统旨在为各类风险事件或事故提供翔实可操作的应急处置措施,需要注意的是这里所谓的"风险事件或事故类型"并非指宽泛的类别,而应该是针对实际发生过的各类事件或事故,并在此基础上进行扩展延伸。

(1)需求

此模块是"风险登记管理系统"的配套体系,也将更为施工管理人员所重视,其需求如下:

①建立较为完善的应对各类风险事件或事故的应急处置措施库;

②对事故的内因、外因及诱发因素进行仔细甄别和总结,并建立搜索条目;

③将此功能模块与风险登记管理系统进行合理衔接。

(2)流程

此模块的内容及相互关系如图 8-12 所示,需要注意的是应急处置措施库应与风险登记管理系统紧密结合。

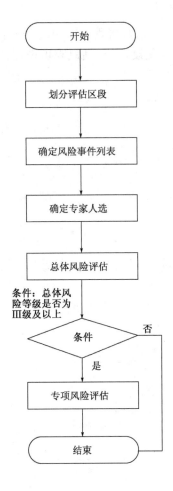

图 8-11 风险评估流程图　　　　图 8-12 风险/事故应急处置系统流程图

8.1.13 风险可视化系统

该模块通过软件平台和智能传感器的联合来实现对工程风险进行直观可视化。在具体工程实践中,通过开发新式设备或对已有设备进行相关改造后,该功能模块可以实现访问工程施工现场安装的传感器等设备采集的数据信息,并以此进行风险分析和预测等工作,这是风险评估及管理平台收集数据的一种方式。

(1)需求

该模块依托激光、倾角等传感器通过数据中继技术将狭长封闭空间内的监测数据传输到互联网,并以这些数据为基础实现隧道空间断面的变形监测,其基本要点如下:

①研制风险可视化仪:集成各类传感器及数据传输元件;

②数据的可靠稳定传输和存储;

③数据智能综合分析模块;

④风险预警及报警。

263

（2）流程

工程风险的可视化过程是一种典型的软硬件结合的实践,其流程(图8-13)简要概述如下：

①在工程现场的监测断面及隧道洞口安装风险可视化设备(包括风险可视化仪及配套仪器设备)；

②设置合理的变形监测阈值,并保证系统24h不间断运行；

③根据监测情况考虑是否加设监测断面等措施。

（3）方法

①传感器的集成组合开发,以及LED(发光二极管)显示技术；

②TCP(传输控制协议)数据传输技术；

③为具体工程设计合理的风险预警、警标准。

8.1.14 时间序列分析系统

时间序列分析系统致力于对隧道施工过程中的时间序列数据(如隧道变形)进行分析,为进行动态风险评估提供有力的数据支撑,实现真正的动态风险评估。

此模块是整合了多种数据滤波、数据统计及数据挖掘方法的数据处理模块,其基本流程如图8-14所示。

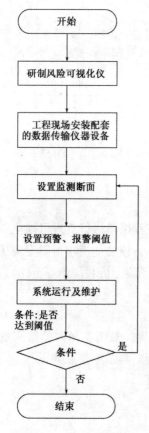

图8-13 风险可视化流程图

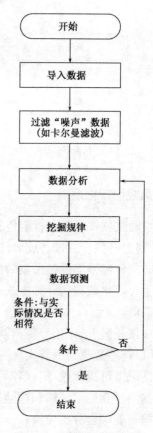

图8-14 时间序列分析系统

8.2 系统框架搭建

8.2.1 平台架构

基于"互联网+"的工程安全风险评估与管理智慧云系统的系统架构如图 8-15 所示,平台的各功能模块组成如图 8-16 所示。这些功能模块并不是一成不变的,根据工程需要及工程技术的发展,会实时更新。通过开发这些功能模块可以整体串起本书第 3 章提出的风险评估及管理理论体系,两相比较,也相互促进。

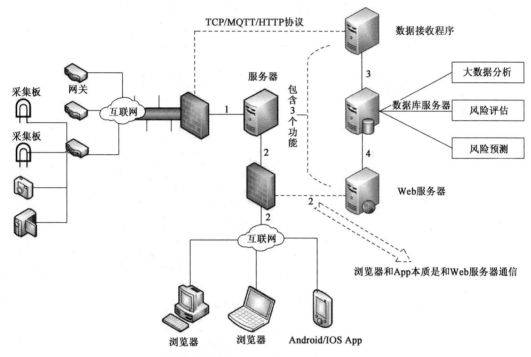

图 8-15 系统平台架构图

8.2.2 服务器端程序设计

(1) REST API 介绍

REST(Representational State Transfer)为表现层状态转移。API(Application Programming Interface)为应用程序编程接口。应用或者程序中间如果需要相互访问、相互调用,就需要通过此接口来实现。在传统程序架构中,API 通常采用函数、过程调用等形式。而在 BS(Browser/Server,浏览器/服务器模式)架构中,其主要应用为 Web。Web 是一种分布式信息系统,它为超文本文件和其他对象(资源)提供访问接口。资源是 Web 架构的关键点,需要 3 个操作,即识别(identify)、表示(represent)、交互(interact with)。通过这 3 个操作,引出了 3 个概念,即 uri(统一资源标识符,包括 url 和 urn)识别资源,representation(例如 html、xml、图片、视频等)表示资源,协议(包括 http、ftp 等)与资源进行交互。API 接口通常基于 HTTP 协议来实现。一个具体的 API 就表现为一个 HTTP 协议请求。

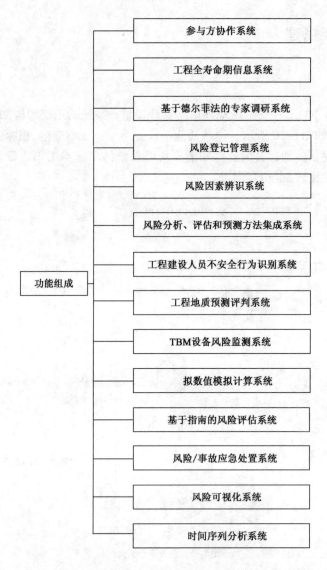

图 8-16 系统平台功能组成

REST 是一种架构风格。它对 HTTP 请求提出了相关约定,符合此种约定的 HTTP 请求即 REST 请求。REST 能很好地利用 HTTP 本身的一些属性,如 HTTP 动词、HTTP 状态码、HTTP 报头等。常用的 HTTP 动词如下:

①GET(SELECT):从服务器获取资源(一项或多项);
②POST(CREATE):在服务器新建一个资源;
③PUT(UPDATE):更新服务器资源(客户端提供改变后的完整资源);
④PATCH(UPDATE):在服务器更新资源(客户端提供改变的属性);
⑤DELETE(DELETE):从服务器删除资源。

(2)MVC 架构设计

MVC(Model View Controller)为模型(Model)、视图(View)和控制器(Controller)的缩写,是

一种软件设计规范。MVC 通过采用一种将业务逻辑、数据与界面显示分离的方式来组织代码,实现众多业务逻辑聚集到一个部件中,达到快速开发项目的目的。三者之间的关系如图 8-17 所示。

在 Web 开发过程中,界面开发人员和后台数据开发人员通常是分开的。采用 MVC 模式,可以实现前后端代码的分离。前后端开发人员协商好数据的接口方式就能实现整个系统快速健壮地开发,既提高了开发效率,也增强了程序的鲁棒性,同时为程序后续的升级和维护提供了便利。

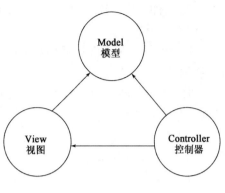

图 8-17 MVC 程序设计架构

8.2.3 系统设计

平台整体上采用了 REST 风格的 API 设计,实现了前后端的完全分离。后端程序在设计上采用 MVC 架构,充分利用其 Model 和 Controller 的功能。

平台具体的业务逻辑如图 8-18 所示。数据库适配层(Database Adaptor)会屏蔽不同数据库之间的差异,实现数据的快速迁移。Model 层实现资源面向对象形式的封装,便于对资源的增(CREATE)删(DELETE)改(UPDATE)查(SELECT)操作。控制器(Controller)和服务类(Service)程序通过调用 Model 层的接口实现对资源的各类操作。

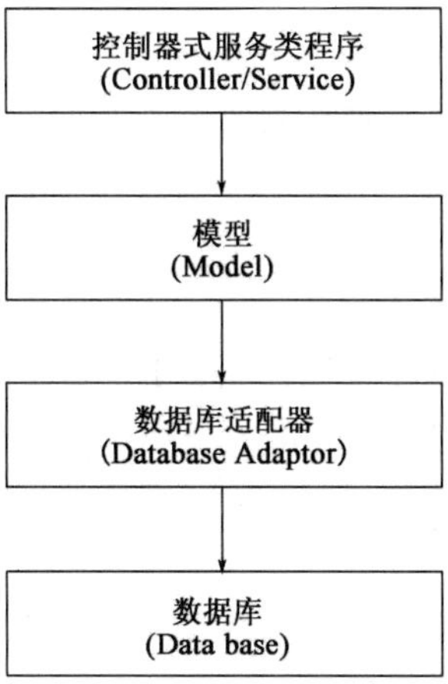

图 8-18 业务逻辑

8.2.4 数据采集程序设计

数据采集程序基于 TCP/HTTP/MQTT 等协议来实现。考虑到山区隧道施工不便,现场通信信号较差等问题,系统设置了多套采集程序以应对各类不利条件。

TCP 协议是可靠的面向字节的数据传输协议。网关通过 TCP 连接建立与服务器的通信。系统采用的是长连接方式,网关可以定时给服务器发送数据或建立连接。TCP 协议的优点是传输报文简单、节省流量。

HTTP 协议是应用层协议,基于 TCP 协议,其最大的优点是应用广泛。HTTP 协议面向字符,可采用的数据格式较灵活,如 json、xml 等。程序实现上也较简单,有大量稳定高效的支持库可以借鉴。

MQTT 是新型的物联网数据传输和连接协议。它有基于 TCP 版本的实现,可以实现类似消息发布和订阅的机制。由于它可以基于字符,程序处理起来较方便。相较于 HTTP 协议,MQTT 可节省流量,并支持长连接方式。

8.2.5 系统实现

(1)操作系统:Windows/Linux/Mac OS;
(2)数据库:MYSQL 5.6 +;

（3）软件环境：PHP 5.5+/NodeJS 4.x+/Apache 2.4(或 Nginx)/Cordova 5.x+；

（4）详细说明。

MYSQL 是一种开源关系型数据库，具有良好的性能与跨平台性，且能够支持分布式和集群，能够满足当前的系统需求。

PHP 是一种动态网页脚本语言，拥有许多功能丰富且性能稳定的 Web 框架，利于缩短开发周期和节省开发成本。

NodeJS 是一种高性能的异步交互框架，适合用来开发要求高并发高可靠性和实时性的程序，如数据接收程序、消息推送程序等。

Apache/Nginx 是高性能且免费的 Web 服务器。Nginx 适合用来做静态页面的转发，Apache 可以很好地支持动态语言，尤其是 PHP。

Cordova 是跨平台的移动端 App 开发工具。

8.3 功能介绍

由于系统平台功能模块较多，本书仅选取其中 4 个较典型的功能模块进行介绍，分别代表本书第 3 章"风险评估及管理理论体系"中的"风险评估及管理小组""风险辨识、确认与归档""风险分析、评估和预测"和"风险处置与跟踪"。

8.3.1 基于德尔菲法的专家调研系统

专家调研系统实质上是对传统的纸质专家调查问卷的网络化和智能化，主要用于工程领域风险评估与管理工作中涉及的专家调研工作，解决专家参与调研在时间和空间上的诸多不便，使该项工作更加智能与便捷。

1）数据库构成

数据库为系统提供框架和数据支撑，专家调研系统数据库大致由 4 类数据表组成，即信息表、人员表、问题表和反馈表，详情如图 8-19 所示。由于数据表数量较多，本书仅对其中若干项作简要介绍，其他功能模块也做同样的处理。

（1）信息表

信息表主要用来存储工程信息和调查问卷辅助材料(即电子文档)。

一个工程即一次具体的专家调研过程，工程表主要存储工程编号、工程描述等信息，见表 8-1。

risk_project 工程表　　　　　　　　　　　　　　表 8-1

字段名称	类型	长度	是否允许空	存储数据	备注
id	int	10	否	自动编号	主键
name	datetime	20	否	工程名称	—
description	text	0	是	工程描述	—
status	int	0	是	状态	0-正进行 1-已完成 2-已关闭

续上表

字段名称	类型	长度	是否允许空	存储数据	备注
create_time	varchar	11	是	创建时间	—
update_time	datetime	32	是	修改时间	—

注：①长度为0表示长度不限或该字段类型无长度项，以下表同；
②字段被设置为主键后，其存储内容不能重复且不许为空；
③tinyint、smallint、int、bigint：整数类型，float、double：浮点类型；varchar、text：字符串/文本类型，date、datetime：日期/时间类型，以下表同。

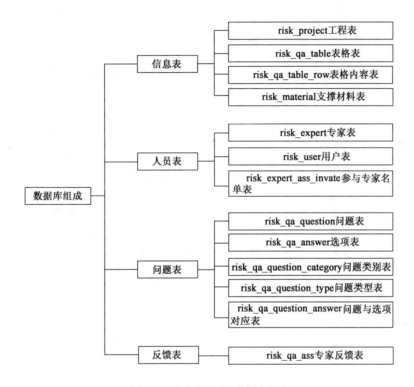

图 8-19 专家调研系统数据库组成

（2）人员表

人员表包括专家表、用户表和参与调研的专家名单表，主要用来存储专家基本信息、用户注册信息和专家与用户之间的绑定关系，见表 8-2。

risk_user 用户表　　　　　　　　　　　　　　　　表 8-2

字段名称	类型	长度	是否允许空	存储数据	备注
id	int	11	否	自动编号	主键
name	varchar	30	否	用户名	—
email	varchar	128	是	电子邮箱	用于密码修改
password	varchar	128	否	密码	—
type	int	11	否	用户类型	用于权限管理

续上表

字段名称	类型	长度	是否允许空	存储数据	备注
expert_id	int	11	是	专家id	risk_expert表 id字段的外键
last_login	datetime	0	是	最后登录时间	—
status	int	11	是	状态	—
desc	varchar	255	是	备注	—
create_time	datetime	0	是	创建时间	—
update_time	datetime	0	是	修改时间	—

（3）问题表

问题表用来设置前端显示的调查问卷中的所有题目信息，包括问题、选项、显示类别、问题类型和问题与选项的绑定关系等。

问题表存储问卷中的所有问题，包括问题编号、显示顺序、问题文本、所属类别、问题类型等见表8-3。

risk_qa_question 问题表　　　　　　　　　　表8-3

字段名称	类型	长度	是否允许空	存储数据	备注
id	int	11	否	自动编号	主键
seq	int	11	是	显示顺序	—
name	varchar	512	是	问题内容	—
question_category_id	int	10	否	所属类别id	risk_qa_question_category表 id字段的外键
question_type_id	tinyint	2	是	问题类型id	risk_qa_question_type表 id字段的外键
description	varchar	255	是	备注	—
create_time	datetime	0	是	创建时间	—
update_time	datetime	0	是	修改时间	—

（4）反馈表

专家反馈表存储参与调研的专家对题目的回答信息，包括工程id、专家id、问题id、回答等，见表8-4。

risk_qa_ass 专家反馈表　　　　　　　　　　表8-4

字段名称	类型	长度	是否允许空	存储数据	备注
project_id	int	11	否	工程id	risk_sub_project表 id字段的外键
expert_id	int	10	否	专家id	risk_expert表 id字段的外键

续上表

字段名称	类型	长度	是否允许空	存储数据	备注
question_id	int	11	否	问题 id	risk_qa_question 表 id 字段的外键
answer	varchar	512	是	回答	—
description	varchar	512	是	备注	—
create_time	datetime	0	是	创建时间	—

2）功能介绍

图 8-20 为开展专家调研工作的流程图，专家调查问卷系统主要负责"设置调查问卷""专家填写调查问卷"和"收集调查问卷，汇总结论和意见"功能。图 8-21 为该调查问卷系统的用户登录界面。

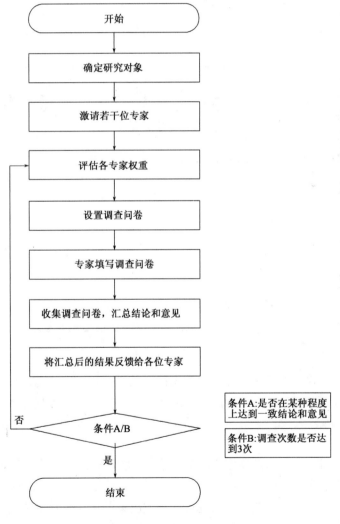

图 8-20　专家调研流程图

图 8-21　用户登录界面

该调查问卷系统的一个优点是可以将大量电子文档材料共享,辅助专家做出最优评判或决策。

如图 8-22 所示,系统主页左侧包含 4 个栏目,分别是"系统公告""个人信息""我的调研"和"项目资料"。

图 8-22　系统首页

"系统公告"栏为调查问卷系统登录后首先进入的页面,包括"最新的调研""进行中的调研""已完成的调研"和"总项目数"4 个表达处于不同状态的项目数量显示标签,并在其下方列出了各项目的具体名称,如"×××隧道施工安全风险评估调查问卷",以及项目已持续的时间。

"个人信息"栏列出了当前登录用户的基本信息,如图 8-23 所示,并允许专家在此界面下对其个人信息进行补充和修改。

"项目资料"栏列出了用于辅助专家进行评判或决策的电子文档资料,并提供了可供下载的链接,支持多种文件格式,如文本文档、压缩包、图片等,如图 8-24 所示。

图 8-23　用户信息栏

图 8-24　项目资料栏

"我的调研"栏则是该调查问卷系统的核心,专家填写调查问卷的整个过程几乎都在此栏目下进行。下面对其使用流程进行简要介绍。

进入该栏目,首先看到的是登录用户受邀参与调研的项目情况,包括"最新受邀调研的项目""正在进行调研的项目"和"已经完成调研的项目",并显示了各项目的创建时间和修改时间,如图 8-25 所示。点击"开始调研"按钮,就可以进入到调查问卷界面。

进入调查问卷界面后,首先看到一个"注意事项"栏,该栏目主要介绍了此调研项目的基本情况,以及专家填写调查问卷过程中需要注意的一些事项,如图 8-26 所示。

调查问卷的题目类型有多种,用户根据题目要求进行单选、多选或文字填充,所有题目均为必答题,系统会自动判断所有题目是否回答完毕,否则将不允许用户进行提交。

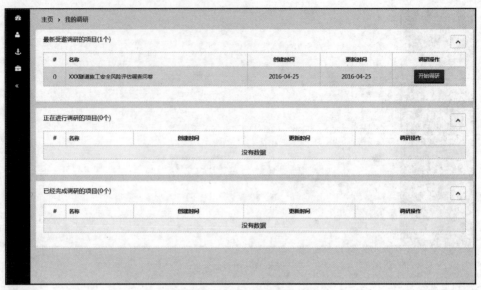

图 8-25　受邀项目界面

图 8-26　注意事项栏

用户回答完所有题目后就可以点击"确定提交"按钮将此问卷进行提交,如图 8-27 所示。需要注意的是,每轮问卷只允许提交一次,提交后将不能进行修改,因此,用户需要认真对待每一道题目。

8.3.2　风险登记管理系统

英国《隧道衬砌设计指南》(The British Tunnelling Society,2004)将"风险登记"(Risk Registers)视为隧道衬砌设计过程中风险管理工作的重要一环。陶履彬(2006)将"风险登记"视为工程设计阶段(尤其投标阶段)的一项重要工作,认为"风险登记是工程中有关各方共同使用的一份活的文件,风险管理者必须经常检查这些文件"。本书借鉴这一思想,并将其引入到隧道工程施工风险管理过程中。

图 8-27　问卷提交

风险登记管理系统是历史事故案例和工程施工风险条目登记管理系统,主要用于辅助工程管理人员进行施工决策。

1)数据库构成

从大的功能类别来划分,该数据库中数据组成包括用户及权限管理表、已有事故案例表、用户提交新事故案例表和工程风险条目登记表,详情如图 8-28 所示。

(1)用户及权限管理表

用户及权限管理表主要包括与专家、用户和权限相关的数据表,用来实现用户和权限管理功能。

与用户权限管理相关的数据表包括用户类型表(表 8-5)、权限条目表(表 8-6)和用户类型与权限条目对应表(表 8-7),用以实现不同类型用户权限的分配与管理。

reg_user_type 用户类型表　　　　　　　　　　　表 8-5

字段名称	类型	长度	是否允许空	存储数据	备注
id	int	10	否	自动编号	主键
name	varchar	20	否	类别名称	—

reg_authority_item 权限条目表　　　　　　　　　　表 8-6

字段名称	类型	长度	是否允许空	存储数据	备注
id	int	10	否	自动编号	主键
name	varchar	20	否	条目名称	—

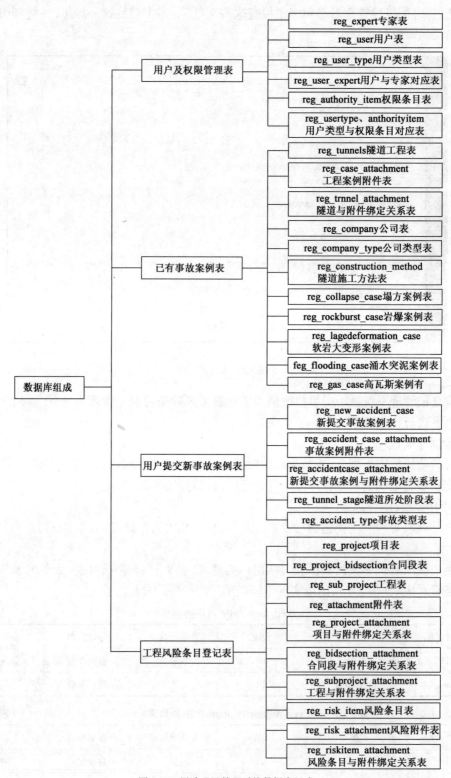

图 8-28 风险登记管理系统数据库组成

reg_usertype_authorityitem 用户类型与权限条目对应表   表 8-7

字段名称	类型	长度	是否允许空	存储数据	备注
id	int	10	否	自动编号	主键
user_type_id	int	10	否	用户类型 id	reg_user_type 表 id 字段的外键
authority_item_id	int	10	否	权限条目 id	reg_authority_item 表 id 字段的外键

（2）已有事故案例表

已有事故案例表用以存储管理收集到的各种类型的隧道施工事故案例信息，以及涉及到的各参与方的相关信息，见表 8-8～表 8-13。

reg_tunnel 隧道工程表   表 8-8

字段名称	类型	长度	是否允许空	存储数据	备注
id	int	10	否	自动编号	主键
name	varchar	20	否	隧道名称	—
tunnel_type_id	int	10	否	隧道类型 id	reg_tunnel_type 表 id 字段的外键
belongto_project	varchar	100	是	所属工程	—
location	varchar	100	是	地点	—
start_date	date	0	是	开工日期	—
stop_date	date	0	是	完工日期	—
left_length	float	0	是	隧道左线长度	—
right_length	float	0	是	隧道右线长度	—
max_depth	float	0	是	最大埋深	—
span	float	0	是	断面跨度	—
height	float	0	是	断面高度	—
construction_method_id	int	10	是	施工方法 id	reg_construction_method 表 id 字段的外键
owner_company_id	int	10	是	业主单位 id	reg_company 表 id 字段的外键
design_company_id	int	10	是	设计单位 id	同上
construction_company_id	int	10	是	施工单位 id	同上
survey_company_id	int	10	是	勘察单位 id	同上
supervision_company_id	int	10	是	监理单位 id	同上
description	text	0	是	工程概述	—
create_time	datetime	0	是	创建时间	—
update_time	datetime	0	是	修改时间	—

reg_collapse_case 塌方案例表　　　　　　　　　　　　　　　　　表 8-9

字段名称	类型	长度	是否允许空	存储数据	备注
id	int	10	否	自动编号	主键
tunnel_id	int	10	否	隧道 id	reg_tunnel 表 id 字段的外键
date	date	0	是	发生日期	—
rock_grade	varchar	10	是	围岩等级	—
depth	varchar	100	是	埋深	—
bad_geology	varchar	255	是	不良地质情况	—
rock_type	varchar	100	是	岩石类型	—
bias	varchar	100	是	偏压情况	—
coal_strata	varchar	100	是	是否煤系地层	—
underground_water	varchar	100	是	地下水情况	—
raining	varchar	100	是	大气降水	—
collapse_situation	text	0	是	实际塌方情况	—
loss	text	0	是	损失情况	—

reg_rockburst_case 岩爆案例表　　　　　　　　　　　　　　　　表 8-10

字段名称	类型	长度	是否允许空	存储数据	备注
id	int	10	否	自动编号	主键
tunnel_id	int	10	否	隧道 id	reg_tunnel 表 id 字段的外键
rock_grade	varchar	10	是	围岩等级	—
depth	varchar	100	是	埋深	—
bad_geology	varchar	255	是	不良地质情况	—
rock_type	int	100	是	岩石类型	—
Rc	float	0	是	岩体单轴抗压强度	—
sigma1	float	0	是	地应力情况	—
rockburst_situation	text	0	是	岩爆情况	—
loss	text	0	是	损失情况	—

reg_largedeformation_case 软岩大变形案例表　　　　　　　　　表 8-11

字段名称	类型	长度	是否允许空	存储数据	备注
id	int	10	否	自动编号	主键
tunnel_id	int	10	否	隧道 id	reg_tunnel 表 id 字段的外键
depth	varchar	100	是	埋深	—
bad_geology	varchar	255	是	不良地质情况	—

续上表

字段名称	类型	长度	是否允许空	存储数据	备注
rock_type	varchar	100	是	岩石类型	—
Rc	float	0	是	岩体单轴抗压强度	—
sigma1	float	0	是	地应力情况	—
ratio	float	0	是	强度应力比	—
deformation_situation	text	0	是	变形情况	—
loss	text	0	是	损失情况	—

reg_flooding_case 涌水突泥案例表　　　　表 8-12

字段名称	类型	长度	是否允许空	存储数据	备注
id	int	10	否	自动编号	主键
tunnel_id	int	10	否	隧道 id	reg_tunnel 表 id 字段的外键
rock_grade	varchar	10	是	围岩等级	—
depth	varchar	100	是	埋深	—
bad_geology	varchar	255	是	不良地质情况	—
rock_type	varchar	100	是	岩石类型	—
water_source	varchar	255	是	补充水源	—
flooding_situation	text	0	是	涌水情况	—
loss	text	0	是	损失情况	—

reg_gas_case 高瓦斯案例表　　　　表 8-13

字段名称	类型	长度	是否允许空	存储数据	备注
id	int	10	否	自动编号	主键
tunnel_id	int	10	否	隧道 id	reg_tunnel 表 id 字段的外键
depth	varchar	100	是	埋深	—
bad_geology	varchar	255	是	不良地质情况	—
rock_type	varchar	100	是	岩石类型	—
gas_pressure	varchar	100	是	瓦斯压力	—
gas_content	varchar	100	是	瓦斯含量	—
gas_situation	text	0	是	瓦斯情况	—
loss	text	0	是	损失情况	—

(3) 用户新提交事故案例表

新提交事故案例表用以通过该系统提交施工阶段或运营阶段隧道发生的各类事故案例信息，见表 8-14。

reg_new_accident_case 新提交事故案例表　　　　　　　　　　表 8-14

字段名称	类型	长度	是否允许空	存储数据	备注
id	int	10	否	自动编号	主键
tunnel_id	int	10	否	隧道工程 id	reg_tunnel 表 id 字段的外键
date	date	0	是	发生日期	—
location	varchar	100	是	具体地点	—
tunnel_stage_id	int	10	否	所处阶段 id	reg_tunnel_stage 表 id 字段的外键
accident_type_id	int	10	否	事故类型 id	reg_accident_type 表 id 字段的外键
loss	text	0	是	损失情况	—
reason	text	0	是	事故原因	—
accident_detail	text	0	是	事故详情	—
measure	text	0	是	处置措施	—
upload_user_id	int	10	否	上传用户 id	reg_user 表 id 字段的外键
create_time	datetime	0	是	创建时间	—
update_time	datetime	0	是	修改时间	—

(4)工程风险条目登记表

工程风险条目登记表用于具体工程的风险条目登记管理工作,见表 8-15 ~ 表 8-18。

reg_project 项目表　　　　　　　　　　表 8-15

字段名称	类型	长度	是否允许空	存储数据	备注
id	int	10	否	自动编号	主键
name	varchar	100	否	项目名称	—
description	text	0	是	项目概述	—
create_time	datetime	0	是	创建时间	—
update_time	datetime	0	是	修改时间	—

reg_project_bidsection 合同段表　　　　　　　　　　表 8-16

字段名称	类型	长度	是否允许空	存储数据	备注
id	int	10	否	自动编号	主键
name	varchar	20	否	合同段名称	—
description	text	0	是	合同段概述	—
create_time	datetime	0	是	创建时间	—
update_time	datetime	0	是	修改时间	—

reg_sub_project 工程表 表 8-17

字段名称	类型	长度	是否允许空	存储数据	备注
id	int	10	否	自动编号	主键
name	varchar	20	否	工程名称	—
belongto_project_id	int	10	否	所属工程 id	reg_project 表 id 字段的外键
belongto_bidsection_id	int	10	否	所属合同段 id	reg_projects_bidsection 表 id 字段的外键
tunnel_type_id	int	10	否	隧道类型 id	—
location	varchar	100	是	地点	—
start_date	date	0	是	开工日期	—
left_length	float	0	是	隧道左线长度	—
right_length	float	0	是	隧道右线长度	—
max_depth	float	0	是	最大埋深	—
span	float	0	是	断面跨度	—
height	float	0	是	断面高度	—
construction_method_id	int	10	否	施工方法 id	reg_construction_method 表 id 字段的外键
owner_company_id	int	10	是	业主单位 id	reg_company 表 id 字段的外键
design_company_id	int	10	是	设计单位 id	同上
construction_company_id	int	10	是	施工单位 id	同上
survey_company_id	int	10	是	勘察单位 id	同上
supervision_company	int	10	是	监理单位 id	同上
description	text	0	是	工程概述	—
create_time	datetime	0	是	创建时间	—
update_time	datetime	0	是	修改时间	—

reg_risk_item 风险条目表 表 8-18

字段名称	类型	长度	是否允许空	存储数据	备注
id	int	10	否	自动编号	主键
subproject_id	int	10	否	工程 id	reg_sub_project 表 id 字段的外键
datetime	datetime	0	是	生时间	—
location	varchar	100	是	具体地点	—
accident_type_id	int	10	否	事故类型 id	reg_accident_type 表 id 字段的外键
loss	text	0	是	损失情况	—

续上表

字段名称	类型	长度	是否允许空	存储数据	备注
reason	text	0	是	事故原因	—
accident_detail	text	0	是	事故详情	—
measure	text	0	是	处置措施	—
upload_user_id	int	10	是	上传用户id	reg_user 表 id 字段的外键
create_time	datetime	0	是	创建时间	—
update_time	datetime	0	是	修改时间	—

2)功能介绍

下面将从工程概况、权限管理、个人信息、其他设置、项目管理、隧道列表、提交事故案例、事故案例管理和风险条目登记9个方面对风险登记管理系统的功能做简要介绍。

(1)工程概况

工程概况模块罗列了正在开展风险登记管理的隧道工程名称，如图8-29所示。从图中可以看到各隧道工程按所属施工合同段进行归类。

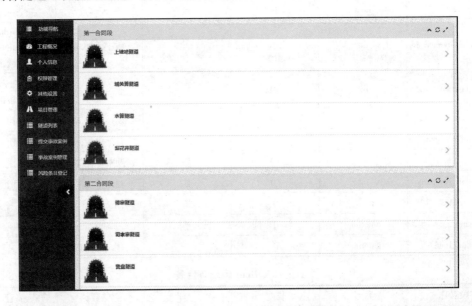

图 8-29 开展风险登记管理的工程列表

(2)个人信息

个人信息模块列出了用户注册的一些信息，并允许登录用户对其个人信息进行修改和完善，如图8-30所示。

(3)权限管理

权限管理模块主要用来对用户账户及其可访问的系统功能模块进行设置管理，包括两部分，即用户管理和菜单列表。

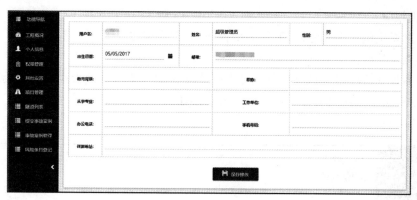

图 8-30　个人信息

①用户管理。

用户管理模块可以对用户账户进行基本的"查增删改"操作,图 8-31 为用户列表页面。

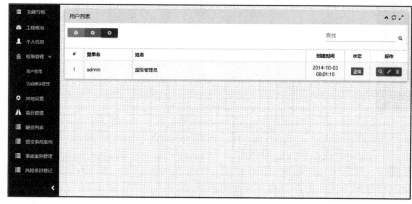

图 8-31　用户列表

②菜单管理。

菜单管理模块用于对系统的所有功能模块进行管理,并为用户分配其所需的功能模块。图 8-32 为功能模块列表页面。

图 8-32　功能模块列表

(4)其他设置

其他设置模块包含3部分,即工程类型管理、五方管理和施工工法管理。

①工程类型管理。

工程类型管理模块用于对风险登记管理所涉及的工程类型进行管理,当前主要用于山岭隧道工程,这里设置此模块是为了将系统扩展到其他工程类型(如桥梁、高边坡等)做准备,如图8-33所示。

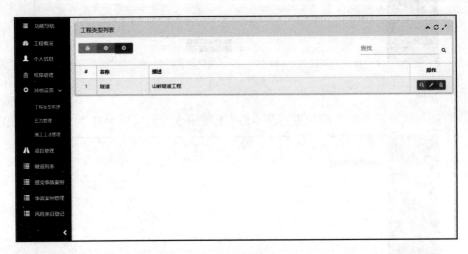

图8-33 工程类型列表

②五方管理。

五方管理模块用来对业主方、设计方、勘察方、施工方和监理方的具体单位信息进行组织管理。图8-34为具体单位名称列表,图8-35为单位类型列表。

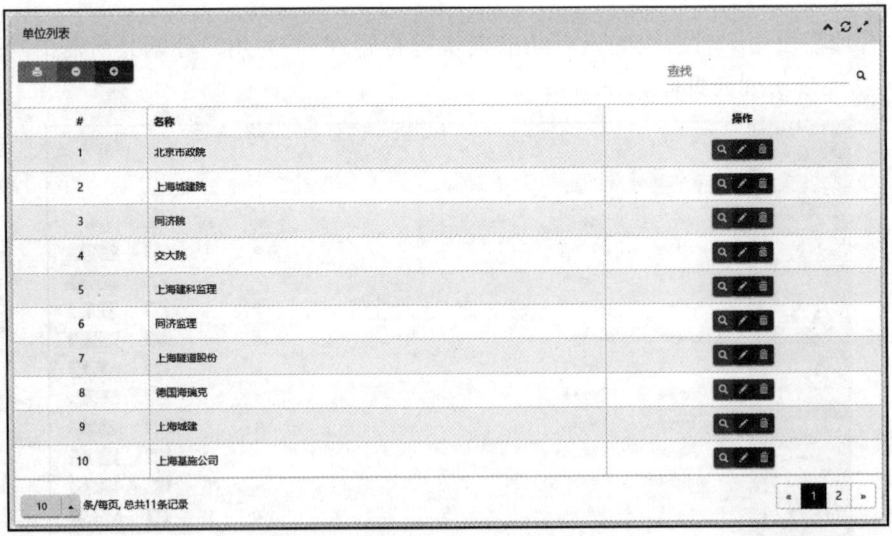

图8-34 单位列表

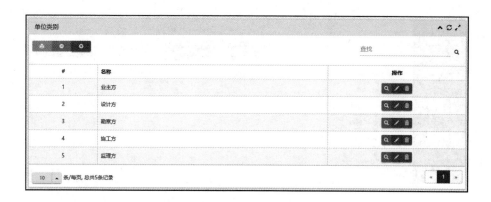

图 8-35　单位类型列表

③施工工法管理。

施工工法管理模块用于对隧道工程施工中所用到的工法信息进行管理，图 8-36 为工法列表页面。

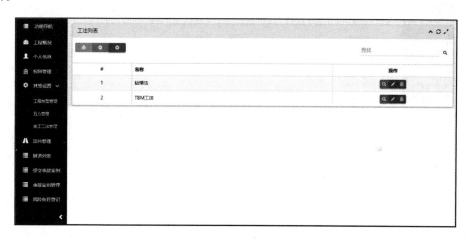

图 8-36　工法列表

(5) 项目管理

项目管理模块用于对实施风险登记的项目进行组织管理，采用"项目—合同段—工程"三级组织机制，如图 8-37 所示。可实现对项目、合同段和工程基本信息的"查、增、删、改"操作。

(6) 隧道列表

隧道列表模块是整个系统最为基础的模块，为后续介绍的事故案例管理和风险条目登记提供隧道工程关联信息。可实现对隧道工程条目和隧道工程类型的"查、增、删、改"操作，如图 8-38 和图 8-39 所示。

(7) 提交事故案例

提交事故案例模块用于向系统添加新的事故案例信息（包括施工阶段和运营阶段），是收集隧道工程事故案例信息的途径之一。图 8-40 显示了提交事故案例时需要填写或选择的字段信息。

285

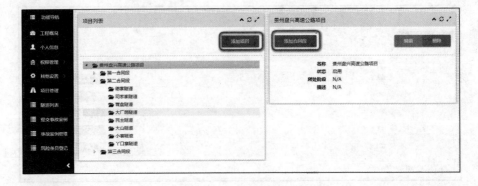

a) 项目与合同段

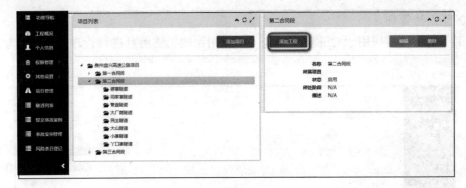

b) 合同段与工程

图 8-37 项目管理

图 8-38 隧道工程列表

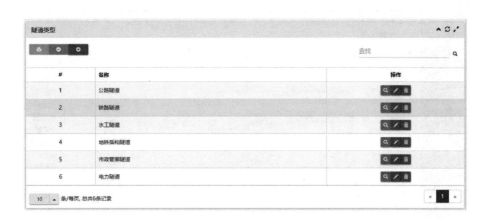

图 8-39 隧道类型列表

图 8-40 提交事故案例信息

(8) 事故案例管理

事故案例管理模块用于对已有的隧道工程事故案例信息进行组织管理,主要包括塌方案例、岩爆案例、软岩大变形案例、涌水突泥案例和高瓦斯案例 5 种典型隧道工程施工事故类型,如图 8-41～图 8-45 所示。另外,还提供了事故类型管理功能,方便后续系统存储数据类型的扩展,如图 8-46 所示。

(9) 风险条目登记

风险条目登记模块用于全面、方便、系统地管理隧道工程施工过程中发生的各种风险事件的详细信息,辅助工程管理人员进行风险管理和控制,以及为隧道后续运营维护提供宝贵的数据信息。可实现对风险条目的新增和管理操作,如图 8-47 所示。

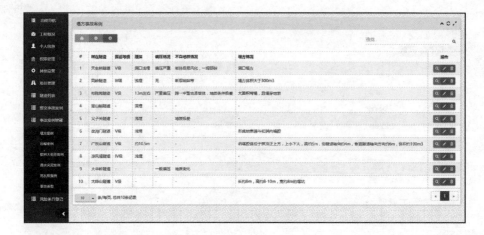

图 8-41 塌方案例

图 8-42 岩爆案例

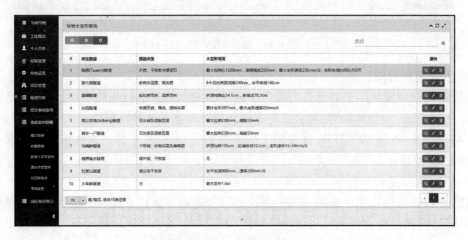

图 8-43 软岩大变形案例

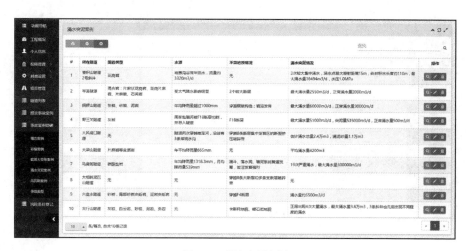

图 8-44 涌水突泥案例

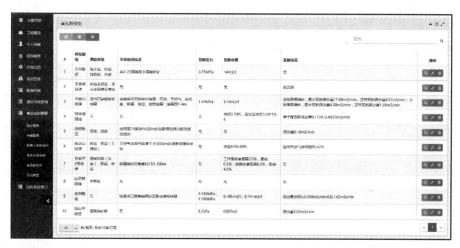

图 8-45 高瓦斯案例

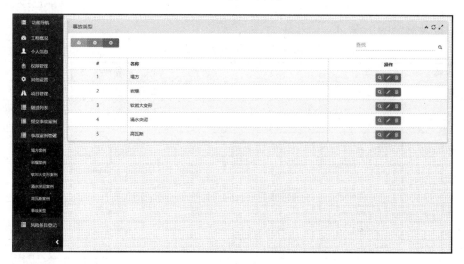

图 8-46 事故类型管理

图 8-47 风险条目登记

8.3.3 基于指南的风险评估系统介绍

隧道工程施工安全风险评估系统是系统平台的核心子系统,主要依据本书第 3 章的理论基础以及指标体系法和风险矩阵法实现了隧道工程施工安全风险评估的半自动化、智能化和便捷化。下面将从数据库和功能两方面来对该系统进行简要介绍,其中,功能部分将分前台和后台分别阐述。

1) 数据库构成

安全风险评估系统涉及内容较多,因而数据表数量多且复杂。大体上可将其归类为工程信息表、γ 参数表、人员表、评估标准表、指标体系表、评估设置表、评估表和材料表,详情如图 8-48 所示。

(1) 工程信息表

工程信息表用来存储项目、合同段、工程、区段不同层级划分的基本信息及其相互映射关系。

隧道区段是风险评估中的基本评估单元,有多种划分方法,最常用的是参照地质勘查报告中的围岩等级进行划分。表 8-19 中内容包括区段编号、区段名称、显示顺序、桩号区间、埋深、区间长度,以及绑定的工程 id。

epw_cs_range 隧道区段划分表　　　　　　　　　　　　　　　　　　表 8-19

字段名称	类型	长度	是否允许空	存储数据	备注
id	int	10	否	自动编号	主键
range_type_id	int	11	是	区段类型	epw_cs_sub_project_type 表 id 字段的外键
sub_project_id	int	10	是	工程 id	epw_cs_sub_project 表 id 字段的外键
name	varchar	100	是	区段名称	—
desc	varchar	255	是	备注	—
seq	int	11	是	显示顺序	—
stack_mark	varchar	255	是	桩号区间	—
depth	varchar	32	是	埋深	—
distance	float	0	是	区段长度	—

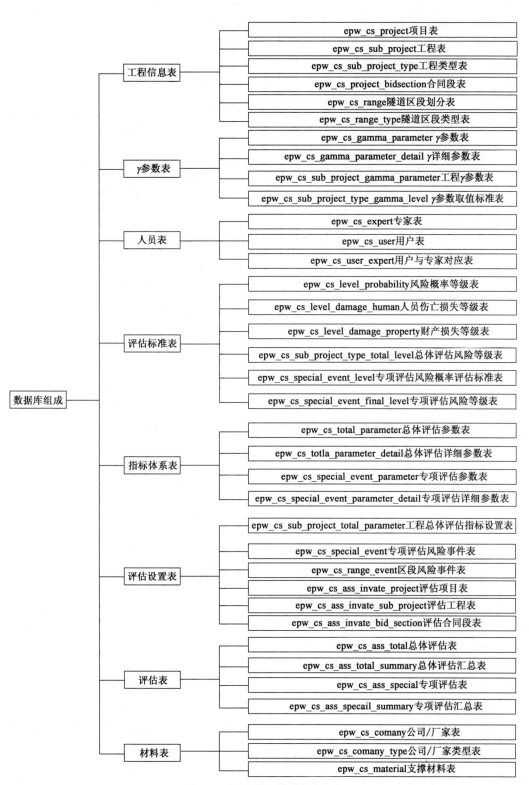

图 8-48 风险评估系统数据库组成

(2) γ 参数表

γ 参数指的是《指南》中考虑人的因素及施工管理引发事故的可能性提出的一个折减系数,若施工管理越差,则指标的取值越高。

γ 参数表(表 8-20)及其详细参数表(表 8-21)提供了评估指标体系。

epw_cs_gamma_parameter Gamma 参数表　　　　　　　　　　表 8-20

字段名称	类型	长度	是否允许空	存储数据	备注
id	int	10	否	自动编号	主键
name	varchar	100	是	参数名称	—
val	float	0	是	参数取值	—
var_name	varchar	32	是	参数标识	如 A、B 等
desc	text	0	是	备注	—

epw_cs_gamma_parameter_detail Gamma 详细参数表　　　　表 8-21

字段名称	类型	长度	是否允许空	存储数据	备注
id	int	10	否	自动编号	主键
name	varchar	100	是	参数名称	—
val	float	0	是	参数取值	—
gamma_parameter_id	int	10	是	Gamma 参数 id	epw_cs_gamma_parameter 表 id 字段的外键
desc	text	0	是	备注	—

(3) 人员表

人员表与上述"专家调查问卷系统"类似,由专家表(表 8-22)、用户表和用户与专家对应表组成,存储专家基本信息、用户注册信息和用户与专家的映射关系。

epw_cs_expert 专家表　　　　　　　　　　　　　　　　　表 8-22

字段名称	类型	长度	是否允许空	存储数据	备注
id	int	11	否	自动编号	主键
real_name	varchar	20	否	姓名	—
sex	varchar	10	是	性别	—
age	int	10	是	年龄	—
birthday	datetime	0	是	出生日期	—
email	varchar	100	是	电子邮箱	—
address	varchar	100	是	地址	—
phone	varchar	20	是	电话号码	—
mobile_phone	varchar	20	是	手机号码	—
post_code	varchar	20	是	邮政编码	—
company	varchar	100	是	工作单位	—

续上表

字段名称	类型	长度	是否允许空	存储数据	备注
education_background	int	11	是	教育背景	—
profession_title	int	11	是	职称	—
job	varchar	20	是	职位	—
profession	varchar	20	是	专业	—
age_range	varchar	20	是	年龄区间	—
profession_time	int	20	是	从事专业年限	—
create_time	datetime	0	是	创建时间	—
update_time	datetime	0	是	修改时间	—

(4) 评估标准表

评估标准表提供了风险事件的发生概率、损失和风险等级的评判标准，为评估结果的自动呈现提供支撑，见表 8-23、表 8-24。

epw_cs_sub_project_type_total_level 总体评估风险等级表　　表 8-23

字段名称	类型	长度	是否允许空	存储数据	备注
id	int	11	否	自动编号	主键
sub_project_type_id	int	11	是	工程类型 id	epw_cs_sub_project_type 表 id 字段的外键
name	varchar	64	是	等级名称	—
r	float	0	是	风险等级	—
exp	varchar	255	是	计算表达式	—
desc	varchar	255	是	备注	—

epw_cs_special_event_final_level 专项评估风险等级表　　表 8-24

字段名称	类型	长度	是否允许空	存储数据	备注
id	int	11	否	自动编号	主键
event_id	int	11	是	风险事件 id	epw_cs_special_event 表 id 字段的外键
name	varchar	64	是	等级名称	—
r	float	0	是	风险等级	—
exp	varchar	255	是	计算表达式	—
desc	varchar	255	是	备注	—

(5) 指标体系表

指标体系表中总体评估参数表（表 8-25）及其详细参数表和专项评估参数表及其详细参数表，是此子系统的核心数据表，共同构成了隧道工程施工总体评估和专项评估的基本指标体系。

epw_cs_total_parameter 总体评估参数表　　　　　　　表 8-25

字段名称	类型	长度	是否允许空	存储数据	备注
id	int	10	否	自动编号	主键
super_id	int	10	是	父参数 id	—
type_id	int	10	否	参数类别 id	参数所属工程类别 epw_cs_project_type 表 id 字段的外键
name	varchar	200	否	参数名称	—
max	float	0	否	参数最大取值	—
min	float	0	否	参数最小取值	—
val	float	0	否	参数默认值	—
var_name	varchar	32	是	参数标识	如 A、B 等
exp	varchar	64	是	参数表达式	—
desc	varchar	255	是	备注	—
lv	int	11	否	参数所属层级	—

总体评估的对象是具体工程,总体评估参数表中增加了"type_id"参数,同样是为风险评估系统的功能扩展做准备;而专项评估的对象是具体风险事件,故在专项评估参数表中无此参数。

总体评估和专项评估参数表中的"exp"字段也是为评估后计算分值的自动呈现提供支持。

(6)评估设置表

评估设置表主要是用来在风险评估前做一些具体的设置工作,大的方面有设置待评估的项目、合同段、工程等信息,小的方面如为工程设置总体评估指标、为评估单元指定用于专项评估的风险事件等。

表 8-26 为工程总体评估指标设置表。

epw_cs_sub_project_total_parameter 工程总体评估指标设置表　　　表 8-26

字段名称	类型	长度	是否允许空	存储数据	备注
sub_project_id	int	11	否	工程 id	epw_cs_sub_project 表 id 字段的外键
total_parameter_id	int	11	否	总评指标 id	epw_cs_total_parameter 表 id 字段的外键
total_parameter_detail_id	int	11	否	总评详细指标 id	epw_cs_total_parameter 表 id 字段的外键
val	float	0	是	总评详细指标默认值	—
desc	varchar	255	是	备注	—

区段风险事件表(表8-27)是专项评估阶段的评估对象,包括塌方、岩爆等,此表中包含计算风险事件发生可能性 P 分值和损失等级 C 的表达式字段。

epw_cs_special_event 区段风险事件表　　　　　表8-27

字段名称	类型	长度	是否允许空	存储数据	备注
id	int	10	否	自动编号	主键
name	varchar	100	是	名称	—
desc	varchar	255	是	备注	—
c_exp	varchar	64	是	C 表达式	—
exp	varchar	64	是	P 分值计算表达式	—

(7)评估表

评估表是(5)中各参数表的呼应,也是该子系统获取风险评估数据信息的主要数据表,为最终确定工程风险等级提供依据,见表8-28~表8-29。

epw_cs_ass_total 总体评估表　　　　　表8-28

字段名称	类型	长度	是否允许空	存储数据	备注
sub_project_id	int	10	否	工程 id	epw_cs_sub_project 表 id 字段的外键
user_id	int	10	否	用户 id	epw_cs_user 表 id 字段的外键
total_parameter_id	int	10	否	总评参数 id	epw_cs_total_parameter 表 id 字段的外键
total_parameter_detail_id	int	11	否	总评详细参数 id	epw_cs_total_parameter_detail 表 id 字段的外键
val	float	10	否	总评详细参数值	—

epw_cs_ass_special 专项评估表　　　　　表8-29

字段名称	类型	长度	是否允许空	存储数据	备注
sub_project_id	int	11	否	工程 id	epw_cs_sub_project 表 id 字段的外键
user_id	int	10	否	用户 id	epw_cs_user 表 id 字段的外键
range_id	int	10	否	区段 id	epw_cs_range 表 id 字段的外键
event_id	int	11	否	风险事件 id	epw_cs_special_event 表 id 字段的外键
special_parameter_id	int	10	否	专评参数 id	epw_cs_special_event_parameter 表 id 字段的外键

续上表

字段名称	类型	长度	是否允许空	存储数据	备注
special_parameter_detail_id	int	11	否	专评详细参数 id	epw_cs_specail_event_parameter_detail 表 id 字段的外键
val	float	0	是	专评详细参数值	—

（8）材料表

材料表主要是一些辅助风险评估的数据表，见表 8-30。

epw_cs_material 支撑材料表 表 8-30

字段名称	类型	长度	是否允许空	存储数据	备注
id	int	11	否	自动编号	主键
name	varchar	128	否	名称	—
url	varchar	128	否	url 位置	—
type	varchar	128	是	类型	—
size	int	11	是	大小	—
status	int	11	是	状态	—
upload_user_id	int	11	是	上传文件用户 id	epw_cs_user 表 id 字段的外键
project_id	int	11	是	工程 id	epw_cs_sub_project 表 id 字段的外键
ref_type	int	11	是	类型	—
desc	varchar	255	是	备注	—
create_time	datetime	0	是	创建时间	—
update_time	datetime	0	是	修改时间	—

2）功能介绍

该系统按前台和后台两部分来设计，前台主要负责具体项目的风险评估工作，后台负责风险评估整个过程的数据上传、整理、分析和归档等工作。如图 8-49 为用户登录界面。

图 8-49 用户登录界面

该系统使用独立功能模块和用户权限相结合的灵活功能分配管理方式,不同权限的用户可访问不同的功能组合。

具体的独立功能模块包括:系统公告、用户列表、个人信息、专家库、事故列表、γ指标、总体评估指标、专项评估指标、基本参数、项目与工程列表、项目资料等。

用户权限被划分为三大类,即超级管理员、项目管理员和专家用户,其中,项目管理员根据实际情况需要还可划分为项目超级管理员、合同段管理员、工程管理员、项目普通用户等类别。超级管理员可以访问平台的所有功能,专家用户仅能查看和操作"系统公告"、"个人信息"、"项目与工程列表"和"项目资料"等功能模块,而项目管理员及其所属的子成员则根据实际情况进行功能模块分配。

下面从专家用户和超级管理员两个角色介绍系统的所有功能组成。

(1)专家用户

专家用户主要用于专家或评估人员进行项目安全风险评估,可访问4个功能模块,即"系统公告"、"个人信息"、"我的评审"和"项目资料"。如图8-50为登录系统后的专家用户首页。

图8-50 专家用户首页

①系统公告。

系统公告栏模块与前述调查问卷系统类似,也包括"最新的评审"、"进行中的评审"、"已完成的评审"和"总项目数"四个评估项目显示标签。其下方则列出了具体的评估工程名称。

②个人信息。

个人信息模块列出了注册用户的基本信息,并允许其进行补充和修改(图8-51)。

③项目资料。

项目资料模块列出了用于辅助用户进行风险评估的电子资料,支持包括文本文档、PDF、压缩包、图片等多种数据格式,且可直接点击下载(图8-52)。

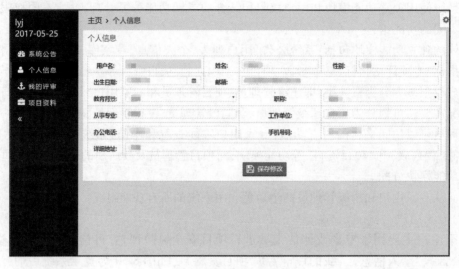

图 8-51 个人信息模块

图 8-52 项目资料模块

④我的评审。

进入"我的评审"首先看到的是一个"项目—合同段—工程"三级评估工程列表,如图 8-53 所示。如贵州高速公路施工安全风险评估项目下属四个合同段,每个合同段又下属多个具体工程,详细的风险评估工作就是以每个具体的工程为对象开展的。

点击某个具体工程的名称,就可进入风险评估界面。首先看到的是一个"欢迎模块",即对该风险评估系统使用流程的一段较为详尽的文字说明,如图 8-54 所示。

接下来是与本项目和本工程相关的资料下载列表,如图 8-55 所示。此项内容会根据评估项目和工程的不同而相应改变,操作方便灵活。

进入正式的风险评估过程,如第 3 章 3.3 所述,隧道工程施工安全风险评估包括两部分,即总体风险评估和专项风险评估,当总体风险评估风险等级为Ⅲ级及以上时,必须进行专项风险评估。

第8章 基于"互联网+"的工程安全风险评估与管理智慧云系统

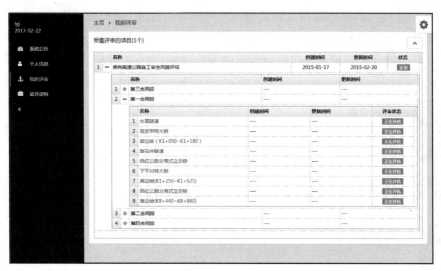

图 8-53　评估项目列表

图 8-54　欢迎部分文本说明

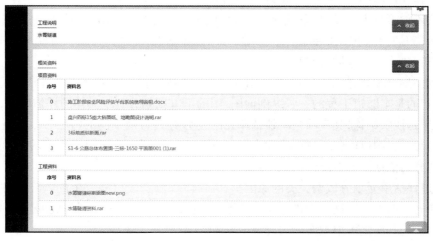

图 8-55　分类资料列表

图 8-56 为总体风险评估的指标体系和风险等级评判标准,用户根据工程实际情况并结合自身经验对各项指标进行打分。待所有指标评分完毕后,点击"总体风险值 R 计算"按钮,系统可自动计算总体评估分值及其所对应的风险等级,同时根据评估后的风险等级,选择显示或隐藏"进入专项评估"按钮。

图 8-56　总体评估界面

其中,每个指标均包含若干分项指标,各分项指标对应的默认值区间是不同的,当选定某分项指标后,只能在其默认值区间内取值。指标取值的一般特征是:指标对工程施工安全越不利,其分值取的越大。另外,还可以根据工程实际情况设定某些客观指标的默认分项指标,辅助评估人员的工作。

总体评估完成后,根据计算得到的分值和风险等级,系统会做出判断是否需要进入专项风险评估。当风险等级为Ⅰ级时,系统判断不需要进行专项风险评估,"进入专项评估"按钮自动隐藏;当风险等级为Ⅱ级时,系统规定"专家或风险评估人员根据经验判断是否进行专项评估","进入专项评估"按钮重新显示;当风险等级为Ⅲ级及以上时,评估人员通过点击"进入专项评估"按钮进入专项风险评估界面。

当系统界面显示"进入专项评估"按钮后,点击此按钮就可进入专项评估界面。进入界面后首先看到的是本隧道工程的一张纵剖面图,图的下方则划分好了具体的评估区段,如图 8-57 所示。隧道是线状结构,其专项风险评估单元的划分有其与众不同的特点,即:将隧道划分成洞口段和洞身段,洞口段包括进洞段和出洞段,洞身段根据实际情况再划分成几段到十几段不等,各段划分的依据主要是隧道围岩等级、施工工法等。

将隧道评估单元划分成两大类的原因是,洞口段和洞身段可能发生的风险事件类别有所不同,这样做有助于在数据库中进行操作。此外,对于隧道洞口段和洞身段的风险事件,其列表并非一成不变,而是可根据实际情况灵活调整。

每个评估单元(区段)下面列明了其详细信息,如图 8-58 所示。包括两类,一类是单元的基本信息,如里程桩号、隧道埋深、单元地质描述信息等;一类是评估信息,如风险事件的发生可能性等级 P、风险事件发生后的损失严重程度等级 C、风险事件的风险等级 R 及其评判标准等。

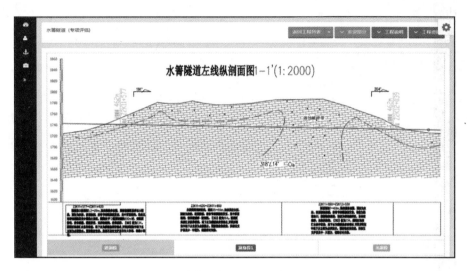

图 8-57　专项评估——评估区段划分

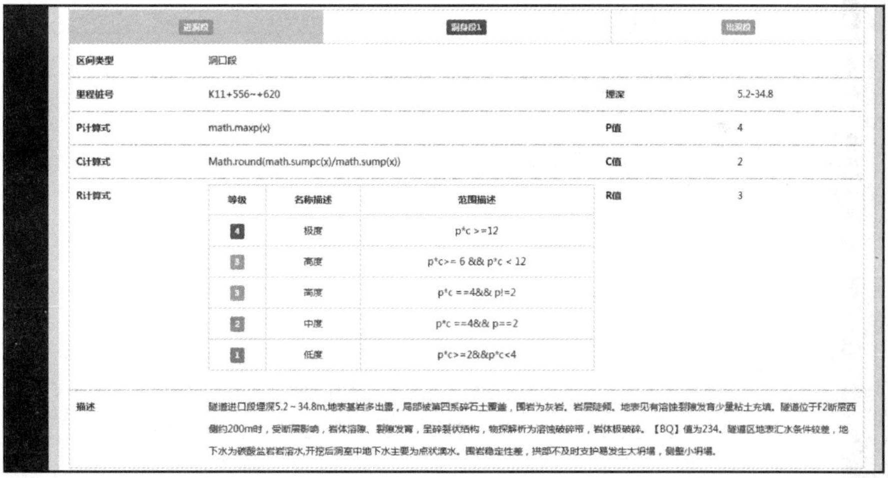

图 8-58　专项评估——评估区段信息

专项评估过程分三个步骤,第一步是根据指标体系法对风险事件发生可能性进行评估;第二步是根据专家经验对风险事件损失严重程度等级进行评估;第三步是根据风险评判标准对风险事件的风险等级进行自动判断。

在第一步中,专家对风险事件的各项指标进行打分,系统会根据专家打分情况自动判断其发生可能性等级,如图 8-59 所示。

在第二步中,专家结合自身经验分别对人员伤亡和财产损失情况进行评判,系统会将此两个指标的加权结果作为总的损失严重程度等级,如图 8-60 所示。

图 8-59　专项评估——P

图 8-60　专项评估—— C&R

第三步,系统根据专家评判的 P 和 C 的结果自动计算风险事件的风险等级 R。此外,专家还可针对该风险状况提出合理的控制措施和建议。

(2)超级管理员

超级管理员负责对项目和工程中与风险评估相关的数据信息进行管理,下面对除上述4个模块外的其他独立功能模块进行简要介绍。图 8-61 为超级管理员登录首页。

图 8-61　超级管理员登录首页

①用户列表。

用户列表模块列出了包括超级管理员、项目管理员和专家用户在内的参与项目安全风险评估的所有人员的账户信息,如图 8-62 所示。该模块的功能主要包括:

图 8-62　用户列表

a. 用户的"增查删改":即新增、查询、删除和修改用户信息;
b. 设置用户权限:即设置不同用户可访问的功能模块;
c. 查看用户与项目或合同段或工程的一一对应关系;
d. 设置和查看项目管理员下属各子成员的相互从属关系;
e. 设置和查看用户列表中的用户和专家库中的专家之间的一一对应关系。

从图 8-63 可以看出,在添加新的专家用户时,可以设置与用户相对应的专家。

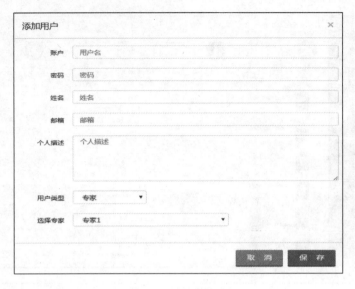

图 8-63　添加用户功能

②专家库。

专家库模块主要是关于专家信息管理和操作等事项的功能模块,如图 8-64 所示,主要功能包括:

　　a. 展示各位专家的详细信息;

　　b. 对专家信息进行"增查删改"操作;

　　c. 设置专家评价标准,并对各位专家进行综合评价;

　　d. 设置权重计算标准,并对各位专家的权重值进行计算;

　　e. 对专家按照各项指标进行分类的功能。

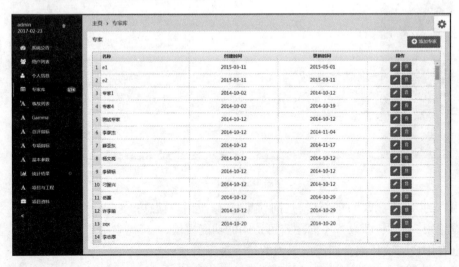

图 8-64　专家库

图 8-65 是系统的"添加专家功能",主要填写专家的 4 类信息,包括基本信息、职业类信息、权重类信息和联系方式。

第8章 基于"互联网+"的工程安全风险评估与管理智慧云系统

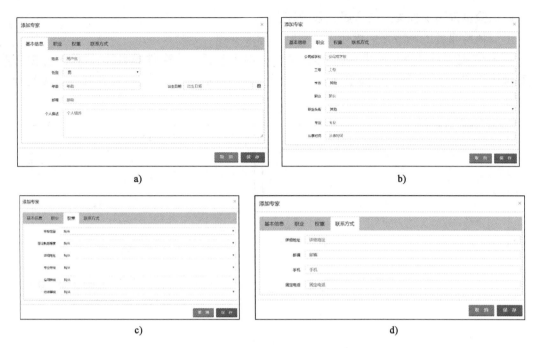

图 8-65 添加专家功能

③事故列表。

事故即风险事件，该模块主要是对工程施工中可能发生的各种风险事件进行管理和操作的功能模块，如图 8-66 所示。

图 8-66 事故列表

主要功能包括：

a. 隧道工程施工中可能发生的风险事件的一个集合库，且该库是动态可更新的，便于在风险评估过程中随时调取使用；

b. 风险事件的"增查删改"操作；

305

c. 风险事件与工程类型的从属关系管理；

d. 各风险事件的风险评估指标体系和判别标准管理。

图 8-67 是系统添加风险事件的界面，填写的内容包括风险事件的名称、风险事件损失严重程度等级 C 计算表达式、风险事件发生可能性等级 P 的总分计算表达式及其各等级判别表达式等。

a)   b)

图 8-67 添加事故功能

图 8-68 列出了某风险事件的发生可能性等级与专项评估风险等级的判别表达式。

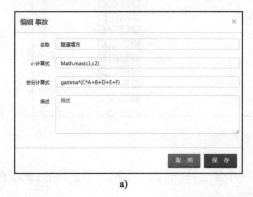

图 8-68 风险事件等级判别表达式

图 8-69 是风险事件的编辑与删除功能。

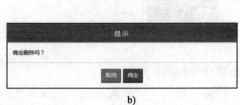

a)   b)

图 8-69 风险事件的编辑与删除功能

④γ指标。

γ指标是与工程施工方安全管理能力相关的一个评价指标,也可以理解为一个权重系数,用来对施工单位的企业资质、历史事故情况、作业人员经验等进行综合评价,并用以指导具体的风险评估工作。具体来说,就是作为评估风险事件发生可能性等级时的一个折减系数,图8-70列出了计算γ值的指标体系。

图 8-70 γ指标

主要功能包括:

a. γ指标的评价指标体系;

b. 建设单位库及其管理;

c. γ指标值与建设单位库的映射关系;

d. γ指标的"增查删改"操作。

图8-71为添加γ指标及其分项指标的功能。

a)　　　　　　　　　　　　　　　　　　b)

图 8-71 添加γ指标

图8-72为编辑γ指标及其分项指标的功能。

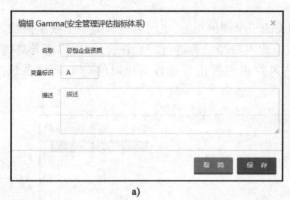

a)　　　　　　　　　　　　　　　　b)

图 8-72　编辑 γ 指标

⑤总评指标。

总评指标模块是对隧道工程施工安全风险总体评估指标体系进行管理操作的功能模块，如图 8-73 所示。

图 8-73　总评指标

主要功能包括：

a. 隧道工程总体评估的指标体系及其风险分级标准；

b. 指标与其分项指标之间的从属关系；

c. 指标取值范围的管理；

d. 部分指标权重值的管理。

图 8-74 为添加总评指标及其分项指标的功能。

图 8-75 为编辑总评指标的功能。

图 8-76 为某总评指标分项指标的详细列表。

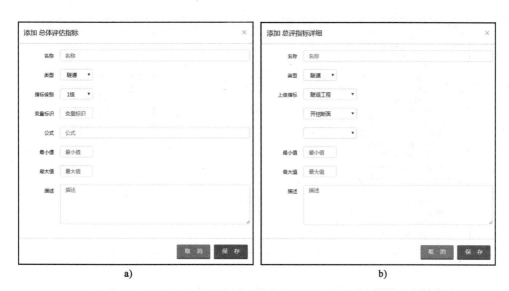

图 8-74 添加总评指标

图 8-75 编辑总评指标

⑥专项指标。

专项指标模块与上述总评指标模块类似,即对隧道工程施工专项风险评估指标进行管理操作的功能模块,如图 8-77 所示,主要功能包括:

a. 隧道工程施工专项风险评估的指标体系及其风险分级标准;

b. 指标与其分项指标之间的从属关系;

c. 指标取值范围管理。

图 8-78 为添加专项指标及其分项指标的功能。

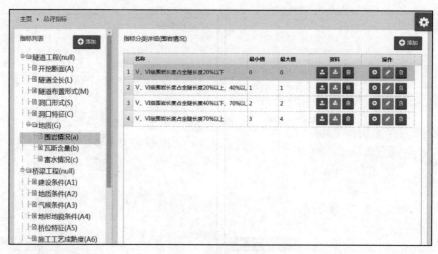

图 8-76　总评分项指标列表

图 8-77　专项指标

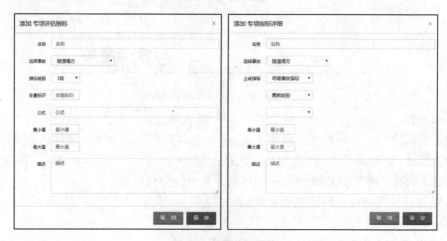

图 8-78　添加专项指标

图 8-79 为编辑专项指标的分项指标的功能。

图 8-79 编辑专项指标

⑦基本参数。

基本参数栏主要列出了与项目相关的一些参数信息,如工程类别、隧道分段类别等,如图 8-80 所示。

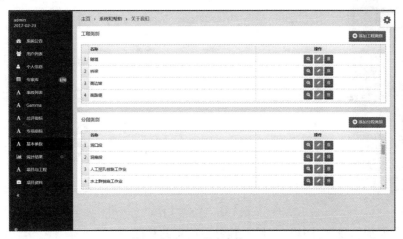

图 8-80 基本参数

添加和修改工程类型功能如图 8-81 所示。

a)   b)

图 8-81 工程类型的添加与修改

添加和修改隧道分段类型功能如图 8-82 所示。

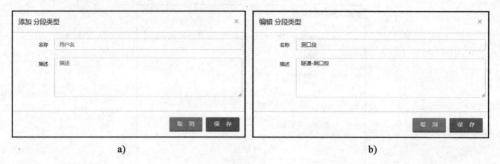

图 8-82　隧道分段类型的添加与修改

⑧项目与工程。

项目与工程模块主要列出了需要评估的项目、合同段、工程及其分段的信息，并可以对其进行管理操作，如图 8-83 所示。

图 8-83　项目与工程

图 8-84 为添加项目、合同段、工程及其分段信息的功能。

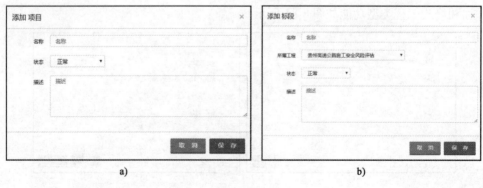

图　8-84

c)

d)

图 8-84 添加项目等

图 8-85 为编辑项目、合同段和工程的功能。

a)

b)

c)

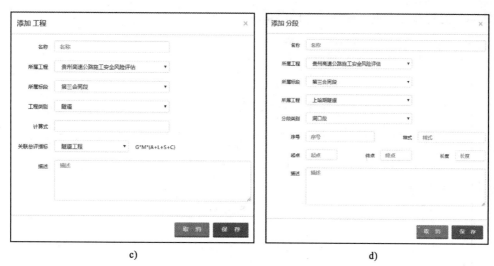

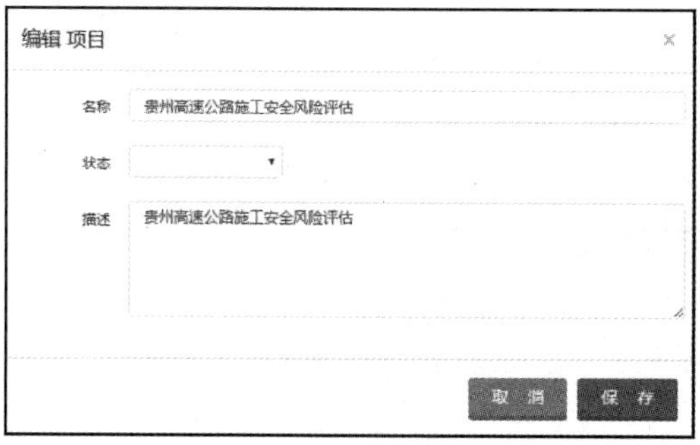

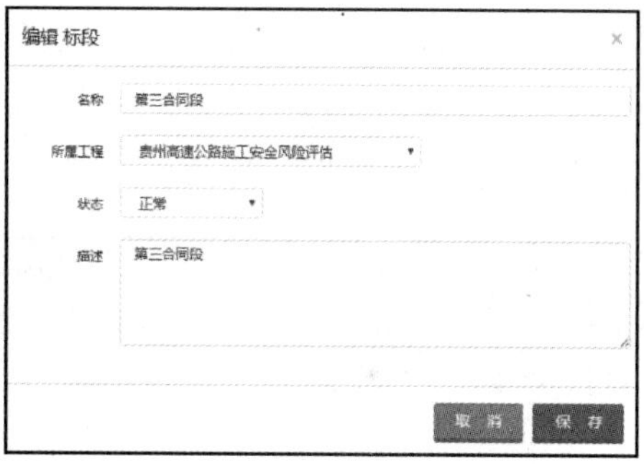

图 8-85 编辑项目等

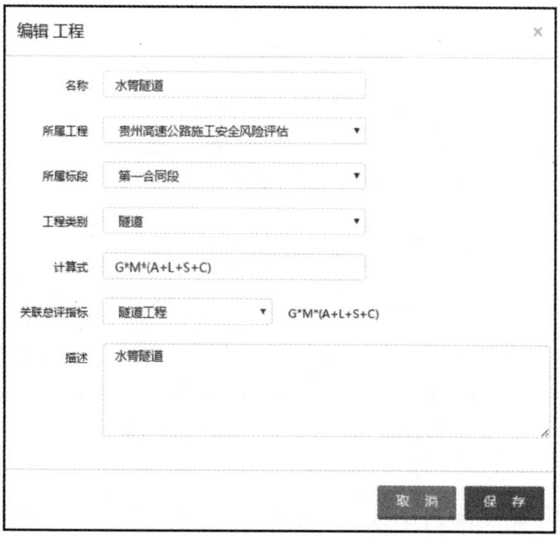

图 8-86 为管理员设置工程施工方的默认 γ 指标值功能。

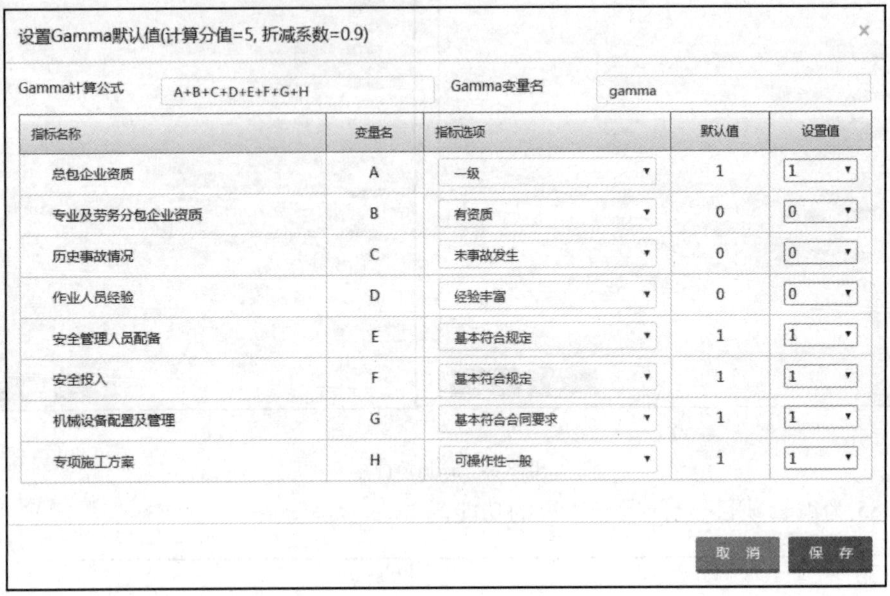

图 8-86 设置工程的 γ 指标默认值

图 8-87 为管理员设置工程的总体评估指标及其分项指标的默认指标值的功能。

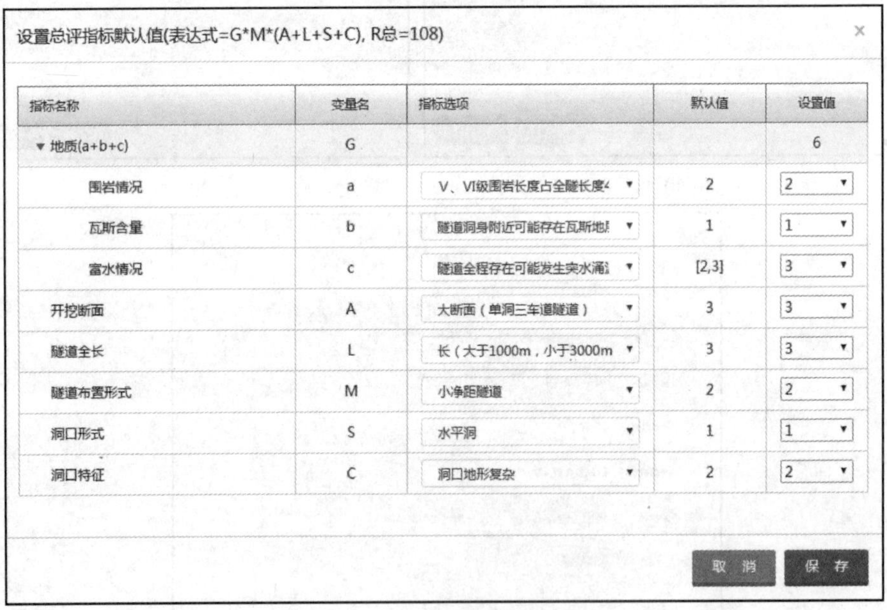

图 8-87 设置工程的总评指标默认值

⑨项目资料。

项目资料模块列出了整个项目中涉及到的所有文件,并提供了下载链接,如图 8-88 所示。

图 8-89 为上传文件功能,图中的"工程设计图"在这里指的是隧道纵剖面图,上传某工程的此文件时,"是工程设计图"应选择"是",除此之外,上传其他文件时,均选择"否"。

图 8-88　项目资料

图 8-89　上传文件功能

8.3.4　风险可视化系统

现场量测是新奥法的核心之一。信息化施工主要是以现场量测为主的一种设计、施工方法，这种方法的最大特点是在施工时一边进行各种测量，一边把量测的结果反馈到设计施工中去，从而确定支护参数，使设计、施工更符合现场实际（刘孝增，2010）。

隧道工程施工安全风险可视化系统，简单来说就是一个隧道、边坡等工程施工过程中围岩变形的实时监测预警系统，用于收集隧道施工过程中的时间序列变形值以及进行风险预警和报警。该系统是一个基于 Web 的动态监测系统，核心内容是监测数据的实时可靠传输、分析和展示。

1）数据库构成

隧道施工安全风险可视化系统涉及与硬件传感器的通信和数据传输，为支撑该项功能的实现，数据库中的数据表相对来说比较多。从大的类别来看，该数据库中数据表组成包括人员表、工程信息表、设备表、工程设备配备表、监测表、系统表和材料表，详情如图 8-90 所示。

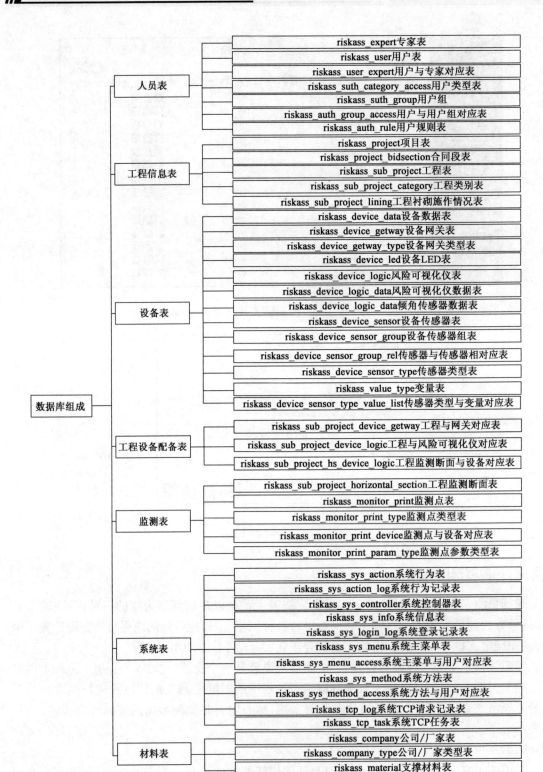

图 8-90 风险可视化系统数据库组成

(1) 人员表

人员表除了包含与前述两个系统相同的专家和用户信息外,还设置了用于设置用户权限的用户组系列数据表。

用户权限设置是本系统的一个重要方面,下面4个数据表也是为此而设立,基于用户分组的思想,为不同用户组设置不同的访问权限和规则。

用户组(表8-31)存储用户组编号、所属模块、用户组的类型、权限规则等信息。

riskass_auth_group 用户组   表8-31

字段名称	类型	长度	是否允许空	存储数据	备注
id	mediumint	8	否	自动编号	主键
module	varchar	20	否	所属模块	—
type	tinyint	4	否	组类型	—
title	char	20	否	中文名称	—
description	varchar	80	否	描述信息	—
status	tinyint	2	否	状态	1 正常,0 禁用,-1 删除
rules	varchar	500	否	拥有的规则 id	多个规则用逗号隔开

用户组类型表(表8-32)存储用户组的所有类型,如超级管理员、管理员、专家、普通用户等。

riskass_auth_category_access 用户组类型表   表8-32

字段名称	类型	长度	是否允许空	存储数据	备注
group_id	mediumint	10	否	用户组 id	riskass_auth_group 表 id 字段的外键
category_id	mediumint	8	否	用户组类型 id	—

用户与用户组对应表(表8-33)则存储用户与用户组之间的映射关系。

riskass_auth_group_access 用户与用户组对应表   表8-33

字段名称	类型	长度	是否允许空	存储数据	备注
uid	int	10	否	用户 id	riskass_user 表 id 字段的外键
group_id	mediumint	8	否	用户组 id	riskass_auth_group 表 id 字段的外键

用户规则表(表8-34)存储了可供用户组选择的权限规则信息。所谓"规则",就是指用户可访问的独立主菜单模块的不同组合,并以此来限制低等级用户对核心数据库的访问。

riskass_auth_rule 用户规则表   表8-34

字段名称	类型	长度	是否允许空	存储数据	备注
id	mediumint	8	否	自动编号	主键
module	varchar	20	否	规则所属 module	—
type	tinyint	2	否	规则类型	1-url,2-主菜单

续上表

字段名称	类型	长度	是否允许空	存储数据	备注
name	char	80	否	规则唯一英文标识	—
title	char	20	否	规则中文描述	—
status	tinyint	2	否	是否有效	0 无效,1 有效
condition	varchar	300	否	规则附加条件	—

(2) 工程信息表

工程信息表的组成与前述"基于指南的风险评估系统"类似,同样存储的是不同层级的工程基本信息,并在此基础上增加了工程衬砌施作情况数据表,来反映隧道二次衬砌与隧道开挖情况之间的关系(表8-35)。

riskass_sub_project 工程表　　　　　　　　　　　表 8-35

字段名称	类型	长度	是否允许空	存储数据	备注
id	int	11	否	自动编号	主键
bid_section_id	int	11	是	合同段 id	riskass_project_bid_section 表 id 字段的外键
type_id	tinyint	3	否	工程类型 id	riskass_sub_project_type 表 id 字段的外键
name	varchar	50	否	工程名称	—
create_time	datetime	0	是	创建时间	—
update_time	datetime	0	是	修改时间	—
description	varchar	512	是	备注	—
design_org_id	smallint	5	是	设计单位	riskass_company 表 id 字段的外键
contribution_org_id	smallint	5	是	施工单位	同上
supervisor_org_id	smallint	5	是	监理单位	同上
owner_org_id	smallint	5	是	业主单位	同上
start_date	datetime	0	是	开工时间	—
end_date	datetime	0	是	完工时间	—
status	tinyint	2	是	状态	—
welcome	text	0	是	界面描述	—
is_left	tinyint	2	是	是否为左洞	—
left_start_pos	float	11	是	左洞开始距离	—
left_start_pos_code	varchar	16	是	左洞开始桩号	—
left_end_pos	float	11	是	左洞结束距离	—
left_end_pos_code	varchar	16	是	左洞结束桩号	—
right_start_pos	float	11	是	右洞开始距离	—

续上表

字段名称	类型	长度	是否允许空	存储数据	备注
right_start_pos_code	varchar	16	是	右洞开始桩号	—
right_end_pos	float	11	是	右洞结束距离	—
right_end_pos_code	varchar	16	是	右洞结束桩号	—
distance	float	11	是	左洞监测长度	—
distance2	float	11	是	右洞监测长度	—
dir_from	varchar	32	是	高速公路起始地点	—
dir_to	varchar	32	是	高速公路终止地点	—

（3）设备表

设备表主要是与隧道变形监测设备相关的一系列数据表，包括风险可视化仪、网关、传感器、LED 等，存储设备的基本硬件信息和设备工作中的数据信息。

风险可视化仪数据表（表 8-36）存储的信息包括可视化仪的设备 id、监测断面 id、变形实测值、变形预警值、变形报警值、LED 灯管颜色等。在数据表中实测值、预警值和报警值各预留了 6 项，即风险可视化仪最多可以连接 6 个变形监测传感器，据实际使用情况来看，预留数量已完全够用了。

riskass_device_logic_data 风险可视化仪数据表 表 8-36

字段名称	类型	长度	是否允许空	存储数据	备注
id	bigint	20	否	自动编号	主键
device_id	int	11	是	设备 id	—
sub_project_id	int	11	是	工程 id	riskass_sub_project 表 id 字段的外键
horizontal_section_id	int	11	是	监测断面 id	riskass_sub_project_horizontal_section 表 id 字段的外键
alarm_0	float	0	是	报警值 1	—
alarm_1	float	0	是	报警值 2	—
alarm_2	float	0	是	报警值 3	—
alarm_3	float	0	是	报警值 4	—
alarm_4	float	0	是	报警值 5	—
alarm_5	float	0	是	报警值 6	—
pred_0	float	0	是	预警值 1	—
pred_1	float	0	是	预警值 2	—
pred_2	float	0	是	预警值 3	—
pred_3	float	0	是	预警值 4	—
pred_4	float	0	是	预警值 5	—
pred_5	float	0	是	预警值 6	—

续上表

字段名称	类型	长度	是否允许空	存储数据	备注
current_0	float	0	是	实测值1	—
current_1	float	0	是	实测值2	—
current_2	float	0	是	实测值3	—
current_3	float	0	是	实测值4	—
current_4	float	0	是	实测值5	—
current_5	float	0	是	实测值6	—
led_0	int	11	是	led1	0-正常(绿色) 1-预警(黄色) 2-报警(红色)
led_1	int	11	是	led2	同"led_0"
led_2	int	11	是	led3	同"led_0"
led_3	int	11	是	led4	同"led_0"
led_4	int	11	是	led5	同"led_0"
status	int	11	是	状态	—
create_time	datetime	0	是	创建时间	—

一台风险可视化仪往往包括2~3个传感器,实际应用中可将同一可视化仪中的传感器绑定到一起组成一组便于设置和管理,这是下面传感器组表和传感器与传感器组对应表的由来。前者存储传感器分组信息(表8-37),后者存储传感器与传感器组的映射关系(表8-38)。

riskass_device_sensor_group 设备传感器组表　　　　表8-37

字段名称	类型	长度	是否允许空	存储数据	备注
id	int	11	否	自动编号	主键
status	tinyint	2	是	状态	—
create_time	datetime	0	是	创建时间	—
update_time	datetime	0	是	修改时间	—
description	varchar	512	是	备注	—

riskass_device_sensor_group_rel 传感器与传感器组对应表　　　　表8-38

字段名称	类型	长度	是否允许空	存储数据	备注
sensor_id	int	11	否	传感器id	riskass_device_sensor 表id字段的外键
group_id	int	11	否	传感器组id	riskass_device_sensor_group 表id字段的外键

(4)工程设备配备表

下面3个数据表主要是硬件设备与工程或监测断面之间的映射关系,即监测设备在具体工程中的安装情况。

工程与网关对应表(表 8-39)存储的是具体工程与网关设备之间的映射关系,包括网关 id、工程 id、联网 ip 地址等。

riskass_sub_project_device_getway 工程与网关对应表 表 8-39

字段名称	类型	长度	是否允许空	存储数据	备注
id	int	11	否	自动编号	主键
device_getway_id	int	11	是	网关 id	riskass_device_getway 表 id 字段的外键
sub_project_id	int	11	是	工程 id	riskass_sub_project 表 id 字段的外键
create_time	datetime	0	是	创建时间	riskass_device_sensor 表 id 字段的外键
update_time	datetime	0	是	修改时间	—
start_date	datetime	0	是	开始工作时间	—
end_date	datetime	0	是	结束工作时间	—
description	varchar	512	是	备注	—
status	tinyint	2	是	状态	—
pos_x	int	11	是	网关安装的位置	用桩号表示
ip	varchar	20	是	联网 ip 地址	—
ports	varchar	255	是	可用端口号	—

工程与风险可视化仪对应表(表 8-40)存储的是具体工程与风险可视化仪之间的映射关系,包括工程 id、风险可视化仪 id 及安装位置、传感器 id、变形预警值、报警值等信息。

riskass_sub_project_device_logic 工程与风险可视化仪对应表 表 8-40

字段名称	类型	长度	是否允许空	存储数据	备注
id	int	11	否	自动编号	主键
sub_project_id	int	11	是	工程 id	riskass_sub_project 表 id 字段的外键
device_logic_id	int	11	是	风险可视化仪	riskass_device_logic 表 id 字段的外键
sensor_id	int	11	是	传感器 id	riskass_device_sensor 表 id 字段的外键
install_time	datetime	0	是	安装时间	—
create_time	datetime	0	是	创建时间	—
start_time	datetime	0	是	开始工作时间	—
end_time	datetime	0	是	结束工作时间	—
description	varchar	512	是	备注	—
status	tinyint	2	是	状态	—
base_value	varchar	100	是	基准值	—

续上表

字段名称	类型	长度	是否允许空	存储数据	备注
min_value	varchar	100	是	最小值	—
alarm_value	float	11	是	报警值	—
pred_value	float	11	是	预警值	—
pos_x	float	11	是	可视化仪的安装位置	用桩号表示

工程监测断面与设备对应表(表8-41)存储的是各监测断面与各硬件设备之间的映射关系,包括监测断面id、风险可视化仪id、传感器id、网关id、变形预警值、报警值等信息。

riskass_sub_project_hs_device_logic 工程监测断面与设备对应表 表8-41

字段名称	类型	长度	是否允许空	存储数据	备注
id	int	11	否	自动编号	主键
horizontal_section_id	int	11	是	监测断面id	riskass_sub_project_horizontal_section 表 id 字段的外键
device_logic_id	int	11	是	风险可视化仪id	riskass_device_logic 表 id 字段的外键
sensor_id	int	10	是	传感器id	riskass_device_sensor 表 id 字段的外键
getway_id	int	11	是	网关id	riskass_device_getway 表 id 字段的外键
install_time	datetime	0	是	可视化仪安装时间	—
create_time	datetime	0	是	创建时间	—
update_time	datetime	0	是	修改时间	—
start_time	datetime	0	是	开始工作时间	—
end_time	datetime	0	是	结束工作时间	—
description	varchar	512	是	备注	—
status	tinyint	2	是	状态	—
is_left	tinyint	2	是	是否左洞	—
base_value	varchar	100	是	基准值	—
min_value	varchar	100	是	最小值	—
alarm_value	float	11	是	报警值	—
pred_value	float	11	是	预警值	—
pos_x	float	11	是	监测断面位置	用桩号表示

（5）监测表

监测表主要是与监测点相关的一系列数据表。

监测点是位于监测断面上的一个或多个监测位置点。监测点表（表8-42）中包括监测点的自动编号、名称、工程id、监测类型id、位置等信息。

riskass_monitor_point 监测点表 表8-42

字段名称	类型	长度	是否允许空	存储数据	备注
id	int	10	否	自动编号	主键
name	varchar	32	否	名称	—
sub_project_id	int	10	是	工程id	riskass_sub_project 表 id 字段的外键
description	varchar	500	是	备注	—
type_id	smallint	4	是	监测类型id	riskass_monitor_point_type 表 id 字段的外键
status	tinyint	2	是	状态	—
is_left	tinyint	2	是	位置	0-右侧,1-左侧
distance_code	varchar	16	是	桩号	
distance	float	11	是	距洞口距离	

不同类型的监测点负责监测不同类型的变量，监测点类型表（表8-43）就是监测点类型与变量类型的映射关系表。

riskass_monitor_point_type 监测点类型表 表8-43

字段名称	类型	长度	是否允许空	存储数据	备注
id	int	11	否	自动编号	主键
name	varchar	32	是	类型名称	—
description	varchar	255	是	备注	—
param_type_id	varchar	128	是	变量类型id	riskass_value_type 表 id 字段的外键

监测点与设备对应表（表8-44）是监测点与传感器设备之间的映射关系表，包括监测点自动编号、监测点id、传感器组id、传感器id、网关id、变形预警值、报警值、数据过滤规则等。

riskass_monitor_point_device 监测点与设备对应表 表8-44

字段名称	类型	长度	是否允许空	存储数据	备注
id	int	11	否	自动编号	主键
monitor_point_id	int	11	是	监测点id	riskass_monitor_point 表 id 字段的外键
sensor_group_id	int	11	是	传感器组id	riskass_device_sensor_group 表 id 字段的外键
sensor_id	int	11	是	传感器id	riskass_device_sensor 表 id 字段的外键

续上表

字段名称	类型	长度	是否允许空	存储数据	备注
getway_id	int	11	是	网关 id	riskass_device_getway 表 id 字段的外键
install_time	datetime	0	是	安装时间	—
create_time	datetime	0	是	创建时间	—
start_time	int	11	是	开始工作时间	—
end_time	int	11	是	结束工作时间	—
description	varchar	512	是	备注	—
status	tinyint	2	是	状态	—
base_value	varchar	100	是	基准值	—
min_value	varchar	100	是	最小值	—
alarm_value	varchar	100	是	报警值	—
pred_value	varchar	100	是	预警值	—
value_type	varchar	32	是	变量类型	—
value_count	tinyint	2	是	累计值	—
filter_str	varchar	256	是	过滤规则	—

（6）系统表

系统表主要涉及系统模块控制、系统资源访问调用、系统访问权限设置等底层行为构成，不一一赘述。

系统行为表（表8-45）存储用户登录、注销等行为规则。

riskass_sys_action 系统行为表　　　　　　　　表8-45

字段名称	类型	长度	是否允许空	存储数据	备注
id	int	11	否	自动编号	主键
name	char	30	否	行为唯一标识	—
title	char	80	否	行为说明	—
remark	char	140	否	行为描述	—
rule	text	0	否	行为规则	—
status	tinyint	2	否	状态	说明：-1 已删除，0 禁用，1 正常
update_time	int	11	否	修改时间	—

下面两个数据表（表8-46、表8-47）用以支持风险可视化仪与该系统的联系，即将现场监测到的数据传输到系统。

riskass_tcp_log 系统 TCP 请求记录表　　　　　　　　表8-46

字段名称	类型	长度	是否允许空	存储数据	备注
id	int	11	否	自动编号	主键
status	tinyint	2	是	状态	—

续上表

字段名称	类型	长度	是否允许空	存储数据	备注
create_time	datetime	0	是	创建时间	—
update_time	datetime	0	是	修改时间	—
ip	varchar	20	是	ip 地址	—
port	int	5	是	端口	—

riskass_tcp_task 系统 TCP 任务表　　　　　　　　　　表 8-47

字段名称	类型	长度	是否允许空	存储数据	备注
id	int	10	否	自动编号	主键
status	tinyint	2	是	状态	—
sub_project_id	int	11	是	工程 id	riskass_sub_project 表 id 字段的外键
horizontal_section_id	int	10	是	监测断面 id	riskass_sub_project_horizontal_section 表 id 字段的外键
getway_id	int	11	是	网关 id	riskass_device_getway 表 id 字段的外键
device_logic_id	int	11	是	风险可视化仪 id	riskass_device_logic 表 id 字段的外键
device_id	int	11	是	设备 id	—
create_time	datetime	0	是	创建时间	—
update_time	datetime	0	是	修改时间	—

（7）材料表

此数据表是系统的辅助支撑材料表（表 8-48），与前述系统类似，不详述。

riskass_material 支撑材料表　　　　　　　　　　表 8-48

字段名称	类型	长度	是否允许空	存储数据	备注
id	int	11	否	自动编号	主键
name	varchar	128	否	文件名称	—
url	varchar	128	否	文件位置	—
type	varchar	128	是	文件类型	—
size	int	11	是	文件大小	—
status	int	11	是	状态	—
upload_user_id	int	11	是	上传文件用户 id	riskass_user 表 id 字段的外键
project_id	int	11	是	工程 id	riskass_sub_project 表 id 字段的外键
ref_type	int	11	是	文件类型	—

续上表

字段名称	类型	长度	是否允许空	存储数据	备注
desc	varchar	255	是	备注	—
create_time	datetime	0	是	创建时间	—
update_time	datetime	0	是	修改时间	—

2）功能介绍

下面将从工程概况、个人信息、项目列表、工程详细、设备管理、权限管理、工作报告、资料管理和其他设置9个方面对该系统的功能进行简要介绍。

(1) 工程概况

图8-91列出了某高速公路风险可视化项目的工程列表，并以施工合同段的方式对各隧道工程进行归类。

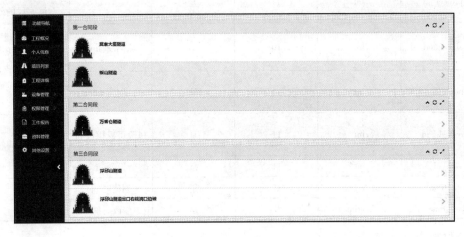

图 8-91　工程列表

(2) 个人信息

个人信息模块列出了用户的注册信息，并允许用户登录后对这些信息进行修改和补充（图8-92）。

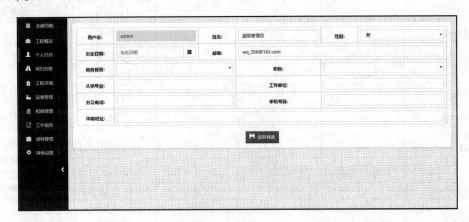

图 8-92　个人信息

(3) 项目列表

项目列表模块用于对实施风险可视化的项目进行组织管理，并以"项目—合同段—工程"三级列表的方式进行展示，如图 8-93 所示。可实现对三者基本信息的"查、增、删、改"操作。

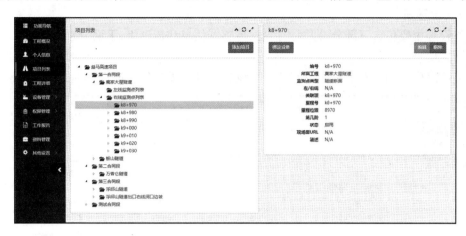

图 8-93　项目列表

(4) 工程详细

工程详细模块用于形象直观地展示隧道施工过程中掌子面、初期支护和二次衬砌的施工进展情况（用里程桩号来表示），并随开挖过程实时更新。在图 8-94 所示隧道开挖示意图中，红色箭头表示隧道开挖方向和掌子面当前所处的位置，初期支护和二次衬砌分别用蓝色底纹和灰色底纹予以显示。

由于隧道中的传感器设备均布设在初期支护上，隧道工程施工进度示意图为突出显示传感器信息，对隧道未开挖部分、初期支护部分和二次衬砌部分不等比例显示（突出初期支护部分）。

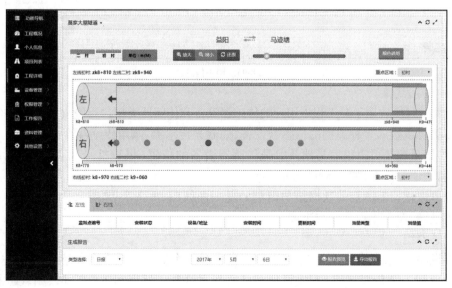

图 8-94　隧道工程施工进度示意图

图中所示的绿色圆形标志代表传感器布设在隧道上的位置示意图。此圆形标志的颜色会随着工程当前所处的风险状态自动改变，当工程处于安全状态时，显示绿色；当工程分别处于风险预警和报警状态（监测值超过设定的相应阈值）时，颜色依次改变为黄色和红色。

(5) 设备管理

设备管理主要包含三部分，即网关信息、传感器信息和传感组，下面分别介绍。

①网关信息。

网关信息模块用于对工程中用到的网关设备和网关类型信息进行管理，如图 8-95 所示。

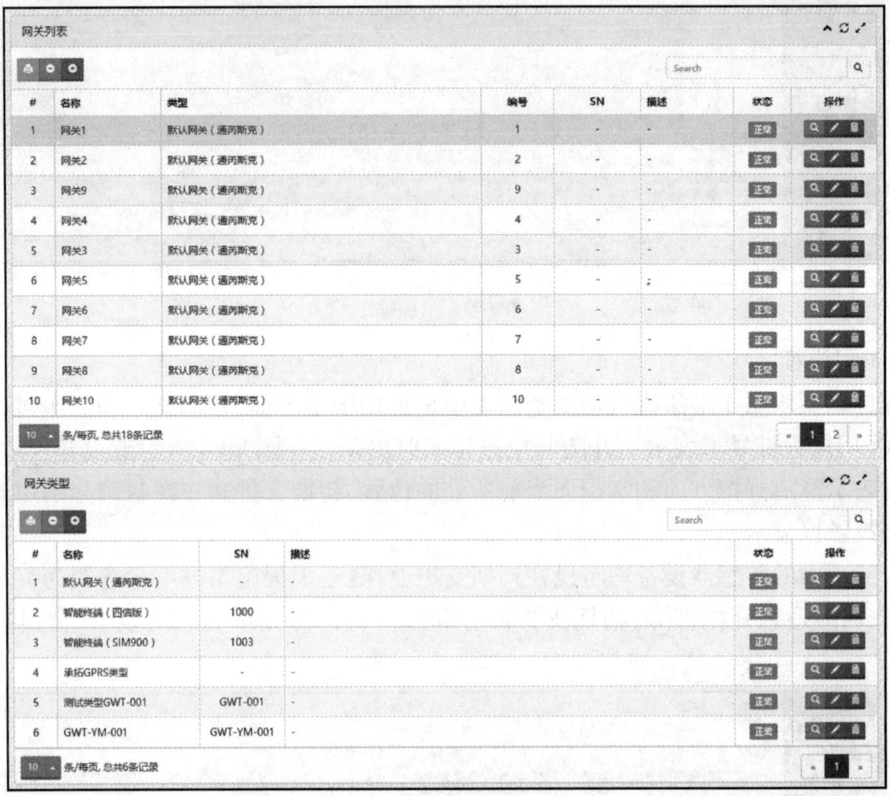

图 8-95 网关信息

②传感器信息。

传感器信息模块用于对工程中用到的传感器设备和传感器类型进行管理，如图 8-96 所示。该系统可以接入多种类型的传感器设备，如激光传感器、倾角传感器等。

同时，该系统还可以很容易地获取某传感器设备的位置（里程桩号）、工作状态、编号、安装时间、监测值等信息，如图 8-97 所示。

系统可以根据监测到的数据绘制简单的变形曲线图，如图 8-98 所示，对围岩的变形趋势进行直观呈现，便于工程管理与决策。

③传感器组。

需要说明的是，在实际工程现场监测中，常常在一个监测安设多台传感器，系统将这多台传感器设置成一个传感器组，方便管理。可实现对这些传感器组的"查、增、删、改"操作，如图 8-99 所示。

传感器列表

#	名称	类型	编号	SN	显示属性	描述	状态	操作
1	SN-0F60223F	卧式	0	0F60223F	设置	-	正常	
2	SN-0F60238A	卧式	0	0F60238A	设置	-	正常	
3	SN-0F60230B	卧式	0	0F60230B	设置	-	正常	
4	SN-0F6020A5	卧式	0	0F6020A5	设置	-	正常	
5	SN-0F60209E	卧式	0	0F60209E	设置	-	正常	
6	SN-0F602131	卧式	0	0F602131	设置	-	正常	
7	SN-0F602183	卧式	0	0F602183	设置	-	正常	
8	SN-0F602228	卧式	0	0F602228	设置	-	正常	
9	SN-0F60209B	卧式	0	0F60209B	设置	-	正常	
10	SN-0F602332	卧式	0	0F602332	设置	-	正常	

10 条/每页，总共62条记录　« 1 2 3 4 5 »

传感器类型列表

#	名称	值列表	SN	描述	状态	操作
1	通芮斯克传感器	设置	-	通芮斯克传感器	正常	
2	垂直传感器	设置	-	拱顶沉降	正常	
3	湿度传感器	设置	-	湿度传感器	正常	
4	温度传感器	设置	-	温度传感器	正常	
5	标准	设置	1301	-	正常	
6	卧式	设置	1302	-	正常	
7	超小	设置	1303	-	正常	
8	1路	设置	1a04	-	正常	
9	4路	设置	1a05	-	正常	
10	8路	设置	1a06	-	正常	

10 条/每页，总共14条记录　« 1 2 »

图 8-96　传感器模块用途

左线　右线

监测点编号	安装状态	设备/地址	安装时间	更新时间	测量类型	测量值
ZK8+915	✔	SN-0FA0A3B3	2016-10-01 00:43:15	2016-10-31 20:49:00	倾角	-8.8797/0.2582
	✔	SN-0FA0A3A2	2016-10-01 00:44:41	2016-11-21 20:58:56	倾角	0.9457/3.62
ZK8+975	✔	CHT-1	2016-09-23 00:37:35	2016-11-21 20:54:08	竖向收敛	0
	✔	CHT-2	2016-09-23 00:39:45	2016-11-21 20:54:08	水平收敛	0
ZK8+960	✔	CHT-3	2016-09-26 00:41:32	2016-11-21 20:54:08	竖向收敛	0
	✔	CHT-4	2016-09-25 00:42:07	2016-11-21 20:54:08	水平收敛	0
zk8+930	✔	SN-0FA0A3D5	2016-10-03 00:46:55	2016-11-21 20:58:57	倾角	-10.6796/-4.4202
	✔	SN-0FA0A3AC	2016-10-04 00:47:26	2016-11-21 20:58:56	倾角	1.4319/-0.5438
zk8+945	✔	SN-10709029	2016-10-01 00:49:07	2016-11-21 20:58:57	竖向收敛	11191
	✔	SN-10709024	2016-10-01 00:49:35	2016-11-21 20:58:56	水平收敛	11524

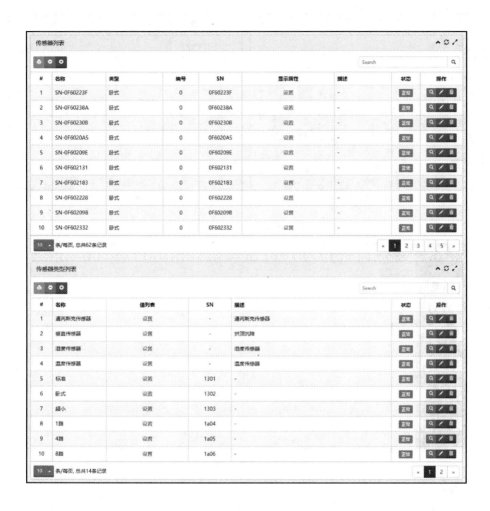

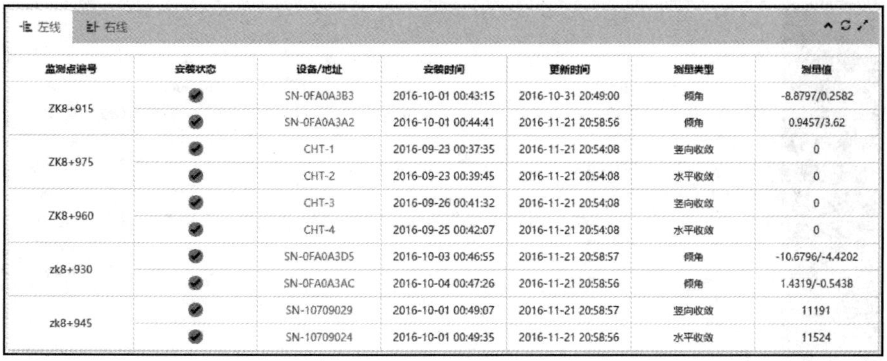

图 8-97　传感器信息

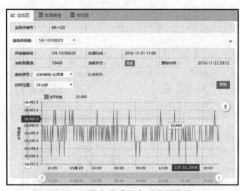 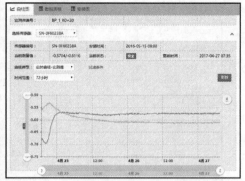

a）激光传感器变形监测曲线　　　　　　　b）倾角传感器变形监测曲线

图 8-98　变形监测曲线图

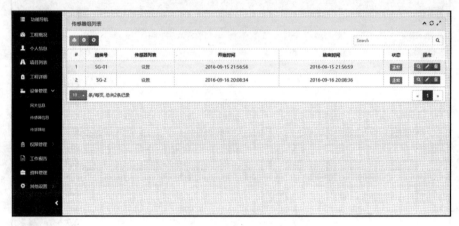

图 8-99　传感器组列表

（6）权限管理

权限管理模块也包含三部分，即用户管理、用户组管理和菜单列表，分别介绍如下。

①用户管理。

用户管理模块主要用于对注册用户的基本信息进行"查、增、删、改"操作，如图 8-100 所示。

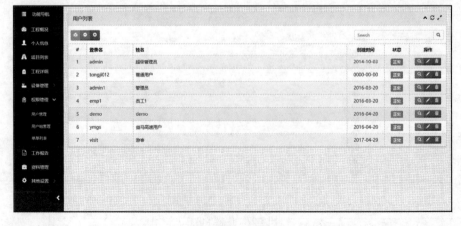

图 8-100　用户管理

②用户组管理。

用户组管理模块主要是为了实现系统的权限管理功能,被分配到不同用户组的用户可访问的系统功能和资源有所区别,如图8-101所示。可实现为用户组"设置菜单"、"设置资源"和"设置用户"3项主要功能。

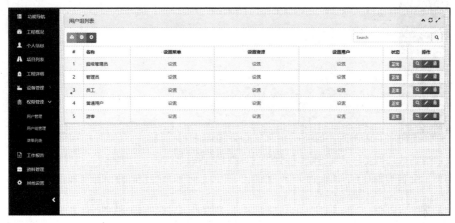

图8-101 用户组管理

③菜单管理。

菜单管理模块列出了系统所有的功能模块,方便超级管理员对其信息进行组织管理,如图8-102所示。

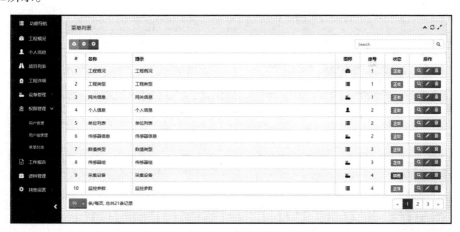

图8-102 菜单列表

(7)工作报告

工作报告模块可根据系统中的数据信息自动生成相关报表,如图8-103所示,便于风险可视化工作的标准化管理。

系统可以将监测数据生成日报、周报、月报和年报,如图8-104所示,便于工程管理人员进行报表管理。

(8)资料管理

资料管理模块用于对风险可视化项目涉及的资料信息进行系统地组织管理,并按"项目"对这些资料进行归类,如图8-105所示。

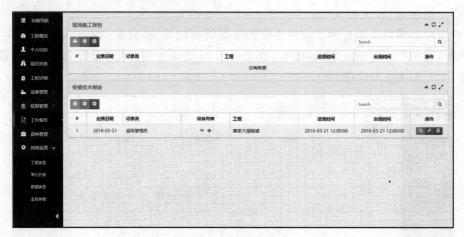

图 8-103　工作报告管理

图 8-104　变形监测数据报表

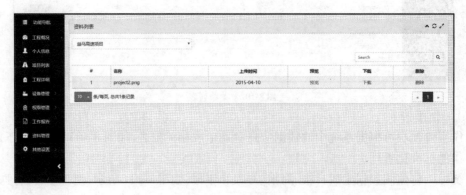

图 8-105　资料管理

(9)其他设置

其他设置模块包含 4 部分,即工程类型、单位列表、数值类型和监控参数,下面分别进行介绍。

① 工程类型。

工程类型模块用于对系统适用的工程类型进行扩展,如边坡、桥梁等。图 8-106 是一些工程类型的列表。

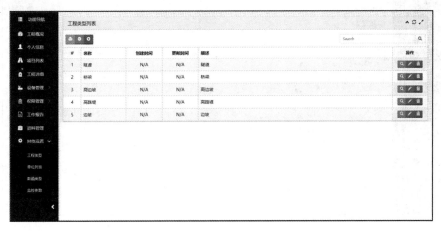

图 8-106　工程类型列表

② 单位列表。

单位列表模块用于对工程项目涉及的施工单位、业主单位等,以及相关仪器设备厂家的信息进行组织管理,如图 8-107 所示。

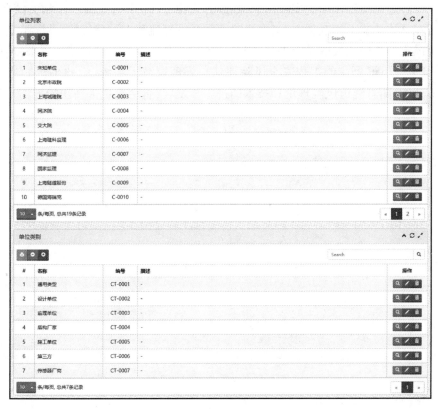

图 8-107　单位列表

③数值类型。

数值类型模块主要用于对系统中涉及的一些参数信息进行组织管理,如图 8-108 所示。

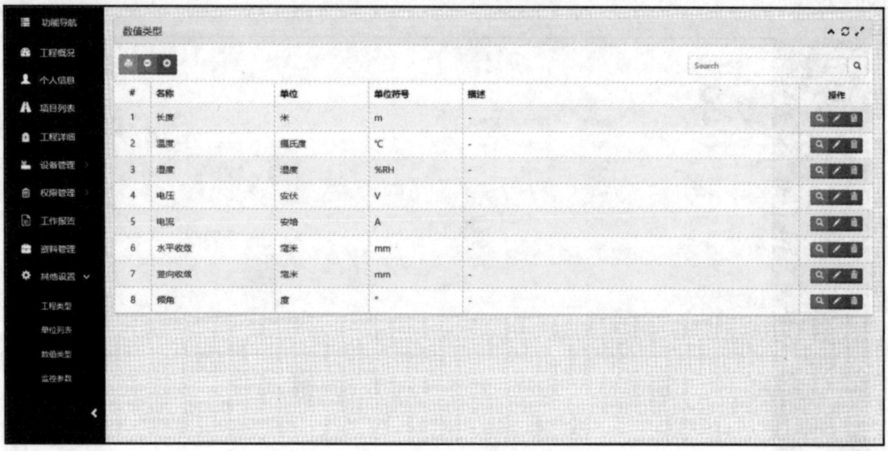

图 8-108　数值类型

8.4　本章小结

本书根据隧道风险工作中的实际需求,陆续开发出了 14 个与风险工作相关的功能模块,这些模块既在具体功能上相互独立,又在风险评估及管理流程上前后衔接,共同组成了一个围绕隧道工程风险的相辅相成的系统平台,因其均依赖互联网及相关硬件传感器来提供服务,故将其命名为"基于互联网 + 的工程安全风险评估与管理智慧云系统"。此平台的功能模块并不是一成不变的,随着隧道风险理论和技术的进一步发展,将会有更多新功能被加入其中。

第9章 工程案例

公路隧道设计、施工和运营的整个生命周期潜在各类风险,本章将本书前述的风险分析、评估和预测方法应用于若干工程实例,为工程管理人员提供一份包括隧道工程初步设计阶段风险评估、施工阶段风险评估、运营阶段风险分析、安全风险可视化和邻近爆破风险分析的实用工程指导,保障工程和人员安全。

9.1 杭绍台高速公路隧道工程初步设计安全风险评估

9.1.1 工程概况

杭绍台高速公路规划起点接钱江通道南接线和杭甬高速,终点接台金高速,中间衔接绍诸高速和甬金高速,连接绍兴、金华、台州三地市。它的建设可进一步加强浙江中东部地区和上海、江苏的联系,有力促进"接轨上海、积极参与长江三角洲合作与发展"战略的实施。同时,本项目连接海洋经济大平台两翼杭州湾产业带和温台沿海产业带及杭州都市经济圈,建成后将大大增强各大产业带之间的联系和各自的辐射作用。

杭绍台高速公路是浙江公路交通"十二五"规划中新建和预备建设的最长的高速公路,全线将与5条高速公路(钱江通道、杭甬、绍诸、甬金、台金高速)、5条国省道形成互通连接。该工程线路直接涉及区域面积1 800 km² 以上,惠及人口约95万,其建成对于促进杭州、绍兴、金华、台州4市的经济社会发展具有十分重要的意义。该工程的地理位置如图9-1所示。

该项目的工程特点如下:

①杭绍台高速公路作为浙江近期最后一条南北向交通大动脉,它的建设对促进当地经济、社会发展具有十分重要的意义,路线方案选择时需要尽可能为沿线村镇的发展预留空间。

②工程地形复杂,位于浙东低山丘陵区,山峦起伏,沟谷狭窄,受构造控制。

③工程沿线地貌较为复杂,可分为侵蚀剥蚀低山丘陵区、剥蚀台地区、堆积平原区等类型。

④工程地质条件较为复杂,路线穿过低山丘陵、玄武岩台地、河流冲积、冲洪积平原、沟谷等多种地貌类型,地层岩性复杂多变,工程地质条件差异较大。

⑤沿线有不良地质情况存在,不良地质主要为滑坡、崩坡积体和危岩体,工程建设中也有可能遇到路堑开挖产生的顺层岩质滑坡等工程问题,特殊性岩土主要为高液限土和杂填土。

⑥工程规模大,桥隧比重较高。

大盘山隧道位于金华、台州分界处,位于浙东侵蚀中低山区,属会稽山脉、大盘山脉和大雷山脉的一部分,沿线山峦起伏,沟谷狭窄,山势险要,谷坡陡峻,悬崖发育,坡度一般为40°~60°。受构造控制,河流、山脉、断陷盆地多呈北东向。沿线山体高程多在100~800 m之间,高程多在500m以上,最高山峰为鞍顶山,高程为834.1m,也是本工程线路附近最高的山峰。路线中间发育一中型U型沟谷,北东向,与线路大角度相交,宽50~200m,沟谷切割较深,谷坡较陡,沟谷内分布溪流及村庄。

图9-1 杭绍台高速公路线路图

大盘山隧道穿越磐安与天台交界处的大盘山脉,山高坡陡,地势陡峻,中间沟谷深切,地面起伏很大,最高山峰高程约834.1m,隧道最大埋深在594m左右,具体设置情况见表9-1。

K线大盘山隧道设置参数　　　　　　　　　表9-1

隧道名称	隧道类型	起讫桩号	隧道长度(m)	车道数
K线大盘山隧道	分离式	YK113+955~YK122+210	8255	两车道
		ZK113+945~ZK122+195	8250	

出洞口前方有一大型冲沟,路线与地面线基本正交,自然坡度较陡,约25°~45°,残坡积覆盖层厚度薄,强~中风化基岩直接出露地表,基岩为青灰色,洞口交通不便。出洞口面朝沓溪,自然坡度较陡,约30°~50°,出洞口斜坡堆积崩塌坡积碎石、块石,块石直径最大约2~3m,厚约4.3~5.8m,陡坡上部强~中风化基岩直接出露地表,基岩为深灰色,洞口交通不便。大盘山隧道进洞口地形如图9-2所示,出洞口地形如图9-3所示。

图9-2 大盘山隧道进口地形　　　　　图9-3 大盘山隧道出口地形

　　隧道洞身处于低山丘陵区,山体植被发育,隧址区地面最高点高程约为820m,隧道洞身段地形变化大,坡度大,K114+540~K114+633段、K116+520~K116+770段、K116+800~K117+050段、K118+900~K119+130段、K120+900~K121+000段穿越深切沟谷,其中K116+520~K116+770段隧道最小埋深约245m,K118+900~K119+130段隧道最小埋深约135m,K120+900~K121+000段隧道最小埋深约135m。

　　隧道进口山谷溪流,主要来源于大气降水形成的山涧溪流,为季节性流水,雨季时水量较大,汇入临近三跳水库,水库坝顶高程约210m。隧道洞身段山区顶部发育数条溪流,水量随雨量变化大,易暴涨暴落,由大气降水和地下水补给。此外,尚有一些水库,为山顶村落饮用水、灌溉水源,主要有AK116+700左侧一处小型水库,面积约2 400m^2;另有两处较大的水库,即位于AK118+550两侧的洋磨坑水库和岩弄口水库。

　　洋磨坑水库为山谷中建设的小型土石混合坝,坝高约20m,坝体状况良好,水质优良,面积约45 530m^2,主要用于牌门村的饮水灌溉,如图9-4所示。平面距路线约1km,该段隧道埋深约250m。岩弄口水库,面积约120 814m^2,主要用于饮水灌溉。平面距路线约2km,该段隧道埋深约250m。

　　隧道出口处有沓溪,属灵江水系,发源于大盘山脉青亭岗一带,溪宽20~30m,勘察期间正值冬季,干旱少雨,水流平缓,清澈见底,水浅,暴雨季节水流湍急,水位急剧增大,流量受大气降水影响极大。隧道出洞口左侧陡崖有一小型瀑布,如图9-5所示。主要受降水补给,雨季流量大,临近瀑布流水易形成雨雾,飘落到公路路面,造成路面湿滑,特别冬季山区气温低,易形成冰冻,对公路行车有影响。

　　隧址区位于新华夏系第一构造第二隆起带南段,构造运动十分强烈。构造格架以华夏系、华夏式和新华夏系构造为主,确定了区内山脉以北东走向为主。新华夏系构造由一系列的压性或扭性断裂及部分纵张断裂、挤压带、劈理带等结构要素构成。对本段影响较大的深大断裂有衢州—天台大断裂、鹤溪—奉化大断裂等。

图9-4 洞身段洋磨坑水库

图9-5 隧道出口瀑布

经过详细工程地质调绘、物探和钻探，隧址区揭露12条断层，其中 F_{D4}、F_{D8}、F_{D11} 3条断层与隧道大角度相交，呈压碎岩状，岩体破碎，对隧道影响较大，节理裂隙很发育，水文地质条件较复杂，稳定性差。断层情况见表9-2。

K线大盘山隧道断层情况表　　　　　表9-2

断裂编号	里程位置	断裂带特征
F_{D1}	K114+585～K114+710 ZK114+557～ZK114+670	产状330°∠65°，为白垩系九里坪组和高坞组岩性界线，断裂带岩体较破碎，节理裂隙较发育，结构面平直闭合，较密集，局部岩体破碎，风化强烈
F_{D2}	K115+315～K115+343 ZK115+320～ZK115+350	产状354°∠72°，断裂带岩体较破碎，节理裂隙较发育，结构面平直闭合，较密集
F_{D3}	K115+888～K116+000 ZK115+973～ZK116+100	产状175°∠73°，断裂带内岩石挤压呈薄片状，风化强烈，节理裂隙发育
F_{D4}	K116+513～K116+630 ZK116+516～ZK116+632	产状(175°～180°)∠(73°～75°)，地貌呈深切山沟，沟底内岩体节理裂隙发育，见石英岩脉，揭露较多小断层，断层内风化强烈，呈土夹碎石
F_{D5}	K116+950～K116+985 ZK116+978～ZK117+010	产状220°∠(80°～87°)，延伸长，局部呈节理密集
F_{D6}	未与线路相交	产状250°∠70°，呈长大结构面，局部见节理密集
F_{D7}	未与线路相交	产状180°∠75°，地貌上呈深切沟谷，见长大结构面，具擦痕，局部见节理密集
F_{D8}	K118+637～K119+071 ZK118+610～ZK119+037	为区域长大断裂带，产状(310°～325°)∠(74°～78°)表层岩体节理裂隙发育，破碎，风化强烈，见系列挤压面，宽约10～20cm，呈岩屑状，质软，易碎，挤压面间距10～50cm，据钻孔揭露深部岩体呈构造碎裂岩状，岩体挤压破碎，方解石脉穿插，节理裂隙多为石英、方解石脉充填，见构造角砾
F_{D9}	K119+438～K119+582 ZK119+400～ZK119+546	产状130°∠62°，延伸长，岩体挤压作用强烈，岩石呈片状，地表岩体风化强烈，呈全风化状
F_{D10}	K119+85～K120+273 ZK119+788～ZK120+181	产状115°∠75°，延伸长，岩体挤压破碎明显，见有多个平行挤压条带，宽约20～50cm，风化强烈
F_{D11}	K120+467～K120+761 ZK120+467～ZK120+766	为区域长大断裂带，产状155°∠(60°～70°)，局部产状反倾340°∠90°，岩体挤压破碎，风化强烈，见系列平行小型挤压面，沿断裂方向见薄层辉绿岩脉侵入，局部岩体呈构造碎裂岩
F_{C1}	K122+735～K122+830 ZK123+320～ZK123+375	产状110°∠76°，为区域长大断裂，两侧岩体破碎，一系列压扭性构造面，地貌上呈沟谷，沿断裂方向见多处陡崖

测区内的地下水根据其不同的赋存形式,埋藏条件和分布情况以及不同的水动力性质可分为两大类:松散岩类孔隙水、基岩裂隙水。第四系残坡积(Q^{el+dl})碎石孔隙潜水含水层,厚度小,且多处于地下水常水位以上,降雨时充水,雨后排泄,总体水量贫乏。本隧道基岩裂隙水主要由风化裂隙水和构造裂隙水组成,基岩裂隙水主要受大气降水补给和部分地段第四系孔隙潜水补给,在地形切割较强烈处及山坡坡脚处等地排泄。基岩风化裂隙水主要储存在强~中风化基岩中;隧道区强风化层风化裂隙发育,岩体成碎块状,储水性好,厚度较小,多在地下水水位以上;中风化节理裂隙发育,节理裂隙以闭合为主,一般水量贫乏,局部裂隙较密集,局部水量稍大。根据压水试验成果,一般为渗透性微弱,富水性差,水量贫乏。构造裂隙水主要储存在断裂带内,岩体破碎,呈碎块状~碎石土状,储水性好,水量变化较大,受气象影响大。

9.1.2 隧道总体安全风险评估

在分段评估隧道工程风险状况之前,本书在《指南》的基础上增加了隧道工程总体安全风险分析,以方便对隧道工程的安全状况有一个总体上的把握。

隧道工程总体安全风险评估指标体系和分级标准分别见表9-3和表9-4。

隧道工程总体安全风险评估指标体系 表9-3

评估指标		分 类	分 值	评 分
G 地质($=a+b+c+d+e+f$)	围岩情况 (Ⅴ、Ⅳ围岩占比 r) a	$r>70\%$	4	1
		$40\%<r\leq70\%$	3	
		$20\%<r\leq40\%$	2	
		$r\leq20\%$	1	
	瓦斯含量 b	隧道洞身穿越瓦斯地层	2~3	0
		隧道洞身附近可能存在瓦斯地层	1	
		隧道施工区域不会出现瓦斯	0	
	富水情况 c	存在较大涌水突泥地质	2~3	1
		存在小规模涌水突泥地质	1	
		无涌水突泥可能地质	0	
	岩溶地层 d	岩溶极发育,有宽大岩溶洞穴、地下暗河、塌陷坑等	3	0
		岩溶发育,有宽大岩溶发育带和大岩溶洞穴	2	
		岩溶弱发育,有岩溶裂隙带和较大岩溶洞	1	
		不存在岩溶	0	
	地应力 e	最大地应力 $\sigma\geq$ 于4MPa,且 $\geq0.5R_c$	3	3
		4MPa$\leq\sigma$,且 $0.25R_c\leq\sigma<0.5R_c$	2	
		4MPa$\leq\sigma$,且 $\sigma<0.25R_c$	1	
		$\sigma<4$MPa	0	
	断层破碎带 f	存在宽度20m以上断层破碎带	2	2
		存在宽度20m以下断层破碎带	1	
		无断层破碎带	0	

续上表

评估指标		分 类	分 值	评分
A	开挖断面	特大断面(单洞四车道隧道)	4	2
		大断面(单洞三车道隧道)	3	
		中断面(单洞两车道隧道)	2	
		小断面(单洞单车道隧道)	1	
L	隧道长度	特长(≥3 000m)	4	4
		长(≥1 000m,<3 000m)	3	
		中(≥500m,<1 000m)	2	
		短(<500m)	1	
M	隧道布置形式	连拱隧道	1.2	1
		小净距隧道	1.1	
		分离式隧道	1	
C	辅助通道	竖井或斜井	2	0
		平洞	1	
		无	0	
U	洞口偏压	存在偏压	1~2	0
		无偏压	0	
P	洞口特征	洞口地形复杂	2	2
		洞口地形简单	1	
S	隧道衬砌结构	特殊结构	1.2	1
		常规结构	1	
D	设计单位	勘察、设计乙级及以下	1.2	1
		勘察、设计甲级	1	

注:安全风险评分 $R = G \times M \times S \times D \times (A + L + C) + 6 \times D \times (U + P)$

隧道工程总体安全风险分级标准　　　　表9-4

R	0~25	26~50	51~200	>200
等级	Ⅰ	Ⅱ	Ⅲ	Ⅵ

(1)围岩状况

该隧道建设范围内,隧道右线总长8 255m,其中Ⅴ级围岩划分长度为48m,占总长的0.58%;Ⅳ级围岩划分长度为1 897m,占总长的22.98%;Ⅲ级围岩划分长度为6 310m,占总长的76.44%。

(2)瓦斯含量

隧道施工区域无瓦斯地层。

(3)富水情况

隧道附近有三座水库。

(4) 岩溶地层

本隧道施工区域内未勘察到岩溶构造。

(5) 地应力

大盘山隧道局部段落埋深较大,最大埋深约 580m,隧道洞身围岩以新鲜的微风化流纹质熔结凝灰岩为主,取 TZKC2 孔洞身段完整岩石单轴饱和抗压强度算术平均值 $R_c = 125$ MPa,平均间接抗拉强度 $R_t = 5.44$ MPa,较完整,质硬脆,存在发生岩爆的可能。因此,地应力指标可按偏大值来打分。

(6) 断层破碎带

3 条断层与隧道大角度相交。

(7) 开挖断面

隧道为单洞两车道。

(8) 隧道长度

本隧道右线长度为 8 255m,属于特长隧道。

(9) 隧道布置形式

本隧道为分离式隧道。

(10) 辅助通道

本隧道未设置竖井等辅助通道。

(11) 洞口偏压

无明显偏压。

(12) 洞口特征

进洞口自然坡度较陡,坡度 20°~45°,表部第四系残坡积覆盖层厚度薄,厚约 0.5m;隧道出洞口,自然坡度较陡,约 30°,表部第四系残坡积覆盖层厚约 3~5m。

(13) 隧道衬砌结构

本隧道衬砌为初支 + 二衬的常规复合结构形式。

(14) 设计单位

本隧道设计单位的勘察、设计资质为甲级。

长城坞隧道 K 线总体安全风险评分 $R = G \times M \times S \times D \times (A + L + C) + 6 \times D \times (U + P) = 7 \times 1 \times 1 \times 1 \times (2 + 4 + 0) + 6 \times 1 \times (0 + 2) = 54$,查表 9-4 可得本隧道总体安全风险等级为Ⅲ级。

9.1.3 隧道专项安全风险评估

隧道工程的专项风险评估是对可能发生的风险事件进行分析和评判,这里仅以塌方风险事件为例对专项风险评估的流程做简要介绍。

根据围岩分段以及各围岩分段内地质条件对塌方事故的影响情况,将 K 线大盘山隧道左右线划分为 11 个区段,见表 9-5。

塌方风险评估分段　　　　表 9-5

分段编号	里程桩号
1	右线 K113 + 955 ~ K113 + 973,左线 ZK113 + 945 ~ ZK113 + 973
2	右线 K113 + 973 ~ K114 + 475,左线 ZK113 + 973 ~ ZK114 + 460

续上表

分段编号	里程桩号
3	右线 K114+475～K115+230,左线 ZK114+460～ZK115+230
4	右线 K115+230～K116+520,左线 ZK115+230～ZK116+520
5	右线 K116+520～K117+060,左线 ZK116+520～ZK117+160
6	右线 K117+060～K118+600,左线 ZK117+160～ZK118+535
7	右线 K118+600～K119+050,左线 ZK118+535～ZK119+020
8	右线 K119+050～K120+500,左线 ZK119+020～ZK120+500
9	右线 K120+500～K121+000,左线 ZK120+500～ZK121+000
10	右线 K121+000～K122+150,左线 ZK121+000～ZK122+145
11	右线 K122+150～K122+210,左线 ZK122+145～ZK122+195

(1)分段1塌方风险分析

分段1为隧道进口段,自然坡度较陡,约25°～45°,第四系残坡积覆盖层厚度薄,厚约0.5m,强～中风化基岩直接出露地表,基岩为青灰色、灰紫色晶屑凝灰岩,中风化岩质坚硬,锤击声脆,反弹震手,难击碎,节理裂隙较少发育,较完整,呈块状,节理面平直光滑,闭合无填充。该段隧道位于丘陵斜坡地貌,植被丰富。坡体表部分布残坡积含黏性土碎石,厚约0.5m,褐黄色,碎石含量约占30%,粒径2～5cm,呈棱角状,母岩成分为晶屑凝灰岩。基岩为晶屑凝灰岩,青灰色,凝灰质结构,块状构造,岩质较硬～坚硬,强风化厚度小,岩体较破碎,呈碎块状,岩质较软;中风化基岩,岩质坚硬,岩体较完整～较破碎。该段隧道水文地质条件简单,地下水主要为基岩裂隙水,水量较贫乏,施工时有滴水或淋雨状出水。该段隧道穿越残坡积和强～中风化基岩,围岩稳定性较差,围岩以松散结构为主,[BQ]<250,综合评定为Ⅴ级围岩。分段1地质情况如图9-6所示。

综合评价,该分段发生塌方的可能性等级为3,即偶然发生。

(2)分段2塌方风险分析

该段隧道位于丘陵斜坡地貌,植被丰富。坡体表部分布残坡积含黏性土碎石,厚0.5m,褐黄色,碎石含量约占30%,粒径2～5cm,呈棱角状,母岩成分为晶屑凝灰岩。基岩为晶屑凝灰岩,青灰色,凝灰质结构,块状构造,岩质较硬～坚硬,强风化厚度小,岩体较破碎,呈碎块状,岩质较软;中风化基岩,岩质坚硬,岩体较完整～较破碎。该段地隧道穿越中～微风化凝灰岩,隧道最大埋深180m,地下水主要为基岩裂隙水,水量较贫乏,隧道施工时沿节理面可能有滴水现象,围岩体结合紧密,呈块状镶嵌结构,稳定性较好,但也存在发生掉块的可能。分段2地质情况如图9-7所示。

该分段穿越中风化岩,节理发育,总体水量较贫乏,雨季水量较大,综合评价,该段发生塌方的可能性的等级为2级,即很少发生。

同理可得其他分段发生塌方的可能性等级,并结合专家调查法的结果,经综合分析评判,得到K线大盘山隧道塌方风险,具体见表9-6。

 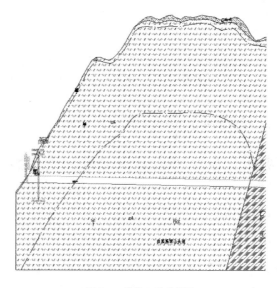

图 9-6 分段 1 地质情况　　　　图 9-7 分段 2 地质情况

K 线大盘山隧道塌方风险评价表　　　　表 9-6

编号	里程桩号	风险概率等级	风险损失等级	风险等级
1	右线 K113+955～K113+973， 左线 ZK113+945～ZK113+973	3	3	Ⅲ
2	右线 K113+973～K114+475， 左线 ZK113+973～ZK114+460	2	2	Ⅱ
3	右线 K114+475～K115+230， 左线 ZK114+460～ZK115+230	3	3	Ⅲ
4	右线 K115+230～K116+520， 左线 ZK115+230～ZK116+520	2	2	Ⅱ
5	右线 K116+520～K117+060， 左线 ZK116+520～ZK117+160	3	3	Ⅲ
6	右线 K117+060～K118+600， 左线 ZK117+160～ZK118+535	2	2	Ⅱ
7	右线 K118+600～K119+050， 左线 ZK118+535～ZK119+020	2	3	Ⅱ
8	右线 K119+050～K120+500， 左线 ZK119+020～ZK120+500	2	2	Ⅱ
9	右线 K120+500～K121+000， 左线 ZK120+500～ZK121+000	3	2	Ⅱ
10	右线 K121+000～K122+150， 左线 ZK121+000～ZK122+145	2	2	Ⅱ
11	右线 K122+150～K122+210， 左线 ZK122+145～ZK122+195	3	3	Ⅲ

9.1.4 小结

本节在《指南》的基础上增加了总体评估的部分,并设计了相应的量化风险评估指标体系,使得隧道工程初步设计阶段的评估过程更加规范和客观。另外,这一设计思路使其与隧道工程施工阶段的风险评估过程趋同,但在指标选取和使用理念上兼具自身的特点,使得风险评估结果能更好地服务于下一阶段的风险管理工作。

9.2 贵州盘县至兴义高速公路隧道工程施工安全风险评估

9.2.1 项目概况

贵州省盘县至兴义高速公路(盘县至铁山段)是《贵州省高速公路网规划》("678 网")中第七纵"威宁—板坝"的南段,也是贵州西部区域出海高速公路通道的重要组成路段。项目主线起于盘县的海铺,与沪昆国家高速公路和六盘水至盘县高速公路相接,终点接已建的汕昆国家高速公路兴义东互通;兴义支线起点与已建成的汕昆国家高速公路板坝至江底段及纳雍至兴义国家高速公路晴隆至兴义段相衔接,终点接兴义市在建的城市西南环线,如图9-8所示。

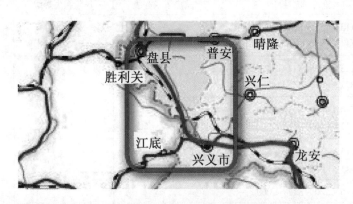

图 9-8 贵州盘县至兴义高速公路线路图

贵州盘兴高速公路技术标准采用四车道高速公路,设计速度为80km/h,其中,整体式路基宽度24.50m,分离式路基宽度12.25m,采用沥青混凝土路面。该项目被划分成4个施工合同段同步开展,其中包括14座隧道,长31 976m(双洞),分布在前3个合同段中。其中,第一合同段(4座)有城关箐隧道、上坡地隧道、水箐隧道和梨花井隧道;第二合同段(8座)有德寨隧道、司家寨隧道、营盘隧道、大厂荫隧道、民主隧道、大山隧道、小寨隧道和丫口寨隧道;第三合同段(2座)有新格隧道和上哈期隧道。各隧道的基本情况简述如下。

(1)城关箐隧道

隧道位于贵州盘县西冲镇,进口位于城关箐村,出口位于爬山村,全长3 599m,最大埋深281.41m,属深埋特长隧道。其中,Ⅲ级围岩长度1 040m,占隧道总长的28.90%,Ⅳ级围岩长度1 404m,占隧道总长的39.01%,Ⅴ级围岩长度1 155m,占隧道总长的32.09%。隧道进出口坡度均较缓,隧道区无断层发育,存在的主要不良地质为岩溶和小型松散堆积层滑坡。隧道岩石强度不高,地下水较丰富。隧道穿越煤系地层,施工中有瓦斯突出的危险,但煤矿采空区因距离较远,对隧道施工无影响。

(2)上坡地隧道

隧道位于贵州省盘县上坡地村山体中上部,左线全长230m,右线全长223m,最大埋深46m,属于浅埋短隧道。其中,Ⅳ级围岩占隧道总长的68.10%,Ⅴ级围岩占隧道总长的31.90%。隧道区岩溶较发育。

(3)水箐隧道

隧道位于贵州省盘县水塘镇水箐村锤子山山体东侧下部,左线全长462m,右线全长478m,最大埋深56m,属于浅埋短隧道。其中,Ⅳ级围岩总长230m,占隧道长度的48.12%,Ⅴ级围岩长度248m,占隧道总长的51.88%。隧道区岩溶较发育,岩体较完整,存在一条断层破碎带。

(4)梨花井隧道

隧道位于贵州省盘县水塘镇梨花井村山体上部,左线全长324m,右线全长315m,最大埋深60m,属于浅埋短隧道。其中,Ⅳ级围岩占隧道总长的60%,Ⅴ级围岩占隧道总长的40%。隧道区岩溶较发育,存在一个断层构造。

(5)德寨隧道

隧道位于贵州省盘县水塘镇,隧道进口位于德寨村,隧道出口位于荒坝村,全长1 603m,最大埋深179.63m,属于长隧道。其中,Ⅲ级围岩长度680m,占隧道总长的42.42%,Ⅳ级围岩长度370m,占隧道总长的23.08%,Ⅴ级围岩长度553m,占隧道总长的34.50%。隧道区岩溶发育,地下水丰富,围岩强度不高。

(6)司家寨隧道

隧道位于贵州省盘县水塘镇荒坝村与民主镇平地村交界处山体中下部,左线全长469m,右线全长458m,最大埋深91m,属于浅埋中隧道。其中,隧道左线Ⅳ级围岩长度328m,占隧道总长的69.94%,Ⅴ级围岩长度141m,占隧道总长的30.06%;隧道右线Ⅳ级围岩长度355m,占隧道总长的77.51%,Ⅴ级围岩长度103m,占隧道总长的22.49%。隧道区断层发育,其中一个断层在隧道进口处穿越,同时岩体节理裂隙发育,岩石强度较低。洞口如图9-9所示。

图9-9 司家寨隧道洞口

(7)营盘隧道

隧道位于贵州省盘县民主镇小白岩村与大厂荫村交界处山体下部,左线全长976m,右线全长954m,最大埋深146m,属于浅埋中隧道。其中,隧道左线Ⅲ级围岩长度117m,占隧道总长的11.99%,Ⅳ级围岩长度612m,占隧道总长的62.70%,Ⅴ级围岩长度247m,占隧道总长的25.31%;隧道右线Ⅲ级围岩长度102m,占隧道总长的10.69%,Ⅳ级围岩长度523m,占隧道总长的54.82%,Ⅴ级围岩长度329m,占隧道总长的34.49%。与司家寨隧道类似,隧道区断层发育,有一断层在隧道进口处穿越,且岩溶发育。洞口如图9-10所示。

图9-10 营盘隧道洞口

(8)大厂荫隧道

隧道位于贵州省盘县民主镇大厂荫村山体下部,左线全长467m,右线全长496m,最大埋深103m,属于浅埋短隧道。隧道全长均为Ⅳ级围岩,地质构造与营盘隧道类似,隧道区断层发育,有一断层在隧道进口处穿越,且岩体节理裂隙发育。洞口如图9-11所示。

图9-11 大厂荫隧道洞口

(9)民主隧道

隧道位于贵州省盘县境内,隧道进口位于民主乡民主村木瓜冲,隧道出口位于大山镇嘎拉河村田家寨附近,左线长3 872m,右线长3 893m,最大埋深372.05m,属于深埋特长隧道。其中,Ⅲ级围岩长度1 800m,占隧道总长的46.24%,Ⅳ级围岩长度1338m,占隧道总长的34.37%,Ⅴ级围岩长度755m,占隧道总长的19.39%。隧道区岩溶强烈发育,地下水丰富,岩石强度不高。

(10)大山隧道

隧道位于贵州省盘县大山镇司家寨村中下部,左线全长1 209m,右线全长1 203m,最大埋深106m,属于浅埋长隧道。其中,隧道左线Ⅳ级围岩长度548m,占隧道总长的45.33%,Ⅴ级围岩长度661m,占隧道总长的54.67%;隧道右线Ⅳ级围岩长度623m,占隧道总长的51.79%,Ⅴ级围岩长度580m,占隧道总长的48.21%。属瓦斯突出隧道,穿越的煤层有煤尘爆炸危险性,且隧道施工中可能会揭露采空区,但影响不大。隧道区地质构造作用强烈,断层发育,但没有直接穿越隧道,岩石强度较低,节理裂隙发育。洞口如图9-12所示。

图9-12　大山隧道洞口

(11) 小寨隧道

隧道位于贵州省盘县小寨村山体中部,左线全长1 060m,右线全长1 064m,最大埋深106m,属于浅埋长隧道。其中,Ⅳ级围岩占隧道总长的37.03%,Ⅴ级围岩占隧道总长的62.97%。

(12) 丫口寨隧道

隧道位于贵州省盘县丫口村山体中部,左线全长559m,右线全长609m,最大埋深94m,属于浅埋中长隧道。其中,Ⅳ级围岩占隧道总长的45.98%,Ⅴ级围岩占隧道总长的54.02%。

(13) 新格隧道

隧道位于贵州省盘县保田镇下宝田村,左线全长517m,右线全长522m,最大埋深83.20m,属于浅埋短隧道。隧道全长均为Ⅳ围岩,岩体较破碎,岩石强度较低。

(14) 上哈期隧道

隧道位于贵州省盘县普天回族乡哈期平村,全长405m,最大埋深62m,属于浅埋短隧道。其中,Ⅳ级围岩占隧道总长的22.72%,Ⅴ级围岩占隧道总长的77.28%。隧道区岩体较破碎,岩石强度较低。洞口如图9-13所示。

图9-13　上哈期隧道洞口

9.2.2　风险评估

下面以民主隧道为例,依据本书第3章建立的指标体系对山岭隧道施工风险评估中的总体评估和专项评估部分分别加以说明。图9-14为民主隧道洞口。

图 9-14 民主隧道洞口

1）总体评估

①围岩情况 A_1：Ⅲ级围岩长度 1 800m，占隧道总长的 46.24%，Ⅳ级围岩长度 1 338m，占隧道总长的 34.37%，Ⅴ级围岩长度 755m，占隧道总长的 19.39%。

②富水情况 A_2：隧址区属长江水系与珠江水系分水岭地带，属珠江水系主要支流——南盘江上游分水岭地带；受岩溶地貌影响，地表河网与地下河网均有发育，互有衔接，且反复出现；境内沟、河发育，多呈现河谷深切、河床狭窄、水流急、落差大，水利资源丰富。

③洞口 A_3：进洞口边、仰坡地形较平缓，为平均地形坡度 17°的斜坡；出洞口边、仰坡为高 140m、平均坡度 26°的斜坡，整个斜坡呈上陡、下部平缓形态，上部为坡度为平均坡度 37°的陡倾斜坡，下部为坡度 18°的斜坡。

④地质构造 A_4：隧道区范围不良地质主要有岩溶及嘎拉河古滑坡。

⑤岩溶发育情况：隧道区碳酸盐岩分布区石芽、溶沟（槽）、漏斗、落水洞、溶隙、溶缝等浅表岩溶强烈发育，局部甚至发育雏形石林，玄武岩与灰岩接触带发育岩溶泉及溶洞，对本隧道有较大影响。进洞口岩溶发育情况如图 9-15 所示。

⑥嘎拉河古滑坡：该滑坡在近 50 年未发生明显的滑坡现象，且未被贵州国土资源厅列为地质灾害防灾点，整体上处于稳定状态，如图 9-16 所示。

⑦软、硬岩 A_5：隧道区岩体主要为灰岩和玄武岩，岩石单轴饱和抗压强度一般在 20 ~ 38MPa 之间，属较软岩或较硬岩。

⑧气象 B：多年平均降水量 1 390mm，降水较丰富。

⑨开挖断面 C：双向四车道（双洞）。

⑩隧道全长 D：左线长 3 872m，右线长 3 893m，为特长隧道。

⑪隧道布置形式 E：分离式隧道。

⑫辅助坑道 F：无。

⑬洞口施工 G：台阶法施工、小导管超前支护、有相应加固措施。

⑭地震烈度等级 H：地震基本烈度为Ⅵ度。

⑮瓦斯含量 I：无瓦斯。

⑯特殊情形 J：无。

第9章 工程案例

a)进洞口附近灰岩石芽、溶沟强烈发育

b)进洞口外侧150m处发育的落水洞

c)进洞口右侧发育的石林雏形

d)玄武岩与灰岩接触带发育的溶洞

图 9-15 进洞口岩溶发育情况

a)古滑坡前缘

b)古滑坡后缘

图 9-16 嘎拉河古滑坡

各项指标的评估分值见表9-7。

民主隧道施工总体风险评估　　　　　　　　　　表9-7

评估指标		分项权重	权　重	评　分	计算分值
$A(=A_1+A_2+A_3+A_4+A_5+A_6)$ 地质	围岩情况（Ⅴ、Ⅵ级围岩占比r）A_1	0.3	0.20	1	0.48
	富水情况 A_2	0.2		3	
	洞口 A_3	0.2		3	
	地质构造 A_4	0.2		3	
	岩石类别 A_5	0.1		3	
B	大气降水	—	0.15	3	0.45
C	设计断面大小	—	0.20	3	0.60
D	隧道全长	—	0.15	4	0.60
E	隧道布置形式	—	0.15	1	0.15
$F(=F_1+F_2)$ 辅助坑道	类型 F_1	0.5	0.05	1	0.05
	数量 F_2	0.5		1	
$G(=G_1+G_2+G_3)$ 洞口施工	施工方法 G_1	0.4	0.05	2	0.115
	支护措施 G_2	0.3		3	
	加固措施 G_3	0.3		2	
H	地震烈度等级	—	0.05	2	0.10
I（可选）	瓦斯含量	—	0.20	0	0
J（可选）	特殊情形	—	0.20	0	0
合计（$=A+B+C+D+E+F+G+H+I+J$）					2.545

民主隧道施工风险总体评估等级为Ⅲ级（高度风险）。

2）专项评估

民主隧道由贵州公路集团承建，其安全管理评价见表9-8。

贵州公路集团安全管理评估　　　　　　　　　　表9-8

评估指标	分　类	分　值	评　分
A 总包企业资质	三级	3	1
	二级	2	
	一级	1	
	特级	0	
B 专业及劳务分包企业资质	无资质	1	0
	有资质	0	
C 历史事故情况	发生过重大事故	3	1
	发生过较大事故	2	
	发生过一般事故	1	
	未发生事故	0	

续上表

评估指标	分类	分值	评分
D 作业人员经验	无经验	2	0
	经验不足	0	
	经验丰富	0	
E 安全管理人员配备	不足	2	1
	基本符合规定	1	
	符合规定	0	
F 安全投入	不足	2	1
	基本符合规定	1	
	符合规定	0	
G 机械设备配置及管理	不符合合同要求	2	1
	基本符合合同要求	1	
	符合合同要求	0	
H 专项施工方案	可操作性较差	2	1
	可操作性一般	1	
	可操作性强	0	
合计（=A+B+C+D+E+F+G+H）			6

注：折减系数 $\gamma = 1$。

民主隧道专项风险评估分段情况见表9-9。

民主隧道施工专项风险评估分段表

表9-9

编号	分段名称	里程桩号	围岩等级	区段长度(m)	占隧道总长(%)	埋深区间(m)
1	进洞段	K29+737~K29+815	IV	78	2.0	6.31~33.92
		Z4K29+773~Z4K29+840		67	1.7	4.71~34.62
2	洞身段1	K29+815~K30+400	IV	585	15.0	33.92~129.46
		Z4K29+840~Z4K30+380		540	13.9	34.62~109.14
3	洞身段2	K30+400~K30+690	III	290	7.4	129.46~258.36
		Z4K30+380~Z4K30+700		320	8.3	109.14~256.72
4	洞身段3	K30+690~K30+770	IV	80	2.1	258.36~314.38
		Z4K30+700~Z4K30+780		80	2.1	256.72~301.61
5	洞身段4	K30+770~K32+280	III	1510	38.8	212.74~357.06
		Z4K30+780~Z4K32+280		1500	38.7	216.16~372.05
6	洞身段5	K32+280~K32+685	IV	405	10.4	102.31~212.74
		Z4K32+280~Z4K32+690		410	10.6	102.36~216.16
7	洞身段6	K32+685~K33+150	V	465	11.9	30.77~102.31
		Z4K32+690~Z4K33+160		470	12.1	26.52~102.36
8	洞身段7	K32+150~K33+340	IV	190	4.9	70.43~139.25
		Z4K32+160~Z4K33+370		210	5.4	50.11~130.20

续上表

编号	分段名称	里程桩号	围岩等级	区段长度(m)	占隧道总长(%)	埋深区间(m)
9	出洞段	K32+340~K33+630	V	290	7.4	10.66~91.60
		Z4K32+370~Z4K33+645		275	7.1	7.61~72.97

下面分别对隧道工程施工过程中容易发生的洞口失稳、塌方和涌水突泥风险进行评估。

(1) 洞口失稳风险

表9-10为进洞口失稳风险可能性评估分值。

进洞段失稳(平洞)可能性评估指标体系　　　　表9-10

评估指标		分项权重	权重	评分	计算分值	备注
A	围岩等级	—	0.25	3	0.75	IV级
B	边仰坡高度	—	0.10	2	0.2	最大埋深33.92m
C	坡度(土质)	—	0.10	2	0.2	岩质边坡,坡度17°
D	坡面产状(岩质)	—				
E	偏压	—	0.15	2	0.3	存在一定偏压,但不严重
F	大气降水	—	0.10	3	0.3	大气降水较充沛
G	地下水	—	0.10	3	0.2	地下水较丰富
$H(=H_1+H_2+H_3)$洞口施工	施工方法 H_1	0.4	0.20	2	0.34	台阶法
	支护措施 H_2	0.3		3		小导管超前支护
	加固措施 H_3	0.3		2		有加固措施
I(可选)	其他	—	0.20	3	0.6	穿越岩溶区
合计[$=\gamma\times(A+B+C+D+E+F+G+H+I)$]$(\gamma=1)$					2.89	—

隧道进洞段失稳可能性等级为3级(即可能发生)。

同理可得隧道出洞段失稳可能性等级,见表9-11。

隧道洞口失稳可能性等级汇总表　　　　表9-11

施工区段	计算分值	可能性等级 P
进洞段	2.89	3
出洞段	3.04	3

采用专家调查的方式得到隧道洞口失稳风险损失严重程度等级,见表9-12。

隧道洞口失稳损失严重程度等级汇总表　　　　表9-12

施工区段	损失严重程度等级 C		
	直接经济损失	人员伤亡	综合
进洞段	2	2	2
出洞段	2	2	2

隧道洞口失稳风险等级,见表9-13。

隧道洞口失稳风险等级汇总表　　　　　　　　　　　　　表 9-13

施工区段	P	C	R
进洞段	3	2	Ⅲ
出洞段	3	2	Ⅲ

（2）塌方风险

表 9-14 为进洞段塌方风险可能性评估分值。

进洞段塌方可能性评估指标体系　　　　　　　　　　　　表 9-14

评估指标		分项权重	权重	评分	计算分值	备 注
A	设计断面大小	—	0.05	3	0.15	双洞四车道
B	围岩破碎情况或风化情况	—	0.10	3	0.30	洞口段围岩很破碎
C	围岩级别	—	0.15	3	0.45	Ⅳ级
D	地下水	—	0.10	3	0.30	较丰富
E	大气降水	—	0.10	3	0.30	较充沛
F	不良地质情况	—	0.20	3	0.60	穿越岩溶区
G	埋深	—	0.10	3	0.30	浅埋
H	地质符合性	—	0.05	1	0.10	基本一致
I 施工因素	I_1 支护施作	0.3	0.15	1	0.225	衬砌距掌子面距离小于 70m
	I_2 仰拱施作	0.2		1		一次仰拱开挖不超过 8m
				2		
	I_3 监控量测	0.5				定期人工监控量测
J（可选）	其他	—	0.20	0	0	无
合计 [$=\gamma \times (A+B+C+D+E+F+G+H+I+J)$]（$\gamma = 1$）					2.725	—

进洞段施工塌方可能性等级为 3 级（即可能发生）。

同理可得其他施工区段施工塌方可能性等级，见表 9-15。

隧道施工区段塌方可能性等级表　　　　　　　　　　　　表 9-15

施工区段	计算分值	可能性等级 P
进洞段	2.725	3
洞身段 1	2.525	3
洞身段 2	2.075	2
洞身段 3	2.325	2
洞身段 4	2.075	2
洞身段 5	2.225	2
洞身段 6	2.575	3
洞身段 7	2.425	2
出洞段	2.675	3

同前，可得隧道各施工区段塌方风险损失严重程度等级，见表 9-16。

隧道施工区段塌方损失严重程度等级汇总表　　　　表9-16

施工区段	损失严重程度等级 C		
	直接经济损失	人员伤亡	综合
进洞段	2	3	3
洞身段1	2	2	2
洞身段2	2	2	2
洞身段3	2	2	2
洞身段4	2	2	2
洞身段5	2	2	2
洞身段6	2	2	2
洞身段7	2	2	2
出洞段	2	3	3

从而可以得到隧道各施工区段的塌方风险等级，见表9-17。

隧道施工区段塌方风险等级汇总表　　　　表9-17

施工区段	P	C	R
进洞段	3	3	Ⅲ
洞身段1	3	2	Ⅲ
洞身段2	2	2	Ⅱ
洞身段3	2	2	Ⅱ
洞身段4	2	2	Ⅱ
洞身段5	2	2	Ⅱ
洞身段6	3	2	Ⅲ
洞身段7	2	2	Ⅱ
出洞段	3	3	Ⅲ

(3) 涌水突泥风险

表9-18为进洞段涌水突泥风险可能性评估分值。

进洞段涌水突泥可能性评估指标体系　　　　表9-18

	评估指标	分项权重	权重	评分	计算分值	备注
A	地下水	—	—	1	1	较丰富
B	大气降水	—	—	1	1	较充沛
C	围岩级别		0.20	3	0.60	Ⅳ级
D	地质符合性		0.25	2	0.50	基本一致
E	不良地质情况	—	0.30	3	0.90	存在岩溶

续上表

评估指标		分项权重	权重	评分	计算分值	备注
F 施工因素	F_1 一次开挖进尺	0.5	0.25	2	0.5	小于3m
	F_2 超前地质预报	—		0.8		偶尔
	F_3 掌子面围岩加固	0.5		3		偶尔
G	其他水源	—	—	1	1	无
合计[$=\gamma \cdot \max(A,B) \cdot (C+D+E+F) \cdot G$]($\gamma=1$)					2.4	—

进洞段施工涌水突泥可能性等级为2级(即偶然发生)。

同理可得其他施工区段涌水突泥可能性等级,见表9-19。

隧道施工区段塌方可能性等级表　　　　表9-19

施工区段	计算分值	可能性等级 P
进洞段	2.4	2
洞身段1	2.4	2
洞身段2	1.632	2
洞身段3	1.824	2
洞身段4	1.632	2
洞身段5	1.824	2
洞身段6	2.016	2
洞身段7	1.824	2
出洞段	2.016	2

同前,可得隧道各施工区段涌水突泥风险损失严重程度等级,见表9-20。

隧道施工区段涌水突泥损失严重程度等级汇总表　　　　表9-20

施工区段	损失严重程度等级 C		
	直接经济损失	人员伤亡	综合
进洞段	2	3	3
洞身段1	2	3	3
洞身段2	2	2	2
洞身段3	2	2	2
洞身段4	2	2	2
洞身段5	2	2	2
洞身段6	2	3	3
洞身段7	2	2	2
出洞段	2	3	3

隧道各施工区段涌水突泥风险等级,见表9-21。

隧道施工区段涌水突泥风险等级汇总表　　　　　　　表9-21

施工区段	P	C	R
进洞段	2	3	Ⅲ
洞身段1	2	3	Ⅲ
洞身段2	2	2	Ⅱ
洞身段3	2	2	Ⅱ
洞身段4	2	2	Ⅱ
洞身段5	2	2	Ⅱ
洞身段6	2	3	Ⅲ
洞身段7	2	2	Ⅱ
出洞段	2	3	Ⅲ

民主隧道各风险事件的风险等级汇总情况,见表9-22。

民主隧道各风险事件风险等级汇总表　　　　　　　表9-22

事件＼单元	进洞段	洞身段1	洞身段2	洞身段3	洞身段4	洞身段5	洞身段6	洞身段7	出洞段	事件R
洞口失稳	Ⅲ	—	—	—	—	—	—	—	Ⅲ	Ⅲ
塌方	Ⅲ	Ⅲ	Ⅱ	Ⅱ	Ⅱ	Ⅲ	Ⅱ	Ⅲ	Ⅲ	Ⅲ
涌水突泥	Ⅲ	Ⅲ	Ⅱ	Ⅱ	Ⅱ	Ⅱ	Ⅲ	Ⅱ	Ⅲ	Ⅲ
单元R	Ⅲ	Ⅲ	Ⅱ	Ⅱ	Ⅱ	Ⅲ	Ⅲ	Ⅲ	Ⅲ	—

注:(1)区段风险等级R取各事件风险等级的最大值;
　　(2)事件风险等级R取各区段风险等级的最大值。

9.3　湖南益阳至马迹塘高速公路隧道和边坡工程施工安全风险可视化

由于地形地质条件复杂,山区公路建设技术难度大,桥隧比例高,在公路隧道、边坡等的建设过程中,存在大量的隧道塌方、衬砌开裂、边坡失稳滑坡等潜在风险。尽管施工过程中的风险很难避免,但由于岩土工程相关风险事故的发生通常具有一定的时间、空间规律性,通过对施工过程某些特征量进行监控量测,并结合理论分析,可以实现对隧道塌方、边坡失稳等典型施工风险事件发生的预判。

工程施工过程中监控量测工作的优势和重要性自不待言,但由于山区公路工程的施工环境相对较差,仪器安装设置困难,同时由于监测得到的数据服务于专业人员,工程现场的普通工人无法看到或不能理解其表达的含义。例如在隧道施工过程中,隧道围岩的变形是隧道结构状态的一种表现,如果通过传统测量方法量测得到了变形值,在专业人员判断出结构的安全状态之前,施工现场的工人很难觉察可能潜在的风险,从而在事故发生之前无法采取及时有效的预防措施。

近年来,国内外研究机构及学者在风险可视化方面开展了一些理论研究和设备研制工作。

日本神户大学的 Akutagawa(2010,2011)提出了基于 LED 的现场监测可视化方法,并将其应用于桥梁和山岭隧道的安全风险可视化。同济大学的王明卓和黄宏伟(2015)对土木工程风险可视化的监测预警方法进行了研究,并开发了基于 LED 的风险可视化监测预警原型。在诸多研究成果中,基于 MEMS 的无线感知网络技术和 LED 照明技术已被认为是研究风险智能感知装备的重要依托。美国密西根大学的智能结构技术实验室(LIST)、美国伊利诺伊大学香槟分校、英国剑桥大学的智慧基础设施和建筑中心(CSIC)和同济大学都将基于 MEMS 和 LED 照明技术作为安全风险智能感知和可视化的研究重点。MEMS 及 LED 照明技术的发展为高速公路建设中灾害风险的智慧感知及可视化提供了可能。

本节以湖南益马高速公路隧道和边坡工程为例对风险可视化的研究成果进行简要介绍,以期为山区公路建设的安全风险管理工作提供一种借鉴。

9.3.1 项目概况

益阳至马迹塘高速公路是湖南省高速公路规划网中平江至怀化高速公路的一段,将京港澳国家高速公路、长常高速公路、长益高速公路与二广国家高速公路在湘中地区快速连接,未来将西延至怀化市形成湘东北至湘西南的交通大通道。项目全线位于益阳境内,起于益阳市赫山区绕城高速 K17 处凤形山枢纽互通,向西经高新区、桃江县,于马迹塘镇北跨资江,止于与二广国家高速公路交汇处马迹塘西枢纽互通。

益马高速公路线路总长 57.9km,采用双向四车道高速公路标准,设计速度为 100km/h,路基宽 26m,路面全线采用沥青混凝土结构。图 9-17 为益马高速公路线路示意图。益马高速公路建成后,将满足湖南桃花江核电站项目建设期间大型设备的快速运输,同时将大大改善该地区交通条件,加强益阳中西部与长株潭地区及东南沿海的联系。

益马高速公路共设置了 4 座山岭隧道,包括莫家大屋隧道、板山隧道、万香仑隧道和浮邱山隧道,下面简要概括各隧道的基本情况。

(1)莫家大屋隧道

隧道为双洞单向交通隧道,左线全长 653m,右线全长 660m,左右洞测设线间距 16.4~20.0m,属于小净距隧道。其中,隧道左线Ⅲ级及以下围岩长度 348m,占隧道总长的 53.29%,Ⅳ级围岩长度 194m,占隧道总长的 29.71%,Ⅴ级围岩长度 111m,占隧道总长的 17.00%;隧道右线Ⅲ级及以下围岩长度 268m,占隧道总长的 40.61%,Ⅳ级围岩长度 251m,占隧道总长的 38.03%,Ⅴ级围岩长度 141m,占隧道总长的 21.36%。

隧道洞口段存在浅埋、偏压现象,隧道区域存在一条平移断层和一条背斜,断层在莫家大屋隧道出口和板山隧道入口之间的冲沟中,断层规模小且没有通过隧道区域。图 9-18a)为莫家大屋隧道出洞口。

(2)板山隧道

隧道为双洞单向交通隧道,左线全长 575m,右线全长 565m,左右洞测设线间距 14.6~21m,属于小净距隧道。其中,隧道左线Ⅲ级及以下围岩长度 361m,占隧道总长的 62.78%,Ⅳ级围岩长度 88m,占隧道总长的 15.30%,Ⅴ级围岩长度 126m,占隧道总长的 21.91%;隧道右线Ⅲ级及以下围岩长度 378m,占隧道总长的 66.90%,Ⅳ级围岩长度 87m,占隧道总长的 15.40%,Ⅴ级围岩长度 100m,占隧道总长的 17.70%。图 9-18b)为板山隧道进洞口。

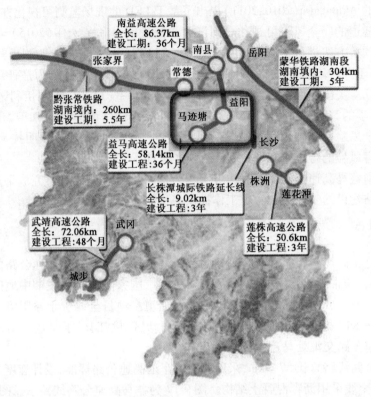

图9-17 湖南益阳至马迹塘高速公路线路示意图

(3) 万香仑隧道

隧道为双洞单向交通隧道，左线全长1 485m，右线全长1 410m，左右洞测设线间距24m～24.5m，隧道全段均属于小净距隧道。其中，隧道左线Ⅲ级及以下围岩长度573m，占隧道总长的40.21%，Ⅳ级围岩长度444m，占隧道总长的31.16%，Ⅴ级围岩长度408m，占隧道总长的28.63%；隧道右线Ⅲ级及以下围岩长度462m，占隧道总长的32.81%，Ⅳ级围岩长度565m，占隧道总长的40.13%，Ⅴ级围岩长度381m，占隧道总长的27.06%。图9-18c)为万香仑隧道进洞口。

(4) 浮邱山隧道

隧道为双洞单向交通隧道，左线全长2 305m，右线全长2 325m，左右洞测设线间距15.0m～24.5m，隧道进出口段属于小净距隧道，中间段属于分离式隧道。其中，隧道左线Ⅲ级及以下围岩长度1 868m，占隧道总长的81.04%，Ⅳ级围岩长度287m，占隧道总长的12.45%，Ⅴ级围岩长度150m，占隧道总长的6.51%；隧道右线Ⅲ级及以下围岩长度1 883m，占隧道总长的80.99%，Ⅳ级围岩长度322m，占隧道总长的13.85%，Ⅴ级围岩长度120m，占隧道总长的5.16%。图9-18d)为浮邱山隧道出洞口。

浮邱山隧道出洞口高边坡：出洞口(马迹塘端)右洞洞口位于高边坡下冲沟中，隧道轴线与等高线大致呈40°相交，偏压严重，如图9-19a)所示。覆盖层厚度较大，粉质黏土厚约4.8m，其下为强、中风化岩，围岩级别为Ⅴ级，极其破碎。岩层产状较陡，节理裂隙发育，裂隙面附着浅红色浸染物，多呈张开状，仰坡岩层基本为顺坡向，但倾角大，仰坡稳定性较差。洞口高边坡施工前的情况如图9-19b)所示。

a) 莫家大屋隧道出洞口

b) 板山隧道进洞口

c) 万香仑隧道进洞口

d) 浮邱山隧道出洞口

图 9-18　益马高速公路隧道工程

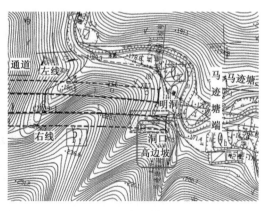
a) 地形图

b) 现场照片

图 9-19　浮邱山隧道出洞口高边坡

因浮邱山隧道出洞口右洞侧高边坡稳定性较差,且采取加固措施之后仍然发生较大变形,土体产生较大裂缝,如图9-20所示,对进洞人员和设备产生较大威胁,在此情形下开展了洞口高边坡的变形实时监测和可视化工作。

a)加固后的边坡

b)产生裂缝后的边坡

图9-20　浮邱山隧道出洞口高边坡加固及变形裂缝

9.3.2　围岩稳定性判据

围岩稳定状态体现在隧道围岩变形速率呈递减趋势并趋于零,而失稳状态则表现为围岩变形速率呈现递增趋势,最终累计位移超过极限位移而发生失稳。因此,国内外的有关规范中,围岩稳定性判据多以变形值或变形速率为主,认为围岩变形量或变形速率超过一定值,岩体即发生破坏。具体的判据有多种,这里仅介绍围岩容许位移判据和围岩容许位移速率判据。

（1）围岩容许位移判据

容许位移是指保证隧道不产生有害松动的情况下,自隧道开挖起到围岩变形稳定为止,隧道水平收敛位移总量的最大容许值,也有用拱顶的最大下沉量来表示的。此判据的关键点和难点在于围岩的容许极限位移的确定。因为,有些情况,围岩变形几十毫米,隧道即发生塌方;而有些情况,围岩变形数百毫米,隧道仍然能够自稳。因此,确定的围岩容许位移量国内外尚无统一标准。

根据《岩土锚杆与喷射混凝土支护技术规范》(GB 50086—2015),隧洞周边的实测位移相对值或用回归分析推算的最终位移值均应小于表9-23所列数据值。当位移速率无明显下降,而此时实测位移相对值已接近表中规定的数值,同时支护混凝土表面已出现明显裂缝;或者实测位移速度出现急剧增长时,必须立即采取补强措施,并改变施工程序或设计参数,必要时立即停止开挖,进行施工处理。

隧洞周边允许位移相对值(%)　　　　　　　　　　　　　表9-23

围岩级别＼埋深(m)	<50	50~300	>300
Ⅲ	0.10~0.30	0.20~0.50	0.40~1.20
Ⅳ	0.15~0.50	0.40~1.20	0.80~2.00

续上表

围岩级别 \ 埋深(m)	<50	50~300	>300
V	0.20~0.80	0.60~1.60	1.00~3.00

注:(1)周边位移相对值系指两测点间实测位移累计值与两测点间距离之比,两测点间位移值也称收敛值。
(2)脆性围岩取表中较小值,塑性围岩取表中较大值。
(3)本表适用于高跨比0.8~1.2的下列地下工程:
  Ⅲ级围岩跨度不大于20m;
  Ⅳ级围岩跨度不大于15m;
  Ⅴ级围岩跨度不大于10m。
(4)Ⅰ级、Ⅱ级围岩中进行量测的地下工程,以及Ⅲ级、Ⅳ级和Ⅴ级围岩中在(3)范围之外的地下工程应根据实测数据的综合分析或工程类比方法确定允许值。

根据《公路隧道设计规范》(JTG D70—2004),按承载能力设计时,复合式衬砌初期支护的允许洞周相对收敛值应根据围岩地质条件分析确定,缺乏资料时,可按表9-24选用。

隧洞周边允许位移相对值(%) 表9-24

围岩级别 \ 埋深(m)	<50	50~300	>300
Ⅲ	0.10~0.30	0.20~0.50	0.40~1.20
Ⅳ	0.15~0.50	0.40~1.20	0.80~2.00
Ⅴ	0.20~0.80	0.60~1.60	1.00~3.00

注:(1)水平相对收敛值系指收敛位移累计值与两侧点间距离之比。
(2)硬质围岩隧道取表中较小值,软质围岩隧道取表中较大值。
(3)拱顶下沉允许值一般可按本表数值的0.5~1.0倍采用。
(4)本表所列数值在施工过程中可通过实测和资料积累作适当修正。

(2)围岩容许位移速率判据

容许位移速率是指在保证围岩不产生有害松动的条件下,隧道水平收敛位移速度的最大容许值。与容许位移判据类似,国内外对此尚无统一标准,一般都根据经验选定。

在正常围岩变形的全过程中,如果围岩不失稳,只有在开挖后的极短时间内变形是加速的;或在已开挖的地段,如果再次受到施工扰动,也会出现短时间的变形加速,但只要扰动停止,变形就会减速。因此,可用位移速率变化的正负号来区分稳定和失稳状态(刘学增,2010)。

《岩土锚杆与喷射混凝土支护技术规范》(GB 50086—2015)和《公路隧道设计规范》(JTG D70—2004)仅考虑了围岩等级和埋深对围岩变形的影响,但根据本书第5章5.4节隧道塌方风险贝叶斯网络结构图可以看出,隧道施工过程中是否会发生塌方与包括围岩等级、隧道埋深、开挖跨度等多种因素有关。为将影响隧道施工过程中围岩变形的多种因素考虑在内,这里以贝叶斯网络方法求得的隧道施工塌方风险等级概率值为依据来制定隧道变形监测的量化评定标准。

隧道施工塌方风险的综合等级根据式(9-1)的计算结果进行划分,详见表9-25。

$$R = P_1 + 2P_2 + 3P_3 + 4P_4 \tag{9-1}$$

式中:P_1、P_2、P_3、P_4——隧道施工塌方风险等级取1、2、3、4时的概率值。

隧道施工塌方风险综合等级表　　　　　　表9-25

R	1~2	2~3	3~4
综合等级	一级	二级	三级

根据初期监测到的隧道围岩变形数据，并考虑风险可视化仪在隧道施作初期支护后布设并开始进行监控工作，变形监测的量化评定标准见表9-26。

隧道围岩稳定性评定标准　　　　　　表9-26

综合等级	预警值(mm)	报警值(mm)	预警速率(mm/d)	报警速率(mm/d)
一级	2~4	4~6	0.2~0.4	0.4~0.6
二级	5~7	7~9	0.5~0.7	0.7~0.9
三级	8~10	10~12	0.8~1.0	1.0~1.2

注：预警值和报警值适用于拱顶下沉和水平收敛。

（3）莫家大屋隧道的围岩变形预警和报警判据

莫家大屋隧道是一条双向四车道小净距隧道，隧道建筑限界净宽10.75m，净高5.0m，左洞长644m，右洞长688m。隧道最大埋深约110m，围岩较为破碎，Ⅳ级、Ⅴ级围岩占比：左洞为47.4%，右洞为57.2%，且隧道出洞口存在浅埋偏压现象，但隧道区域无断层、溶洞等严重不良地质构造。总体上讲，隧址区地下水较为贫乏，但常年降水较为丰富。地震基本烈度为Ⅵ度。

2016年4月莫家大屋左线约ZK9+150处在施作初期支护时发生一次大塌方，位置为靠近掌子面的拱顶，塌腔高度近6m，塌体体积超过200m³。塌方持续了近半个月，导致工程停工近两个月。由于塌方前有明显征兆，且岩体塌落速度较慢，因而并未造成人员伤亡。该塌方地段围岩等级为Ⅴ级（设计围岩等级为Ⅲ级），地下水贫乏，揭露的岩体风化严重。

使用Netica软件建立的莫家大屋隧道左线塌方位置处的施工塌方风险贝叶斯网络分析模型如图9-21所示。利用该模型计算得到的塌方风险概率值见表9-27。

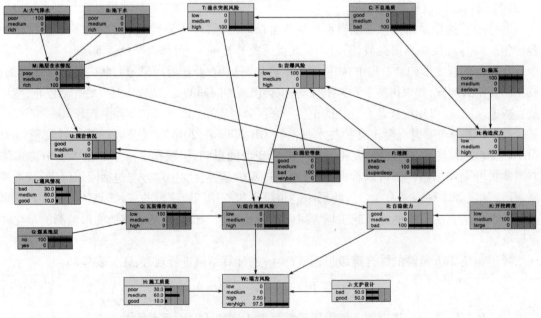

图9-21　莫家大屋隧道施工塌方风险预测模型

隧道塌方风险概率值　　　　　　　　　　　表 9-27

等级	I	II	III	IV
概率(%)	0	0	2.5	97.5

由本书第 5 章的式(5-18)和式(5-19)计算得到的基本因素的重要性指标值如图 9-22 所示。可以看出,"不良地质情况(C)"、"开挖跨度(K)"和"地下水(B)"对降低"塌方风险 $M = c$"的概率影响较大,而"不良地质情况(C)"、"开挖跨度(K)"、"偏压(D)"和"埋深(F)"对增大"塌方风险 $M = c$"的概率影响较大。

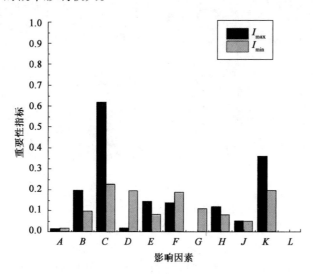

图 9-22　基本节点的重要性指标值

由式(9-1)计算得到的隧道施工塌方风险综合等级 $R = 3.975$(三级),隧道信息化施工位移监控量测的容许位移量和容许位移速率可查表 9-26 得到。

9.3.3　隧道施工期变形风险可视化

1)隧道初衬

隧道安全风险可视化仪使用激光传感器监测隧道施工过程中的拱顶沉降和边墙收敛,并通过内置采集板和隧道内的无线路由器将监测数据传输到安装在隧道洞口的网关,网关将这些数据传输到系统服务器,管理人员可以通过计算或手机实时查看风险可视化仪的工作情况和隧道安全情况。风险可视化仪预警系统工作流程如图 9-23 所示。图 9-24 所示为隧道内拱腰处一台正在工作的风险可视化仪的外观照片。可视化仪负责实时监测隧道拱顶和拱腰初衬的变形情况,并将监测数据进行可视化并传送给服务器。此外,该系统还具有一定的扩展性,可接入用于测量倾角、温度、湿度等信息的无线传感器。

隧道工程建设的安全风险可视化包括两部分,其一是利用风险可视化仪将隧道的变形情况在相应位置处以 LED 灯的红、黄和绿三色来直观显示(分别代表报警、预警和安全状态),以使施工人员实时了解隧道施工过程中的风险状况;其二是将风险可视化仪反馈的监测数据在网站和手机 APP 中以图形化的方式直观呈现,对隧道施工过程的风险状况进行实时提醒。

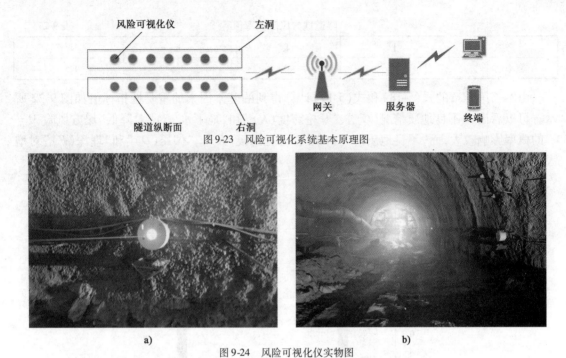

图 9-23 风险可视化系统基本原理图

图 9-24 风险可视化仪实物图

风险可视化仪所使用的高精度激光传感器如图 9-25 所示,其详细参数见本书附录 D。

一般情况下,在隧道纵向上每隔 10m 设置一个监测断面,如图 9-26 所示,在靠近施工掌子面或需要重点监测的地段(如断层破碎带)可以设置地更为密集。每个监测断面上挂设一台风险可视化仪,负责监测洞壁围岩的拱顶沉降和水平收敛变形数据,如图 9-27 所示。

图 9-25 高精度激光传感器

图 9-26 隧道纵断面激光传感器布置图

图 9-28 为风险可视化仪监测隧道断面拱顶沉降和水平收敛的原理图。下面对此二者分别加以说明。

(1) 水平收敛

如图 9-28 所示,线段 AB 为变形前隧道两侧洞壁的水平间距,线段 $A'B'$ 为变形后隧道两侧洞壁的水平间距,则线段 AE 和 FB 的长度之和为传感器监测到的变形收敛值。由于水平收敛量相比隧道跨度来说很小,因此这种假设是比较合理的。

(2) 拱顶沉降

如图 9-28 所示,线段 AC 为隧道变形前传感器与拱顶之间的直线距离,线段 $A'C'$ 为隧道变形后传感器与拱顶之间的直线距离,作 AA' 的平行线 $C'D$,则线段 CD 为传感器监测到的拱顶沉降量。由于 $C'D$ 相比传感器与拱顶之间的间距来说很小,可将线段 CD 与 CC' 视作近似相等,这种假设是比较合理的。

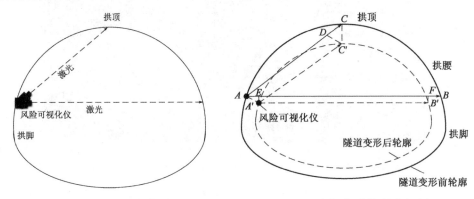

图 9-27 隧道横断面激光传感器布置图　　图 9-28 风险可视化仪监测原理图

2) 隧道洞口高边坡

浮邱山隧道出洞口高边坡的变形风险可视化流程:安装在边坡上的无线倾角传感器将实时监测数据通过安装在附近的网关设备上传到服务器,工程管理人员通过"风险可视化系统"查看边坡的实时变形情况。其原理图如图 9-29 所示。无线倾角传感器如图 9-30 所示,其详细参数见本书附录 D。

浮邱山隧道出洞口高边坡共分四级台阶,传感器在边坡上的布置情况如图 9-31 所示。其中,一级台阶 4 个,二级台阶 4 个,三级台阶 2 个,四级台阶 1 个,共计 11 个传感器,传感器在边坡台阶上均匀布置,其间距根据台阶的实际长度进行调节。传感器实物在边坡上的布置情况如图 9-32 所示。

图 9-29 边坡安全风险可视化原理图

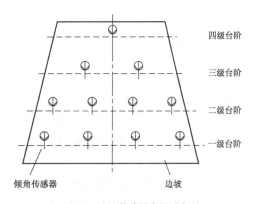

图 9-30 无线倾角传感器　　图 9-31 边坡传感器布置示意图

365

a)倾角传感器实物图　　　　　　b)边坡第一台阶传感器布置图

图9-32　边坡传感器实物布置图

各传感器的预、报警阈值见本书附录D。

在开展边坡变形风险可视化期间,边坡一级台阶曾发生较大变形,并产生较大裂缝,该风险事件被传感器监测到,一级台阶上安装的倾角传感器倾角值的变化情况见本书附录D。

9.4　黄土岭隧道运营期病害分析

9.4.1　概述

隧道经过多年使用之后会产生多种病害,给运营安全造成较大威胁。早期修建的隧道经常出现衬砌开裂、背后空洞、渗漏水、冻害、围岩大变形、衬砌厚度薄、混凝土强度低、钢筋锈蚀等病害,影响结构外观,且降低结构耐久性。据原铁道部工务部门2002年秋的检测数据统计,至2002年底,我国共有铁路隧道5711座,总延长2833km,其中严重渗漏水的隧道有1620座、23400处、150km,占总座数的28.4%,总长度的5.3%(工克金,2006)。截至2007年底,全国公路隧道病害为4673处、约2560km,通过初步调查,其主要病害形式为严重渗漏水、结构衬砌的腐蚀裂损等,为隧道的后期运营带来了安全隐患(王华牢,2010)。

隧道病害是一个世界性难题,在日本及欧美发达国家,隧道也存在大量病害,并危及到隧道的运营安全。据统计,建成10年以上的隧道,约70%存在病害,而其中的90%存在渗漏水。隧道的运营维护也是国际隧道协会最关心的热点问题及难题之一。截至1990年底,日本建成通车的公路隧道6705座,大约有60%的运营公路隧道发生了渗漏水,而有24%的隧道遭受到了其他类型的侵害,特别是衬砌开裂(Akira,1986,1988;蒲春平,1999)。据1993年日本对3800座铁路隧道的调查,其中2100座存在各种形式的病害,占被调查隧道数量的65%(Akira,1996;Asakura,1996;Aoshima,2002;Kazuaki,2005)。日本在1996年对隧道渗漏水情况做过统计,发现总长4870km的隧道中58%出现渗漏,其中49%的隧道出现在拱部,23%的隧道出现在边墙,28%的隧道施工缝及变形缝出现渗漏水(工克金,2006)。

(1)衬砌裂缝病害

衬砌裂缝是隧道最常见也是最严重的病害之一,而且是导致其他病害,如渗漏水、掉块、坍塌等的直接或间接原因。隧道衬砌出现裂缝后会破坏隧道衬砌结构的稳定性,降低衬砌结构的安

全可靠性,影响隧道的正常使用,甚至危害行车安全。其主要危害如下:

①降低衬砌结构对围岩的承载能力;

②裂缝过大会导致衬砌掉块,影响行车和行人安全;

③裂缝部位会出现渗漏水,造成洞内设施锈蚀,道床翻浆,严寒地区甚至会出现冻害;

④在运营条件下对衬砌裂缝进行大修整治,施工与交通运输会互相干扰,造成费用增加。

(2)渗漏水病害

渗漏水也是高速公路隧道运营过程中较为普遍的一种病害。渗漏水指地下水或地表水直接或间接地以渗漏或涌出的形式进入隧道内造成危害,在隧道界常有"十隧九漏"的说法。隧道渗漏水病害是一个世界性的难题,国外隧道也存在大量病害,并危及隧道的运营。

隧道渗漏水对行车安全、洞内设施、隧道结构和周围环境都会产生危害,主要危害如下:

①长期的渗漏水会使路面积水,使行车环境恶化,降低车轮与路面之间的附着力,使车辆容易由于轮胎与路面之间的摩擦力减小而发生滑移,如图9-33所示。

图9-33 隧道渗漏水导致的行车安全问题

②高速公路隧道一般都配置有照明、通风系统,对于长大隧道还配置有监控、交通管理等机电设备,这些设备在潮湿的环境里工作容易发生锈蚀,其工作寿命将受到严重影响。如果渗漏水严重,还可能产生漏电或短路等不良后果。

③长期渗漏水容易使衬砌结构剥落、风化,隧道的使用可靠性也会降低,如果渗漏水中含有侵蚀介质,将造成衬砌劣化,降低衬砌的承载能力。地下水向隧道区域汇集将浸泡腐蚀隧道围岩,使围岩强度和稳定性降低;另外,冲蚀衬砌背后围岩会形成空洞,影响围岩和衬砌的长期稳定,形成的巨大水压力会威胁衬砌安全,如图9-34所示。

图9-34 隧道渗漏水导致的衬砌材质劣化和设备安全问题

④隧道衬砌背后的水如果不能迅速排走,将软化基础造成不均匀沉降,使边墙开裂,存积在边墙后面的水还会产生静水压力而作用于衬砌结构使衬砌结构发生开裂破坏。在富水地带地下水渗流容易产生冲刷和溶蚀作用,其将导致围岩滑移错台,引起围岩坍塌,导致衬砌破坏。

⑤隧道渗漏水将隧道所在地区原有的地下水、地表水排走,造成地下水和地表水的大量流失,破坏隧道周围水环境。排出的污水、污泥、侵蚀性有害水造成下游或隧道下方堵塞河道,下游水质污染等。

高速公路隧道工程中日益增多的隧道病害对其后期的维护运营带来了诸多困扰,如何有效地修复和管控这些风险灾害成为一项亟待解决的难题。下面通过对高速公路隧道工程中的病害进行实地检测调研,对其背后的发生、发展机制进行了研究,并提出了一些相应的病害控制措施,可为工程运营维护人员的风险管控提供一些借鉴,进一步提高我国运营隧道工程的管养水平。

9.4.2 隧道结构病害成因

1)隧道裂缝成因

裂缝出现后如果不及时进行治理,经过扩展后会导致掉块和坍塌,影响隧道本身的承载力,危及结构的安全。对于穿越富水地带的山岭隧道,裂缝的出现会导致地下水沿裂缝渗漏进入隧道衬砌内,导致隧道衬砌钢筋锈蚀以及混凝土腐蚀等灾害,严重影响隧道的使用性能,导致隧道衬砌的破坏甚至使隧道失效而不得不另改道运行。

研究组分别于 2010 年 8 月至 12 月先后三次对浙江区域的甬金高速公路、黄衢南高速公路、金丽温高速公路、龙丽高速公路和丽龙高速公路等区域,共 48 座公路隧道进行了现场调查。由于目前对裂缝深度缺乏比较简便有效的测量办法,因此调查过程中重点关注裂缝的走向、分布位置、长度和宽度。

根据裂缝的走向可以将裂缝分为纵向裂缝、环向裂缝和斜向裂缝;以裂缝长度方向中点位置为依据,将裂缝分布位置分为拱顶、拱腰和边墙。图 9-35 为不同类型和分布位置的部分典型裂缝。下面对调查统计数据进行分析,具体探讨裂缝沿隧道横截面和隧道轴线走向的分布规律,分别称之为横向和纵向分布规律。

 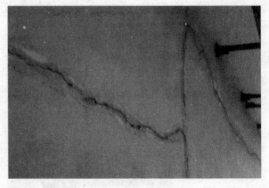

a)边墙纵向裂缝　　　　　　　　　　　b)拱腰纵向裂缝

图 9-35

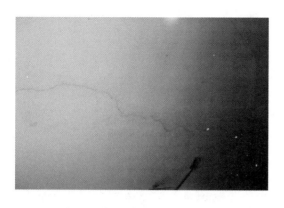

c)拱顶纵向裂缝

d)拱腰环向裂缝   d)拱腰环向裂缝

图 9-35 隧道衬砌典型裂缝

(1) 裂缝横向分布规律

现场检查结果表明：从裂缝分布位置上看，分布于拱顶、拱腰和边墙的裂缝比例分别为42.27%、27.08%和30.65%；从裂缝走向来看，主要以环向裂缝和纵向裂缝为主，所占比例分别为46.44%和42.34%，具体见表9-28。

调查统计分析结果   表9-28

裂缝类型	比例(%)/条数	分布位置	比例(%)/条数
斜向	11.22/167	拱顶	42.27/629
纵向	42.34/630	拱腰	27.08/403
环向	46.44/691	边墙	30.65/456
总数	100/1488	总数	100/1488

对环向裂缝和纵向裂缝的分布位置进行具体分析，得到它们的分布位置及所占比例，具体情况如图9-36和图9-37所示。调查统计结果表明，环向裂缝主要分布于边墙，比例为44.48%，而分布于拱顶和拱腰的裂缝比例大体相当，分别为30.38%和25.14%；纵向裂缝绝大部分分布于顶拱，比例为64.92%，其次为拱腰，比例为27.30%，最少的是边墙，比例仅为7.78%。

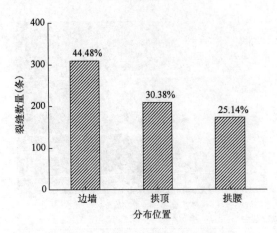
图9-36 环向裂缝分布位置及所占比例

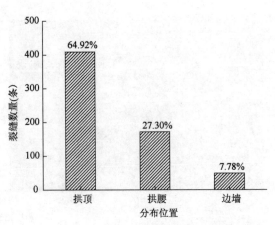
图9-37 纵向裂缝分布位置及所占比例

（2）裂缝纵向分布规律

从图9-38的分析结果可知,随着围岩级别从Ⅱ至Ⅳ的逐渐升高,每百米衬砌所含的裂缝数量逐渐增多,分别为1.39条、6.77条和12.79条。而当围岩级别达到Ⅴ级时,每百米衬砌所含有的裂缝数量明显降低,其值为5.42条。分析其原因,这可能是由于Ⅴ级围岩一般处于隧道进出口地段或断层破碎带带,而针对地质不良地段都有专门的设计,同时施工过程中这些地段也往往被施作较强的支护结构。

①衬砌裂缝的分类。

对于公路隧道衬砌裂缝的分类主要有以下几种:一是,以裂缝产生机理分类,可以分为张

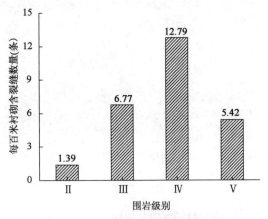
图9-38 围岩级别与裂缝数量关系

拉裂缝、弯张裂缝、压剪裂缝和扭弯裂缝;二是,以裂缝裂口特征分类,可以分为张开型裂缝、闭合型裂缝和错台型裂缝等;三是,以裂缝与隧道轴向关系分类,可以分为纵向裂缝、横向裂缝和斜向裂缝;四是,以直接产生原因分类,可以分为结构性裂缝和非结构性裂缝。结构性裂缝和非结构性裂缝的分类标准:在荷载(包括静荷载、动荷载和其他荷载)作用之下产生的裂缝为结构性裂缝,而结构由温度、收缩和膨胀、不均匀沉降等因素而引起的裂缝称之为非结构性裂缝。

按成因来分类,隧道衬砌裂缝可分为干缩裂缝、温度裂缝、荷载变形裂缝和施工缝4种。

a.干缩裂缝:混凝土在硬化过程中水分逐渐蒸发,使水泥石中的凝结胶体干燥收缩产生变形。由于受到围岩和模板的约束变形产生应力,当应力值超过混凝土的抗拉强度时,就会出现干缩裂缝。干缩裂缝多为表面性的,走向无规律。影响混凝土干缩裂缝的因素主要有水泥品种、水泥用量、水灰比、集料的大小级配、外加剂的品种和掺量。

b.温度裂缝:水泥水化过程中产生大量的热量,在混凝土内部和表面间形成温度梯度而产生应力,当温度应力超过混凝土内外的约束力时,就会产生温度裂缝。温度裂缝一般为冬季较宽,夏季较窄,主要产生因素有二次衬砌混凝土的厚度及水泥的品种和用量。

c. 荷载变形裂缝：仰拱和边墙基础的虚渣未清理干净，混凝土浇筑后，基底产生不均匀沉降，模板台车或堵头板没有固定住，以及过早脱模时混凝土受到较大的外力撞击等都会产生变形裂缝。荷载变形裂缝在隧道衬砌混凝土病害中占有的比例逐年增大。

d. 施工缝：施工过程中由于停电、机械故障等原因迫使混凝土浇筑中断或停电时间超过混凝土初凝时间，继续浇注混凝土时，原有的混凝土表面没有进行凿毛处理，或处理不彻底，致使新旧混凝土接茬处出现裂缝。

② 衬砌裂缝病害发生的主要原因。

结合有关工程实例和统计资料，总结隧道衬砌裂缝病害发生的主要原因有以下几方面。

a. 外荷载的直接应力因素引起的裂缝：其中围岩压力占很大一部分。

b. 由变形引起的裂缝：这类裂缝由于材料收缩和膨胀、结构不均匀沉降、温度应力等因素导致衬砌结构出现变形而引起。

c. 地质因素引起的裂缝：由于受软弱围岩松动压力、大变形围岩挤压作用、偏压隧道的不均匀受力等，这些因素主要是改变了隧道的受力状况，出现应力重分布或局部应力集中、偏压等，导致衬砌结构出现裂缝。

d. 勘察、设计因素引起的裂缝：主要是勘察设计单位无法深入开展地质勘探工作，隧道位置选择不好，穿越的地质条件和环境条件复杂；隧道围岩类别评价及支护结构设计缺乏依据，设计的地质条件与实际偏差较大，结构形式和断面形式不合理，支护结构承载力强度不够，细部处理不当。

e. 施工因素引起的裂缝：主要是开挖和支护方法不合理，光面爆破不够完善，欠挖未进行处理，超挖未进行回填；支护结构背后存在空洞，隧道基底未清理干净，回填不合要求，衬砌结构未按要求配筋；混凝土强度还未形成就去掉支撑和模板，使混凝土过早受力，导致衬砌开裂。

f. 环境因素：主要包括地下水的侵蚀、混凝土的碳化及混凝土在寒冷气候和地下水的共同作用下引起的结构冻融破坏，这些因素都会导致衬砌出现裂缝，严重时会出现混凝土剥落。

g. 其他因素：诸如列车荷载、地震荷载、山体采空区、泥石流、洪水、滑坡等自然灾害也会引起隧道不同程度的衬砌开裂；相邻洞室的开挖或其他临近构筑物的修建对已建隧道的影响，主要是改变了隧道的受力状况，导致结构开裂和破坏。

2）隧道渗漏水成因

由于隧道修建在地下岩土介质中，属于半隐蔽工程，受运营年限、气候条件、设计、施工等因素的影响，使运营隧道病害数量越来越多，渗漏水是其中最为普遍的病害之一。

我国数量众多的公路隧道基本集中在约二三十年内建成，根据对公路隧道的初步调查。成渝高速公路龙泉山隧道衬砌混凝土纵向及斜向裂缝发育（严重地段衬砌变位错台），渗漏水十分严重，衬砌拱部背后普遍存在空隙，部分路面板已破损，衬砌边墙脚及路面底板下有不同程度的风化松散层（向晓军，2005）。晋阳高速公路上的五座隧道、重庆大垭口隧道等都出现了不同程度的渗漏和衬砌开裂（金育衡，2003；朱常春，2005）。319国道福建坂寮岭隧道、107国道广东焦冲隧道、312国道宁夏境内某公路隧道等都出现了不同程度的渗漏水（蒲春平，1999；唐健，2000；孙晟彧，2002）。而且，占相当比例的公路隧道在竣工和运行后即有衬砌裂缝和渗漏水等病害产生，如沈丹高速公路大峪隧道运营当年即出现洞壁渗水，之后又发生严重冒水结冰、基础部位局部开裂和混凝土脱皮现象（王晓明，2003）。

在我国铁路隧道养护工作中,根据漏水严重程度将渗漏水定性地分为润湿、渗水、滴水、漏水、射水、涌水六级。在日本《铁道土木构造物等维持管理标准·同解说(隧道编)》(日本跌道施設協会,2006)和日本《公路隧道维持管理便览》中,将隧道漏水状态定性地分为浸渗、滴漏、涌流、喷射四级(图9-39)。在美国《公路和铁路交通隧道检查手册》中,隧道渗漏水状态分为轻度(混凝土表面潮湿但无滴水)、中度(小于30滴/s)和严重(大于30滴/s)。杨新安在《隧道病害与防治》一书中,介绍了一种隧道渗漏七级评价标准(杨新安,2002)。该方法按最大允许渗漏量将隧道防水等级定量地分为七级,即一级(肉眼看不出)、二级($1L/d/m^2$)、三级($3L/d/m^2$)、四级($13L/d/m^2$)、五级($30L/d/m^2$)、六级($100L/d/m^2$)和七级(不限制)。

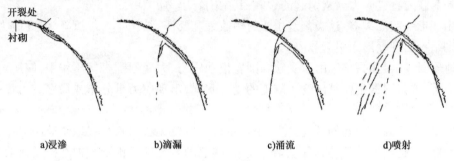

图9-39　渗漏水状态的分类

渗漏水的主要原因在于隧道的修建破坏了山体原始的水系平衡,而隧道成为所穿越山体附近地下水积聚的通道。当隧道围岩与含水地层连通,而衬砌的防水及排水设施不完善时,就会引起隧道渗漏水。隧道渗漏水的具体原因包括以下几个方面(唐亮,2008):

(1)地质方面

隧道修建会改变地下水分布,造成地下水沿着隧道围岩中存在的裂隙、节理、断层破碎带流向隧道,使隧道成为地下水的汇集漏斗,发生隧道漏水。衬砌周围的天然水pH值超标将对衬砌混凝土产生一定的腐蚀作用,加剧渗漏水的发生。

(2)设计方面

对于公路隧道复合式衬砌来说,目前的防水设计一般采用单层防水注浆系统,这种系统一旦发生漏水,难以发现漏水位置,维修非常困难;由于种种原因,隧道设计在山沟破碎带或断层带上又未进行防排水处理,地表水大量补给地下,最终造成隧道渗漏;对不稳定的地基没有进行处理造成地基不均匀沉降,导致衬砌结构出现缝隙,从而产生渗漏现象;拆模时间过早,或围岩压力过大超过衬砌体的设计荷载等,都能使衬砌内应力超过其破坏强度而导致裂纹和裂缝,从而为渗漏水提供通道。

(3)施工方面

混凝土没有按防水级配设计施工,在地下水压力较大的地方,由于抗渗等级低于相应水压,从而出现渗水现象;混凝土捣固不密实,形成蜂窝,因而局部渗漏较多;混凝土在硬化过程中,由于多余水分的蒸发,在混凝土中形成透水的开放性毛细管路;衬砌混凝土材料中有杂物,腐烂后形成缝隙或孔洞;灌注混凝土的工作未加处理或处理不当,产生结合不严的漏水缝隙;先拱后墙或先墙后拱施工的拱墙连接处填不严,形成渗漏;预留孔洞没有按防水要求处理也会形成渗漏通道;"三缝"施工处理不当;以及隧道施工空间狭窄、防水板反向铺挂、二衬拱部混凝土浇筑难以密实等。

(4)运营方面

隧道衬砌混凝土由于各种原因产生裂缝导致防水失效而产生渗漏水;衬砌材料和防水材料逐年老化,防水能力降低,渗透系数提高,从而产生渗漏水;运营管理中防排水系统失效却并没有进行有效的管理和修复,造成渗漏现象;片面认为混凝土结构的自防水可以完全抗渗,忽视了施工与养护的重要性等。

综上所述,由于各种主观和客观原因的存在,隧道渗漏水现象屡屡发生,成了隧道普遍存在的病害,成为隧道安全运营的主要风险源,引发其他病害的发生,严重危害隧道结构和运营的安全。

9.4.3 黄土岭隧道病害成因分析

黄土岭隧道位于甬台温高速公路台州段,左洞长 1 875m,右洞长 1 910m。隧道主要穿越黄土岭马鞍地形,最大埋深 127.4m,最小埋深 12.4m。由于隧道建成运营时间较长,隧道左洞出现多条裂缝,并伴有渗漏水现象。隧道渗漏水位置如图 9-40 和图 9-41 所示。

图 9-40　黄土岭隧道左线涌水段位置

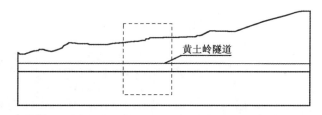

图 9-41　黄土岭隧道左线涌水段纵断面图

受 2015 年第 13 号台风"苏迪罗"台风外网环流影响,2015 年 8 月 9 日下午至 10 日上午,台州境内普降大雨,局部地区出现了大暴雨和特大暴雨。8 月 9 日 19 时 30 分左右,宁波方向黄土岭隧道内衬砌拱肩位置出现混凝土开裂并射水、涌水,导致隧道路面大面积积水。

1)隧道裂缝、涌水及脱空情况

(1)隧道涌水位置及现场情况

黄土岭隧道左线涌水段洞身里程为:K1 640 + 340 ~ K1 641 + 430,对应 1999 年该隧道竣工图里程为:K10 + 622 ~ K10 + 532,隧道两侧墙壁衬砌起拱线位置出现裂缝,在衬砌背后高水头压力作用下,背后积水以溅射形式喷涌而出。隧道涌水位置及现场情况如图 9-42 所示。

①纵向涌水裂缝宽约 1~2mm(图 9-43),水流在暴雨后半天内即停止。
②泄漏的有压水呈混浊颜色,含有黄泥(图 9-44)。
③左线隧道靠近右线的内侧拱脚位置漏水严重,外侧较轻(图 9-45)。

a)

b)

图 9-42　隧道现场涌水情况

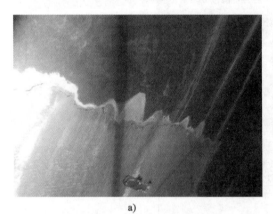
a)

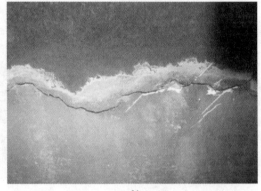
b)

图 9-43　隧道现场涌水裂缝宽度

a)

b)

图 9-44　隧道现场涌水后遗留泥沙

a)　　　　　　　　　　　　　　　　b)

图 9-45　左线隧道靠近右线的内侧拱脚

(2) 涌水特点

涌水具有以下特点：

①水流与降雨密切相关，在暴雨后半天内即停止。

②水流表现为暂时性的有压水流，来势急，流速快，流量大。

③水流主要来自于地表补给，前期颜色浑浊，含有黄泥，后期清澈。

2) 病害成因

依据检测报告内容及现场观测，黄土岭隧道的主要病害为衬砌开裂、脱空以及渗漏水等，分析其产生的原因主要有以下几项：

(1) 裂缝成因分析

隧道裂缝的形成与隧道运营期的围岩应力及变形调整有关，从拱顶至边墙部分区域或局部地段衬砌混凝土振捣不严实等施工原因或混凝土材料、级配等因素不符合要求也会影响到混凝土的开裂。

①裂缝的形成与二次衬砌与初期支护脱空或局部离析、蜂窝有关。拱顶出现空洞，对混凝土的受力状态产生影响，严重时拱顶出现拉裂缝。拱顶部位出现裂缝，致使拱腰外侧的拉应力显著增大，出现拉裂性裂缝；脱空支护在不同部位对衬砌的影响差异较大，脱空会改变周围衬砌的受力状况，严重时会直接导致裂缝产生。

②由于水灰比过大，以及脱模过早，导致混凝土裂缝的产生。

③由于防排水管道被淤泥堵塞，导致衬砌背后局部地区大量集水，水压过大，造成衬砌开裂。

④由于在混凝土浇筑时产生的水化热，混凝土衬砌产生内外温差，温差使混凝土产生拉应力，造成混凝土大面积开裂；昼夜温差、四季温差较大，以及冬季气温和运营期间的环境条件变化，均会导致衬砌产生开裂或加剧开裂；二衬与套拱的混凝土结合，二者收缩不一也会引起衬砌开裂。

(2) 涌水成因分析

隧道位于丘陵斜坡区前缘低洼区，地形上陡下缓，后部山体高陡，坡表覆盖层厚度较大，表层岩土体结构较松散。根据现场调查，在阴晴天气时，在斜坡前缘 104 国道有小股泉水稳定流出，表明在阴晴天气时,该区有稳定的地下水渗流场,但地下水位有一定埋深,流向主要为斜坡后方向斜坡前缘,如图9-46所示。

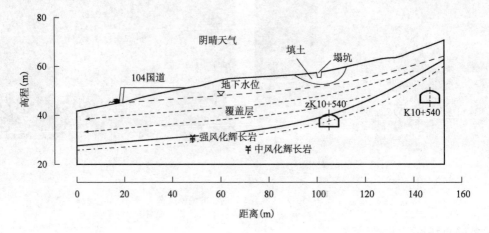

图9-46　阴晴天气隧道区渗流场

在一般降雨天气,由于覆盖层较松散,且厚度较大,雨水将直接入渗到覆盖层中的包气带和饱水带,一般降水强度小于地面的入渗能力,地表也难以形成稳定的面流,雨水主要赋存于包气带中,部分下渗进入饱水带,构成地下水补给量,地下水位有小幅的上升,流向也主要为斜坡后方向斜坡前缘,如图9-47所示。

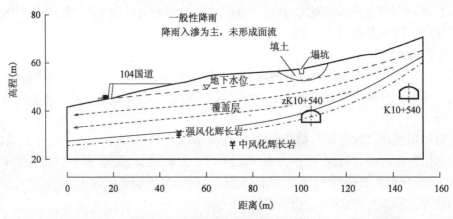

图9-47　一般性降雨天气隧道区渗流场

在台风期,持续集中的暴雨,大大超过了地面的入渗能力,地下水位明显上升,包气带形成暂态饱和区,而地表则形成稳定的面流,斜坡后部地形坡度陡,高差大,范围广,大量的地表水向斜坡前缘汇集,前缘低洼区分布若干小型水沟,后方来水通过以上水沟,在低洼区形成稳定的面流,并直接灌入到塌坑及周围,向隧道渗流,由于地表来水水量大,流速急,同时地下水快速上升,动水压力和孔隙水压力大大增大,直接冲破隧道衬砌的薄弱部位,喷涌而出,如图9-48所示。

应该说,隧道涌水是在长期、多次暴雨作用下,隧道拱顶上部地层发生地下水垂直入渗,岩土体长期的渗透变形,使得隧道衬砌结构围岩压力逐渐增大,最终在"苏迪罗"台风强降雨作用下,附加较大水压后引起衬砌结构纵向开裂发生的。

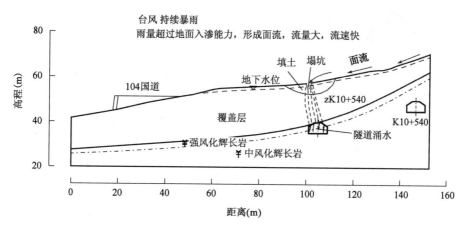

图9-48 台风暴雨天气隧道区渗流场

(3)脱空成因分析

①隧道拱顶混凝土厚度不足,超挖空间未填实。

②模板支架底部不结实或支架松动,以致顶部模板下沉量过大,使顶部混凝土下沉脱空。

③水灰比过大,导致混凝土干缩。

9.5 塔石岭隧道上跨既有隧道爆破影响分析

9.5.1 概述

1)工程概况

拟建衢宁铁路塔石岭隧道位于浙江省龙泉市龙泉镇境内,隧道为铁路单线单洞隧道工程,起讫设计里程为 DK148+642.11~DK152+315,隧道全长 3 672.89m。隧道最大开挖断面宽 8.34m、高 9.88m。隧道进、出口地面及路肩标高分别为 303.65m/292.63m、300.03m/297.78m,隧道最大埋深 244.04m。隧址区为剥蚀丘陵区,地形起伏较大,丘坡自然坡度约 20°~45°,植被茂密,以乔木及灌木为主。丘坡表层为 Q^{el+dl} 粉质黏土,褐黄色,硬塑,局部夹碎石,层厚约 1~3m;下伏基岩主要为侏罗系上统上段(J_3d_2)流纹质含角砾玻屑凝灰岩,强~弱风化,强风化层呈黄褐色,厚度 15~27m,其下为弱风化层,岩质硬,岩体破碎,节理裂隙发育。地下水主要为基岩裂隙水,洞身段弱~不发育,进出口、浅埋段较发育。隧址区内地表水为冲沟水,受大气降水影响间歇性流动,不发育。从整体上看,隧道围岩较好。隧道两端埋深较小,中部埋深较大,隧道纵断面如图9-49所示。

图9-49 塔石岭隧道纵断面图

塔石岭隧道设计与既有丽龙高速塔石岭隧道空间相交,具体情况如下。

丽龙高速塔石岭隧道全长1 105m,设计隧道净高5.0m,路面宽度9.25m,设计车速80km/h。塔石岭隧道与丽龙高速塔石岭隧道交叉里程为DK150+517(右幅)和DK150+562(左幅),交叉平面如图9-50所示。

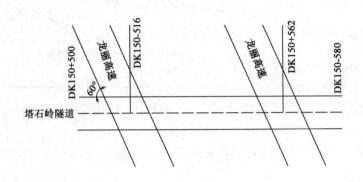

图9-50　衢宁铁路与丽龙高速交叉平面图

该处高速公路路面高程约为258.50m(右幅)和258.25m(左幅),围岩级别为Ⅱ级,公路结构采用Ⅱ级围岩衬砌图,计算后坑底岭隧道拱顶开挖高程约为266.50m(右幅)和266.25m(左幅),衢宁铁路里程DK150+517处内轨高程为300.73m,DK150+562处内轨高程为300.96m,设计为Ⅱ级围岩,采用Ⅱ级围岩衬砌结构,开挖底部高程分别为299.69m(右幅)和299.92m(左幅),因此,交叉点处两隧道的净距分别为33.19m(右幅)和33.67m(左幅)。交叉处地表高程约480m,隧道埋深182m,图9-51为交叉断面示意图。

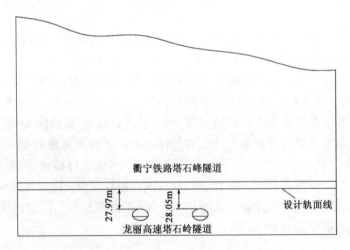

图9-51　衢宁铁路与丽龙高速交叉断面图

2)爆破震动控制标准

根据《爆破安全规程》(GB 6722—2014),评价爆破对不同类型建(构)筑物、设施设备和其他保护对象的振动影响,应采用不同的安全判据和允许标准。地面建筑物、电站(厂)中心控制室设备、隧道与巷道、岩石高边坡和新浇大体积混凝土的爆破震动判据,采用保护对象所在地基础质点峰值振动速度和主振频率。安全允许标准见表9-29。

爆破震动安全允许标准 表 9-29

序号	保护对象类别	安全允许质点振动速度 v(cm/s)		
		$f \leqslant 10$Hz	10Hz$<f \leqslant 50$Hz	$f>50$Hz
1	土窑洞、土坯房、毛石房屋	0.15~0.45	0.45~0.9	0.9~1.5
2	一般民用建筑物	1.5~2.0	2.0~2.5	2.5~3.0
3	工业和商业建筑物	2.5~3.5	3.5~4.5	4.2~5.0
4	一般古建筑与古迹	0.1~0.2	0.2~0.3	0.3~0.5
5	运行中的水电站及发电厂中心控制室设备	0.5~0.6	0.6~0.7	0.7~0.9
6	水工隧洞	7~8	8~10	10~15
7	交通隧道	10~12	12~15	15~20
8	矿山巷道	15~18	18~25	20~30
9	永久性岩石高边坡	5~9	8~12	10~15
10	新浇大体积混凝土(C20) 龄期:初凝~3d 龄期:3d~7d 龄期:7d~28d	1.5~2.0 3.0~4.0 7.0~8.0	2.0~2.5 4.0~5.0 8.0~10.0	2.5~3.0 5.0~7.0 10.0~12

注:(1)表中质点振动速度为三分量中的最大值;振动频率为主振频率。
(2)频率范围根据现场实测波形确定或按如下数据选取:硐室爆破 $f<20$Hz;露天深孔爆破 $f=10\sim60$Hz;露天浅孔爆破 $f=40\sim100$Hz;地下深孔爆破 $f=30\sim100$Hz;地下浅孔爆破 $f=60\sim300$Hz。
(3)爆破震动监测应同时测定质点振动相互垂直的3个分量。

在按表 9-29 选定安全允许质点振速时,应认真分析以下影响因素。
(1)选取建筑物安全允许质点振速时,应综合考虑建筑物的重要性、建筑质量、新旧程度、自振频率、地基条件等;
(2)省级以上(含省级)重点保护古建筑与古迹的安全允许质点振速,应经专家论证后选取,并报相应文物管理部门批准;
(3)选取隧道、巷道安全允许质点振速时,应综合考虑构筑物的重要性、围岩分类、支护状况、开挖跨度、埋深大小、爆源方向、周边环境等;
(4)对永久性岩石高边坡,应综合考虑边坡的重要性、边坡的初始稳定性、支护状况、开挖高度等;
(5)隧道和巷道的爆破震动控制点为距离爆源10~15m处;高边坡的爆破震动控制点为上一级马道的内侧坡脚。
(6)非挡水新浇大体积混凝土的安全允许质点振速按本表给出的上限值选取。

拟建衢宁铁路塔石岭隧道的爆破开挖对下方既有公路隧道的影响研究中,新建隧道与丽龙高速距离约33m,围岩为Ⅱ级。隧道开挖爆破震动频率以 $f>50$Hz 为主,也存在中低频率 10Hz$<f \leqslant 50$Hz 和 $f \leqslant 10$Hz。根据《爆破安全规程》(GB 6722—2014)中的允许振动速度应 $v<10$cm/s。但考虑到既有隧道已运营多年,衬砌强度有所下降,并且爆破过程可能造成轻微的累积损伤,建议控制爆破开挖引起既有隧道衬砌的振动速度 $v<5$cm/s。

9.5.2 计算分析模型

1) 计算方法

关于邻近爆破对已有建(构)筑物的影响,相关计算方法可大致分为解析法和数值法两类。数值法由于简便易行,并能较好地反映爆破对建(构)筑物的影响规律,得到广泛应用。在新建隧道对邻近建(构)筑物爆破影响方面,本节采用数值法结合工程试验分析爆破的影响规律。

在数值计算中,结构动力分析包括非线性振动分析和等价线性分析两种。等价线性方法根据试验和工程类比给定结构的阻尼比和剪切模量进而计算其动力响应。其因建模简便、计算结果与实际较接近,而被广泛用于爆破研究中模拟振动波在岩土体中传播以及岩土体与结构物之间的动力相互作用。本节采用 MIDAS GTS NX 数值模拟软件及等价线性分析法计算拟建衢宁铁路塔石岭隧道的爆破开挖对下方既有公路隧道的影响。

2) 计算模型

计算模型的建立需合理选取本构模型、模型尺寸、荷载与边界条件。根据地勘资料,拟建衢宁铁路塔石岭隧道与丽龙高速公路塔石岭隧道净间距约 33m,围岩等级 Ⅱ 级。

(1) 本构模型选取

在选取本构模型方面,结合工程实际情况,交叉处围岩质量较好。如果选用土体计算常用的莫尔-库伦准则作为本构模型将不能很好地反映本工程岩体的受力变形特性。而根据工程经验及理论分析得来的 Hoke-Brown 本构模型,被广大学者认为是较好的岩体本构模型。Hoke-Brown 准则由外国学者 Hoek 和 Brown 在 1980 年基于大量试验和工程实例提出,见式(9-2)。

$$\frac{\sigma_1}{KP_Z} = \frac{\sigma_3}{KP_Z} + \sqrt{\frac{m\sigma_c}{KP_Z}\frac{\sigma_3}{KP_Z} + s\left(\frac{\sigma_c}{KP_Z}\right)^2}$$

即:

$$\sigma_1 = \sigma_3 + \sigma_c\sqrt{m_b\frac{\sigma_3}{\sigma_c} + s} \tag{9-2}$$

在 1983 年 Hoek 引入 Bray 对 c 和 φ 计算的方法,得到类似于莫尔库伦准则的包络线。1988 年 Hoek 和 Brown 引入了 RMR 值,更便于计算 m_b 和 s 并考虑了扰动,见式(9-3)和未扰动岩体,见式(9-4)。

$$\begin{aligned} m_b &= \exp\left(\frac{RMR-100}{14}\right)m_i \\ s &= \exp\left(\frac{RMR-100}{6}\right) \\ a &= 0.5 \end{aligned} \tag{9-3}$$

$$\begin{aligned} m_b &= \exp\left(\frac{RMR-100}{28}\right)m_i \\ s &= \exp\left(\frac{RMR-100}{9}\right) \\ a &= 0.5 \end{aligned} \tag{9-4}$$

1992 年 Hoek 考虑了极破碎岩体,将准则进行改进,推广为广义 Hoek-Brown 准则。1994 年和 1995 年 Hoek 引进了 GSI 值替代 RMR 值。根据 1988 年以来的研究成果,Hoek 和 Brown

在 1997 年对准则进行了调整。2002 年,Hoek 引入了扰动因子 D,考虑了处于扰动和完全扰动之间的岩体,并考虑了应力释放和爆破对岩体影响,得到最新版的 Hoek-Brown 公式(Hoek,1983,1988,1992,1994,1997,2000,2002),见式(9-5)。

$$\sigma_1 = \sigma_3 + \sigma_c \left(m_b \frac{\sigma_3}{\sigma_c} + s \right)^a$$

$$m_b = \exp\left(\frac{GSI - 100}{28 - 14D}\right) m_i$$

$$s = \exp\left(\frac{GSI - 100}{9 - 3D}\right)$$

$$a = \frac{1}{2} + \frac{1}{6}(e^{-GSI/15} - e^{-20/3}) \tag{9-5}$$

式中:σ_c——岩石的单轴抗压强度;

m_b——岩石材料常数的折减值,取值范围 0.000 000 1~25;

s、a——是和岩体质量有关的系数;s 反映岩体破碎程度,取值范围 0~1;

D——考虑岩体爆破损伤和应力释放的扰动因子,对未扰动岩体 D 取 0,对完全扰动岩体 D 取 1。

(2)模型尺寸

在数值模拟计算模型尺寸选择方面,应避免由于尺寸效应造成计算结果失真。根据弹塑性力学理论,一般而言数值模拟模型边界尺寸应为隧道尺寸的 3~5 倍。据此,本次数值计算模型尺寸选取为:与丽龙高速塔石岭隧道交叉数值计算模型长 × 宽 × 高 = 147m × 60m × 102m,各隧道尺寸和隧道间距根据实际情况 1:1 选取,如图 9-52 所示。

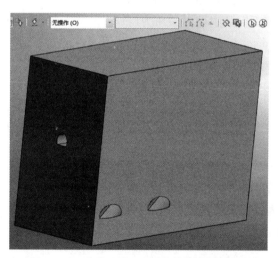

图 9-52　与丽龙高速塔石岭隧道交叉数值计算模型

(3)边界条件

在数值模拟计算边界条件方面,主要有固定边界、黏性边界和弹性边界。结合衢宁铁路塔石岭隧道采用爆破施工,爆破震动波对于固定边界会反复反弹,导致计算结构失真,因此采用黏弹性边界比较合适。本次模型通过曲面弹簧定义弹性边界,弹簧系数根据道路设计规范的地基反力系数计算。

竖直地基反力系数:

$$k_v = k_{v0} \cdot \left(\frac{B_v}{30}\right)^{-3/4} (\text{kg} \cdot \text{f/cm}^3)$$

水平地基反力系数:

$$k_h = k_{h0} \cdot \left(\frac{B_h}{30}\right)^{-3/4} (\text{kg} \cdot \text{f/cm}^3)$$

在此,$k_{v0} = \frac{1}{30} \cdot \alpha \cdot E_0 = k_{h0}$,$B_v = \sqrt{A_v}$,$B_h = \sqrt{A_h}$,$B_v$ 和 B_h 分别是地基的竖直方向和水平方向面的截面积,E_0 是地基的弹性系数,α 为调整系数一般取1。

3) 模型加卸荷计算

模型参数主要包括岩体物理力学参数和荷载,在物理参数方面应该考虑爆破震动作用下岩体物理力学参数的变化,动荷载下变形模量应变为动模量。一般动载作用下,模量会变大。爆破动荷载可使用理论公式和经验公式,本节在美国公路研究所(National Highway Institute(US))建议的公式基础上,考虑爆破震动衰减的退耦公式,采用的随时间作用的动压力公式为Starfield等建议式(9-6)和(9-7)。

$$P_{\text{det}} = \frac{4.18 \times 10^{-7} \cdot Sge \cdot V_e^2}{1 + 0.8 Sge} \tag{9-6}$$

$$P_B = P_{\text{det}} \cdot \left(\frac{d_c}{d_h}\right)^3 \tag{9-7}$$

式中:P_{det}——爆破荷载(detonation pressure, MPa);

P_B——作用在孔壁面上的退耦爆破压力(decoupled detonation pressure, MPa);

V_e——爆破速度(detonation velocity, ft/s);

d_c——装药直径(charge diameter, mm);

d_h——装药孔直径(borehole diameter, mm);

Sge——容重。

上述公式仅是计算空气动压力大小的公式,实际作用在孔壁上的压力是随时间变化的动力荷载,Statfield 建议采用式(9-8)。

$$P_D(t) = 4 P_B \left[\exp\left(\frac{-Bt}{\sqrt{2}}\right) - \exp(-\sqrt{2}Bt) \right] \tag{9-8}$$

式中:B——荷载系数,为每1kg装药量产生的动压力,可取16 338。单段药量2kg的荷载如图9-53所示。

9.5.3 新隧道开挖对丽龙高速的影响分析

1) 计算模型

拟建衢宁铁路塔石岭隧道与丽龙高速塔石岭隧道交叉数值计算模型网格如图9-54所示。

拟建衢宁铁路塔石岭隧道与既有与丽龙高速塔石岭隧道交叉为斜相交,建模过程中按1:1比例设置,以精细模拟相互影响,如图9-55所示。

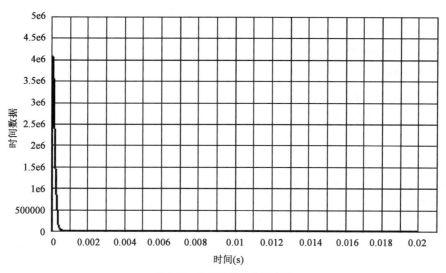

图 9-53 爆破荷载时程曲线图

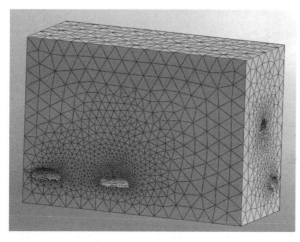

图 9-54 计算模型网格图

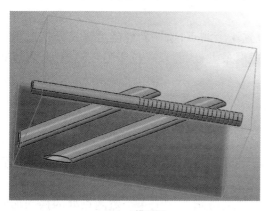
a)模型图

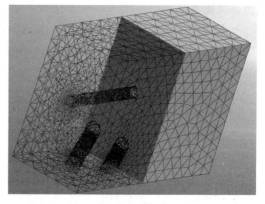
b)网格图

图 9-55 与丽龙高速塔石岭隧道交叉

2）开挖距离的影响

新建隧道爆破开挖部位与既有丽龙高速塔石岭隧道的距离变化,将引起既有隧道不同的动力响应。计算开挖距离的影响,主要目的在于分析明确应该开始控制爆破的距离。本次计算根据相关资料和爆破计算理论,设置正上方开挖、距正上方左侧 10m 开挖、距正上方左侧 20m 开挖和距正上方左侧 35m 开挖 4 种工况计算分析。每种工况均考虑最不利工况按 3m 进尺全断面开挖,分别计算了爆破开挖可能导致既有隧道衬砌的振动速度、振动加速度和位移量。考虑对称性,在右侧开挖时与左侧开挖影响相近,因此可用左侧计算分析结果进行控制。考虑到篇幅,这里仅列出部分计算结果。

正上方开挖工况考虑最不利工况:按 3m 进尺全断面开挖。为考虑爆破开挖对既有隧道的影响,现计算分析当拟建衢宁铁路塔石岭隧道开挖到既有隧道正上方时,新建隧道对既有隧道的影响。正上方开挖计算模型如图 9-56 所示。

图 9-56　开挖到既有隧道正上方

通过计算,既有隧道正上方 3m 进尺全断面爆破开挖对既有隧道影响较大。

爆破开挖振动速度最大值在新建隧道开挖部位附近,既有隧道顶部受到的影响较拱腰等其他部位更大。

计算过程在既有隧道拱顶的衬砌上沿纵向布置 4 个测点,监测新建隧道爆破开挖过程中对既有隧道衬砌的影响。其中,测点 2 位于振动速度最大处,测点 4 位于另一隧道,监测点布置如图 9-57 所示。

根据监测点可以监测到新建隧道开挖过程中,既有隧道衬砌上 4 个监测点处的振动速度时程曲线,如图 9-58 所示。

根据振动速度时程曲线图显示,其振动速度峰值点与爆破时程荷载函数相对应,与以往工程实际相符。同时,可得到正上方 3m 进尺全断面开挖时,既有隧道衬砌振动速度最大值达到 7.738cm/s,超过了爆破安全规程的允许振动速度。

根据监测点可以监测到新建隧道开挖过程中,既有隧道衬砌上 4 个监测点处的振动加速度时程曲线,如图 9-59 所示。

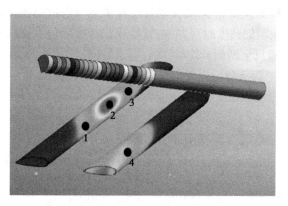

图 9-57　既有隧道监测点布置

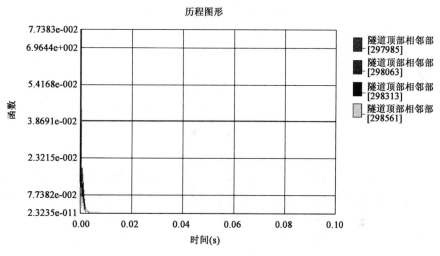

图 9-58　振动速度时程曲线

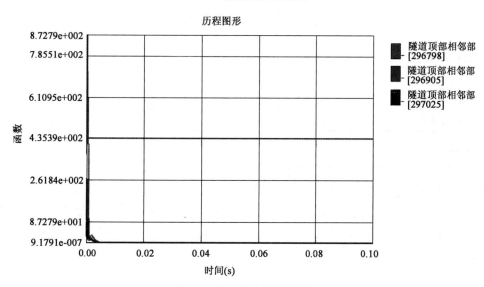

图 9-59　振动加速度时程曲线

根据振动加速度时程曲线图显示,其振动速度峰值点与爆破时程荷载函数相对应。对比观察振动速度时程曲线和振动加速度时程曲线,可发现加速度峰值在振动速度前面,与理论相符。同时,可得到正上方3m进尺全断面开挖时,既有隧道衬砌振动加速度最大值达到872.79m/s。

根据监测点可以监测到新建隧道开挖过程中,既有隧道衬砌上4个监测点处的位移量时程曲线,如图9-60所示。

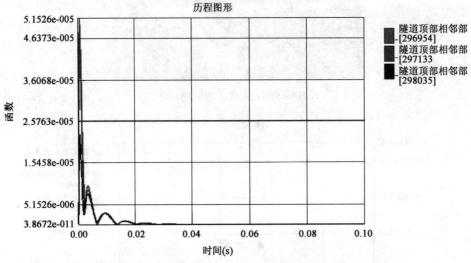

图9-60 衬砌位移量时程曲线

由图9-60可知,曲线呈非线性变化,位移先变大,后来随着爆破结束又基本回弹到先前位置。对比观察振动速度时程曲线、振动加速度时程曲线与位移时程曲线,可发现位移曲线峰值的出现在速度和加速度曲线峰值之后,与理论相符。同时,可得到正上方3m进尺全断面开挖时,既有隧道衬砌位移最大值达到5.15×10^{-5}m,基本不会影响既有隧道安全。

同理可以得到其他开挖工况的计算结果,见表9-30。

开挖距离各工况的计算结果　　　　表9-30

计算工况	最大速度(cm/s)	最大加速度(m/s²)	最大位移(×10⁻⁵m)
正上方开挖	7.738	872.79	5.15
左侧10m开挖	2.91	463.45	0.47
左侧20m开挖	1.57	242.1	0.39
左侧35m开挖	0.61	111.8	0.135

3)开挖方式的影响

在当前隧道施工实践中,从施工造价及施工速度考虑,施工方法的选择顺序为:全断面法→台阶法→环形开挖留核心土法→中隔壁法(CD法)→交叉中壁法(CRD法)→双侧壁导坑法;从施工安全角度考虑,其选择顺序应反过来。如何正确选择,应根据实际情况综合考虑,但必须符合安全、快速、质量和环保的要求,达到规避风险、加快进度和节约投资的目的。根据实际情况综合考虑,并结合开挖距离计算结果,拟建衢宁铁路塔石岭隧道的爆破开挖对下方既有丽龙高速塔石岭隧道的影响研究主要考虑全断面开挖和台阶开挖两种工况。每种工况均考虑最不利工况:位于既有隧道正上方,循环进尺取3m。

两种工况的数值模拟计算结果见表9-31。

开挖方式各工况数值模拟计算结果　　　　表9-31

计算工况	最大速度(cm/s)	最大加速度(m/s^2)	最大位移($\times 10^{-5}$m)
全断面开挖	7.738	872.79	5.15
台阶法开挖	4.34	481.5	1.06

4)不同开挖进尺的影响

不同循环进尺意味着单段最大药量不同,会影响爆破开挖过程中既有隧道的振动速度、加速度和位移值。同时,不同进尺对工期影响较大,进尺合适可大大提高施工效率,进尺过大易导致隧道失稳,进尺过小导致工期增加。如何正确选择,应根据实际情况综合考虑,但必须符合安全、快速、质量和环保的要求,达到规避风险、加快进度和节约投资的目的。根据实际情况综合考虑,并结开挖距离和开挖方式计算结果,这里考虑1m进尺、2m进尺和3m进尺3种工况。每种工况均考虑最不利工况:位于既有隧道正上方,全断面开挖。

3种工况的数值模拟计算结果见表9-32。

开挖进尺各工况数值模拟计算结果　　　　表9-32

计算工况	最大速度(cm/s)	最大加速度(m/s^2)	最大位移($\times 10^{-5}$m)
1m进尺	1.71	360.95	0.468
2m进尺	4.69	585.6	1.36
3m进尺	7.738	872.79	5.15

9.5.4　小结

为了明确拟建衢宁铁路塔石岭隧道的爆破开挖对下方既有丽龙高速塔石岭隧道的影响,通过建模计算分析进行研究。按最不利工况分别考虑新建隧道爆破开挖部位与既有隧道正上方的距离、开挖方式和开挖循环进尺对既有隧道的影响。主要计算了新建隧道爆破开挖过程中,既有隧道衬砌的振动速度、振动加速度和位移量。

在新建隧道爆破开挖部位与既有隧道正上方的距离计算方面,以全断面3m进尺最不利工况爆破开挖。计算结果显示,在既有隧道正上方爆破开挖时,既有隧道衬砌振动速度最大值达到7.738cm/s,振动加速度最大值达到872.79m/s^2;在距既有隧道正上方10m爆破开挖时,既有隧道衬砌振动速度最大值达到2.91cm/s,振动加速度最大值达到463.45m/s^2;在距既有隧道正上方20m爆破开挖时,既有隧道衬砌振动速度最大值达到1.57cm/s,振动加速度最大值达到242.1m/s^2;在距既有隧道正上方35m爆破开挖时,既有隧道衬砌振动速度最大值达到0.61cm/s,振动加速度最大值达到111.8m/s^2。在这4种工况情况下,引起的既有隧道衬砌的位移量很小,均小于1mm。

在新建隧道爆破开挖方式方面,主要考虑全断面开挖和台阶开挖两种工况。每种工况均考虑最不利工况:位于既有隧道正上方,循环进尺取3m。计算结果显示,当全断面开挖时,既有隧道衬砌振动速度最大值达到7.738cm/s,振动加速度最大值达到872.79m/s^2;当上下台阶开挖时,既有隧道衬砌振动速度最大值达到4.34cm/s,振动加速度最大值达到481.5m/s^2。在这两种工况情况下,引起的既有隧道衬砌的位移量很小,均小于1mm。

在新建隧道爆破开挖循环进尺方面,主要考虑1m进尺、2m进尺和3m进尺3种工况。每种工况均考虑最不利工况:位于既有隧道正上方,全断面开挖。计算结果显示,当以1m循环进尺开挖时,既有隧道衬砌振动速度最大值达到1.71cm/s,振动加速度最大值达到360.95m/s^2;当以2m循环进尺开挖时,隧道衬砌振动速度最大值达到4.69cm/s,振动加速度最大值达到585.6m/s^2;当以3m循环进尺开挖时,既有隧道衬砌振动速度最大值达到7.738cm/s,振动加速度最大值达到872.79m/s^2。在这三种工况情况下,引起的既有隧道衬砌的位移量很小,均小于1mm。

《爆破安全规程》(GB 6722—2014)规定,对交通隧道的最大允许振动速度应小于10cm/s。结合实际情况,丽龙高速已运营多年,并考虑到多次爆破可能造成累积损伤,建议控制振动速度值小于5cm/s。综合计算结果,开挖部位距离既有隧道正上方小于15m时,全断面开挖进尺控制在1.5m,台阶开挖进尺控制在2m,单段药量最大值控制在5kg,采用中间预留空孔的楔形掏槽技术;开挖部位距离既有隧道正上方15~35m时,全断面开挖进尺控制在2m,台阶开挖进尺控制在3m,单段药量最大值控制在12kg;开挖部位距离既有隧道正上方大于35m时,可进行全断面3m进尺开挖,单段药量最大值控制在16kg。

附录 A 山岭隧道施工事故案例

由于笔者所收集整理的山岭隧道施工事故案例内容较多,篇幅较长,故未在此列出,读者可扫描下文二维码,下载电子版文档参阅。

附录 B 贝叶斯网络节点条件概率表

(1)地层含水情况(M)

当隧道处于浅埋地段($F1$)时,认为隧道穿越地层接受大气降水补给,地层含水情况节点的条件概率由大气降水和地下水两者中的最不利状态决定;当隧道处于深埋($F2$、$F3$)地段时,认为隧道穿越地层不接受大气补给(未考虑断层等补给通道),地层含水情况节点的条件概率由地下水的最不利状态决定。具体地层含水情况条件概率值见表 B1。

地层含水情况(M)条件概率表　　　　表 B1

大气降水	地下水	埋深	$M1(\%)$	$M2(\%)$	$M3(\%)$
A1	B1	F1	100		
		F2	100		
		F3	100		
	B2	F1		100	
		F2		100	
		F3		100	
	B3	F1			100
		F2			100
		F3			100
A2	B1	F1		100	
		F2	100		
		F3	100		
	B2	F1		100	
		F2		100	
		F3		100	
	B3	F1			100
		F2			100
		F3			100
A3	B1	F1			100
		F2	100		
		F3	100		
	B2	F1			100

续上表

大气降水	地下水	埋深	M1(%)	M2(%)	M3(%)
A3	B2	F2		100	
		F3		100	
	B3	F1			100
		F2			100
		F3			100

（2）围岩情况（U）

围岩情况主要由围岩等级决定，同时考虑地层含水程度对其产生的弱化影响，具体围岩情况条件概率值见表 B2。

围岩情况（U）条件概率表　　　　　　表 B2

围岩等级	地层含水程度	U1(%)	U2(%)	U3(%)
E1	M1	100		
	M2	100		
	M3	50	50	
E2	M1	50	50	
	M2		100	
	M3		50	50
E3	M1		100	
	M2		50	50
	M3			100
E4	M1			100
	M2			100
	M3			100

（3）涌水突泥风险（T）

涌水突泥风险在岩溶等不良地质情况和地层含水程度两者均不利的情况下才可能发生，因此，这里涌水突泥风险的条件概率值由不良地质情况和地层含水程度两者中的最优状态决定。具体涌水突泥风险条件概率值见表 B3。

涌水突泥风险（T）条件概率表　　　　　　表 B3

不良地质情况	地层含水程度	T1(%)	T2(%)	T3(%)
C1	M1	100		
	M2	100		
	M3	100		
C2	M1	100		
	M2		100	
	M3		100	

续上表

不良地质情况	地层含水程度	$T1(\%)$	$T2(\%)$	$T3(\%)$
$C3$	$M1$	100		
	$M2$		100	
	$M3$			100

(4) 构造应力（N）

断层、岩溶等不良地质情况和偏压均会产生构造应力，这里构造应力节点的条件概率取值由不良地质情况和偏压节点的最不良状态决定。具体构造应力条件概率值见表 B4。

构造应力（N）条件概率表　　　　　　　　　　　　　　　表 B4

不良地质情况	偏　　压	$N1(\%)$	$N2(\%)$	$N3(\%)$
$C1$	$D1$	100		
	$D2$		100	
	$D3$			100
$C2$	$D1$		100	
	$D2$		100	
	$D3$			100
$C3$	$D1$			100
	$D2$			100
	$D3$			100

(5) 岩爆风险

当围岩等级为Ⅳ～Ⅵ级（$E3$、$E4$）或隧道处于浅埋地段（$A1$）或地层含水丰富（$M3$）时，认为不会发生岩爆风险。除此之外，遵循这样一个原则：埋深越大、构造应力越大、地层含水越少越容易发生岩爆风险，且围岩等级 $E2$ 相比 $E1$ 的地层更容易释放应力，发生岩爆风险。具体岩爆风险条件概率值见表 B5。

岩爆风险（S）条件概率表　　　　　　　　　　　　　　　表 B5

围岩等级	埋深	构造应力	地层含水情况	$S1(\%)$	$S2(\%)$	$S3(\%)$
$E1$	$F1$	$N1$	$M1$	100		
			$M2$	100		
			$M3$	100		
		$N2$	$M1$	100		
			$M2$	100		
			$M3$	100		
		$N3$	$M1$	100		
			$M2$	100		
			$M3$	100		
	$F2$	$N1$	$M1$	100		

附录B 贝叶斯网络节点条件概率表

续上表

围岩等级	埋深	构造应力	地层含水情况	S1(%)	S2(%)	S3(%)
E1	F2	N1	M2	100		
			M3	100		
		N2	M1	50	50	
			M2	100		
			M3	100		
		N3	M1		100	
			M2	50	50	
			M3	100		
	F3	N1	M1		100	
			M2	50	50	
			M3	100		
		N2	M1			100
			M2		50	50
			M3	100		
		N3	M1			100
			M2			100
			M3	100		
E2	F1	N1	M1	100		
			M2	100		
			M3	100		
		N2	M1	100		
			M2	100		
			M3	100		
		N3	M1	100		
			M2	100		
			M3	100		
	F2	N1	M1	50	50	
			M2	100		
			M3	100		
		N2	M1		100	
			M2	50	50	
			M3	100		
		N3	M1		50	50
			M2		100	
			M3	100		

续上表

围岩等级	埋深	构造应力	地层含水情况	S1(%)	S2(%)	S3(%)
E2	F3	N1	M1		50	50
			M2		100	
			M3	100		
		N2	M1			100
			M2			100
			M3	100		
		N3	M1			100
			M2			100
			M3	100		
E3	F1	N1	M1	100		
			M2	100		
			M3	100		
		N2	M1	100		
			M2	100		
			M3	100		
		N3	M1	100		
			M2	100		
			M3	100		
	F2	N1	M1	100		
			M2	100		
			M3	100		
		N2	M1	100		
			M2	100		
			M3	100		
		N3	M1	100		
			M2	100		
			M3	100		
	F3	N1	M1	100		
			M2	100		
			M3	100		
		N2	M1	100		
			M2	100		
			M3	100		
		N3	M1	100		
			M2	100		
			M3	100		

续上表

围岩等级	埋深	构造应力	地层含水情况	S1(%)	S2(%)	S3(%)
E4	F1	N1	M1	100		
			M2	100		
			M3	100		
		N2	M1	100		
			M2	100		
			M3	100		
		N3	M1	100		
			M2	100		
			M3	100		
	F2	N1	M1	100		
			M2	100		
			M3	100		
		N2	M1	100		
			M2	100		
			M3	100		
		N3	M1	100		
			M2	100		
			M3	100		
	F3	N1	M1	100		
			M2	100		
			M3	100		
		N2	M1	100		
			M2	100		
			M3	100		
		N3	M1	100		
			M2	100		
			M3	100		

(6)瓦斯爆炸(Q)

当隧道开挖未穿越瓦斯地层(这里仅指煤系地层)时,即不存在瓦斯爆炸风险。当隧道开挖穿越瓦斯地层时,瓦斯爆炸风险的条件概率取值由通风情况决定。具体瓦斯爆炸条件概率值见表B6。

瓦斯爆炸(Q)条件概率表 表B6

煤系地层	通风情况	Q1(%)	Q2(%)	Q3(%)
G1	L1			100
	L2		100	
	L3	100		
G2	L1	100		
	L2	100		
	L3	100		

(7)自稳能力(R)

自稳能力节点的条件概率取值遵循这样一个原则:围岩情况越差、埋深越浅、构造应力越大、开挖扩大越大,则围岩自稳能力越差。具体自稳能力条件概率值见表 B7。

自稳能力(R)条件概率表　　　　　　表 B7

围岩情况	埋深	构造应力	开挖跨度	$R1(\%)$	$R2(\%)$	$R3(\%)$
$U1$	$F1$	$N1$	$K1$	100		
			$K2$	50	50	
			$K3$		100	
		$N2$	$K1$	50	50	
			$K2$		100	
			$K3$		50	50
		$N3$	$K1$		100	
			$K2$		50	50
			$K3$			100
	$F2$	$N1$	$K1$	100		
			$K2$	100		
			$K3$	50	50	
		$N2$	$K1$	100		
			$K2$	50	50	
			$K3$		100	
		$N3$	$K1$	50	50	
			$K2$		100	
			$K3$		50	50
	$F3$	$N1$	$K1$	100		
			$K2$	100		
			$K3$	50	50	
		$N2$	$K1$	100		
			$K2$	50	50	
			$K3$		100	
		$N3$	$K1$	50	50	
			$K2$		100	
			$K3$		50	50
$U2$	$F1$	$N1$	$K1$	50	50	
			$K2$		100	
			$K3$		50	50
		$N2$	$K1$		100	
			$K2$		50	50

续上表

围岩情况	埋深	构造应力	开挖跨度	R1(%)	R2(%)	R3(%)
U2	F1	N2	K3			100
		N3	K1		50	50
			K2			100
			K3			100
	F2	N1	K1	100		
			K2	50	50	
			K3		100	
		N2	K1	50	50	
			K2		100	
			K3		50	50
		N3	K1		100	
			K2		50	50
			K3			100
	F3	N1	K1	100		
			K2	50	50	
			K3		100	
		N2	K1	50	50	
			K2		100	
			K3		50	50
		N3	K1		100	
			K2		50	50
			K3			100
U3	F1	N1	K1		100	
			K2		50	50
			K3			100
		N2	K1		50	50
			K2			100
			K3			100
		N3	K1			100
			K2			100
			K3			100
	F2	N1	K1	50	50	
			K2		100	
			K3		50	50
		N2	K1		100	

续上表

围岩情况	埋深	构造应力	开挖跨度	R1(%)	R2(%)	R3(%)
U3	F2	N2	K2		50	50
			K3			100
		N3	K1		50	50
			K2			100
			K3			100
	F3	N1	K1	50	50	
			K2		100	
			K3		50	50
		N2	K1		100	
			K2		50	50
			K3			100
		N3	K1		50	50
			K2			100
			K3			100

(8)综合地质风险(V)

综合地质风险的条件概率由瓦斯爆炸风险、涌水突泥风险和岩爆风险三者中的最不利状态决定。具体综合地质风险条件概率值见表 B8。

综合地质风险(V)条件概率表　　表 B8

瓦斯爆炸风险	涌水突泥风险	岩爆风险	V1(%)	V2(%)	V3(%)
Q1	S1	T1	100		
		T2		100	
		T3			100
	S2	T1		100	
		T2		100	
		T3			100
	S3	T1			100
		T2			100
		T3			100
Q2	S1	T1		100	
		T2		100	
		T3			100
	S2	T1		100	
		T2			100
		T3			100
	S3	T1			100

续上表

瓦斯爆炸风险	涌水突泥风险	岩爆风险	V1(%)	V2(%)	V3(%)
Q2	S3	T2			100
		T3			100
Q3	S1	T1			100
		T2			100
		T3			100
	S2	T1			100
		T2			100
		T3			100
	S3	T1			100
		T2			100
		T3			100

(9)塌方风险(W)

塌方风险主要由综合地质风险和自稳能力影响,同时考虑施工质量和支护设计的影响,综合地质风险越大、自稳能力越差、施工质量越差、支护设计与实际地层的符合程度越差,则塌方风险越大。具体塌方风险条件概率值见表B9。

塌方风险(W)条件概率表   表B9

综合地质风险	自稳能力	施工质量	支护设计	W1(%)	W2(%)	W3(%)	W4(%)
V1	R1	H1	J1	100			
			J2	100			
		H2	J1	100			
			J2	100			
		H3	J1	100			
			J2	100			
	R2	H1	J1		100		
			J2	50	50		
		H2	J1	50	50		
			J2	100			
		H3	J1	100			
			J2	100			
	R3	H1	J1			100	
			J2			50	50
		H2	J1			50	50
			J2			100	
		H3	J1			100	
			J2		50	50	

续上表

综合地质风险	自稳能力	施工质量	支护设计	W1(%)	W2(%)	W3(%)	W4(%)
V2	R1	H1	J1		100		
			J2	50	50		
		H2	J1	50	50		
			J2	100			
		H3	J1	100			
			J2	100			
	R2	H1	J1			100	
			J2		50	50	
		H2	J1		50	50	
			J2		100		
		H3	J1		100		
			J2	50	50		
	R3	H1	J1				100
			J2				100
		H2	J1				100
			J2			50	50
		H3	J1			50	50
			J2			100	
V3	R1	H1	J1			100	
			J2		50	50	
		H2	J1		50	50	
			J2		100		
		H3	J1		100		
			J2	50	50		
	R2	H1	J1				100
			J2			50	50
		H2	J1			50	50
			J2			100	
		H3	J1			100	
			J2		50	50	
	R3	H1	J1				100
			J2				100
		H2	J1				100
			J2				100
		H3	J1				100
			J2			50	50

附录 C 专家调查问卷

1. 您认为隧道所穿越地层的主要特点是什么？ （   ）
   A. 岩溶　　　　　　　　　　　B. 断层
   C. 浅埋偏压　　　　　　　　　D. 存在煤等瓦斯地层
   E. 地下水极其丰富　　　　　　F. 其他
2. 您认为隧道下穿小型水库可能存在哪些安全问题？可以采取哪些有效的防止措施？（   ）
3. 您认为隧道施工过程中很有可能发生的风险事件有哪些？
   A. 洞口失稳　　　　　　　　　B. 塌方
   C. 岩爆　　　　　　　　　　　D. 涌水突泥
   E. 瓦斯爆炸　　　　　　　　　F. 大变形
   G. 其他
4. 您认为隧道施工过程中的重大风险源有哪些？
5. 当隧道施工所处位置埋深大、地应力高时，常常发生岩爆事故，危及施工人员和机械设备安全，您认为可以采取哪些措施减弱岩爆发生的强度和频率？
6. 您认为该隧道采用哪种超前支护方法进洞在安全和经济方面最合适？ （   ）
   A. 大管棚　　　　　　　　　　B. 小导管
   C. 水平旋喷注浆　　　　　　　D. 其他
7. 隧道施工过程中较为常用的方法是台阶法，您认为台阶法施工中需要重点关注的参数有哪些？ （   ）
   A. 台阶长度　　　　　　　　　B. 循环进尺
   C. 初期支护与掌子面之间的距离　D. 仰拱施做的时机
   E. 其他
8. 在设定施工进尺时，您认为主要应该考虑哪些因素？ （   ）
   A. 围岩等级　　　　　　　　　B. 地下水
   C. 两隧洞间距　　　　　　　　D. 工期
   E. 不良地质　　　　　　　　　F. 其他
9. 请您列举塌方、涌水突泥事故发生前的若干明显征兆有哪些？
10. 您认为工程管理上对施工安全确实行之有效的方法有哪些？
11. 对于该隧道，您认为专项评估中应重点关注的区段有哪些？（请列明区间的桩号）
12. 当探明掌子面前方或洞壁侧方有溶洞存在时，您认为应如何分析其对隧道施工产生的危害，并给出恰当的处置措施。

13. 当隧道施工临近已建隧道或其他建构筑物时,可以采取哪些措施保障两者安全?
14. 您认为在评价某个施工单位的安全投入时,应重点考察它的哪些方面? （   ）
    A. 企业资质 B. 安全员配备
    C. 安全设施 D. 安全措施执行力度
    E. 其他
15. 请您简要写明对该隧道施工安全方面的综合意见。

附录 D 风险可视化相关数据

D.1 传感器参数

传感器参数见表 D1、表 D2。

高精度激光传感器参数表　　　　　　　　　　　　　　　　表 D1

类别	条	目
性能参数	最近距离(m)	0.05
	最远距离(室内)(m)	40
	精度(mm)	±1.5
	分辨率(mm)	1
	响应时间(s)	0.2
光学参数	激光	可见红光
	激光等级	Ⅱ类安全激光
	激光波长(nm)	(620~690)
	光斑直径(mm)	5m:4;10m:8;50m:28×14;100m:40×25
	激光寿命(h)	>50 000
电气参数	输入电压(V)	DC +7 30
	工作电流(mA)	≈30
	数字量输出	RS485
机械参数	仪器尺寸(mm)	114×80×36
	外壳材料	铝
	质量(g)	260
	防护等级	IP65
	工作温度(℃)	-10~+55
	存储温度(℃)	-20~+60

注:不要凝视光束,避免和激光接触(根据 EN60825-1:2003-10 标准)。

无线倾角传感器参数表　　　　　　　　　　　　　　　　表 D2

类别	条	目
基本参数	直流供电	1节电池(型号:一号 3.6V ER34615)
	工作截止电压(VDC)	2.1

续上表

类别	条目	
基本参数	电池安装方式	标准金属电池支架
	工作电流(DC)	Max.30mA(Typ.20mA)
	工作温度(℃)	-40~80
	动态存储	300条数据(正常工作条件下)
	长×宽×高(mm)	100×100×60
	质量(g)	800
	固定支架	250mm×35mm导轨(2支),孔槽为15mm×6mm;膨胀螺栓:M6(长度依据实际情况而定);或定制支架(用于有角度的平面)
	防护等级	IP66
	认证	CE
接口	设备校验周期	每2年
	检验方式	原厂校验
	主传感器	MEMS倾角传感器
传感器	参数	A轴;B轴
	角度范围(°)	-10~+10(或顾客定制)
	精度	0.01°(36″)
	长期稳定性	<0.014°(<50″)
	分辨率	0.0025°(9″)
	附加传感器	温度传感器
	温度测量范围(℃)	-40~80
	精度(℃)	2

D.2 变形预警、报警值

根据以往工程实践获得的经验,在不知道具体环境所产生的周期性变化程度时,会根据工程大小,提前安装监测系统 X 天,X 一般最少10天,大型工程最少30天。根据这些天的数据提取初始值和初步警戒值。大前提是这 X 天的数据是有效数据,即没有第三方的非法触碰。初始值 = X 天数据排序,去最大10%和最小10%数据,然后对中间剩下的80%的数据量进行平均;预、报警值 = X 天数据排序,去最大0.5%~1%数据,去最小0.5%~1%数据,剩余数据中:δ_1 = |最大数值 - 初始值|;δ_2 = |最小数值 - 初始值|;δ_1 和 δ_2 中的最大值,乘以1.3,为预警值;δ_1 和 δ_2 中的最大值,乘以1.7~1.8,为报警值。

下面各项指标除满足上述要求外,还剔除了明显不合理的数据,各双向倾角传感器的预、报警值见表D3。

附录D 风险可视化相关数据

倾角传感器预、报警值汇总表　　　　　　　表 D3

边坡台阶	传感器编号	A/B	初始值 (°)	δ_1 (°)	δ_2 (°)	预警值 (°)	报警值 (°)
一级台阶	0F6020A5	A	−1.469 0	0.053 5	0.082 0	0.106 6	0.139 3 ~ 0.147 5
		B	−1.756 8	0.023 9	0.055 8	0.072 5	0.094 8 ~ 0.100 4
	0F60238A	A	−1.064 4	0.089 2	0.252 3	0.328 0	0.428 9 ~ 0.454 2
		B	−0.600 4	0.135 7	0.236 0	0.306 8	0.401 2 ~ 0.424 8
	0F60223F	A	−2.508 4	0.042 3	0.050 2	0.065 3	0.085 4 ~ 0.090 4
		B	−2.474 0	0.183 8	0.049 7	0.239 0	0.312 5 ~ 0.330 9
	0F60230B	A	−0.315 1	0.117 9	0.021 2	0.153 2	0.200 4 ~ 0.212 2
		B	−3.575 7	0.021 4	0.226 7	0.294 7	0.385 4 ~ 0.408 1
二级台阶	0F60209B	A	−1.216 9	0.006 2	0.026 7	0.034 7	0.045 4 ~ 0.048 0
		B	−1.875 5	0.016 0	0.102 1	0.132 7	0.173 5 ~ 0.183 7
	0F60209E	A	−1.392 5	0.060 4	0.020 1	0.078 5	0.102 7 ~ 0.108 7
		B	−1.913 1	0.020 5	0.018 9	0.026 6	0.034 8 ~ 0.036 8
	0F602131	A	−2.886 5	0.138 4	0.046 5	0.180 0	0.235 3 ~ 0.249 2
		B	−0.413 9	0.112 5	0.043 1	0.146 2	0.191 2 ~ 0.202 4
	0F602183	A	−1.594 6	0.101 0	0.070 2	0.131 2	0.171 6 ~ 0.181 7
		B	−1.851 5	0.108 6	0.035 1	0.141 1	0.184 6 ~ 0.195 4
三级台阶	0F602228	A	−1.842 0	0.051 3	0.044 8	0.066 6	0.087 1 ~ 0.092 3
		B	−0.899 9	0.129 2	0.068 6	0.167 9	0.219 6 ~ 0.232 5
	0F602313	A	−0.168 7	0.009 8	0.026 8	0.034 8	0.045 6 ~ 0.048 2
		B	−1.839 4	0.017 3	0.040 4	0.052 6	0.068 7 ~ 0.072 8
四级台阶	0F602332	A	−1.661 7	0.042 1	0.033 0	0.054 7	0.071 5 ~ 0.075 7
		B	−0.383 3	0.013 1	0.023 5	0.030 6	0.040 0 ~ 0.042 3

D.3 部分传感器的变形监测曲线

如下为边坡第一台阶上的 4 个倾角传感器在边坡发生较大变形时监测到的倾角变化情况（图 D1 ~ 图 D8）。

（1）编号：0F6020A5

（2）编号：0F60223F

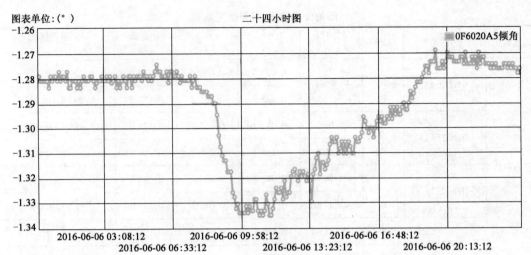

图 D1　0F6020A5-A

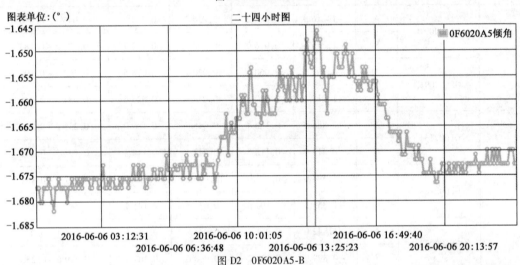

图 D2　0F6020A5-B

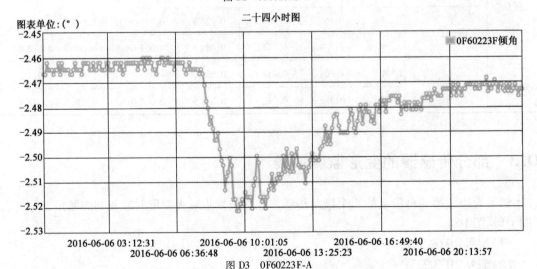

图 D3　0F60223F-A

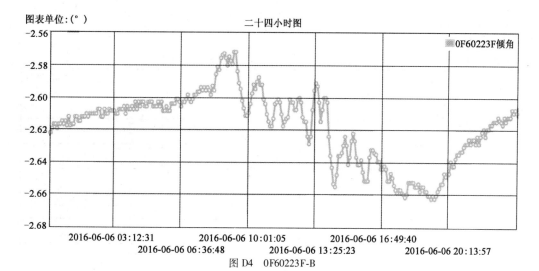

图 D4　0F60223F-B

（3）编号：0F60238A

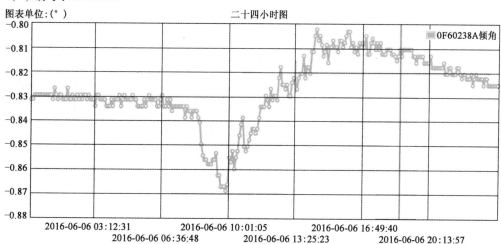

图 D5　0F60238A-A

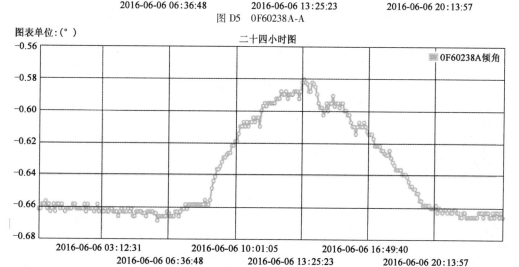

图 D6　0F60238A-B

(4) 编号:0F60230B

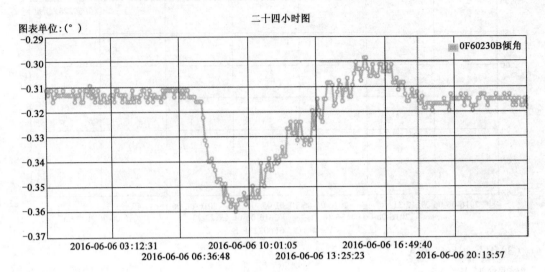

图 D7　0F60230B-A

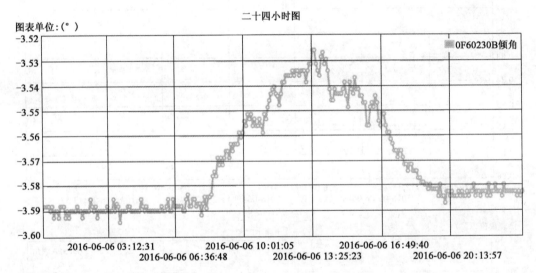

图 D8　0F60230B-B

附录 E 隧道运营期病害调查

E.1 病害调查表

浙江公路隧道病害调查工作量统计表见表 E1，各种病害调查统计表见表 E2~E4。

浙江公路隧道病害调查工作量统计表   表 E1

路线	所属管理处	隧道名称	上/下行	隧道长度（m）	结构形式	建成时间	检测时间	养护公司
甬金高速	杭金衢公司甬金管理处	岩坑尖3号隧道左洞	下行	1 492	分离式	2003年2月18日开始掘进，2004年10月10日结束，历时19月28天 2007.5.18竣工验收	2010.8.16 2010.12.28	顺畅养护
黄衢南高速	杭金衢公司衢南管理处	高陇口隧道	上/下行	365/367	分离式	2008年底通车	2010.8.17~19	顺畅养护
		阳排尖隧道	上/下行	2 835/2 845	分离式	2008年底通车	2010.8.17~19	顺畅养护
		大岭山隧道	上/下行	180	分离式	2008年底通车	2010.8.19	顺畅养护
金丽温高速	金丽温公司金华管理处	黄坞垄隧道	上/下行	590/565	分离式	1998年12月开工，2001年12月通车	2010.8.31	顺畅养护
		白阳山隧道	上/下行	488/476.5	分离式	1998~2001.12	2010.8.31	顺畅养护
		古塘隧道	上/下行	185	连拱式	1999~2002.12	2010.9.1 2010.12.29	顺畅养护
		水坑隧道	上/下行	386.5	分离式	1998.12~2001.12	2010.12.29	顺畅养护
	金丽温公司丽水管理处	双港桥隧道	上/下行	200	连拱式	2002.12	2010.9.2	顺畅养护
		太平港1号隧道	上行	395	连拱式	1999.12~2002.12	2010.9.2	顺畅养护
		太平港3号隧道	下行	445	连拱式	2002.12	2010.9.2	顺畅养护

续上表

路线	所属管理处	隧道名称	上/下行	隧道长度（m）	结构形式	建成时间	检测时间	养护公司
金丽温高速	金丽温公司丽水管理处	田里3号隧道	上/下行	388	连拱式	2002.12	2010.9.2	顺畅养护
		雅溪明洞隧道	上/下行	230	连拱式	1999.12~2002.12	2010.9.2	顺畅养护
		桐岭岗1号隧道	上/下行	235	连拱式	2002.12~2005.12	2010.9.3	顺畅养护
		桐岭岗2号隧道	上/下行	130	连拱式	2005.12	2010.9.3	顺畅养护
		俞庄隧道	上/下行	367	连拱式	2005.12	2010.9.3	顺畅养护
丽龙高速	金丽温公司丽龙管理处	严山岭隧道	上行	2285	分离式	2006	2010.12.30	交工养护
龙丽高速	金丽温公司龙丽管理处	东田隧道	上行	1247	分离式	2006	2010.12.31	交工养护
		溪田隧道	下行	2297	分离式	2003	2010.12.31	交工养护

浙江公路隧道渗漏水调查统计表-1　　　　表E2

路线	所属管理处	隧道名称	上/下行	隧道长度（m）	结构形式	渗漏点总数（个）	拱部点数（个）	边墙/中墙点数（个）	100m²渗漏点数（个）
甬金高速	杭金衢公司甬金管理处	岩坑尖3号隧道	下行	1492	分离式	20	3	13	4
黄衢南高速	杭金衢公司衢南管理处	高陇口隧道	上行	365	分离式	5	1	3	1
			下行	367		6	3	2	0
		阳排尖隧道	上行	2835	分离式	15	3	5	7
			下行	2845		3	0	3	0
		大岭山隧道	上行	180	分离式	3	1	2	0
			下行			1	0	1	0
金丽温高速	金丽温公司金华管理处	黄坞垄隧道	上行	590	分离式	26	19	6	1
			下行	565		2	1	1	0
		白阳山隧道	上行	488	分离式	15	11	3	1
			下行	476.5		32	13	12	7
		古塘隧道	上行	185	连拱式	32	8	0	24
			下行			32	6	3	23

附录E 隧道运营期病害调查

续上表

路线	所属管理处	隧道名称	上/下行	隧道长度（m）	结构形式	渗漏点总数（个）	拱部点数（个）	边墙/中墙点数（个）	100m²渗漏点数（个）
金丽温高速	金丽温公司金华管理处	水坑隧道	上行	386.5	分离式	12	10	1	1
			下行			9	8	1	0
	金丽温公司丽水管理处	双港桥隧道	上行	200	连拱式	24	4	0	20
			下行			38	11	0	27
		太平港1号隧道	上行	395	连拱式	50	1	1	48
		太平港3号隧道	下行	445	连拱式	26	0	1	25
		田里3号隧道	上行	388	连拱式	48	0	0	48
			下行			51	0	0	51
		雅溪明洞隧道	上行	230	连拱式	10	1	5	4
			下行			7	1	3	3
		桐岭岗1号隧道	上行	235	连拱式	29	0	0	29
			下行			35	0	2	33
		桐岭岗2号隧道	上行	130	连拱式	17	0	0	17
			下行			18	0	0	18
		俞庄隧道	上行	367	连拱式	44	0	0	44
			下行			58	0	0	58
丽龙高速	金丽温公司丽龙管理处	严山岭隧道	上行	2 285	分离式	8	5	2	1
龙丽高速	金丽温公司龙丽管理处	东田隧道	上行	1 247	分离式	3	3	0	0
		溪田隧道	下行	2 297	分离式	8	1	6	1

浙江公路隧道渗漏水调查统计表-2 表E3

路线	所属管理处	隧道名称	上/下行	隧道长度（m）	结构形式	浸渗（处）		
						点漏	线漏	面漏
甬金高速	杭金衢公司甬金管理处	岩坑尖3号隧道	下行	1 492	分离式	8	7	5
黄衢南高速	杭金衢公司衢南管理处	高陇口隧道	上行	365	分离式	3	1	1
			下行	367		3	2	1
		阳排尖隧道	上行	2 835	分离式	4	6	5
			下行	2 845		0	1	2
		大岭山隧道	上行	180	分离式	1	2	0
			下行			0	1	0

续上表

路线	所属管理处	隧道名称	上/下行	隧道长度（m）	结构形式	浸渗（处）		
						点漏	线漏	面漏
金丽温高速	金丽温公司金华管理处	黄坞垄隧道	上行	590	分离式	13	13	0
			下行	565		0	2	0
		白阳山隧道	上行	488	分离式	2	12	1
			下行	476.5		0	32	0
		古塘隧道	上行	185	连拱式	2	24	6
			下行			2	24	6
		水坑隧道	上行	386.5	分离式	2	10	0
			下行			6	2	1
	金丽温公司丽水管理处	双港桥隧道	上行	200	连拱式	5	16	3
			下行			5	25	8
		太平港1号隧道	上行	395	连拱式	7	35	8
		太平港3号隧道	下行	445	连拱式	1	17	8
		田里3号隧道	上行	388	连拱式	12	32	4
			下行			16	30	5
		雅溪明洞隧道	上行	230	连拱式	5	4	1
			下行			2	4	1
		桐岭岗1号隧道	上行	235	连拱式	4	19	6
			下行			14	13	8
		桐岭岗2号隧道	上行	130	连拱式	1	11	5
			下行			1	12	5
		俞庄隧道	上行	367	连拱式	13	25	6
			下行			23	31	4
丽龙高速	金丽温公司丽龙管理处	严山岭隧道	上行	2 285	分离式	6	1	1
龙丽高速	金丽温公司龙丽管理处	东田隧道	上行	1 247	分离式	3	0	0
		溪田隧道	下行	2 297	分离式	3	1	4

浙江公路隧道裂缝调查统计表

表 E4

路线	所属管理处	隧道名称	上/下行	隧道长度(m)	结构形式	部位			走向			宽度 W(mm)			长度 L(m)		
						拱顶	拱腰	拱脚	纵向	环向	斜向	W≤1	1<W≤3	W>3	L≤5	5<L≤10	L>10
甬金高速	杭金衢公司甬金管理处	岩坑尖3号隧道	下行	1 492	分离式	5	17	5	6	16	5	25	2	0	25	2	0
		高陇口隧道	上行	365	分离式	10	18	2	10	16	4	28	2	0	23	7	0
			下行	367	分离式	11	16	4	8	21	2	28	3	0	26	5	0
黄衢南高速	杭金衢公司衢南管理处	阳排尖隧道	上行	2 835	分离式	8	40	5	14	29	10	47	6	0	45	8	0
			下行	2 845	分离式	10	39	8	16	29	12	48	9	0	49	8	0
		大岭山隧道	上行	180	分离式	2	13	1	3	11	2	16	0	0	12	4	0
			下行			2	11	0	2	6	5	13	0	0	11	2	0
		黄坞尖隧道	上行	590	分离式	19	54	4	29	40	8	69	8	0	50	19	8
			下行	565		39	36	5	38	32	10	65	15	0	46	29	5
金丽温高速	金丽温公司金华管理处	白阳山隧道	上行	488	分离式	25	28	3	24	24	8	56	0	0	26	30	0
			下行	476.5		26	45	5	29	38	9	67	9	0	38	38	0
		古塘隧道	上行	185	连拱式	8	11	2	3	16	2	20	1	0	19	2	0
			下行			13	32	2	2	41	4	47	0	0	22	4	0
	金丽温公司丽水管理处	水坑隧道	上行	386.5	分离式	15	20	3	5	28	5	30	3	0	35	3	0
			下行			17	25	4	7	33	6	39	1	0	40	6	0
		双港新隧道	上行	200	连拱式	3	16	4	3	9	11	15	8	0	21	2	0
			下行			8	17	6	8	14	9	26	5	0	28	3	0

续上表

路线	所属管理处	隧道名称	上/下行	隧道长度(m)	结构形式	部位			走向			宽度W(mm)			长度L(m)		
						拱顶	拱腰	拱脚	纵向	环向	斜向	W≤1	1<W≤3	W>3	L≤5	5<L≤10	L>10
金丽温高速	金丽温公司丽水管理处	太平港1号隧道	上行	395	连拱式	12	26	1	12	22	5	37	2	0	32	7	0
		太平港3号隧道	下行	445	连拱式	20	70	5	19	57	19	87	8	0	78	17	0
		田里3号隧道	上行	388	连拱式	8	26	1	8	21	6	27	8	0	30	5	0
			下行			17	53	5	13	45	17	50	25	0	67	8	0
		雅溪明洞隧道	上行	230	连拱式	7	22	3	12	15	5	32	0	0	32	0	0
			下行			10	20	4	12	18	4	34	4	0	34	0	0
		桐岭岗1号隧道	上行	235	连拱式	5	26	8	3	25	11	39	0	0	34	5	0
			下行			10	35	2	4	33	10	43	4	0	37	10	0
		桐岭岗2号隧道	上行	130	连拱式	2	11	1	3	9	2	14	0	0	11	3	0
			下行			2	10	0	2	5	5	12	0	0	10	2	0
		俞庄隧道	上行	367	连拱式	4	24	2	6	8	16	30	0	0	27	3	0
			下行			14	15	3	19	8	5	32	0	0	25	7	0
丽龙高速	金丽温公司丽龙管理处	严山岭隧道	上行	2 285	分离式	6	37	5	12	26	10	43	5	0	40	8	0
龙丽高速	金丽温公司龙丽管理处	东田隧道	上行	1 247	分离式	3	15	5	4	14	5	23	0	0	21	2	0
		溪田隧道	下行	2 297	分离式	7	36	8	14	25	12	44	7	0	45	6	0
合计						348	864	116	350	734	244	1197	131	0	1060	255	13
比例(%)						26.2	65.1	8.7	26.4	55.3	18.3	90.1	9.9	0.0	79.8	19.2	1.0

E.2 病害案例表

各种病害案例见表E5~E6,岩石隧道衬砌渗漏水分布及成因统计表见表E7。

隧道衬砌裂缝病害案例调查表

表 E5

编号	隧道名称	地理位置	竣工年份	隧道长度（m）	建筑尺寸	结构形式	地质状况	病害情况
1	大茅隧道右洞	海南省三亚市大茅山	1995	1 070	净宽10.25m，净高5.1m	采用复合式衬砌，以φ22砂浆锚杆、喷射混凝土等为初期支护，二次衬砌采用C25模筑混凝土	山区区域内地形复杂,沟谷发育,岩性较为简单。主要为燕山期中粒黑云母花岗岩林充斜细粒疏状黑云母花岗岩。区域内断裂层分布密集,节理裂隙发育,节理主要强风化～全风化花岗岩层。处于汇水区域,地下水丰富。隧道穿越垭口	渗漏水,衬砌开裂,拱背空洞,侵限
2	隆务峡I号公路隧道	青海省道阿塞公路阿岱至同仁段	1989	157	—	隧道为直墙拱结构,拱部和边墙均为模注素混凝土衬砌,衬砌厚度30cm	隧道穿越隆务河蛇曲段为马鞍形山体,进口段为第四系坡、残积层,夹少量亚黏土,结构松散,成分为碎石段为三叠系下统的弱风化板岩。岩体破碎,节理发育,大气降水少,分布不均	衬砌裂损,渗漏水,轮廓侵限
3	祁家大山隧道	312国道甘肃省静宁县境内	1995	860	净宽11.5m	一次衬砌在黄土段45cm,岩性段40cm;二次衬砌35cm,加钢筋网普通锚杆的支护;二次衬砌均采用C25混凝土	隧道穿越的主要地段主要以第三系粉砂质泥岩、岩性软弱,遇水易散,地下水为潜水,分布干湿岩与黄土的接触面间,水量受季节影响较大,泥岩中局部存在裂隙水	洞身有环向裂缝,拱部裂缝有水渗出
4	西南某高速公路隧道	四川省雅安市市郊姚桥乡境内	1995	左线511,右线500	净宽9.5m，净高5.0m	隧道采用复合衬砌,初期支护为喷射混凝土10～15cm,加钢筋网和普通锚杆支护;二次衬砌为C25,喷射混凝土35～60cm	隧道穿越地段主要以泥岩和泥质砂岩,石膏细脉发育,层间结合较差,岩性较软弱,裂隙少量泥质灰岩段发育	二次衬砌裂损,渗漏水,衬砌背后空洞,腐蚀,内空侵限
5	晴隆隧道	沪瑞国道主干线镇宁至胜境关公路地十八合同段	—	左线2 150,右线2 160	净宽10.5m，净高5.0m	—	隧道进口段为灰岩,泥质灰岩底层,出口段为薄层,中厚层泥质粉砂岩,灰岩段长约为485 m,隧道洞I段为1 665 m。为Ⅲ、Ⅳ类围岩	涌水

续上表

编号	隧道名称	地理位置	竣工年份	隧道长度(m)	建筑尺寸	结构形式	地质状况	病害情况
6	龙泉山隧道	成渝高速公路成都简阳段中部	1994	左线739,右线780		隧道采用复合衬砌和洞口加强型衬砌,初期支护厚度为5~7cm,二次衬砌厚度为30~60cm,不设仰拱	隧道岩层大多为Ⅳ级围岩,有少数为Ⅲ级围岩,围岩属性为泥质粉砂岩、粉砂岩及细砂岩。隧道地下水多为基岩裂隙水,受大气降水影响大	衬砌拱部背后空洞,衬砌纵向及斜向裂缝发育,渗漏水严重
7	无墩Ⅰ号隧道	二连浩特至河口公路陕西勉县~宁强段高速公路线上		287	净宽9.75m,净高5.0m		隧道围岩破碎,大多为Ⅱ类围岩,其出口段为强风化泥页岩,处于小型地质构造带,节理发育,极为破碎,洞身浅埋、偏压,裂隙水丰富	渗漏水,塌方
8	龙门隧道	福建省漳龙高速公路龙岩段		左线397,右线569	净宽8m,净高6.9m	衬砌结构采用复合式衬砌,Ⅱ类围岩地区采用钢筋混凝土衬砌,Ⅲ类围岩地区采用混凝土衬砌	该隧道围岩主要为软岩,岩性主要为二叠系泥岩类黑色薄层泥质粉砂岩、泥岩和少量泥岩与煤层组成。隧道所处山体断层构造发育,主要由一对轴向近南北与轴向倾向东的复式向、背斜及其发育的纵张断裂、压(扭)性断裂等组成一套复杂的构造	二次衬砌裂损
9	赤岭隧道	福建省东北部沿海低地~丘陵地带		3425	净宽9.75m		隧道断层和裂隙密集带较多,地下水发育,有发育断层构造带17条裂隙密集带6条,裂隙水通过各构造带连通	渗漏水
10	雷打石隧道	福泉高速公路A4标段		左线816,右线830			地区降雨量大,隧道渗水量大,地下水发育,岩石内裂隙水丰富	渗漏水
11	南山峁隧道	宜君县城南端210国道上		374			该隧道工程地质条件比较单一,上覆第四黄土层,下覆三叠系砂岩、泥页岩互层,无断裂构造,岩石裂隙发育。地下水主要为大气降水,水量随季节变化	衬砌裂缝,渗漏水

附录E 隧道运营期病害调查

续上表

编号	隧道名称	地理位置	竣工年份	隧道长度(m)	建筑尺寸	结构形式	地质状况	病害情况
12	西康二级公路棠梨隧道	陕西省旬阳县,起于甘溪镇终于灵岩寺		1996			隧道围岩以千枚岩为主,风化千枚岩为主,受断层及节理破坏,局部围岩性质差,区域内构造以断层为主,共四条主要断层	衬砌裂缝、渗漏水、衬砌变形
13	晋阳高速公路隧道	陕西、山西、河南三省交界处		五座隧道全长7 760			隧道穿越的地层主要为二叠纪砂岩、石炭纪砂岩,泥岩,页岩煤层和中奥陶纪石灰岩、泥灰岩。受新华夏构造体系与阳城山字形体系的复合影响,局部地段岩层直立或陡倾。地下水不发育	渗漏水、衬砌裂缝、冻害
14	中华岭隧道	福建省道秀里线大田县境内	1994	415.8		单心圆弧拱截面,整体式衬砌结构	隧道围岩破碎,节理裂隙发育而不规则,底层结构为粉粒状土及风化土夹石,部分地段夹杂土杂煤层软土,渗透性较好。隧道穿越山体植被茂密,所处地区雨量充沛,地下水主要来源于大气降水补给	渗漏水
15	凤凰山、乐疃、青石关3座隧道	205国道博莱高速公路淄博段	2000			前者为分离式双洞,后两者为连拱形式	3座隧道洞身围岩以石灰岩、白云岩为主,有强、弱风化带,并有软弱夹层。施工时发现有岩溶现象,在隧道主体以下,透水通道水理置较深,为构造裂隙、溶洞、孔洞等,其补给源主要为大气降水,对隧道主体有影响的主要为季节性降水	全线建成通车4年多来,3座隧道衬砌相继出现渗漏水量裂缝现象。特别是近几年连续雨水较多,隧道渗漏水更为频繁严重,其中两座连拱隧道情况严重,特别是连拱青石关隧道、连拱隧道的控制室,边墙以及中隔墙出现多处大面积渗漏水现象;共在冬季,隧道内多处出现冰柱、冰溜

417

续上表

编号	隧道名称	地理位置	竣工年份	隧道长度(m)	建筑尺寸	结构形式	地质状况	病害情况
16	六盘山隧道	宁夏	1997	2 385			六盘山隧道西口海拔2 460m,年最低气温-28.7℃	两隧道同为高海拔寒冷越岭长隧道,同样由于当时的资金制约,在设计上没能很好地贯彻"早进洞、晚出洞"的原则,隧道穿越坡积层反断裂带等不良地质段,再加上施工困难,造成施工积水天不足、渗漏和衬砌开裂等病害多
17	大坂山隧道		1999	1 530			大坂山隧道南口海拔3 792 m,年最低气温-34℃	
18	黄思湾隧道	黄石市南通道黄石～大冶汪仁公路	1993	1 680	双车道四级公路长隧道	矿山法及新奥法施工	该隧道自北(进口)向南(出口)穿越黄荆山向斜核部。隧道区含水岩层主要为灰岩和泥灰岩,属碳酸盐岩岩溶裂隙含水岩组,在隧道内分布广泛	渗漏水、衬砌开裂等病害
19	六甲洞隧道	清连一级公路			分离式隧道,隧道净宽10.8m,隧道净空高7.10m,设计车速为100km/h		隧址区地下水主要为丘陵区基岩裂缝水,属于地下水贫乏区	衬砌裂缝,隧道内衬砌工作缝全部存在渗漏水现象,衬砌厚度不足,衬砌背后空洞,衬砌变形,洞内路面几乎全部破水浸泡破坏,隧道部分检修道已经破坏,隧道施工中塌方地段较多

418

附录E 隧道运营期病害调查

续上表

编号	隧道名称	地理位置	竣工年份	隧道长度（m）	建筑尺寸	结构形式	地质状况	病害情况
20	珺头岭隧道	福建省福州市连江县珺头镇境内，是同江至三亚国道主干线罗源至长乐高速公路的一部分			分幅式双洞单向2车道，行车道宽2×3.75m，净高5m，两侧路缘带宽0.5m，路面横坡2%，单侧设检修道宽0.75m	隧道结构按新奥法原理进行设计，采用复合衬砌，以锚杆湿喷混凝土、钢筋网为初期支护，并辅以钢架支撑，注浆小导管、大管棚等超前预支护措施	隧道工程区属山地丘陵地貌，岩性以晶屑熔岩为主，属硬质岩石。有一条断层F41通过，隧道区内岩石类别为Ⅱ～Ⅲ类，余为Ⅳ～Ⅴ类。隧道围岩区内地下水主要为基岩裂隙水，赋存于构造裂隙中，受大气降水补给及季节影响。隧道最小埋深为进口下穿104国道段仅6m，最大埋深125m	渗漏水
21	盘陀岭隧道		1991			隧道结构采用复合衬砌，其中外层初期支护据隧道围岩类别分别采用喷混凝土、锚喷联合支护或喷锚网联合支护形式，在洞口地段软弱地段采用装钢拱架，内层二次衬砌采用模筑混凝土	基岩多在沟内岸、陡坎或公路堑坡露头，为中生代燕山晚期侵入的花岗岩，岩体多呈块状砌体或镶嵌结构，严重者为碎石状，构造节理发育，多呈X型分布。无不良地质现象，地下水主要是基岩裂隙水，水量随基岩破碎程度和季节降水而增减	在通车期间，部分地段的路面有潮湿现象出现，个别板缝有水向上涌冒，随着时间的推移，在靠近进口300m、出口12cm地段，板缝出现点状、线状，网状潮湿带，个别路面混凝土大板开裂。在靠近出、出口各50m的地段，隧道衬砌变形缝出现渗漏水，有的缝水流成细线状
22	关兴公路蛇形坡隧道	于贵州关岭至兴仁公路上	2001	688	隧道净宽10.5m，净高5.0m，设计行车速度60km/h	双向行驶的二级公路隧道。蛇形坡隧道在初期支护与二次衬砌之间敷设一层复合土工合成防水板，防水板敷设范围为自拱部至边墙下部引水管。二次衬砌沉降缝采用中埋橡胶止水带止水，施工缝用遇水膨胀止水条止水。在隧道路面两侧设置MF12透水盲管下设置排除隧道周边的渗水	蛇形坡隧道围岩级别为Ⅲ～Ⅴ级，岩性以灰岩，且节理裂隙发育，透水性能较好，无相对隔水和不含水层。区内岩溶中等发育，其形态以溶蚀裂隙、溶洞、溶槽为主。区内地下水主要类型为大气降水补给，水埋藏较深，来源为大气降水补给，地下水量随季节变化，地下水主要形式为滴水或成线	缝漏、点漏以及面二次衬砌渗漏水点总计79处，整个隧道二次衬砌渗漏水量较大，局部地段脚处有积水；二次衬砌有裂缝的地方总计39处，部分地段的裂缝宽度达2mm以上

续上表

编号	隧道名称	地理位置	竣工年份	隧道长度(m)	建筑尺寸	结构形式	地质状况	病害情况
23	京珠高速公路上的某隧道	京珠高速公路			上下分离式六车道高速公路隧道	整个隧道结构均为Ⅱ、Ⅲ类围岩,隧道结构按新奥法原理进行设计,采用复合式衬砌	最大埋深150m,隧址区地质构造复杂,位于某断裂带西部,某背斜北段,断层节理发育,裂隙水较多,隧道穿越的岩层主要为残积土、变质干枚岩和劣质煤层系	大部分渗漏水集中在施工缝处,二衬混凝土开裂,混凝土衬砌出现蜂窝麻面,从而造成大面积混凝土大面积渗水
24	小竿岭公路隧道	205国道	1996	490	宽10.5m,行车道宽9m,净高7.05m	衬砌结构采用普通混凝土,厚度60cm		拱圈施工缝、直墙和拱圈之间接缝渗漏、点渗漏、不规则裂缝渗漏,其他以及大面积渗水等情况。同时,局部地方由于长期渗漏水引起衬砌混凝土剥落,严重威胁隧道运行安全
25	坂寨岭隧道	是319国道的二级公路隧道,位于福建省龙岩市境内		865	洞内净高7.62m,跨度10.5m,纵坡+3%,出口高程高于进口高程	隧道结构采用复合式衬砌,隧道的内轮断面为以洞顶为单心圆弧拱,边墙为直立式,出口段长设有单心圆弧仰拱	该线段在地质构造上位于龙岩山字形构造前弧东翼,区域构造线方向呈北东向。地下水主要是基岩裂隙水,水量随基岩破碎程度和季节降水而增减。工作区内地表水系沿隧道两侧的冲谷发育	隧道的渗漏水情况用漫渗、快渗和漏水三种情况描述,并根据隧道表面情况用墙面带浆、墙体裂缝和墙体变形3种情况描述
26	怀化分水坳公路隧道	属怀化至新建国防公路工程的咽喉项目,该隧道位于怀化市中方县境内		442			该隧道处在分水坳断层处,隧道间破碎程度大,经开挖发现存在3种结构面:薄层硅质灰岩碎石结构面、碳质泥岩镜面(滑动面)和断层挤压粉状结构面	该段亦存在大面积渗水,其小断层纵横交错,地质复杂,隧道防排水施工难度相当大

420

附录E 隧道运营期病害调查

岩石隧道衬砌渗漏水分布及成因统计表

表 E6

隧道名称	断面类型	渗漏水形态及分布	主要成因	备注
博莱高速公路某隧道	双联拱隧道	基本上沿中隔墙顶部纵向施工缝、竖向施工缝以及衬砌纵裂缝点呈线状渗水，水量较大。隧道全长范围内发生渗漏水，水害程度较严重	围岩节理、裂隙发育，中隔墙顶部防水设施失效，施工质量差；防水混凝土衬砌质量不良	位于山东省，隧道全长330m。地下水主要靠大气降水补给
坂寮岭隧道	单拱隧道	第4区为成片漏水区；第5区为成片快渗区；第1、2区为成片慢渗区；第3区为局部渗漏区	地质条件差，防水措施不完善，施工中把关不严，施工中场方处理不完善，设计强度不足	位于福建省，隧道全长865m，地下水主要是基岩裂隙水
东港隧道	单拱隧道	所有的沉降缝、施工缝、墙拱接缝都存在程度不同的渗漏水，直墙大面积渗量渗水也相当普遍	地下水丰富，施工质量差，维护不当造成排水管堵塞，温度应力、收缩应力，机械振动和开山放炮的影响，隧道出现不规则裂缝	位于浙江省，隧道全长792m
瞿家湾隧道	双联拱隧道	衬砌壁面出现青苔及棉絮面水蚀现象；锈蚀衬砌结构内的钢筋	隧道区域的水文地质条件差；施工接缝和预留伸缩缝处，堵漏不严	位于湖北省，隧道全长792m
筠头岭隧道	分幅式双洞隧道	隧道多处出现渗漏水	隧道通过断层区，施工设置的排水孔道被堵塞，流水不畅；防排水材料施工不规范，有破损；混凝土施工时振捣不密实	位于福建省，隧道全长3467m，区内地下水主要为基岩裂隙水
小盘岭隧道	单拱隧道	渗漏水在冬夏季表现为洞顶吊冰柱，边墙挂冰溜	防水板破损；春融期排水不畅；春融期地下水压力增大	位于吉林省隧道全长约600m
蕉溪岭隧道群	单拱隧道	隧道衬砌混凝土渗漏水现象严重	穿过冲沟发育地段和断层破碎带；对隧道进行注浆处理，造成排水管道堵塞；施工缝处理不好	位于湖南省，3座隧道全长约3900m

续上表

隧道名称	断面类型	渗漏水形态及分布	主要成因	备注
金竹林隧道	双联拱隧道	隧道中隔墙渗水现象严重	中墙处排水不通畅；中隔墙顶部防水达不到设计要求；中墙上方局部地段没有回填密实，存有空洞	位于重庆市，隧道全长545m
柳州市南二环路双连拱隧道群	双联拱隧道	中墙横断面竖向施工缝或沉降缝渗漏，量大；中墙纵向水平施工缝点状渗漏，量较小；中墙身纵向施工间歇缝点状渗漏，量少	塑料防水板防水层局部渗漏；施工缝（沉降缝）未严格按设计要求进行止水处理，施工质量差；混凝土施工质量不密实，混凝土内部缝、孔、洞多；中墙顶部水量大、水压大，不能及时排走	位于广西省，包括桐油山隧道、银仔山1号隧道、银仔山2号隧道等
温家山隧道	单拱隧道	隧道内渗漏水及渗漏水的冻融对隧道内混凝土衬砌、路面等结构造成侵蚀破坏	隧道山体内外的环境水；围岩节理发育，加之爆破对周围岩体的二次扰动，导致地表水、裂隙水侵入	位于陕西省眉（县）太（白）二级公路
秦岭隧道	分幅式双洞隧道	防水板结缝处和混凝土横纵注连接缝处出现渗漏水现象，特别在结缝处渗漏水病害严重	排水道施流不畅，防水材料铺挂不规范，结缝严密，混凝土浇注时振捣不密实	位于国道108线越岭积雪线段，是4条高速公路的连拱隧道石积雪线段，隧道全长1560m
元磨线隧道群	双联拱隧道	三缝（沉降缝、变形缝、施工缝）处损坏。冬季冻害现象严重	三缝设计和施工问题，防排水措施处理不当	位于云南省，调查了玉元、元磨
宋庄隧道	单拱隧道	隧道长期漏水甚至淋水，路面已完全损坏。冬季冻害现象严重	水文地质条件差；原设计和施工中未采取必要的防水措施	位于山西省，隧道总长234.9m
大垭口隧道	单拱隧道	K2+484～K2+492段拱部纵向裂缝，渗漏水严重，从拱顶到拱腰有多处渗水，左侧拱腰有一环向渗水裂缝	隧道洞身围岩地质条件较差，衬砌质量差，衬砌背后回填不密实；隧道村周围煤矿开采的影响	位于重庆市，隧道总长1475m

续上表

隧道名称	断面类型	渗漏水形态及分布	主要成因	备注
大茅隧道	分离式双洞隧道	隧道环向施工缝均有漏水痕迹，侧墙部及拱顶均有较多地段出现渗水，表面潮湿	隧道周边富含地下水；隧道防排水系统已基本遭到破坏，已无防水能力；衬砌存在荷载裂缝	位于海南省，隧道总长1 070 m
小牢岭隧道	单拱隧道	拱圈施工缝、直墙和拱圈之间接缝渗漏，其他不规则裂缝渗漏、点渗漏以及大面积渗水等	设计单位对地质状况掌握不够，没有进行防水处理；隧道围岩地下水较发育，衬砌混凝土施工质量控制不严	位于浙江省，隧道总长490 m
七道梁隧道	单拱隧道	拱墙滴水、渗水、小股涌渗、挂冰；路面、边沟沟结冰；排水不畅	对隧道涌水条件认识不全面，遗漏重要涌水出水条件；隧道结构、防排水要求与防排水方法与施工工艺落后	位于甘肃省，隧道总长1 560 m
雁列山隧道群	分离式双洞隧道	隧道拱顶、施工缝、冷缝多处出现渗漏水病害	塑料防水板并没有形成封闭；防水卷材施工质量差；混凝土局部浇捣不密实	位于江西省，包括雁列山1号、2号隧道
五龙岭隧道	双联拱隧道	中墙两侧的拱脚部位及中墙的裂缝，施工缝和局部墙身混凝土面上漏水、渗漏呈点状、线状，沿中隔墙两侧流淌	防排水设计方案欠妥；中顶部形成一条永久性的V形积水沟不利于排水；防水板板局部破损，一些山体裂缝使得水渗入	位于广东省，隧道总长180 m
密江岭隧道	单拱隧道	衬砌普遍渗漏水，局部地段漏水十分严重；冬季、边墙挂冰锥，路面冰丘连片	地表水极易流（渗）向隧道；蜂窝麻面、衬砌混凝土密实性很差，施工缝缝处理不当；地表沉降等致的山体裂缝；原设计无防水层，排水设施不完善	位于吉林省，隧道总长470 m
哈瓦那海湾隧道（Havana's Bay Tunnel）	单拱隧道	渗漏水主要集中在隧道洞身有裂缝的位置，部分裂缝渗水量达到40 L/h	维护不当，排水管道严重堵塞	位于古巴，隧道总长733 m

续上表

隧道名称	断面类型	渗漏水形态及分布	主要成因	备注
Pap Lueg Tunnel	单拱隧道	衬砌接缝处积水；衬砌表面潮湿	隧道穿越石灰岩地层；地下水压大；渗漏水与冻害相互作用使病害更严重	位于奥地利，隧道总长112m
泰戈尔机场隧道（Airport Tegel Tunnel）	箱形截面隧道（含中隔墙）	拱顶和拱腰施工缝有渗漏；渗漏水受地表水影响明显	未对周边水文条件做专门调查；防水层破损严重；春融水体渗入	位于德国，隧道两线（左行、右行线）分别长882m和1 011m
Oslo Bryn Tunnel	分幅双洞隧道	裂缝和施工缝处发生渗漏，特别是大雨后；冬季造成漏顶吊冰柱、边墙挂冰溜	缝连接缝处橡胶截水条失效，隧道未设里防水系统	位于挪威，隧道总长200m
Deira Tunnel	矩形截面隧道	结构物有渗水和漏水现象，水质含盐	配置混凝土的石灰岩骨料质量不合格；接头处嵌入物（沥青木栓）硬度过高	位于阿拉伯联合酋长国迪拜，隧道总长560m
Tokyo Underground Tunnel	单洞隧道	整个结构的衬砌管片接头几乎都有漏水；带泥水流喷射进入隧道	地下水考虑高压水头影响，设计准备不足，未考虑高压水头影响；衬砌防水性未满足要求；结构沉降不均	位于日本
Mikuni Tunnel of National Route 17	单拱隧道	沿隧道长度方向几乎都有渗漏水现象，接头处甚至有水喷射进入隧道；冬季有冰挂	地下水属强酸性，对结构腐蚀性强；防水结构出现问题	位于日本，隧道总长1 218m

参 考 文 献

[1] Aalianvari A, Katibeh H, Sharifzadeh M. Application of fuzzy Delphi AHP method for the estimation and classification of Ghomrud tunnel from groundwater flow hazard[J]. Arabian Journal of Geosciences, 2012, 5(2):275-284.

[2] Akira H. Development of expert systems in JNR[J]. Japanese Railway Engineering, 1986, 26(3):16~20.

[3] Akira H. The railway tunnel diagnosis expert system[J]. Journal of the Society of Instrument and Control Engineers, 1988, 27(10):915-916.

[4] Akira I, Shigero I. Road tunnel in Japan: deterioration and countermeasures[J]. Tunnelling and Underground Space Technology, 1996, 11(3): 305-309.

[5] Akutagawa S. On Site Visualization as a new paradigm for field measurement in rock engineering[C]// ISRM International Symposium-6th Asian Rock Mechanics Symposium. International Society for Rock Mechanics, 2010.

[6] Akutagawa S, Minami Y, Yamachi H, et al. A new Method for Visualizing Stresses in Rock Support Measures by Using a Light Emitting Sensor[C]// 12th ISRM Congress. International Society for Rock Mechanics, 2011.

[7] Aoshima S, Chikamori T, Shiraishi M. Automatic deterioration monitoring system for tunnel wall using fusion sensors on a train-relation between train velocity and cross-correlation coefficient of interpolated crack images[J]. IEEE ICIT02, 2002, 1: 416-420.

[8] Asakura T, Sato Y. Damage to mountain tunnels in hazard area[J]. Soils and Foundations, 1996, (Special):301-310.

[9] Barla G B, Borgna S. Squeezing behaviour of tunnels: a phenomenological approach[J]. Galleriee Grandi Opere Sotterranee, 1999, 58:39-60.

[10] Barla G. Squeezing rock in tunnels[J]. ISRM, New J., 1995, 2:44-49.

[11] Becker D E. Limit states design for foundations [J]. Eighteenth Canadian Geotechnical Colloquium II: Development for the National Building Code of Canada. Can. Geotech. J. Ottawa, 1996, 33:984-1007.

[12] Bhasin R, Barton N, Grimstad E, et al. Engineering geological characterization of low strength anisotropic rocks in the Himalayan region for assessment of tunnel support[J]. Engineering Geology, 1996, 40(40):169-193.

[13] Bravery P, Cross S, Gallagher R, et al. A Code of Practice for Risk Management of Tunnel Works[M]. Munich: The International Tunnelling Insurance Group, 2006.

[14] Brooks K W. Delphi technique: Expanding applications[J]. North Central Association Quarterly, 1979, 53(3):377-85.

[15] Carr V, Tah J H M. A fuzzy approach to construction project risk assessment and analysis: construction project risk management system[J]. Advances in engineering software, 2001,

32(10):847-857.

[16] Cerovsek T. A review and outlook for a 'Building Information Model' (BIM): A multi-standpoint framework for technological development[J]. Advanced Engineering Informatics, 2011, 25(2):224-244.

[17] Chapman C. Project risk analysis and management—PRAM the generic process[J]. International Journal of Project Management, 1997, 15(5):273-281.

[18] Ching J, Phoon K K. Effect of element sizes in random field finite element simulations of soil shear strength[J]. Computers & structures, 2013, 126: 120-134.

[19] Clayton C R I. Managing geotechnical risk: improving productivity in UK building and construction[M]. London: Thomas Telford, 2001.

[20] Copur H, Cinar M, Okten G, et al. A case study on the methane explosion in the excavation chamber of an EPB-TBM and lessons learnt including some recent accidents[J]. Tunnelling & Underground Space Technology, 2012, 27(1):159-167.

[21] Cruz-Roa A A, Ovalle J E A, Madabhushi A, et al. A Deep Learning Architecture for Image Representation, Visual Interpretability and Automated Basal-Cell Carcinoma Cancer Detection [C] // Medical Image Computing & Computer-assisted Intervention: Miccai International Conference on Medical Image Computing & Computer-assisted Intervention. 2013:403-10.

[22] Custer R L, Scarcella J A, Stewart B R. The Modified Delphi Technique—A Rotational Modification[J]. Journal of Vocational and Technical Education, 1999, 15(2):50-58.

[23] Cyphert F R, Gant W L. The delphi technique: A case study[J]. Phi Delta Kappan, 1971, 52(5):272-273.

[24] Daemen J. The engineering geology of weak rock[J]. Engineering Geology, 1994, 37(2): 161-162.

[25] Davis T J, Keller C P. Modelling uncertainty in natural resource analysis using fuzzy sets and Monte Carlo simulation: slope stability prediction[J]. International Journal of Geographical Information Science, 1997, 11(5):409-434.

[26] Einstein H H, Vick S G. Geological model for a tunnel cost model[J]. Proc RETC 2nd, II, 1974:1701-1720.

[27] Einstein H H, Dudt J P, Halabe V B, et al. Decision aids in tunneling: Principle and practical application [J]. Monograph, Swiss Fed. Office of Transportation, Alptransit Project, 1992.

[28] Einstein H H. Risk and risk analysis in rock engineering[J]. Tunnelling and Underground Space Technology, 1996, 11(2):141-155.

[29] Einstein H, Indermitte C, Sinfield J, et al. Decision aids for tunneling[J]. Transportation Research Record: Journal of the Transportation Research Board, 1999(1656):6-13.

[30] Ericson C A, Ll C. Fault tree analysis[C] // System Safety Conference, Orlando, Florida. 1999:1-9.

[31] Eskesen S D, Tengborg P, Kampmann J, et al. Guidelines for tunnelling risk management:

international tunnelling association, working group No. 2[J]. Tunnelling and Underground Space Technology, 2004, 19(3):217-237.

[32] Feng X T, Wang L N. Rockburst prediction based on neural networks[J]. Transactions of Nonferrous Metals Society of China, 1994, 4(1):7-14.

[33] Fukushima K. Neocognitron: A self-organizing neural network model for a mechanism of pattern recognition unaffected by shift in position[J]. Biological Cybernetics, 1980, 36(4): 193-202.

[34] Garvey P R, Lansdowne Z F. Risk matrix: an approach for identifying, assessing, and ranking program risks[J]. Air Force Journal of Logistics, 1998, 22(1):18-21.

[35] Guan Z, Deng T, Du S, et al. Markovian geology prediction approach and its application in mountain tunnels[J]. Tunnelling & Underground Space Technology Incorporating Trenchless Technology Research, 2012, 31(5):61-67.

[36] Haas C, Einstein H H. Updating the decision aids for tunneling[J]. Journal of Construction Engineering and Management, 2002, 128(1):40-48.

[37] Hinton G E, Salakhutdinov R R. Reducing the dimensionality of data with neural networks. [J]. Science, 2006, 313(5786):504-507.

[38] Hoek E. Strength of jointed rock masses[J]. Geotechnique, 1983, 33(3): 187-223.

[39] Hoek E. Strength of rock and rock masses[J]. ISRM News Journal, 1994, 2(2): 4-16.

[40] Hoek E. The Hoek-Brown failure criterion-a 1988 update[C]// Proc. 15th Canadian Rock Mech. Symp. Toronto, Dept. Civil Engineering, University of Toronto, 1988: 31-38.

[41] Hoek E, Brown E T. Underground excavations in rock [M]. Abingdon: Tayolor & Francis, 1980.

[42] Hoek E, Brown E T. Practical estimates of rock mass strength[J]. International Journal of Rock Mechanics and Mining Sciences, 1997, 34:1165-1186.

[43] Hoek E, Carranza-Torres C, Corkum B. Hoek-Brown failure criterion-2002 edition[J]. Proceedings of NARMS-Tac, 2002, 1: 267-273.

[44] Hoek E, Kaiser P K, Bawden W F. Support of underground excavations in hard rock[M]. CRC Press, 2000.

[45] Hoek E, Marinos P G. Tunnelling in overstressed rock[C]// Vrkljan, ed. Rock Engineering in Difficult Ground Conditions-Soft Rocks and Karst. London: Taylor & Francis, 2010.

[46] Hoek E, Wood D, Shah S. A modified Hoek-Brown failure criterion for jointed rock masses [C]// Rock Characterization: ISRM Symposium, Eurock92, Chester, UK, 14-17 September 1992. Thomas Telford Publishing, 1992: 209-214.

[47] Hsu C C, Sandford B A. The Delphi technique: making sense of consensus[J]. Practical assessment, research & evaluation, 2007, 12(10):1-8.

[48] Hubel D H, Wiesel T N. Receptive fields and functional architecture of monkey striate cortex [J]. Journal of Physiology, 1968, 195(1):215-243.

[49] Hudson J, Harrison J. Engineering Rock Mechanics: An Introduction to the Principles[M].

Amsterdam: Pergamon, 1997.

[50] Huseby A B, Skogen S. Dynamic risk analysis: the DynRisk concept[J]. International Journal of Project Management, 1992, 10(3):160-164.

[51] Hyun K C, Min S, Choi H, et al. Risk analysis using fault-tree analysis (FTA) and analytic hierarchy process (AHP) applicable to shield TBM tunnels[J]. Tunnelling and Underground Space Technology, 2015, 49:121-129.

[52] Ioannou P G. Geologic Prediction Model for Tunneling[J]. Journal of Construction Engineering & Management, 1987, 113(4):569-590.

[53] Jafari M J, Gharari N, Sheikhi H R. The reliability of a tunnel boring machine[J]. International journal of occupational hygiene, 2009, 1(1):20-25.

[54] Jamali A, Ghamati M, Ahmadi B, et al. Probability of failure for uncertain control systems using neural networks and multi-objective uniform-diversity genetic algorithms [J]. Engineering Applications of Artificial Intelligence. 2013, 26(2): 714-723.

[55] Jiang P, Guo B, Lim J, Zuo M J. Group judgment of relationship between product reliability and quality characteristics based on Bayesian theory and expert's experience[J]. Expert Systems with Applications, 2010, 37(10):6844-6849.

[56] Kalman R E. A New Approach to Linear Filtering and Prediction Problems[J]. Journal of Basic Engineering Transactions, 1960, 82:35-45.

[57] Kazuaki K, Minoru K, Tsutomu T, et al. Structure and construction examples of tunnel reinforcement method using thin steel panels[R]. Nippon Steel Technical Report, 2005, 92: 45~50.

[58] Kidybinski A. Bursting liability indices of coal[J]. International Journal of Rock Mechanics and Mining Sciences and Geomechanics Abstracts, 1981, 18(4):295-304.

[59] Krizhevsky A, Sutskever I, Hinton G E. ImageNet classification with deep convolutional neural networks[C]// International Conference on Neural Information Processing Systems. Curran Associates Inc. 2012:1097-1105.

[60] Le Q V, Ngiam J, Coates A, et al. On Optimization Methods for Deep Learning[J]. 2011, 7(3-4):265-272.

[61] LeCun Y, Bengio Y. Convolutional networks for images, speech, and time series[J]. The handbook of brain theory and neural networks, 1995, 3361(10):1995.

[62] Lecun Y, Bengio Y, Hinton G. Deep learning[J]. Nature, 2015, 521(7553):436-44.

[63] Li H Z, Low B K. Reliability analysis of circular tunnel under hydrostatic stress field[J]. Computers and Geotechnics, 2010, 37(1): 50-58.

[64] Li S J, Zhao H B, Ru Z L. Deformation prediction of tunnel surrounding rock mass using CPSO-SVM model[J]. Journal of central south university, 2012, 19(11): 3311-3319.

[65] Liu P L, Liu K G. Selection of random field mesh in finite element reliability analysis[J]. Journal of Engineering Mechanics, 1993, 119(4): 667-680.

[66] Liu W K, Belytschko T, Mani A. Applications of probabilistic finite element methods in elas-

tic/plastic dynamics[J]. Journal of engineering for industry, 1987, 109(1):2-8.

[67] Liu Z, Shao J, Xu W, et al. Prediction of rock burst classification using the technique of cloud models with attribution weight[J]. Natural Hazards, 2013, 68(2):1-20.

[68] Ludwig B G. Internationalizing Extension: An exploration of the characteristics evident in a state university Extension system that achieves internationalization[D]. The Ohio State University, 1994.

[69] Ludwig B. Predicting the Future: Have you considered using the Delphi Methodology? [J]. Journal of extension, 1997.

[70] Mahadevan S, Haldar A. Practical random field discretization in stochastic finite element analysis[J]. Structural safety, 1991, 9(4):283-304.

[71] McFest-Smith I. Risk assessment for tunneling in adverse geological conditions [C]// Proceedings of the International Conference on Tunnels and Underground Structures. Singaproe, 2000:625-632.

[72] Norris J R. Markov chains[M]. Cambridge: Cambridge University Press, 1998.

[73] Nývlt O, Prívara S, Ferkl L. Probabilistic risk assessment of highway tunnels[J]. Tunnelling and Underground Space Technology, 2011, 26(1):71-82.

[74] Oraee K, Hosseini N, Gholinejad M. A New Approach for Determination of Tunnel Supporting System Using Analytical Hierarchy Process (AHP)[C]//Proceedings of the Coal Operators' Conference. Wollongong, 2009:78-89.

[75] Patterson F D, Neailey K. A risk register database system to aid the management of project risk[J]. International Journal of Project Management, 2002, 20(5):365-374.

[76] Pearson K. On lines and planes of closest fit to systems of point in space[J]. Philosophical Magazine, 1901, 2(11):559-572.

[77] Peng M, Zhang L M. Analysis of human risks due to dam-break floods—part 1: a new model based on Bayesian networks[J]. Natural Hazards, 2012a, 64(1):903-933.

[78] Peng M, Zhang L M. Analysis of human risks due to dam break floods—part 2: application to Tangjiashan landslide dam failure[J]. Natural Hazards, 2012, 64(2):1899-1923.

[79] Qing-Hua H E, Qian L L, Duan Y F, et al. Current Situation and Barriers of BIM Implementation[J]. Journal of Engineering Management, 2012.

[80] Reilly J J. The management process for complex underground and tunneling projects[J]. Tunnelling and Underground Space Technology, 2000, 15(1):31-44.

[81] Reilly J, Brown J. Management and control of cost and risk for tunneling and infrastructure projects[C]//International Tunneling Conference, Singapore, 2004.

[82] Russenes B F. Analysis of Rock Spalling for Tunnels in Steep Valley Sides [D]. Trondheim: Norwegian Institute of Technology, 1974.

[83] Cooper D F, Chapman C B. Risk analysis for large projects: models, methods, and cases [M]. Hoboken: John Wiley & Sons Inc, 1987.

[84] Samuel A L. Some studies in machine learning using the game of checkers[M]// Computers

& thought. MIT Press, 1995:206-226.

[85] Shin J H, Lee I K, Lee Y H, et al. Lessons from serial tunnel collapses during construction of the Seoul subway Line 5[J]. Tunnelling & Underground Space Technology Incorporating Trenchless Technology Research, 2006, 21(3):296-297.

[86] Sousa R L, Einstein H H. Risk analysis during tunnel construction using Bayesian Networks: Porto Metro case study[J]. Tunnelling and Underground Space Technology, 2012, 27(1): 86-100.

[87] ŠpaǦková O, Straub D. Probabilistic risk assessment of excavation performance in tunnel projects using Bayesian networks: a case study[C]// Proceedings of the 3rd International Symposium on Geotechnical Safety and Risk. Bundesanstalt für Wasserbau, München. 2011: 651-660.

[88] Steven F C, Graham E F. Modeling spatial variability with one and multidimensional continuous-lag markov chains[J]. Mathematical Geology (S0882-8121), 1997, 29(7):891-918.

[89] Sun J, Wang S. Rock mechanics and rock engineering in China: developments and current state-of-the-art[J]. International Journal of Rock Mechanics and Mining Sciences, 2000, 37(3):447-465.

[90] Sun J, Wang L G, Zhang H L, et al. Application of fuzzy neural network in predicting the risk of rock burst[J]. Procedia Earth and Planetary Science, 2009, 1(1):536-543.

[91] The British Tunnelling Society. The association of British Insurers: Joint code of practice for risk assessment of tunnel works in the UK-09[M]. [S. l.]: [s. n.], 2003.

[92] The British Tunnelling Society, Institution of Civil Engineers (Great Britain). Tunnel lining design guide[M]. London: Thomas Telford, 2004.

[93] Touran A. Probabilistic model for tunneling project using Markov chain[J]. Journal of construction engineering and management, 1997, 123(4):444-449.

[94] Turchaninov I A, Markov G A, Gzovskii M V, et al. State of stress in the upper part of the earth's crust based on direct measurements in mines and on tectonophysical and seismological studies[J]. Physics of the Earth and Planetary Interiors, 1972, 6(4):229-234.

[95] United States Nuclear Regulatory Commission. Reactor safety study. An assessment of accident risks in US commercial nuclear power plants. Executive summary[R]. United States Nuclear Regulatory Commission, 1975.

[96] United States Department of Defense. Military standard: system safety program requirements (MIL-STD-882c)[M]. [S.l.]: [s. n.], 1993.

[97] Vanmarcke E H. Probabilistic Modeling of Soil Profiles[J]. Journal of the Geotechnical Engineering Division, 1977, 103(11):1227-1246.

[98] Vapnik V N, Vapnik V. Statistical learning theory[M]. New York: Wiley, 1998.

[99] Vincent P, Larochelle H, Bengio Y, et al. Extracting and composing robust features with denoising autoencoders[C]// International Conference on Machine Learning. ACM, 2008: 1096-1103.

[100] Wang Y, Cao Z, Au S K. Practical reliability analysis of slope stability by advanced Monte Carlo simulations in a spreadsheet[J]. Canadian Geotechnical Journal, 2010, 48(1):162-172.

[101] Weber P, Medina-Oliva G, Simon C, et al. Overview on Bayesian networks applications for dependability, risk analysis and maintenance areas[J]. Engineering Applications of Artificial Intelligence, 2012, 25(4):671-682.

[102] Yalcinkaya M, Singh V. Patterns and trends in Building Information Modeling (BIM) research: A Latent Semantic Analysis[J]. Automation in Construction, 2015, 59(November):68-80.

[103] Yazdani-Chamzini A, Yakhchali S H. Tunnel Boring Machine (TBM) selection using fuzzy multicriteria decision making methods[J]. Tunnelling and Underground Space Technology, 2012, 30(4):194-204.

[104] Yoo C, Kim J H. A web-based tunneling-induced building/utility damage assessment system: TURISK[J]. Tunnelling and Underground Space Technology, 2003, 18(5):497-511.

[105] Zhang L L, Zhang J, Zhang L M, et al. Back analysis of slope failure with Markov chain Monte Carlo simulation[J]. Computers and Geotechnics, 2010, 37(7):905-912.

[106] Zhou G, Esaki T, Mitani Y, et al. Spatial probabilistic modeling of slope failure using an integrated GIS Monte Carlo simulation approach[J]. Engineering Geology, 2003, 68(3):373-386.

[107] Zhou J, Shi X Z, Dong L, Hu H Y, Wang H Y. Fisher discriminant analysis model and its application for prediction of classification of rockburst in deepburied long tunnel[J]. Journal of Coal Science and Engineering (China), 2010, 16(2):144-149.

[108] Zhou J, Li X, Shi X. Long-term prediction model of rockburst in underground openings using heuristic algorithms and support vector machines[J]. Safety Science, 2012, 50(4):629-644.

[109] 白明洲, 王连俊, 许兆义. 岩爆危险性预测的神经网络模型及应用研究[J]. 中国安全科学学报, 2002, 12(4):65-69.

[110] 卜全民. 安全预评价方法及其应用研究[D]. 南京: 南京工业大学, 2003.

[111] 陈炳瑞, 冯夏庭, 明华军, 等. 深埋隧洞岩爆孕育规律与机制:时滞型岩爆[J]. 岩石力学与工程学报, 2012, 31(3):561-569.

[112] 陈贵红, 刘传兵, 林国进. 明月山隧道涌突水处理设计与施工[J]. 公路, 2007(2):182-187.

[113] 陈海军, 郦能惠, 聂德新, 等. 岩爆预测的人工神经网络模型[J]. 岩土工程学报, 2002, 24(2):229-232.

[114] 陈宏. 广甘高速公路隧道塌方及灾害治理措施研究[D]. 成都: 西南交通大学, 2012.

[115] 陈亮, 黄宏伟, 胡群芳. 盾构隧道施工风险管理数据库系统开发[J]. 地下空间与工程学报, 2005, 1(6):964-967.

[116] 陈龙. 城市软土盾构隧道施工期风险分析与评估研究[D]. 上海：同济大学, 2004.

[117] 陈鹏宇, 余宏明, 师华鹏. 基于权重反分析和标准化模糊综合评价的岩爆预测模型[J]. 岩石力学与工程学报, 2014, 33(10): 2154-2160.

[118] 陈尚荣, 赵升峰. BP神经网络在基坑变形预测分析中的应用[J]. 上海地质. 2010, (01): 29-31.

[119] 陈绍林, 李茂竹, 陈忠恕, 等. 四川广（安）—渝（重庆）高速公路华蓥山隧道岩溶突水的研究与整治[J]. 岩石力学与工程学报, 2002, 21(9): 1344-1349.

[120] 陈喜坤, 朱伟, 王睿, 等. 南京纬三路过江通道弃砂在壁后注浆材料中的利用[J]. 隧道建设, 2015, 35(11): 1176-1181.

[121] 陈祥, 孙进忠, 张杰坤, 等. 岩爆的判别指标和分级标准及可拓综合判别方法[J]. 土木工程学报, 2009(9): 82-88.

[122] 陈星宇. 断层破碎带隧道涌水特征试验研究[D]. 西安：长安大学, 2015.

[123] 陈秀铜, 李璐. 基于AHP-FUZZY方法的隧道岩爆预测[J]. 煤炭学报, 2008, 33(11): 1230-1234.

[124] 陈永进, 武法东. 滦平盆地桑园营子露头剖面沉积层序的Markov链模拟[J]. 现代地质, 2000, 14(4): 454-458.

[125] 陈禹成. 火车岭隧道浅埋偏压段围岩大变形的处理[J]. 黑龙江科技信息, 2011(9): 284-284.

[126] 陈宗基. 应力释放对开挖工程稳定性的重要影响[J]. 岩石力学与工程学报, 1992, 11(1): 1-001.

[127] 戴俊. 隧道工程[M]. 北京：机械工业出版社, 2012.

[128] 邓伟, 刘成禹, 李红军, 等. 乌兹别克斯坦甘姆奇克隧道岩爆特点及其形成机制[J]. 隧道建设, 2016, 36(3): 275-281.

[129] 丁烈云, 周诚. 复杂环境下地铁施工安全风险自动识别与预警研究[J]. 中国工程科学, 2012, 14(12): 85-93.

[130] 丁睿. 瓦斯隧道建设关键技术[M]. 北京：人民交通出版社, 2010.

[131] 丁文其, 杨林德. 隧道工程[M]. 北京：人民交通出版社, 2012.

[132] 董世琪, 毛明. 火车岭隧道软弱围岩段塌方分析及处理措施[J]. 隧道建设, 2006, 26(5): 60-62.

[133] 范海波. 鄂赣高速公路隧道岩爆预测与防治研究[D]. 武汉：华中科技大学, 2010.

[134] 范益群, 沈秀芳, 乔宗昭. 隧道及地下工程设计系统的风险管理[J]. 地下工程与隧道, 2007(1): 17-21+58.

[135] 方超. 岩土参数随机场建模与围岩空间变异性对隧道可靠度的影响分析[D]. 上海：同济大学, 2014.

[136] 冯夏庭. 地下峒室岩爆预报的自适应模式识别方法[J]. 东北大学学报自然科学版, 1994, 15(5): 471-475.

[137] 冯夏庭, 陈炳瑞, 明华军, 等. 深埋隧洞岩爆孕育规律与机制：即时型岩爆[J]. 岩石力学与工程学报, 2012, 31(3): 433-444.

[138] 冯夏庭,赵洪波. 岩爆预测的支持向量机[J]. 东北大学学报(自然科学版), 2002, 23(1):57-59.

[139] 冯夏庭. 岩爆孕育过程的机制、预警与动态调控[M]. 北京:科学出版社, 2013.

[140] 宫凤强,李夕兵. 岩爆发生和烈度分级预测的距离判别方法及应用[J]. 岩石力学与工程学报, 2007, 26(5):1012-1018.

[141] 工克金. 铁路客运专线隧道防排水原则的探讨[J]. 内蒙古科技与经济, 2006, (12):126-128.

[142] 谷明成,何发亮,陈成宗. 秦岭隧道岩爆的研究[J]. 岩石力学与工程学报, 2002, 21(9):1324-1329.

[143] 关宝树. 漫谈矿山法隧道技术第十四讲——隧道涌水及其控制方法[J]. 隧道建设, 2017, 37(1):1-10.

[144] 郭仲伟. 风险分析与决策[M]. 北京:机械工业出版社, 1987.

[145] 韩明. 隧道瓦斯灾害危险性评价研究[D]. 长沙:中南大学, 2012.

[146] 韩宪军. 岩土参数随机场建模及工程应用[D]. 南京:河海大学, 2007.

[147] 何满潮,景海河,孙晓明. 软岩工程地质力学研究进展[J]. 工程地质学报, 2000, 8(1):46-62.

[148] 何满潮,景海河,孙晓明. 软岩工程力学[M]. 北京:科学出版社, 2002.

[149] 何满潮,晏玉书,王同良,等. 软岩的概念及其分类[C]// 世纪之交软岩工程技术现状与展望. 1999.

[150] 何满潮,谢和平,彭苏萍,等. 深部开采岩体力学研究[J]. 岩石力学与工程学报, 2005, 24(16):2803-2813.

[151] 何满潮. 中国煤矿软岩巷道支护理论与实践[M]. 徐州:中国矿业大学出版社, 1996.

[152] 贺永年,刘志强. 隧道工程[M]. 徐州:中国矿业大学出版社, 2002.

[153] 湖北省交通规划设计院. 湖北省十堰至白河(鄂陕界)公路两阶段施工图设计总说明[R]. 武汉:湖北省交通规划设计院, 2010.

[154] 胡千庭. 煤与瓦斯突出的力学作用机理[M]. 北京:科学出版社, 2013.

[155] 胡群芳. 基于地层变异的盾构隧道工程风险分析及其应用研究[D]. 上海:同济大学, 2006.

[156] 胡鑫. 基于贝叶斯网络的高铁岩溶隧道风险分析[D]. 湘潭:湖南科技大学, 2014.

[157] 黄宏伟,曾明,陈亮,等. 基于风险数据库的盾构隧道施工风险管理软件(TRM1.0)开发[J]. 地下空间与工程学报, 2006, 2(1):36-41.

[158] 黄宏伟,陈龙,胡群芳. 隧道及地下工程的全寿命风险管理[M]. 北京:科学出版社, 2010.

[159] 黄丽. BP神经网络算法改进及应用研究[D]. 重庆:重庆师范大学, 2008.

[160] 黄琳桥. 鹧鸪山隧道塌方原因与处治方法研究[J]. 四川建筑, 2009, 29(5):103-105.

[161] 黄润秋,王贤能,陈龙生. 深埋隧道涌水过程的水力劈裂作用分析[J]. 岩石力学与工程学报, 2000, 19(5):573-576.

[162] 贾疏源,姜云,张广洋. 华蓥山隧道暴雨涌突水及其对隧道的影响[J]. 西南公路,

1998(3):50-55.

[163] 姜青航,李心丹,姜树元. 风险度量理论——数学模型研究[R]. 国家社会科学基金课题组,1998.

[164] 姜彤,黄志全,赵彦彦,等. 灰色系统最优归类模型在岩爆预测中的应用[J]. 华北水利水电大学学报(自然科学版),2003,24(2):37-40.

[165] 姜彤,黄志全,赵彦彦. 动态权重灰色归类模型在南水北调西线工程岩爆风险评估中的应用[J]. 岩石力学与工程学报,2004,23(7):1104-1108.

[166] 姜云. 公路隧道围岩大变形的预测预报与对策研究[D]. 成都:成都理工大学,2004.

[167] 交通运输部. 2014年交通运输行业发展统计公报[J]. 中国物流与采购,2015(10):52-56.

[168] 交通运输部. 2015年交通运输行业发展统计公报[N]. 中国交通报,2016-05-05(002).

[169] 交通运输部. 2016年交通运输行业发展统计公报[J]. 交通财会,2017(05):92-97.

[170] 金育蓊. 晋阳高速公路隧道病害处治工程施工及组织[J]. 山西建筑,2003,29(13):122-123.

[171] 康小兵. 非煤系地层瓦斯隧道形成机制研究[J]. 现代隧道技术,2011a,48(3):35-39.

[172] 康小兵,许模. 我国瓦斯隧道建设现状综述[J]. 人民长江,2011b,42(3):30-33.

[173] 李风云. 隧道塌方风险预测与控制研究[D]. 长沙:中南大学,2011.

[174] 李利平. 高风险岩溶隧道突水灾变演化机理及其应用研究[D]. 济南:山东大学,2009.

[175] 李生杰,谢永利,吴丹泽,等. 穿越煤系地层隧道围岩大变形机制及处治研究[J]. 岩石力学与工程学报,2013,32(S2):3501-3508.

[176] 李水兵,李培现. 基于BP神经网络的深基坑变形预测[J]. 测绘信息与工程.2011,36(5):41-42,45.

[177] 李儒挺. 岑溪大隧道涌水原因分析及处治措施研究[D]. 西安:长安大学,2013.

[178] 李术才,石少帅,李利平,等. 三峡库区典型岩溶隧道突涌水灾害防治与应用[J]. 岩石力学与工程学报,2014,33(9):1887-1896.

[179] 李硕标,薛亚东. Hoek-Brown准则改进及应用[J]. 岩石力学与工程学报,2016(s1):2732-2738.

[180] 李汶洋. 华蓥山隧道底板涌水原因探讨[J]. 公路交通技术,2016,32(6):106-109.

[181] 李献民. 隧道施工动态风险管理与监控评估[M]. 北京:人民交通出版社股份有限公司,2015.

[182] 李晓红,李通林,顾义磊,等. 瓦斯隧道揭煤施工技术[M]. 重庆:重庆大学出版社,2005.

[183] 李兴,薛亚东,李彦杰,等. 基于web的隧道工程初步设计安全风险评估平台系统V1.0[CP/OL]. 著作权登记号:2017SR304540,2017.

[184] 李兴,薛亚东,黄宏伟,等. 基于web的隧道、边坡工程施工期安全风险可视化系统

V1.0[CP/OL]. 著作权登记号：2017SR292683.

[185] 李兴, 薛亚东, 李彦杰, 等. 基于web的专家调查问卷系统 V1.0[CP/OL]. 著作权登记号：2017SR311052.

[186] 李兴, 薛亚东, 李彦杰, 等. 基于web的桥梁、隧道和边坡工程施工安全风险评估平台系统 V1.0[CP/OL]. 著作权登记号：2017SR309309.

[187] 李燕. 基于BP神经网络的深基坑围护变形预测[D]. 浙江：浙江工业大学, 2013.

[188] 李志厚, 杨晓华, 来弘鹏, 等. 公路隧道特大塌方成因分析及综合处治方法研究[J]. 工程地质学报, 2008, 16(6):806-812.

[189] 李忠, 汪俊民. 重庆陆家岭隧道岩爆工程地质特征分析与防治措施研究[J]. 岩石力学与工程学报, 2005, 24(18):3398-3402.

[190] 林礼华. 京源口隧道软弱围岩大塌方的治理[J]. 公路交通技术, 2007(1):130-133.

[191] 林育梁. 软岩工程力学若干理论问题的探讨[J]. 岩石力学与工程学报, 1999, 18(6):690-693.

[192] 刘保国, 王键. 隧道施工风险分析与评价计算机辅助系统的开发与应用[J]. 北京交通大学学报, 2015, 39(1):1-7.

[193] 刘建国, 刘义立. 华蓥山隧道特大涌水突泥的综合治理[J]. 公路, 2003(10):25-29.

[194] 刘仁阳. 大风垭口隧道特大土石流及涌水处治[J]. 公路, 2006(5):207-212.

[195] 刘涛, 刘国彬. 轨道交通建设远程监控管理系统研究[J]. 现代城市轨道交通, 2005(6):30-33.

[196] 刘特洪, 林天键. 软岩工程设计理论与施工实践[M]. 北京：中国建筑工业出版社, 2001.

[197] 刘铁民, 张兴凯, 刘功智. 安全评价方法应用指南[M]. 北京：化学工业出版社, 2005.

[198] 刘卫红, 谌跃飞. 隧道塌方原因与处理技术——以通平高速公路姜源岭隧道为例[J]. 公路工程, 2012, 37(1):180-182.

[199] 刘旭. 乌竹岭隧道塌方事故原因分析和处治方法研究[D]. 长春：吉林大学, 2008.

[200] 刘学增, 俞文生. 隧道稳定性评价与塌方预警[M]. 上海：同济大学出版社, 2010.

[201] 刘学增. 公路隧道建设安全风险动态评估与控制技术[M]. 北京：人民交通出版社股份有限公司, 2015.

[202] 刘章军, 袁秋平, 李建林. 模糊概率模型在岩爆烈度分级预测中的应用[J]. 岩石力学与工程学报, 2008, 27(S1):3095-3103.

[203] 刘振峰, 郝天珧, 杨长春. 基于Markov链模型的储层岩相随机模拟[J]. 地球物理学进展, 2003, 4(18):666-669.

[204] 刘振峰, 郝天珧, 杨长春. 用Markov链模型随机模拟储层岩相空间展布[J]. 石油学报, 2005, 5(26):57-60.

[205] 罗富荣. 北京地铁工程建设安全风险控制体系及监控系统研究[D]. 北京：北京交通大学, 2011.

[206] 罗学东, 陈建平, 范建海, 等. 火车岭隧道围岩大变形问题及治理[J]. 煤田地质与勘

探，2006，34（4）：49-52.

[207] 吕勇刚. 港珠澳大桥沉管隧道工程[J]. 隧道建设，2017，37（9）：1193-1195.

[208] 欧尔峰，严松宏，梁庆国. 岩体隧道施工安全风险模糊综合评判研究[J]. 兰州交通大学学报，2011，30（4）：38-42.

[209] 彭琦，钱爱国，肖钰. 基于人工智能方法的岩爆预测系统[J]. 四川大学学报工程科学版，2010，42（4）：18-24.

[210] 蒲春平，夏才初. 坂寮岭隧道渗漏水调查、成因分析及其整治措施[J]. 世界隧道，1999，（4）：59-62.

[211] 齐干，朱瑞钧. 基于BP网络的基坑周围地表沉降影响因素分析[J]. 地下空间与工程学报，2007，3（05）：863-867+871.

[212] 钱七虎，戎晓力. 中国地下工程安全风险管理的现状、问题及相关建议[J]. 岩石力学与工程学报，2008，27（4）：649-655.

[213] 钱七虎. 岩爆、冲击地压的定义、机制、分类及其定量预测模型[J]. 岩土力学，2014（1）：1-6.

[214] 钱七虎. 隧道工程建设地质预报及信息化技术的主要进展及发展方向. 隧道建设，2017，37（3）：251-263.

[215] 乔金丽，范永利，刘波，等. 基于改进BP网络的盾构隧道开挖地表沉降预测[J]. 地下空间与工程学报，2012，8（02）：352-357+374.

[216] 秦仁佩，肖均，蒋锋. 明月山特长隧道涌水突泥综合处理措施[J]. 现代隧道技术，2007，44（6）：66-69.

[217] 曲永新. 中国东部膨胀岩的地质分类及其分布规律的研究[C]// 中国岩石力学与工程学会第三次大会论文集. 1994.

[218] 饶军应，傅鹤林，黎明，等. 白山隧道塌方处治技术及其监测结果分析[J]. 现代隧道技术，2014，51（2）：157-166.

[219] 日本跌道施設協会. 日本铁道土木横造物维持管理标准·同解說[S]. 东京：丸善株式会社出版事业部，2006.

[220] 日本土木学会，朱伟. 隧道标准规范（盾构篇）及解说[S]. 北京：中国建筑工业出版社，2001.

[221] 上海通芮斯克土木工程技术有限公司，薛亚东，黄宏伟，等. 基于web的桥梁/隧道工程初步设计安全风险评估平台系统V1.0[CP/OL]. 著作权登记号：2015SR019379，2014.

[222] 沈劲利，游步上. 隧道工程风险管理之研究[C]// 首届全球华人岩土工程论坛. 上海，2003.

[223] 史秀志，周健，董蕾，等. 未确知测度模型在岩爆烈度分级预测中的应用[J]. 岩石力学与工程学报，2010，29（S1）：2720-2726.

[224] 宋波. 达陕高速公路隧道塌方机制及处治措施研究[D]. 成都：成都理工大学，2011.

[225] 宋建波. 岩体经验强度准则及其在地质工程中的应用[M]. 北京：地质出版社，2002.

[226] 孙斌. 基于危险源理论的煤矿瓦斯事故风险评价研究[D]. 西安：西安科技大学，2003.

[227] 孙钧, 潘晓明. 隧道软弱围岩挤压大变形非线性流变力学特性研究[C]// 第十二次全国岩石力学与工程学术大会会议论文摘要集. 南京, 2012:1957-1968.

[228] 孙晟彧, 李瑞峰, 冯永刚. 运营公路隧道衬砌混凝土爆破拆除[J]. 铁道建筑技术, 2002, (3):65-66.

[229] 谭以安. 岩爆类型及其防治[J]. 现代地质, 1991(4):450-456.

[230] 谭以安. 岩爆形成机理研究及综合评判[D]. 西安: 长安大学, 1988.

[231] 唐健. 焦冲隧道漏水原因分析及治理[J]. 公路隧道, 2000, (4):36-38.

[232] 唐亮. 隧道病害调查分析及衬砌结构的风险分析与控制研究[D]. 杭州: 浙江大学, 2008.

[233] 汤漩, 吴惠明, 胡珉. 盾构隧道施工风险知识管理系统的设计开发[J]. 地下工程与隧道, 2006(4):20-24.

[234] 陶履彬. 工程风险分析理论与实践: 上海崇明越江通道工程风险分析[M]. 上海: 同济大学出版社, 2006.

[235] 汪波, 何川, 吴德兴, 等. 基于岩爆破坏形迹修正隧道区地应力及岩爆预测的研究[J]. 岩石力学与工程学报, 2007, 26(4):811-817.

[236] 王国斌. 沪蓉西高速公路乌池坝岩溶隧道涌水成灾机理研究[D]. 武汉: 中国地质大学, 2012.

[237] 王华牢, 刘学增, 李宁, 等. 纵向裂缝隧道衬砌结构的安全评价与加固研究[J]. 岩石力学与工程学报, 2010, 29(增1):2651-2656.

[238] 王继飞. 隧道围岩破坏模式的人工智能预测[D]. 南昌: 华东交通大学, 2007.

[239] 王吉亮, 陈剑平, 杨静, 等. 岩爆等级判定的距离判别分析方法及应用[J]. 岩土力学, 2009, 30(7):2203-2208.

[240] 王梦恕. 21 世纪山岭隧道修建的趋势[J]. 铁道标准设计, 2004a(9):38-40.

[241] 王梦恕. 北京地铁修建过程的安全风险技术平台和管理[C]// 2004 世界轨道交通论坛. 北京, 2004.

[242] 王明卓, 黄宏伟. 土木工程风险可视化的监测预警方法[J]. 防灾减灾工程学报, 2015, 35(5):612-616.

[243] 王琦. 四沟隧道洞口滑坡事故的分析和治理[D]. 华中科技大学, 2013.

[244] 王希宝. 都汶公路龙溪隧道围岩大变形机制及防治研究[D]. 成都: 成都理工大学, 2008.

[245] 王晓明, 杨光, 温浩. 大峪隧道混凝土结构病害检测与结构健康诊断[J]. 东北公路, 2003, 26(2):129-131.

[246] 王岩. 软土地铁隧道结构性态评估方法研究[D]. 上海: 同济大学, 2005.

[247] 汪洋. 山岭隧道软岩大变形机理及灾害预测和治理研究[D]. 武汉: 华中科技大学, 2009.

[248] 王毅才. 隧道工程[M]. 北京: 人民交通出版社, 2000.

[249] 王迎超. 山岭隧道塌方机制及防灾方法[D]. 南京: 浙江大学, 2010.

[250] 王迎超, 尚岳全, 孙红月, 等. 基于功效系数法的岩爆烈度分级预测研究[J]. 岩土力

学,2010b,31(2):529-534.

[251] 王元汉,李卧东,李启光,等. 岩爆预测的模糊数学综合评判方法[J]. 岩石力学与工程学报,1998,17(5):493-493.

[252] 韦立德,徐卫亚,蒋中明,等. 基坑支护结构水平变形预测的遗传神经网络方法[J]. 工程地质学报. 2003,11(03):297-301.

[253] 吴波,赵文娟,鲁灵惺,等. Web分布式的隧道施工风险管理软件(JWRM)开发[J]. 地下空间与工程学报,2012,08(S2):1672-1675.

[254] 吴世勇,王鸽. 锦屏二级水电站深埋长隧洞群的建设和工程中的挑战性问题[J]. 岩石力学与工程学报,2010,29(11):2161-2171.

[255] 邬书良,陈建宏. 约简概念格的粗糙集在岩爆烈度判别中的应用[J]. 岩石力学与工程学报,2014,33(10):2125-2131.

[256] 吴振君,王水林,葛修润. 约束随机场下的边坡可靠度随机有限元分析方法[J]. 岩土力学,2009,30(10):3086-3092.

[257] 先明其. 日本隧道工程的发展和灾害情况的统计[J]. 隧道及地下工程,1998(4):1-9.

[258] 先正平. 铁路客运专线非煤系瓦斯隧道施工技术与施工管理方案研究[D]. 成都:西南交通大学,2016.

[259] 向晓军. 龙泉山隧道病害治理[J]. 现代隧道技术,2005,42(2):65-71.

[260] 肖广智. 不良、特殊地质条件隧道施工技术及实例(一)[M]. 北京:人民交通出版社股份有限公司,2015.

[261] 小泉淳. 盾构隧道管片设计[M]. 北京:中国建筑工业出版社,2012.

[262] 熊建明. 公路瓦斯隧道施工期安全管理与预警技术研究[D]. 北京:中国矿业大学,2016.

[263] 熊鲲. 瓦斯隧道施工安全风险管理及应用研究[D]. 成都:西南交通大学,2012.

[264] 谢洪涛,丁祖德. 基于贝叶斯网络的隧道施工坍塌事故诊断方法[J]. 昆明理工大学学报(自然科学版),2013,33(1):37-44.

[265] 谢洪涛. 基于贝叶斯网络的隧道围岩失稳风险预警方法[J]. 计算机工程与应用,2015,51(7):238-242.

[266] 熊孝波,桂国庆,许建聪,等. 可拓工程方法在地下工程岩爆预测中的应用[J]. 解放军理工大学学报自然科学版,2007,8(6):695-701.

[267] 许博,谢和平,涂扬举. 瀑布沟水电站地下厂房开挖过程中岩爆应力状态的数值模拟[J]. 岩石力学与工程学报,2007,26(a01):2894-2900.

[268] 徐飞,徐卫亚. 岩爆预测的粒子群优化投影寻踪模型[J]. 岩土工程学报,2010,32(5):718-723.

[269] 徐林生,王兰生. 二郎山公路隧道岩爆发生规律与岩爆预测研究[J]. 岩土工程学报,1999(5):569-572.

[270] 徐钦健. 胀缩性土质隧道建设期变形破坏特点及原因分析[J]. 北方交通,2015(5):110-115.

[271] 徐则民,黄润秋,王士天. 隧道的埋深划分[J]. 中国地质灾害与防治学报,2000,

11(4):5-10.

[272] 杨金林,李夕兵,周子龙. 基于粗糙集理论的岩爆预测模糊综合评价[J]. 金属矿山, 2010,39(6):26-29.

[273] 杨涛,李国维. 基于先验知识的岩爆预测研究[J]. 岩石力学与工程学报,2000,19(4):429-429.

[274] 杨文晗. 软岩大变形隧道随机力学特征研究[D]. 兰州:兰州交通大学,2015.

[275] 杨新安,黄宏伟. 隧道病害与防治[M]. 上海:同济大学出版社,2002.

[276] 杨莹春,诸静. 一种新的岩爆分级预报模型及其应用[J]. 煤炭学报,2000,25(2):169-172.

[277] 殷晟泉,梁发云,姚笑青. 神经网络方法在深基坑动态风险预测中的应用[J]. 地下空间与工程学报,2011,7(05):996-1000+1012.

[278] 于不凡. 煤矿瓦斯灾害防治及利用技术手册[M]. 北京:煤炭工业出版社,2005.

[279] 余红军,王维高,万德才. 高瓦斯隧道施工安全风险控制措施[J]. 现代隧道技术, 2013,50(4):56-62.

[280] 于洪泽. 隧道施工中塌方监测技术[J]. 公路,2002(9):157-160.

[281] 于九如,尹贻林,朱良龙. 投资项目风险分析[M]. 北京:机械工业出版社,1999.

[282] 袁慧. 成德南高速公路瓦斯隧道瓦斯在围岩中的赋存与运移规律研究[D]. 西南交通大学,2014.

[283] 袁晓伟. 红土山隧道塌方事故原因分析和处治方法研究[D]. 重庆:重庆交通大学,2015.

[284] 中华人民共和国冶金工业局. GB 50086—2015,岩土锚杆与喷射混凝土支护技术规范[S]. 北京:中国计划出版社,2016.

[285] 原中华人民共和国铁道部. TB 10120—2002,铁路瓦斯隧道技术规范[S]. 北京:中国铁道出版社,2002.

[286] 张灿,琚娟,郭志. 基于神经网络的深基坑沉降预测模型比较[J]. 地下空间与工程学报,2013,9(06):1315-1319.

[287] 张凤祥,朱合华. 盾构隧道[M]. 北京:人民交通出版社,2004.

[288] 张华松. 十二排隧道塌方处治施工技术[J]. 公路交通技术,2007(5):96-99.

[289] 张津生,陆家佑,贾愚如. 天生桥二级水电站引水隧洞岩爆研究[J]. 水力发电,1991(10):34-37.

[290] 张镜剑. 水电建设中的一些岩石力学问题[J]. 岩石力学与工程学报,1991,10(2):169-177.

[291] 张镜剑,傅冰骏. 岩爆及其判据和防治[J]. 岩石力学与工程学报,2008,27(10):2034-2042.

[292] 张俊峰. 大相岭隧道岩爆灾害分阶段预测与控制技术研究[D]. 成都:西南交通大学,2010.

[293] 张乐文,张德永,邱道宏. 基于粗糙集的可拓评判在岩爆预测中的应用[J]. 煤炭学报,2010,35(9):1461-1465.

[294] 张祉道，白继承. 家竹箐隧道高瓦斯、大变形、大涌水的整治与对策[J]. 现代隧道技术，1998(1)：1-10.

[295] 赵存明，沈斐敏，唐晓莉. 公路隧道施工特大涌水的防治技术探讨[J]. 中国安全生产科学技术，2008，4(5)：151-154.

[296] 赵洪波. 岩爆分类的支持向量机方法[J]. 岩土力学，2005a，26(4)：642-644.

[297] 赵洪波. 支持向量机在隧道围岩变形预测中的应用[J]. 岩石力学与工程学报，2005b，24(4)：649-652.

[298] 赵尚毅，郑颖人，宋雅坤，等. 地下隧道衬砌结构内力计算方法探讨[J]. 后勤工程学院学报，2007，23(4)：29-33.

[299] 浙江省交通规划设计研究院. 杭新景高速公路千岛湖支线设计总说明[R]. 杭州：浙江省交通规划设计研究院，2004.

[300] 浙江省浙中地质工程勘察院. 杭新景高速公路千岛湖支线隧道工程地质勘察报告[R]. 杭州：浙江省浙中地质工程勘察院，2004.

[301] 中华人民共和国国家标准. GB 6722—2014，爆破安全规程[S]. 北京：中国标准出版社，2015.

[302] 中华人民共和国国家标准. GB/T 23694—2013，风险管理 术语[S]. 北京：中国标准出版社，2014.

[303] 中华人民共和国国务院. 生产安全事故报告和调查处理条例[S]. 2007.

[304] 中华人民共和国国家标准. GB/T 50218—2014，工程岩体分级标准[S]. 北京：中国计划出版社，2015.

[305] 中华人民共和国国家标准，GB 50021—2001，岩土工程勘探规范[S]. 北京：中国建筑工业出版社，2004.

[306] 中华人民共和国交通运输部. 高速公路路堑高边坡工程施工安全风险评估指南[S]. 2014.

[307] 中华人民共和国交通运输部. JTG B01—2014，公路工程技术标准[S]. 北京：人民交通出版社股份有限公司，2015.

[308] 中华人民共和国交通运输部. JTG D70—2004，公路隧道设计规范[S]. 北京：人民交通出版社，2004.

[309] 中华人民共和国交通运输部. 公路桥梁和隧道工程施工安全风险评估指南(试行)[S]. 2011.

[310] 中华人民共和国交通运输部. 公路水路交通运输主要技术政策[S]. 2014.

[311] 中华人民共和国交通运输部. JTG H12—2015，公路隧道养护技术规范[S]. 北京：人民交通出版社股份有限公司，2015.

[312] 钟仪华，刘雨鑫，林旭旭. 基于马尔科夫链和贝叶斯网络的钻井风险预测[J]. 石油钻采工艺，2016，38(3)：291-295.

[313] 周翠英，彭泽英，尚伟，等. 论岩土工程中水-岩相互作用研究的焦点问题——特殊软岩的力学变异性[J]. 岩土力学，2002，01：124-128.

[314] 周德培，洪开荣. 太平驿隧洞岩爆特征及防治措施[J]. 岩石力学与工程学报，1995，

14(2):171-178.

[315] 周科平,古德生. 基于GIS的岩爆倾向性模糊自组织神经网络分析模型[J]. 岩石力学与工程学报, 2004, 23(18):3093-3093.

[316] 周文波,吴惠明. 盾构法隧道施工智能化辅助决策系统[J]. 城市道桥与防洪, 2004(1):65-69.

[317] 周晓军,周佳娟. 城市地下铁道与轻轨交通[M]. 成都:西南交通大学出版社, 2008.

[318] 朱常春. 大垭口隧道病害整治设计与施工[J]. 西部探矿工程, 2005, (4):111-112.

[319] 朱合华. 地下建筑结构[M]. 北京:中国建筑工业出版社, 2016.

[320] 朱潜. 三阳隧道施工涌水处理技术[J]. 公路交通科技:应用技术版, 2013(4).

[321] 朱旭芬,袁宝远. 遗传算法和ICBP神经网络预测深基坑支撑轴力[J]. 路基工程. 2009, (01):63-65.